ART
HOUSE
SERIES

Вуди Аллен

ИНТЕРВЬЮ

Беседы со Стигом Бьоркманом

Санкт-Петербург
Издательский Дом
«Азбука-классика»
2008

УДК 791
ББК 85.373(3)
  В 88

Woody om Allen
by Stig Björkman
Copyright © 1993 by Stig Björkman and Alfabeta Bokförlag
All rights reserved

*Originally published in Sweden in 1993
as Woody om Allen by Alfabeta Bokförlag*

This revised edition first published in 2004

Перевод с английского Ольги Серебряной

Оформление серии Александра Ефимова

Благодарности

В первую очередь я хотел бы поблагодарить Вуди Аллена за то доверие, которое он оказывал мне в течение всей работы над этой книгой, и за щедрость, с которой он знакомил меня со своей работой.

В неменьшей степени я признателен Лорен Гибсон, личному помощнику Аллена: она неустанно и всегда дружелюбно разрешала все организационные и практические вопросы, возникавшие во время работы над этой книгой. Столь же теплую благодарность я хотел бы адресовать сменившей ее на этом посту Саре Аллентух, которая любезно предоставляла мне необходимую информацию и давала ценные советы. Я также благодарен людям, работающим с Вуди Алленом, — это Кей Чепин, Карло Ди Пальма, Джек Роллинз и Джульет Тейлор, — за то, что они согласились дать мне интервью. Отдельное спасибо Сьюзен Морс за блестящие комментарии и Карлу Тернквесту-мл., который обеспечил показ многих фильмов в «Манхэттен филм сентр».

Наконец, спасибо фонду Хольгера и Тиры Лауритцен за поддержку исследований кинематографа. Полученный мною грант в немалой степени способствовал тому, что эта книга увидела свет.

До того как я получил заказ на эту книгу, я встречался с Вуди Алленом лишь однажды. Это было весной 1986 года, когда на Каннском кинофестивале вне конкурса показывали «Ханну и ее сестер». Вуди Аллен, который не любит уезжать из Нью-Йорка, а еще больше не любит присутствовать на показах собственных фильмов, и в тот раз никуда не собирался. И если Вуди Аллен не хотел ехать на фестиваль, фестиваль был вынужден приехать к Вуди Аллену.

Жан-Люку Годару было поручено отправиться в Нью-Йорк, побеседовать с Вуди Алленом по поводу его фильма и заснять это на пленку. Совершенно случайно во время этого интервью я оказался рядом. Я был знаком с продюсером, который занимался этой съемкой, — Томом Ладди, — и он пригласил меня в качестве фотографа. И Аллен, и Годар не возражали, но первый выдвинул условие: использовать только те фотографии, которые он одобрит.

Съемка проходила в частном кинозале в офисе Вуди, в нью-йоркском «Манхэттен филм сентр». Это оказалось довольно скудно обставленное помещение: там были только один диван, пара кресел и журнальный столик. Вдоль длинной стены тянулись два метра полок с музыкальной коллекцией Аллена, еще там стояло старое пианино. Экран, занавешенный черными шторами, занимал одну из коротких стен.

Беседа между двумя прославленными режиссерами — одинаково скромными — продолжалась не меньше часа.

По окончании съемки я сделал несколько постановочных фотографий Аллена и Годара и отдал пленки Аллену.

После этого мы с Вуди изредка переписывались до лета 1991 года, когда я рассказал ему о предложении сделать книгу интервью о его карьере писателя, юмориста, актера и, конечно же, режиссера. Вскоре пришел ответ, скорее дружеский, чем уклончивый: не сейчас. Вуди, как обычно, готовил новый фильм. Однако он не отклонил возможности вернуться к нашему проекту.

В январе 1992 года меня пригласили на интервью по поводу картины «Тени и туман» как раз накануне ее премьеры. Я посмотрел ленту в проекционной «Коламбиа филмз». На следующий день мне и еще нескольким европейским кинокритикам назначили встречу с Вуди Алленом. Дружелюбная, но вконец запыхавшаяся пресс-секретарь сообщила, что в моем распоряжении сорок пять минут: «Господин Аллен очень занятой человек!»

Итак, я снова в частном кинозале в офисе Вуди. Ничего не изменилось. Та же просторная комната. Те же широкие мягкие кресла. Может быть, чуть-чуть выросла музыкальная коллекция, из которой Вуди черпает вдохновение и подбирает музыку к фильмам. Под полками — груды кассет со звуком к новому фильму, который будет называться «Мужья и жены». У Вуди — середина монтажно-тонировочного периода.

Я пришел немного раньше, а может, Вуди опаздывает. Настраиваю магнитофон, слышу за спиной негромкий кашель: «Извините, я немного опоздал». Это Вуди. Он вошел совершенно неслышно, будто материализовался из темного угла, как фокусник из *Oedipus Wrecks*[1] или

---

[1] «Новый Эдип» — киноновелла Вуди Аллена в картине «Нью-йоркские истории». Более точный перевод названия — «Крах Эдипа» (Oedipus Wrecks), — к сожалению, не сильно приближает нас к игре слов оригинала, фонетически созвучного с латинским названием трагедии Софокла «Царь Эдип» (Oedipus Rex). — *Здесь и далее примеч. переводчика.*

7

«Теней и тумана». Или, может, он просто сошел с экрана, как герой фильма «Пурпурная роза Каира».

Мы начинаем говорить. В связи с «Тенями и туманом» всплывает его первый киноопыт и ранние годы карьеры в кино. Время летит. Неожиданно появляется секретарь Аллена, чтобы сообщить, что сорок пять минут истекло, но Вуди жестом просит ее не мешать. Мы беседуем еще примерно полчаса.

Перед тем как попрощаться, я напомнил ему о книге, но Вуди еще не мог дать ответ и попросил вернуться к этому следующей весной. Наконец в процессе дальнейшей переписки в июне я получил окончательный ответ: Вуди сможет заняться книгой в июле и августе, перед тем как начать работу над новым фильмом «Загадочное убийство в Манхэттене».

Мы разбирали творческий путь Аллена хронологически, впрочем не зацикливаясь на этом и позволяя себе редкие отступления. Еще прежде чем начать разговор, я сказал Вуди, что он может с ходу отметать любые темы, которые ему не хотелось бы затрагивать, и отказываться отвечать на любые мои вопросы. Однако ничего подобного не случилось: единственным условием Вуди касательно книжки была просьба сделать красивую обложку.

Мы встречались, как правило, по утрам, садились с магнитофоном в углу кинозала в «Манхэттен филм сентр» и проводили так около двух часов. В остальное время Аллен занимался подготовкой к «Загадочному убийству в Манхэттене».

13 августа нью-йоркские газеты раструбили сенсационную новость: Вуди Аллен и Миа Фэрроу разводятся и подают друг на друга в суд по вопросу опекунства над общими детьми. Личная жизнь этой обычно избегающей публичности пары оказалась вынесена на всеобщее обсуждение самым безжалостным образом.

Естественно, это событие означало неприятное вторжение в частную и профессиональную жизнь Вуди Аллена. Я боялся, что из-за этого наша работа отложится, однако пауза была весьма короткой. Спустя два дня наши встречи возобновились, но уже у него дома, в его пентхаузе неподалеку от Центрального парка.

По странной случайности к тому моменту мы как раз добрались до «Сексуальной комедии в летнюю ночь» и «Зелига» — фильмов, над которыми Вуди работал именно в тот период, когда начинались его долгие отношения с Миа Фэрроу. Однако на все неизбежные вопросы об их встрече и начале плодотворных отношений Вуди отвечал открыто и так же доброжелательно, как на другие вопросы, которые я задавал.

Тем не менее вскоре мы были вынуждены прервать наши беседы — как из-за личных обстоятельств Вуди, так и из-за того, что работа над «Загадочным убийством в Манхэттене» потребовала у него больше времени, чем ожидалось. Мы успели поговорить о «Ханне и ее сестрах», после чего я вернулся в Швецию, где начал работать над накопившимися — и уже весьма обширными — записями интервью.

Наши встречи возобновились в январе 93-го. Как и прежде, они проходили то в «Манхэттен филм сентр», то дома у Вуди. Наиболее подробные и глубокие беседы, отраженные в главах о фильмах «Сентябрь» и «Преступления и проступки», проходили именно у Вуди дома: уединенная и спокойная атмосфера, царящая там, располагала к сосредоточенности и откровенности. Разговор о «Днях радио», напротив, проходил на фоне хаоса в трейлере Вуди, между съемками последних дублей «Загадочного убийства в Манхэттене».

В те январские дни я наблюдал, как делается фильм. Больше всего меня поразили легкость и веселость, которыми был отмечен весь этот процесс. Съемка фильма — сложное и громоздкое занятие, однако здесь не было тех стрессов, которые ему обычно сопутствуют. Конечно же, Вуди уже долго работает с одними и теми же людьми, которые делают важную работу за кадром. Все друг с другом хорошо знакомы и знают, кто что делает. Общаются почти без слов. Жест, взгляд — больше и не требуется.

На следующий год мне опять удалось понаблюдать, как Вуди работает — теперь над «Пулями над Бродвеем». На этот раз меня больше всего поразило то уважение и доверие, которым отмечена его работа с актерами. Если Вуди и управляет ими, то делает это совершенно незаметно. Он абсолютно сосредоточен в момент съемки, но между дублями его как будто и нет. Некоторые актеры признавались мне, что Вуди ими практически не управлял. Вероятно, в этом и кроется секрет его режиссуры. Он целиком полагается на мастерство актера, его способность интерпретировать роль по-своему. Он задает горизонт, который включает в себя и свободу, и ответственность. По сути, сотрудничество строится на доверии. Наверняка именно поэтому столько именитых актеров выстраиваются в очередь, чтобы сняться у Вуди Аллена.

Осенью 2001 года мы вновь встретились с Вуди, чтобы продолжить разговор о кино и жизни, искусстве и музыке. Как всегда, он был крайне занят. Бурные события в личной жизни никак не повлияли на его талант и работоспособность. С того момента, когда началась работа над этой книгой, он написал девять сценариев и снял по ним фильмы, написал несколько пьес для театра, много снимался как актер. Его последний фильм, «Голливудский финал», уже закончен и выйдет на экраны в апреле 2002 года[1].

Вероятно, на последнем этапе производства картины Вуди чувствует себя более свободно, как бы в противовес драматическим событиям в его жизни вне кино. Он кажется более открытым. У него уже не так сложно взять интервью. Он все чаще выходит из своего неприступного бункера — именно такое впечатление производит в последнее время «Манхэттен филм сентр». Он даже пред-

---

[1] С тех пор успели выйти «Кое-что еще» (2003), «Мелинда и Мелинда» (2004), «Матч-пойнт» (2005), «Сенсация» (2006), «Мечта Кассандры» (2007); осенью 2008 г. выходит фильм «Викки, Кристина, Барселона».

стает перед публикой на церемонии вручения «Оскара» и появляется на Каннском фестивале.

Однако, когда мы снова встречается в «Манхэттен филм сентр», никаких внешних изменений не заметно: потертый диван и кресла стоят ровно на тех же местах, что и во время наших предыдущих встреч. Я замечаю, что мы сидим так же, как и раньше: Вуди на краю дивана, я в кресле, между нами магнитофон. Кто-то из съемочной команды Вуди ушел, на их место пришли другие люди, которые так же ему преданы. Скорее всего они останутся с ним в его киноодиссее не один год. В тот момент, когда мы заканчиваем последнее интервью в апреле 2002 года, Вуди готовится снимать «Весенний проект Вуди Аллена». Наверное, и сценарий следующего фильма уже лежит в ящике стола.

Положение Вуди Аллена в мире кинематографа уникально. У него есть контракт с продюсерами, который дает ему полную свободу делать как минимум один фильм в год. Контракт оставляет за Алленом право выбора любой темы, сценария, актеров, съемочной команды, монтажа и так далее. Единственное ограничение — оставаться в рамках оговоренного бюджета.

Тот Вуди Аллен, которого я узнал, работая над книгой, совсем не похож на сложившийся экранный образ одинокого волка и неизлечимого невротика, преисполненного страданий и, не в последнюю очередь, жалости к себе — корня всех тех недостатков, которые он, как кажется, хочет показать с почти мазохистским наслаждением: ипохондрия, погруженность в себя, нерешительность и другие более или менее поддающиеся определению фобии. Вместо всего этого я увидел дисциплинированного и занятого человека, который умеет принимать решения; серьезного, мыслящего художника, который очень требователен к себе и не идет на компромисс в том, что касается его искусства и взгляда на мир.

Его частная жизнь — закрытая тема, а публичная сведена к минимуму. Единственное исключение — вечера понедельника в пивной «У Майкла», где он появляется почти каждую неделю, чтобы поиграть на кларнете традиционный джаз вместе с музыкантами. Сейчас выступления переместились в кафе «Карлейль», но расписание осталось: каждый понедельник, если только Вуди не слишком занят очередным фильмом. Музыка, наверное, самый важный для него источник вдохновения. Именно об источниках вдохновения Вуди Аллена рассказывает эта книга.

Стокгольм, май 2002 г.

ИНТЕРВЬЮ

Глава 1
Истоки

Разговор у нас пойдет о вашей карьере в кинематографе, и нам волей-неволей придется обсуждать ее хронологически. Но мне кажется, что свободный поток сознания ограничивать тоже не стоит, мы вольны блуждать во времени и, если угодно, позволять себе флэшбэки и флэшфорварды.

Перед отъездом из Стокгольма я пересмотрел начало «Алисы». Я очень любил этот фильм и смотрел его не один раз. Мне казалось, что фильм начинается с утренней сцены, где появляются сама Алиса, ее муж и дети. Но оказалось, что на самом деле фильм начинается совсем по-другому — со сцены, которая происходит между Алисой и ее будущим любовником в аквариуме. Я еще раз убедился, что на память можно полагаться не всегда, к подробностям и мелочам нужно относиться внимательно.

Абсолютно точно, все запоминают фильмы по-разному.

Но не кажется ли вам, что эта «ошибка памяти» свидетельствует еще и о свободной композиции ваших фильмов, о потоке сознания, который они передают?

В этом отношении кино — удивительная вещь. Здесь как в прозе — никаких ограничений, можно делать со временем все, что угодно. И это замечательно.

Есть люди, мысли которых все время текут как линейное повествование, и они в сходной манере делают замечательные фильмы. И есть люди, которые думают нелинейно, люди, которым нужны отступления. Я принадлежу скорее ко второму типу. У меня склонность отвлекаться. Не специально, просто так получается.

А подобные отступления прописываются еще на уровне сценария?

Чаще всего да. Иногда какие-то идеи появляются при монтаже или во время съемок, но в основном такие вещи определяются общей структурой фильма.

Кстати, о флэшбэках. Что первым приходит вам в голову, когда вы вспоминаете самый первый фильм, который вы видели?

Трудно сказать. Наверное, это была «Белоснежка» или что-нибудь в этом роде. Наверное, какой-нибудь диснеевский фильм. Я хорошо помню начало сороковых годов — сороковой, сорок первый, сорок второй. Тогда я начал постоянно смотреть кино.

Вам было пять-семь лет в эти годы...

Да, я родился первого декабря тридцать пятого года. Меня начали водить в кино примерно с пятилетнего возраста. Фильмы меня буквально завораживали. Мы жили в Бруклине, в той его части, где селился нижний слой среднего класса, и в округе было не меньше двадцати пяти кинотеатров. Так что я буквально пропадал в кино. Тогда выходило множество фильмов, в течение одного месяца можно было увидеть фильмы с Джеймсом Кэгни, с Хамфри Богартом, с Гэри Купером, с Фредом Астером плюс диснеевские картины, плюс... Фильмов было невероятно много, это было изобилие, преизбыток.

В детстве я тоже был киноманом, но у меня это началось значительно позже. Мне было одиннадцать лет, ко-

гда я посмотрел первый фильм. Этот первый поход в кинотеатр стал для меня своего рода откровением, чуть ли не религиозным опытом. Это был мюзикл студии «MGM», и я сразу же влюбился в Джейн Пауэлл, которая играла там главную роль. После этого я стал смотреть кино почти ежедневно.

Этот первый фильм был «Свидание с Джуди»?

Нет, это был «Роскошный лайнер». А как родители относились к вашему увлечению кино? Было такое, чтоб они возражали, старались отвлечь или запрещали ходить в кино?

Нет. Пока я был совсем маленьким, меня водила в кино моя старшая двоюродная сестра — мы ходили с ней раз в неделю. А когда я стал постарше... У ребят в округе была такая проблема, многие родители не поощряли увлечение кино. Особенно летом им постоянно говорили: «Поиграл бы ты лучше на воздухе, побегал бы, позагорал, сходил бы искупаться». Тогда кино было окружено разными «гигиеническими» мифами: считалось, что из-за него портится зрение и т. п. Но моих родителей эти вещи не особенно волновали, они никогда не пытались занять меня чем-то другим. И я с детства не любил лето, не выносил жару и солнце. Я ходил в кинотеатры, там были кондиционеры. Я бывал в кино по четыре, по пять, по шесть раз в неделю, а иногда ходил каждый день — смотря по тому, сколько денег я мог наскрести. Тогда были в моде сдвоенные сеансы — это я обожал! Правда, зимой, когда надо было ходить в школу, все было не так лучезарно. Зимой можно было пойти в кино только в выходные. Но я обычно ходил и в субботу, и в воскресенье, иногда даже в пятницу вечером, после школы.

Вы смотрели все, что показывали, или отдавали предпочтение отдельным фильмам или определенному жанру?

Сначала я смотрел все подряд. Потом, с возрастом, я полюбил романтические комедии, комедии, рассчитанные на искушенного зрителя. Мне очень нравились братья Маркс и детективы.

Братья Маркс — не вполне детская вещь. Вы были развитым ребенком?

Мне кажется, я всегда предпочитал тонкие комедии, у меня были свои требования. Даже в детстве я не испытывал особенного пристрастия к комедиям-буфф. Мне, в отличие от Феллини, никогда не нравились клоуны. Возможно, потому, что здесь, в Соединенных Штатах, совсем другие клоуны, чем в Европе. Я никогда не любил цирковых клоунов, и мне никогда не нравилась буффонада. Меня всегда тянуло к более тонким вещам. Мне нравился Престон Стерджес и кое-какие комедии начала сороковых. Этому я отдавал безусловное предпочтение. Братья Маркс относились у меня к другой категории, потому что они были грубоваты, их работу можно было назвать клоунской, но в то же время это была очень и очень тонкая работа, чрезвычайно умная и изысканная. Знаете, я до сих пор не понимаю, что особенно смешного в фильмах Лорела и Харди. Все, кого я знаю, все мои ровесники, все мои друзья — все обожают Лорела и Харди. Все думают, что это великий комический дуэт, и каждый старается показать мне, чтó я упускаю. Нельзя сказать, что я ненавижу Лорела и Харди, — скорее, они ничего для меня не значат. Я никогда не был ценителем этого жанра грубоватой комедии.

А мне нравится «Музыкальная шкатулка». Мне кажется, это своего рода шедевр.

Конечно, у них есть смешные моменты. Но в целом немые комедии-буфф меня не слишком интересовали. Чаплин мне был интересен именно как Чаплин — он невероятно смешной человек, удивительно смешной, коварный, непосредственный. Бастер Китон, напротив, никогда не казался мне смешным. Его фильмы великолепны. Это шедевры. Они сделаны с большим мастерством, в них нет ни одного изъяна. Но когда я вижу самого Бастера Китона, я не смеюсь. А Чаплину стоит только появиться, как ты уже ждешь, что сейчас будут проделки, обманы, какие-то издевательства. И вот он уже утирает лицо чьей-то бородой и тут же дает этому человеку ногой под зад. Китон мне не так близок. Объективно говоря, если мы будем расценивать фильмы исключительно по мастерству, с которым они сделаны, Китон во многом превосходит Чаплина, но если брать в расчет их влияние на аудиторию, если принимать во внимание чувство, которое они вызывают, то Чаплин окажется куда смешнее и гораздо интереснее. «Огни большого города» меня лично захватывают больше, чем любой из фильмов Китона. Хотя, когда я смотрю «Пароходный Билл» или «Паровоз „Генерал"», я прекрасно понимаю, что это великие фильмы. Это не вопрос. Китон был великим режиссером и делал первоклассные картины.

У Китона есть какая-то ювелирная точность...

Да, это большой мастер. Я готов бесконечно восхищаться его фильмами, мне они нравятся, но все это ни в какое сравнение не идет с тем, что дает мне Чаплин и его очень личное, психологически сложное отношение к мужчинам и женщинам, с которыми он имеет дело.

Что же привлекло вас в братьях Маркс?

Остроумие, блестящее остроумие. Сюрреализм, абсурдность и какое-то необъяснимое, немотивированное безумие. И кроме того, это были талантливые люди! Именно так. Чико был талантлив, Харпо был невероятно талантлив, а Граучо был на голову выше их всех. У них было огромное дарование. Во всем, что они делали, была какая-то веселость. Это было их внутреннее качество, оно в них присутствовало на генном или клеточном уровне. Я часто привожу этот пример: попросите художника уровня Пикассо нарисовать маленького зайчика, простого маленького зайчика, и потом попросите школьников нарисовать того же самого зайчика. В рисунке Пикассо может ничего не быть, никакой гениальной идеи, но в самой линии будет что-то особенное, сама линия будет проходить по бумаге с каким-то особенным чувством, красота будет в линии. То же самое бывает в музыке. Великая скрипка гениальна самой своей интонацией: даже если просто играть на ней гамму, в звуке будет особенное чувство. Граучо был как такая скрипка. Что бы ты ни делал с Граучо, все было смешно — идешь ты с ним обедать или просто разговариваешь. Он не пытался смешить, он не говорил ничего особенно смешного, смех был в самом ритме, в интонации его голоса. В общем, я был их большим поклонником. Их фильмы были преисполнены энергии, это были нелепые, совершенно сумасшедшие фильмы.

И вы смотрели их фильмы по нескольку раз?

Да, если в округе в каком-нибудь кинотеатре шел фильм братьев Маркс, я старался не пропускать. Я часто пересматриваю любимые фильмы, я от них никогда не устаю. С годами ничего не меняется.

Вы хорошо знали Граучо лично?

Да, мы были знакомы довольно близко. Мы провели вместе много времени, он очень мне нравился. Мне, конечно, говорили, что, когда я с ним встретился, Граучо стал гораздо мягче, что в молодости он был просто невыносим. Вполне возможно, так оно и было, я не знаю. Когда мы познакомились, это был такой приятный человек, он постоянно рассказывал какие-то анекдоты. Ему нравилось то, что я делаю, а я был его страстным поклонником. В каком-то смысле это был такой тип «остроумного дядюшки». На семейных торжествах встречаются такие дядюшки-весельчаки с бесконечным набором острот. Остроты эти, конечно, не дотягивают до профессионального уровня, но зато их поток ни на минуту не прекращается, и в них есть своя прелесть. На какой-нибудь свадьбе или похоронах или на семейном празднике Граучо точно был бы на своем месте. Это был бы тот самый «остроумный дядюшка» — берет себе курицы, кладет в тарелку рис и все время шутит, каждое движение сопровождается уморительными комментариями.

Когда вы познакомились с Граучо, других братьев уже не было в живых?

Нет, почему же. Я встречался с Харпо. Я не был знаком с Чико. Двух других братьев, Гаммо и Зеппо, я тоже не знал лично. Харпо был на одном моем представлении в кабаре.

В начале «Пурпурной розы Каира» Сесилия (Миа Фэрроу) с сестрой разговаривают о кино и обсуждают кинозвезд. Впечатление такое, что их трогают не столько сами фильмы, сколько жизнь звезд экрана. Вас это также занимало, когда вы только начали увлекаться кино?

В этом отношении мой интерес всегда был очень умеренным. Еще ребенком я мог назвать любого актера, игравшего в фильме. Годам к восьми-девяти я знал всех без исключения, потому что я смотрел очень много и постоянно изучал киножурналы. Но околозвездные сплетни меня никогда по-настоящему не увлекали.

Знали ли вы о людях по ту сторону экрана? О тех, кто участвовал в создании фильмов, о режиссерах и т. д.?

Это пришло позже. Я рос в период расцвета «звездной системы». В Соединенных Штатах (думаю, это была отличительная черта американского кинематографа) режиссером не уделяли особого внимания. Я довольно поздно стал понимать, чем вообще занимаются режиссеры.

Кроме братьев Маркс у вас были еще какие-нибудь любимые кинозвезды?

Конечно! Я обожал Фреда Астера и Хамфри Богарта, Джеймса Кэгни и Эдварда Робинсона. Ну и остальных всеобщих любимцев: Джимми Стюарта, Гэри Купера, Алана Лэдда и далее по списку. Они все были моими любимыми актерами, я обожал смотреть фильмы с их участием.

Когда вы стали сознательно обращать внимание на режиссеров и осознавать роль режиссера в создании фильма?

Когда стал старше — думаю, уже будучи подростком, не раньше. Я стал видеть, что какие-то режиссеры явно сильнее других. Когда мне было лет пятнадцать, в моем районе открылось несколько кинотеатров, где показывали зарубежные фильмы. Во время войны зарубежного кино практически не было, а после войны я стал смотреть европейские картины, и это были великие фильмы, настоящие шедевры. В Штаты привозили только самое лучшее. Тогда у меня сложилось определенное представление об итальянском кинематографе, о французском и в некоторой степени о немецком. И в какой-то момент я посмотрел фильм Ингмара Бергмана. Но это было чуть позже.

Вы помните, что это был за фильм?

«Лето с Моникой». Замечательный фильм! Он произвел на меня огромное впечатление. Потом я посмотрел «Вечер шутов». Этот фильм окончательно меня покорил. Я был потрясен. Мода на Бергмана возникла в США чуть позже, когда здесь показали «Земляничную поляну», «Седьмую печать», «Лицо». В пятидесятые годы эти фильмы постоянно шли в кинотеатрах, где показывали серьезное кино.

Какова же была ваша реакция, когда вы получили возможность сравнить американские фильмы, к которым вы привыкли, с зарубежными?

Зарубежное кино было совсем другим, мы с друзьями моментально в него влюбились. Эти фильмы были очень зрелыми по сравнению с американским кино. Американское кино сводилось в основном к развлечению, это было средство ухода от действительности. Европейское кино — по крайней мере, то европейское кино, которое мы смотрели здесь, — было более конфликтным, в каком-то смысле более взрослым. Европейские фильмы ни в какое сравнение не шли с тупыми ковбойскими историйками или с жалкими развлекательными картинами про мальчика, который знакомится с девочкой, которую потом теряет, а в конце обретает заново. В общем, мы любили европейское кино, для нас это всегда было огромное впечатление. Эти фильмы на многое открыли нам глаза, — в частности, именно благодаря им мы стали больше внимания уделять режиссерской работе, стали интересоваться историей кино.

Вы говорите о себе и своих друзьях. Кто были эти друзья? Двоюродная сестра, о которой вы уже упоминали?

Нет, она водила меня смотреть американские фильмы, когда я был совсем маленьким. Подростком я ходил в кино со своими школьными друзьями. Мы очень любили зарубежные фильмы. Зарубежные комедии нам тоже очень нравились.

Какие, например?

Я помню несколько: «Фанфан-тюльпан», ранние фильмы Жака Тати. Были смешные британские картины. А фильмы Рене Клера! Я был по-настоящему поражен, когда в первый раз посмотрел «Свободу нам!». Фильм показался мне совершенно замечательным. Хотя, конечно, по-настоящему важными для нас были серьезные картины — «Похитители велосипедов», например. Этот фильм стал для нас огромным событием. Фильмы Жана Ренуара тоже производили ошеломляющее впечатление: «Правила игры», «Великая иллюзия», его прекрасный короткий фильм «Загородная прогулка». Примерно в это же время в США стали показывать ранние фильмы Феллини. Я не помню, чтобы мы смотрели тогда совсем ранние работы Бергмана. Для меня стиль Бергмана начинает выкристаллизовываться в «Лете с Моникой». Фильмы, которые он снимал до этого, я воспринимаю как хорошие образчики американского кино. Они американские по стилю. А в этом фильме с Харриет Андерсон чувствовался прорыв, после него Бергман постепенно пришел к своему мощному поэтическому стилю.

Вы, вероятно, знаете, что Бергман начал работать в кино как сценарист. У него есть замечательные рассказы о том, как он работал на крупнейшую в Швеции продюсерскую компанию в качестве штатного сценариста. Это было в начале — середине сороковых. Бергману и его коллегам приходилось смотреть массу американских фильмов, потому что компания требовала от них сценариев, сделанных в американском духе. Так что это влияние не могло не проявиться в его собственных ранних фильмах.

Но вернемся к вам. Вы живо интересовались кино. Приходило ли вам в то время в голову, что вы когда-нибудь сможете делать кино сами?

Тогда я об этом не думал, но вот когда я был еще совсем ребенком, нечто подобное мне в голову пришло. Я смотрел какой-то фильм про пиратов и вдруг подумал: «Ха! Я и сам бы мог такое снять!» Мне было тогда лет семь-восемь. Это была своего рода отложенная мечта — после я об этом не думал.

Вы помните, что это был за фильм?

Это был «Черный лебедь» с Тайроном Пауэром. Не знаю, что именно в этом фильме навело меня на такую мысль, — в то время я смотрел огромное количество фильмов. Может быть, именно этот был ярче, смешнее, может, он был более захватывающим по сравнению с другими. На самом деле я хотел стать писателем, хотел писать вещи для театра. В то время у меня не было ни малейшего представления, как попасть в кино и что для этого нужно сделать. Я хотел быть просто драматургом.

Вы начали писать очень рано: номера для комиков, рассказы для газет, тексты для телевидения и т. д. Когда, в каком возрасте вы вообще начали писать? Имеется в виду до того, как вы стали показывать свои вещи, публиковать, отдавать актерам.

Можно сказать, что я писал всегда. Еще ребенком я придумывал неплохие рассказы — даже когда не умел еще читать. Я всегда говорю, что я стал писать раньше, чем научился читать. Я стал писать на заказ, когда мне было шестнадцать лет, я еще учился в школе. Мне заказывали шутки и смешные истории. Потом я стал писать для радио и телевидения, а потом для комиков из кабаре. В какой-то момент я сам стал выступать в кабаре с собственными текстами. И только потом я написал сценарий для фильма, который мне в конечном счете удалось поставить.

Сам процесс письма — доставляет ли он вам удовольствие? Или ужас, который испытывает автор перед чистым листом, вам тоже знаком?

Нет, в этом смысле я похож на Пикассо — он где-то говорил, что, когда видит пустое место, ему обязательно нужно его заполнить. Я чувствую то же самое. Самое большое удовольствие для меня — это срывать упаковку с большущей пачки желтой или белой бумаги. В этот момент мне буквально не терпится все это заполнить. И я люблю это делать.

Когда вы начали писать рассказы? Насколько я понимаю, сначала вы сочиняли исключительно шутки и скетчи для себя и других комиков.

Рассказы стали появляться через пару лет после того, как я начал писать. Я валял дурака, пытался писать пьесы, но у меня это не слишком получалось. Результаты были слабые.

Почему, как вам кажется?

Я просто еще не умел этого делать. Мне не хватало образованности. Меня довольно рано выгнали из школы. Общей грамотности мне явно недоставало, я был не слишком знаком с литературой, все время читать было не в моих привычках. Мне нужно было время, чтобы понять какие-то вещи, нужно было много читать, смотреть театральные постановки. Вместо всего этого я летом уходил куда-нибудь и писал скетчи для летних театров. Потом я следил за реакцией публики. Это многому меня научило. Только постепенно, по мере взросления, по мере того, как я достигал некоторой зрелости, я стал писать лучше.

Когда спрашиваешь писателей, как они учились своему ремеслу, как достигли мастерства, они обычно отвечают, что много читали. Мы смотрели множество фильмов и таким образом учились снимать. Теперь есть и киношколы, и литературные курсы. Что внушает вам большее доверие — самостоятельное овладение мастерством или учеба, в процессе которой тебя готовят к творческой профессии?

Я абсолютно не верю в школы. В нашем деле ничему нельзя научить, это сократический процесс. Творческие навыки входят в человека через какое-то другое отверстие, чем просто знания. Чтобы стать джазовым музыкантом, нужно слушать джаз — слушать, слушать и слушать. Это любовный акт. Ты не думаешь: я это слушаю потому, что я эту музыку изучаю. Ты слушаешь потому, что ты эту музыку любишь. И именно потому, что ты ее любишь, по-настоящему ее любишь... ты этой музыке учишься. Ты шаг за шагом усваиваешь все, что представляет для тебя хоть какую-нибудь значимость. То же самое касается и писания пьес, и постановки фильмов, и актерского мастерства. Ты любишь читать, или ты любишь смотреть фильмы, или тебе важно смотреть театральные постановки или слушать музыку. С годами без всякого усилия это входит в плоть и кровь. Когда изучение всего этого становится рутиной, каким-то очередным предметом из списка, это неправильно. С актерами то же самое: человек готов смотреть фильмы с Марлоном Брандо, начиная с самых ранних, когда он только появился на экране. Ему просто нравится смотреть фильмы с его участием, и его ничто не остановит — он так и будет смотреть и смотреть. Когда он сам начнет играть, он будет подражать Марлону Брандо. Это происходит ненамеренно: сам стиль актерской работы Брандо становится его собственным стилем игры. То же самое постоянно происходит в музыке. Ты слушаешь Чарли Паркера. Слушаешь, слушаешь, начинаешь влюбляться в его музыку, учишься играть на саксофоне, и твой саксофон звучит как его саксофон — один в один! Потом приходится порвать с этим и развивать свой собственный стиль. Но все это приходит исключительно благодаря личной заинтересованности, благодаря какой-то особенной страсти. Если хотите научить кого-нибудь снимать фильмы, едва ли не лучшее — это посоветовать смотреть кино, смотреть как можно больше фильмов, и в какой-то момент они войдут в кровь и плоть этого человека.

Вы говорите, что стали читать художественную литературу довольно поздно. Когда вы все же стали читать, чьи книги привлекли ваше внимание?

Когда я стал читать, я читал Эрнеста Хемингуэя, Уильяма Фолкнера, Фрэнсиса Скотта Фицджеральда, Джона Стейнбека — писателей такого типа.

Когда это было?

Я начал читать, когда был уже подростком. Чтение никогда не доставляло мне удовольствия. Я до сих пор много читаю, но никогда ради удовольствия. Я читаю то, что мне важно прочитать. Кое-что, конечно, мне нравится, но в общем и целом это для меня довольно тяжелая и неприятная задача.

«Что нового, киска?» — ваш первый сценарий. Насколько случайным было ваше участие в этом проекте?

Я работал тогда в кабаре, будущим продюсерам фильма понравилось мое представление, они подумали, что если я сам сочиняю свои скетчи, то вполне мог бы написать и неплохой сценарий. Они предложили мне эту работу. Я согласился и написал, как мне казалось, хороший сценарий. Но они не очень понимали, что с ним делать, какой фильм можно по этому сценарию поставить и как. В итоге они сделали фильм, которым я был недоволен. Он мне совершенно не понравился. И тогда я зарекся писать таким образом. Я сказал себе, что возьмусь за следующий сценарий, только если у меня будет возможность самому снимать по нему фильм.

На тот момент у вас уже были какие-то представления о режиссуре? У вас было желание самому поставить «Что нового, киска?»

Нет. Эта идея возникла исключительно как средство самозащиты. Мне казалось, что никто не понимал, как нужно ставить этот фильм. Режиссер Клайв Доннер у меня вопросов не вызывал. Он хороший режиссер. Но он ничего не мог сделать: студия постоянно на него давила, актеры постоянно чего-то от него требовали, все время диктовали свои условия. Если бы не он, мне бы на этом фильме пришлось совсем туго.

В то время Клайв Доннер был одним из самых интересных начинающих британских режиссеров. Вы видели фильмы, которые он снял до «Киски»?

Тогда я знал только «Ничего, кроме лучшего». Мне нравился этот фильм, и Клайв как человек мне тоже нравился. Мне казалось, он делает все, что может, но продюсеры ограничивали его буквально во всем. Ему ничего не давали делать, как он хотел.

Что именно вам не нравилось в «Киске»? В каком духе вам хотелось бы переделать этот фильм?

Мне казалось, что я написал сценарий для очень необычного некоммерческого фильма. Он совершенно не годился для фабричного производства. А продюсеры, которым я его отдал, были плоть от плоти голливудской машины. По их воле у проекта появились все самые ненавистные голливудские атрибуты. Люди, начисто лишенные чувства юмора, решали, что смешно и что не смешно. Роли раздавались любовницам. Ради того, чтобы пригласить звезд, сочинялись специальные роли, а нужны эти роли в фильме или не нужны, никого не занимало. Это был полный и абсолютный кошмар. Почти все решения, касавшиеся непосредственно фильма, были неверными. Например, у меня в сценарии была сцена, в которой мужчина и женщина останавливают лифт между этажами, чтобы заняться любовью. Если это происходит в каком-нибудь кишащем людьми офисном здании в Нью-Йорке, может получиться смешно. Но продюсеры нашли здание в Париже, и там был фантастически красивый лифт, он вполне мог сойти за номер для новобрачных в каком-нибудь дорогом отеле. В таких интерьерах это уже не смешно — было совершенно бессмысленно останавливать такой лифт, чтобы заняться любовью. Продюсеры так и не поняли в сценарии ни единой строчки. К тому же права голоса у меня не было. Стоило мне заговорить, как меня выкидывали из комнаты, потому что они были заранее со всем не согласны. Мне все это не нравилось, и фильм мне тоже не понравился.

Насколько я понимаю, вы воевали в основном с продюсером Чарльзом Фельдманом. Не пытались ли вы заключить что-нибудь типа военного союза с Клайвом

Доннером, чтобы вдвоем побороть Фельдмана и переломить ситуацию?

Пытались. Мы делали все возможное. Просто есть два типа киношников. Есть серьезные, вне зависимости от того, смешной фильм они снимают или серьезный или это вообще мюзикл. И есть второй тип киношников, для которых снимать кино — это стиль жизни. Год они встречаются со сценаристами, обедают с актерами, делают кинопробы красивых артисточек, опять с ними обедают, устраивают вечеринки, приглашают новых сценаристов... Так проходит год или два, потом они начинают снимать фильм, и начинаются обеды с актерами, обеды с режиссером, обеды с писателями, писатели приводят каких-то своих друзей, друзья начинают давать советы и лезть в дело, в котором они ничего не понимают. Продюсер может прийти и заявить: «Слушай, эту актрису надо снять крупным планом, когда она в первый раз появляется в фильме». И все со всеми спорят. Звезды спорят друг с другом, потому что им кажется, что у других роли лучше, или больше слов, или слова более смешные. И это может продолжаться до бесконечности. С нормальными съемками это не имеет ничего общего. Иногда, очень редко, несмотря ни на что, из этого может получиться фильм. Но в девяносто девяти случаях из ста это катастрофа. Так фильмы не снимают, это бесконечные приемы и вечеринки.

«Что нового, киска?» — это еще и фильм, в котором состоялся ваш актерский дебют. Как вы оцениваете этот опыт?

Опыт был сомнительный. Я не знал, переигрываю я или недоигрываю. Работать было очень сложно. Это было не так, что в конце съемочного дня я отсматривал материал и говорил себе: «Понятно, завтра нужно к этому вернуться и переснять». Так никто не делал. Мне давали возможность сыграть, но у меня ни разу не было возможности переиграть. Я старался как мог, но все время был не уверен в себе.

Актерам не всегда дают отсматривать отснятый материал. Но вы же должны были иметь к нему доступ как сценарист.

Да, я ходил на эти просмотры, мне разрешали смотреть материал. Проблема была в том, что мне ничего не нравилось. Я упорно твердил, что все это ужасно, и мне все время отвечали: «Не волнуйся!»

В «Киске» вы играете в паре с одной из моих любимых актрис, Роми Шнайдер. Каковы ваши впечатления о ней как об актрисе и о партнерше по фильму?

В других фильмах она мне нравилась, но на «Киске» мы почти не контактировали. Она была очень любезна, но статус у нас был слишком разный. Я до того никогда не снимался в кино, а она уже была звездой. Наши положения были настолько несоразмерны, что мы просто не имели возможности нормально общаться. Но когда мы снимали совместные сцены, она была очень любезна.

Свой второй опыт в кино, «Казино „Рояль"», вы восприняли точно так же?

В этом фильме я был только актером. Мне предложили довольно много денег, и у меня была очень маленькая роль. Мой менеджер советовал мне соглашаться, он говорил, что фильм может оказаться успешным, говорил, что мне все равно нужно постоянно сниматься и что это выгодно в финансовом смысле. Я поехал в Лондон. Мне платили очень приличную зарплату, и плюс к этому у меня были очень приличные суточные на накладные расходы. Но съемки моих сцен начались только через шесть месяцев! Шесть месяцев я жил в Лондоне за их счет! Один из примеров того, насколько расточительным был этот проект.

И что же вы делали в Лондоне в течение этих шести месяцев?

Я писал пьесу «Не пей воды». Я общался, играл в карты, ходил в казино. Гулял по Лондону, наслаждался жизнью. Через шесть месяцев они наконец-то позвали меня, чтобы снять эти мизерные сцены с моим участием. Потом я уехал домой. Мне все это предприятие казалось абсолютно идиотическим от начала до конца, кругом была сплошная глупость, бессмысленная трата пленки и денег. Для меня это был еще один ужасающий киноопыт.

В процессе работы на двух этих фильмах вы писали рассказы.

Да, я тогда писал для «Нью-Йоркера». Мне очень льстило, что они меня публикуют, потому что «Нью-Йоркер» — едва ли не лучший литературный журнал в Соединенных Штатах, все мои знакомые мечтали напечататься там. И этот журнал опубликовал первую же вещь, которую я им послал.

Когда это было?

Во время съемок «Киски» или около того времени. В середине шестидесятых. «Нью-Йоркер» регулярно публиковал мои рассказы, а я регулярно писал новые, причем с большим удовольствием.

Это были рассказы, которые позже вышли отдельными книгами?

Да, потом из них составилось три сборника: «Сводя счеты», «Побочные эффекты» и «Без перьев».

Вскоре после этого вы сняли свой первый фильм, который, строго говоря, не был вашим. «Как дела, Тигровая Лилия?» — японский фильм, для которого вы сделали озвучку на английском языке, полностью изменив по ходу дела сюжет оригинала.

Да, это был еще один ужасающий опыт. Продюсер купил японскую картину и попросил меня переозвучить ее на английском. Мы с друзьями пошли в студию, посмотрели фильм и записали реплики для всех актеров. Это была дурацкая затея, дурацкая и очень ребяческая. Перед самым выходом фильма я предъявил иск продюсеру, чтобы воспрепятствовать выходу фильма на экраны. Он сделал в нашей работе какие-то изменения, и они мне казались совершенно недопустимыми. Пока по этому иску велось разбирательство, фильм вышел на экраны и собрал очень хорошую критику. Я отказался от иска — подумал, что все равно дела не выиграю. Но я всегда расценивал этот фильм как абсолютно вялый и безжизненный. Это очень незрелая юношеская работа.

Вам известно, как отреагировали на вашу работу авторы фильма?

Ничего об этом не знаю.

Глава 2
«Хватай деньги и беги»

О г, инопланетянин: Нам очень нравятся ваши фильмы. Особенно ранние, которые смешные.

Из фильма «Воспоминания о звездной пыли»

Вот мы и добрались до вашего первого режиссерского опыта — «Хватай деньги и беги».

Да, именно с него началась моя режиссерская карьера. До этого у меня была масса причин не иметь дел с кино.

Как родился этот фильм?

Сценарий мы написали вместе с моим приятелем Микки Роузом. Нам очень нравилась идея, сценарий тоже получился смешной. Я дал его британскому режиссеру Вэлу Гесту: мне казалось, что сценарий его заинтересует. Вэл Гест был режиссером той части «Казино „Рояль"», в которой я снимался. Тогда я даже не мечтал, что кто-нибудь предоставит мне возможность самому снять этот фильм. Гест ответил, что сценарий ему понравился, но кинокомпания не хочет его брать. Тогда я показал сценарий Джерри Льюису, у него на тот момент уже был огромный опыт в комедийном жанре. Ему тоже понравился сценарий, но кинокомпания опять была против. На какое-то время проект подвис.

Вы обратились к Джерри Льюису, потому что знали его режиссерские работы?

Я видел его фильмы и находил там очень смешные моменты. Нельзя сказать, что я был поклонником его фильмов в целом, но самого Джерри я считал невероятно талантливым. Я думал, если мне его удастся заполучить в качестве постановщика, получится здорово. В любом из его фильмов, даже в провальном, в силу природной одаренности Джерри было несколько изумительных сцен, определенных энергией его таланта.

Мне очень нравятся его ранние режиссерские работы. У него сильная зрительная интуиция, всегда продуманные структура и композиция фильмов.

Да, что бы он ни ставил, он ставил мастерски. Но мне истории, к которым он приложил руку, казались уж слишком инфантильными. Хотя его часть работы, режиссура, всегда была хороша.

В итоге фильм все-таки сняли.

Да, в это время образовалась новая кинокомпания, «Паломар пикчерз», — компания небольшая, никаких связей с большими, знаменитыми режиссерами у них не было. Они только начинали. Представители компании спросили, смогу ли я сделать этот фильм с небольшим бюджетом — меньше миллиона долларов. Я согласился, и они решили попробовать. Они знали меня как автора фильма «Что нового, киска?», они знали, что я писал для театра, что я делал кабарешные номера. Им все это было симпатично, я производил впечатление вполне ответственного человека, на растратчика не был похож. Так что они решили попробовать. И попробовали. В «Паломар пикчерз» работали очень интеллигентные люди, никаких проблем у меня с ними не было. Мне дали полный карт-бланш. Абсолютную свободу действий. Мне ни в чем не мешали, я смонтировал фильм так, как хотел, сделал все, что считал нужным. Работать с ними было очень приятно. И с тех пор у меня уже никогда не было проблем с кинокомпаниями с точки зрения творческой свободы.

Сценарии ваших первых двух фильмов, «Хватай деньги и беги» и «Бананы», писались в соавторстве с Микки Роузом. Расскажите, пожалуйста, о нем.

Микки — мой школьный друг. Мы вместе росли, вместе ходили в школу, играли в одной бейсбольной команде. Потом он переехал в Калифорнию. Теперь мы с ним разговариваем по телефону — пару раз в год.

Он тогда уже был писателем?

Да. Он замечательно веселый человек. С ним было очень приятно работать.

Как вы работаете с соавторами? Вы в буквальном смысле пишете вместе или каждый работает над своей частью, а потом собираете воедино то, что получилось?

С Микки мы работали вместе. У нас была машинка, мы садились и писали последовательно — реплику за репликой. Потом, когда я работал с Маршаллом Брикманом [над сценариями фильмов «Энни Холл» и «Манхэттен»], мы поступали иначе. Сначала мы с ним долго обсуждали действие, вслух прорабатывали все детали. Потом Маршалл уходил, я садился и писал черновой вариант. Маршалл читал, что у меня получилось, высказывал свои замечания, говорил, что ему нравится и что не нравится, и мы вместе дорабатывали сценарий. Если пишет кто-то один, всегда получается быстрее. В данном случае писал я, потому что именно мне нужно было говорить потом половину всех этих реплик в фильме. Так что мне было проще.

Насколько я понимаю, ваши методы работы над сценариями меняются от фильма к фильму. Есть ли какие-то вещи, которые остаются неизменными? Например, как вы пишете: быстро, в течение какого-то короткого промежутка времени или вы сначала долго обдумываете сценарий, ждете, пока он оформится у вас в голове, и только потом приступаете к работе?

Нет-нет, я пишу быстро, очень быстро. В какой-то момент мне приходит в голову идея. Допустим, сегодня я что-то придумал. Но сегодня я писать не могу, потому что у меня полным ходом идет подготовка к съемкам другого фильма. Но потом, когда этот фильм будет готов и мне нужно будет писать следующий сценарий, эта идея наверняка проявится. Но иногда бывает и так, что съемки закончились, фильм готов, а ничего нового мне в голову не приходит. Тогда я просто иду в кабинет с утра пораньше, начинаю думать и просто заставляю себя работать.

Вы делаете для себя какие-то заметки, записываете то, что может пригодиться в будущих проектах?

Нет. Если мне приходит в голову идея — какая-то шутка или сюжет для рассказа, — я могу ее записать по горячим следам, всегда очень быстро, и бросить в ящик. Но когда я пишу, никаких заметок я не делаю. Мне удобнее сразу писать сценарий.

То есть, когда вы видите, что у вас есть время, вы садитесь и пишете сценарий в один прием?

Да. Появляется какая-то идея, я долго ее обдумываю, проверяю, насколько она самостоятельна, не требуются ли какие-то дополнительные линии. Потом я сажусь и пишу. Я не люблю писать синопсисы, предварительные разработки, отдельные заметки. Мне удобнее сразу писать сценарий.

Есть ли у вас еще нереализованные сценарные идеи? Сколько их найдется, если покопаться в ящиках письменного стола?

Одна-две точно найдется. Есть несколько написанных сценариев, которые мне показались по тем или иным причинам непригодными для постановки.

Когда вы приступали к работе над фильмом «Хватай деньги и беги», вы с кем-нибудь консультировались? У вас

была потребность посоветоваться с профессионалами, как-
то подготовить себя к режиссерской работе?

По правде говоря, я ни секунды не сомневался, что я знаю, что и как должен делать. У меня было четкое представление о том, что я хочу увидеть на экране, все остальное мне казалось элементарным: нужно было просто сделать то, что я хочу увидеть. Никаких тонкостей и секретов. Я знал, что сейчас в комнату должен войти человек, потом он вытаскивает пистолет и так далее. Чтобы все это снять, не требуется особого мастерства. Помню, я обедал с Артуром Пенном. До того я не был с ним знаком. Он оказался очень приятным человеком. Я пытался понять, можно ли у него чему-то научиться. Действительно, кое-что он мне объяснил — в основном чисто практические вещи. Например, он рассказывал, что, когда снимал свой первый фильм, попросил привести массовку из ста человек, а потом на площадке выяснилось, что ему нужны лишь десять. Ему было очень неудобно, потому что просил-то он сотню статистов, компания сотню оплачивала. И он пытался придумать, как использовать в фильме всю массовку. Он рассказывал мне, что в какой-то момент понял, что не должен так поступать, — так что он снял десятерых, а остальные девяносто прошли как непредвиденные расходы. Примерно о таких вещах мы разговаривали. Потом мы говорили о цветокоррекции, обсуждали еще какие-то важные детали. Но их было не очень много. У меня даже мысли не возникало, что на фильме могут быть какие-то проблемы. Я ждал, что будет весело.

То есть с Пенном вы не обсуждали технических вопросов режиссуры — например, как поступать, если нужно снять какую-то сцену монтажно и тому подобные вещи?

Нет. Мне казалось, что если у меня сначала должен говорить один герой, а потом — другой, то совершенно ясно, как это нужно снимать. Для меня это был вопрос здравого смысла, потому что я хорошо представлял себе, что я хочу увидеть на экране.

*Как вы подбирали команду для работы над филь-
мом — главного оператора, например? Это был ваш первый фильм. Вы сами выбирали, с кем работать, или продюсеры предоставили вам готовую съемочную группу?*

Группа составилась без моего участия, сам я пригласил
лишь несколько человек. Я сам позвал художника по костюмам, оператора и художника-постановщика. Я не вполне
не представлял себе, что творил. Как я на тот момент
считал нужным, так и делал. У меня не было ни малейшего понятия о том, с какими проблемами я могу столкнуться. И столкнулся я с этими проблемами скоро, и выгнал я оператора, и выгнал я художника по костюмам.

*В итоге в титрах фильма указан уже тот оператор,
который пришел на место уволенного?*

Да. Второй был профессионалом, у меня к нему претензий не было.

Вы посмотрели то, что он снимал до этого?

Нет. Это был единственный человек, который мог
приступить к работе сразу же после того, как я уволил
предыдущего оператора. До того я о нем никогда не слышал. Кстати, забавно, что, когда я приступал к работе над
этим фильмом, я отправил телеграмму Карло Ди Пальме.
Она у него сохранилась. Я написал: «Не могли бы вы
приехать и снять мой первый фильм?» Но он тогда приехать не мог. Лишь через двадцать лет мне представился
случай поработать с ним.

Вы видели то, что он снимал у Антониони?

Я видел «Фотоувеличение», и я видел «Красную пус-
тыню». Оба фильма мне очень понравились. Но Карло
Ди Пальма у меня работать не мог, и тогда я обратился
к японскому оператору, который много снимал у Куро-
савы, — сейчас уже не вспомнить его имени. То есть амбиции у меня были те еще. Но, когда дошло до дела, я нанял

каких-то подёнщиков. И я рад, что так вышло, потому что потом, много лет спустя, я стал работать с Гордоном Уиллисом, великим оператором, великим без всяких преувеличений. Если бы я пригласил на свой первый фильм его или Карло Ди Пальму, это было бы ошибкой. Я бы просто не знал, как их использовать. Я бы с ними постоянно спорил. Потому что я очень точно знал, чего я хотел. Так что я сделал то, что сделал, и получилось то, что получилось. И так было с целым рядом других фильмов. Когда я снимал «Энни Холл» (на этом фильме я в первый раз работал с Гордоном), я чувствовал большую уверенность в себе. Гордон был безупречен. Он мог мне сказать: «Смотри, там очень темно, ничего не видно, но это совершенно не важно, потому что им все равно будет смешно». И я следовал его совету. Какая-то уверенность в себе у меня была, потому что я уже снял четыре-пять фильмов. И тут вдруг я понял, что реплики не обязательно говорить в камеру, — того, кто говорит, может быть и не видно. Своей режиссерской зрелостью я на самом деле обязан сотрудничеству с Гордоном Уиллисом. То, что я снял до него, было, наверное, смешно и вдохновенно, я старался как мог, но, по сути, я сам не знал, что я делаю, я только учился. В тех фильмах все было завязано на шутках: если выходило смешно, значит, фильм получился. Если было несмешно, значит, не получилось. И я мог сделать так, чтобы было смешно постоянно, — это я умел. Но все подчинялось шутке. Эти фильмы были просто последовательностью шуток. И только позже, во время работы над «Энни Холл», у меня появились какие-то новые амбиции, я стал делать кино. Потом мне уже не нужно было много шуток, я старался сделать фильм многомерным, искал какие-то другие ценности. Вот так примерно происходило развитие.

Но даже в самых ранних ваших фильмах есть определенные намеки на то, что будет дальше. В «Бананах», например, есть сцены с вами и Луиз Лассер, которые

будут почти в точности воспроизведены в «Энни Холл».
Сходство не только в репликах — сама мизансцена очень
похожа.

Несомненно. Потому что эти вещи взяты из жизни.
Квартиры, рестораны, тротуары — это жизнь города, мне
она знакома. Над «Бананами» было приятно работать,
но там тоже все подчинялось шутке.

Мы говорили об операторе-постановщике и его роли в
фильме. Насколько я понимаю, в любом фильме опера-
тор — ваша правая рука.

Конечно! Ведь что такое фильм? Это продукт работы
оператора. Поэтому невероятно важно найти общий язык
с оператором.

Вы долгое время работали с Гордоном Уиллисом, а по-
том сотрудничали в основном с европейскими операто-
рами.

Гордон Уиллис — один из лучших операторов в Америке, и я работал с ним десять лет подряд. Потом наши
пути разошлись. В какой-то момент он не смог снимать
у меня, и я сделал фильм с Карло Ди Пальмой, а когда
этот фильм был готов, Гордон был уже занят в каком-то
другом проекте. Я с удовольствием продолжил бы сотрудничество с ним. Гордон — замечательный оператор.
Так что у меня снимал Карло, и я был абсолютно доволен, но в какой-то момент ему пришлось сделать опера-
цию на желудке, и в течение пары лет он работать не
мог. В этом промежутке мне удалось заполучить Свена
Нюквиста. Мне всегда нравилось, как он снимает. Мы
сделали с ним две с половиной картины.

Были ли в работе европейских операторов, в том, как
они обращаются со светом, какие-то особые, привлека-
тельные для вас черты? Почему вы стали работать с ев-
ропейцами?

Да, особенности есть. Мне кажется, что в целом европейские операторы лучше американских. В Америке есть, конечно, Гордон! И может быть, еще два-три хороших оператора, но они образуют отдельный класс. Мне лично всегда казалось, что европейцы снимают интереснее, я всегда отдавал предпочтение европейскому стилю. Девяносто восемь процентов американских фильмов — результат конвейерного производства. У европейцев денег не так много, поэтому им постоянно приходится что-то придумывать. Кроме того, в Европе больше уважают режиссера, видят в нем художника. Европейское кинопроизводство в целом — феномен более интересный, чем американское. Мне нравится стилистика европейских фильмов.

Мне представляется, что операторы-европейцы в целом более осознанно ставят свет. Они проявляют больший интерес к игре теней и света, к темной части кадра. В большинстве американских фильмов свет невероятно плоский: площадка просто равномерно освещается, и все.

У Гордона вы никогда этого не увидите — он мастер теней, виртуоз светописи. К счастью, он повлиял на многих американских операторов, так что появилась некоторая тенденция проявлять бо́льшую заботу о тенях и глубине кадра. Но ситуация, которую вы описали, в течение многих лет была господствующей: светили все ровно, все было плоским, все лица должны были быть одинаково хорошо прорисованы.

Помните ли вы ваш первый съемочный день на фильме «Хватай деньги и беги»?

Очень хорошо помню. Я был по-хорошему взволнован, но я не нервничал. Поводов для волнения было несколько: во-первых, это был мой первый съемочный день в качестве режиссера, а во-вторых, мы должны были снимать в тюрьме — в тюрьме Сан-Квентин в Калифорнии. Сама мысль о том, что я попаду в эту знаменитую огром-

ную тюрьму, приводила меня в необычайное волнение.
Я даже когда брился тем утром, порезался. Если внимательно посмотреть тюремные эпизоды в этой картине,
можно разглядеть царапину у меня на носу — это как
раз результат утреннего бритья. Наверное, это были первые дубли, которые я сделал для этого фильма. Но никакого страха у меня не было. Мне казалось, что ничего
сложного быть не должно: я просто пойду в тюрьму и
сниму то, что мне нужно. Я точно знал, где должна стоять камера, чтобы все это выглядело смешно, — знал на
уровне здравого смысла. Но я помню, что я был очень
взволнован, мне было страшно интересно. Заключенные
очень нам помогали. Сам процесс всем очень нравился.

*Вы помните, сколько дублей отсняли в первый день? Как
вы оценивали эффективность своей режиссерской работы?*

Думаю, я сделал много дублей, поскольку где-то в глубине души был убежден, что хорошие режиссеры снимают
много дублей. Ведь хороший режиссер должен быть пер-
фекционистом и делать все очень тщательно. На первых
фильмах я всегда снимал много дублей и довольно много
печатал. Потому что я был не уверен в себе. Сейчас я
этого не делаю. Я позволяю себе планы долгие-долгие, и
уверенности у меня гораздо больше. На первых фильмах
я много снимал про запас, по нескольку раз одну и ту же
сцену с разных точек. Уже лет десять, как я перестал этим
заниматься. Во время съемок «Хватай деньги и беги» режиссер монтажа постоянно мне говорил: «Снимай больше, чем нужно, — тогда мы сможем сделать все, что нужно,
прямо в монтажной». На «Бананах» я все время перестра-
ховывался и не жалел пленку. То же относится и к фильмам «Все, что вы всегда хотели знать о сексе...» и «Спящий». Потом я остановился. Понял, что это глупость.

*Когда снимался «Хватай деньги и беги», вы уже были
женаты на Луиз Лассер?*

Думаю, да.

*Однако при этом главную женскую роль в фильме ис-
полняет Дженет Марголин. Вы не пытались снять в этой
роли Луиз Лассер?*

Наверное, на тот момент она не была достаточно из-
вестной, чтобы получить такую роль. Возможно, на студии ее кандидатуру сочли тогда неподходящей. Но тем
не менее в фильме она снялась — у нее небольшая роль
ближе к концу.

*Структура фильма — этот полудокументалистский
стиль или, скорее, имитация приемов документального
кино — присутствовало ли это уже на уровне сценария?*

Да. Я сделал все, что мог, чтобы снять этот фильм
черно-белым, чтобы он смотрелся как настоящий документальный фильм. Позже мне удалось реализовать эту
идею в «Зелиге». Но когда я снимал «Хватай деньги и
беги», ч/б мне снять не дали. А сама идея документальности — да, она была заложена уже в сценарии.

*Думаю, не случайно родители главного героя дают ин-
тервью в масках, изображающих Граучо Маркса.*

Мы просто увидели эти маски в каком-то магазине,
они нам понравились, и мы купили две для этой сцены.

*Но все же это работает и как аллюзия. В фильме
масса подобных отсылок к другим фильмам и важнейшим
кинореалиям.*

Да, я тогда этим увлекался.

*Ваш кинематографический образ уже сложился на двух
предыдущих фильмах, где вы не выступали в качестве режиссера, — «Что нового, киска?» и «Казино „Рояль“». Здесь
он получил некоторое развитие.*

Мне этот образ представлялся довольно тривиальным
для комика: физически слабый, трусливый человек, же-

нолюб, неудачник, невротик; намерения у него добрые, но, что бы он ни делал, все получается криво. Совершенно типичные для комика черты, знакомые зрителю во множестве самых разных воплощений. То же самое, но в несколько иных формах, вы находите у Чарли Чаплина, У. К. Филдза, Граучо Маркса. Структурная основа, как я ее воспринимаю, у меня та же.

Насколько мне известно, к числу ваших самых любимых комических актеров принадлежит Боб Хоуп. Чем привлекают вас его фильмы или его роли?

Когда я говорю людям, что мне нравится Боб Хоуп, на меня смотрят как на сумасшедшего. Но было время, когда Боб Хоуп еще играл в кино, и играл замечательно. Сами фильмы не всегда хорошие, хотя были среди них и вполне удачные, — но Боб Хоуп неподражаемо смешной во всех абсолютно. Спустя годы, когда он стал работать на телевидении, многое ушло. Поэтому те, кто знает его только по телевизионным работам, поражаются моим словам, сердятся и рвутся доказать, что ничего смешного в нем нет. Но если взять фильмы с его участием, например «Мсье Бокер», станет понятно, о чем я говорю. Есть несколько картин, где ему дали возможность проявить исполнительский талант. У него был фантастический разговорный дар: свободная, воздушная речь, постоянная игра слов, лаконичные шутки, совершенные остроты. И все это делалось с необыкновенной легкостью. Когда кто-то другой пытается воспроизвести его монологи, даже самые удачные места выглядят деревянными. Его игру даже описать сложно, не то что повторить. Иногда он мне нравится даже больше, чем Граучо. Серия «подорожных» фильмов[1] — не самая моя любимая.

---

[1] *«Подорожные» фильмы* — серия любовно-приключенческих музыкальных комедий с участием Боба Хоупа, Бинга Кросби и Дороти Ламур. В каждом из семи фильмов («По дороге в Сингапур», 1940, «По дороге в Занзибар», 1941, «По дороге в Марокко», 1942, «По дороге в Утопию», 1946, «По дороге в Рио», 1946, «По дороге на

Я предпочитаю «Мсье Бокер», «Великий любовник» — в этих картинах у Хоупа фантастически смешные роли. Случай, типичный для комиков: они могут демонстрировать выдающуюся игру в абсолютно никчемных фильмах. Им безразлично, где играть; для них фильм — не более чем повод, чтобы проявить собственные способности и показать собственные наработки. То же самое было и у У. К. Филдза. Он тоже снимался во второсортных фильмах, но играл великолепно, там есть замечательные моменты. У Чаплина был еще и талант сценариста, фильм как целое был тоже для него важен. Но и его ранние короткие фильмы строятся как дурацкие короткие истории. Ничего интересного в них нет, но смотреть смешно.

Как раз перед отъездом в Нью-Йорк я видел по шведскому телевидению старый фильм с Бобом Хоупом. Сейчас уже не вспомнить название. Это была своеобразная пародия на «Глубокий сон»[1] и прочие фильмы этого типа; и Хоуп мечтает стать детективом.

«Моя любимая брюнетка»! Да, это очень смешно! Там есть сцена, где он держит пистолет, из которого пули

Бали», 1952, и «По дороге в Сингапур», 1962) сюжет ограничивается тем, что герои едут в направлении, указанном в названии фильма, и по дороге разговаривают. Кросби исполняет свои песни, Боб Хоуп выступает в разговорном жанре, Ламур привносит во все это любовный элемент. В оригинале Аллен называет эти комедии «роуд-фильмами», но, чтобы избежать путаницы и устранить аллюзию на роуд-мувиз как позднейший жанр (с которым данные семь комедий не имеют ничего общего), мы обозначили эти фильмы как «подорожные». Строго говоря, по-русски устоялись названия «Дорога в Сингапур» и т. д.

[1] The Big Sleep (1946) — фильм Говарда Хоукса по роману Раймонда Чандлера с участием Хамфри Богарта и Лорен Бэколл. Фильм особенно знаменит своим запутанным сюжетом. Рассказывают, что в процессе съемок режиссер и сценаристы (одним из которых был Уильям Фолкнер) зашли в тупик, потому что никак не могли реконструировать, что произошло с одним из героев: был он убит или покончил с собой. Они отправили телеграмму с этим вопросом Чандлеру, который тоже не смог помочь, потому что не помнил этого момента в собственном романе.

просыпаются на пол. А потом героя отправляют в сумасшедший дом.

В комедиях с участием Хоупа всегда присутствуют элементы анахронизма. В «Мсье Бокере», несмотря на то, что действие происходит в восемнадцатом веке, постоянно звучат шутки, отсылающие к современным событиям.

Да, это один из его приемчиков, меня он совершенно не смущает. И в любом историческом фильме с его участием есть анахронизмы: в «Принцессе и пирате», в «Смешных штанах». У него очень смешная роль в картине «Большая ночь Казановы», он играет там с Джоан Фонтейн и Бейзилом Рэтбоуном. Вы очень точно подметили: он абсолютно анахроничен, но это безумно смешно.

Не знаю, в какой мере Боб Хоуп послужил для вас источником вдохновения, но вы тоже пользуетесь подобным приемом — например, в первом эпизоде «Все, что вы всегда хотели знать о сексе...» или в «Любви и смерти».

Безусловно, в этих картинах я был очень анахроничен, но это меня совершенно не смущало. Когда делаешь такого рода кино, можно отказаться от любого рода правдоподобия. В этом есть свои плюсы и свои минусы. С одной стороны, ты получаешь абсолютную свободу в том, что касается шуток и забавных моментов. С другой стороны, ты уже не можешь рассчитывать на то, что публика будет следить за развитием сюжета. Зрители понимают, что все это не имеет ни малейшего отношения к реальности, и соответственно воспринимают фильм как набор шуток. Когда смотришь современные комедии такого типа — например, «Аэроплан» или «Голые пистолеты», — следишь исключительно за шутками, фильм воспринимается как набор смешных моментов. Если их там достаточно, фильм может рассчитывать на успех. В исторической комедии выбор стоит так: или ты снимаешь по-человечески захватывающий фильм, в котором шуток будет немного, но зато публика будет следить за сюжетом, или ты отказываешься иметь с этим дело и оставляешь публику равнодушной к сюжету. Боб Хоуп шел именно по второму пути. Когда смотришь фильм, понятно, что его герой умрет, но его судьба тебя совершенно не заботит. Фильм смотрится как длинный скетч.

А как вы относитесь к комедийным актерам, получившим известность несколько после Хоупа, — например, к Дэнни Кэю?

В детстве я очень любил Дэнни Кэя, мне до сих пор нравятся некоторые его фильмы. Помню, меня потрясла картина «Вступайте в ряды армии». Когда я первый раз ее посмотрел, она меня буквально убила. У него абсолютно гениальная роль в этой картине. Кроме того, он абсолютно прекрасен в «Тайной жизни Уолтера Митти», в «Придворном шуте», в фильме «Постучи по дереву». Он исполнил некоторое количество замечательных ролей, а потом практически исчез. Сейчас, когда пересматриваешь эти картины, они уже не производят того впечатления. Но у него был огромный талант, довольно своеобразный. Он был большой оригинал. Ни на кого не похожий.

Кроме того, он был очень одарен музыкально.

Да, это одно из его достоинств. Пожалуй, даже самое сильное.

В вашей биографии, написанной Эриком Лаксом, упоминается очень значимый для вас комический актер, который мало известен за пределами Соединенных Штатов, — Морт Сал. Не могли бы вы рассказать о нем и о том влиянии, которое он на вас оказал?

В США существовала особая традиция: известные юмористы, работавшие на телевидении, часто выступали со своими программами в кабаре в Борще. Борщ — это курортный район в горах Кэтскил, где тогда отдыхали все еврейские семьи. Они там все время ели борщ, и поэтому за курортом закрепилось гастрономическое название. В Борще выступало множество юмористов. Все туда ездили: Дэнни Кэй, Сид Цезарь — в буквальном смысле все. Кроме того, были юмористические программы на телевидении и отдельные программы в ночных клубах. Юмористы, там выступавшие, были олицетворением стереотипа. Они выходили на сцену во фраке, кланялись, дальше следовало: «Добрый вечер, леди и джентльмены!» — и потом набор идиотских шуточек, в которых не было ни грана искренности. Они высмеивали Эйзенхауэра, потому что он был президентом; они придумывали шутки про гольф, потому что президент играл в гольф. И вдруг ни с того ни с сего в этом маленьком театре появляется юморист совершенно другого типа, Морт Сал. Он выступал в простом свитере, в обычных брюках, под мышкой у него всегда был свернутый в трубочку выпуск «Нью-Йорк таймс». Он был по-своему очень симпатичный, очень интеллигентный. И невероятно энергичный, на грани маниакальности. Абсолютный мастер фразы — правда, интеллектуального типа. Первым же выступлением он буквально раздавил аудиторию. И без всех этих «Добрый вечер, леди и джентльмены!». Он выходил и начинал говорить о культуре, о политике, о людях искусства, о человеческих отношениях, но все это говорилось совершенно по-новому. Это были шутки, в которых светилось подлинное понимание политики, общества, отношений между мужчиной и женщиной. Абсолютно невиданная вещь. Он держался настолько естественно, что сразу же стал предметом профессиональной зависти со стороны коллег. Они постоянно удивлялись: «Что в нем такого особенного? Он же просто говорит. Это даже нельзя назвать выступлением». На самом деле все его остроты появлялись сами собой, как поток сознания, он говорил в каком-то джазовом ритме. Он часто отвлекался. Начинал говорить об Эйзенхауэре, тут же перескакивал на ФБР, потом рассказывал какую-нибудь историю из собственной жизни, рассуждал об электронных средствах наблюдения, потом — о хайфай-проигрывателях, потом — о женщинах и в конце возвращался к своей первоначальной мысли и заканчивал Эйзенхауэром. Это был совершенно новый формат, и у него все это получалось естественно и увлекательно. Когда мы беседовали с Эриком Лаксом, я сравнивал феномен Морта Сала с появлением Чарли Паркера, которое автоматически произвело революцию в джазе. Сал кардинально изменил представление о комедии и юмористике, это была сенсация. Он попал на обложку журнала «Тайм». В конце концов ему помешало то, что, при всем его успехе, у него были огромные личные проблемы. Вероятно, личные проблемы — участь всех гениев, и на нем это тоже сказалось.

Сейчас он больше не выступает?

Нет, он продолжает работать — время от времени выступает. Он, как и прежде, прекрасен, но той славы уже нет. Он работает исключительно в формате кабаре. Он никогда не снимался в кино. У него, кажется, были одна или две роли, но там он появляется на экране на минуту и ничего особенного не делает. Но это величайший сатирический ум — уровня Марка Твена.

Как вы о нем узнали? Вы были на его представлении?

Мне кто-то посоветовал сходить на его представление. Я пошел, и мне тогда показалось, что это было лучшее из всего, что я когда-либо видел.

Вы как-то соотносили себя с ним, когда начиналась ваша карьера юмориста?

Конечно! И только с ним. Я бы никогда не стал выступать в кабаре, если бы не он. Я был писателем, у меня не было ни малейшего интереса к исполнительской работе. Но его пример меня вдохновил. Захотелось попробовать, как он. В каком-то смысле он открыл новые возможности. Я понял, что совсем не обязательно становиться стандартным, традиционным юмористом, что можно делать какие-то более аутентичные вещи. Он был именно аутентичен.

Что вы скажете о Ленни Брюсе? Вы интересовались тем, что он делает? Нравился ли он вам, можно ли говорить о каком-то влиянии?

Я не был его поклонником. Теперь я понимаю, что он делал интересные вещи, но лично для меня он мало что значил. Я обожал Морта Сала. Мне очень нравились Майк Николс и Элейн Мэй. Я преклонялся перед Джонатаном Уинтерсом. Эти трое, вернее, четверо были для меня гениальными комиками. Ленни Брюс на этом фоне смотрелся... как вам сказать... вполне достойно, но ничего сверхъестественного. Мне кажется, он имел огромный успех у среднего класса, у добропорядочных буржуа, потому что он открыто делал запрещенные вещи: он матерился, был явно под кайфом. Бóльшая часть его аудитории, махровый средний класс, тоже пробовали, но считали это пороком, а тут вдруг оказалось, что они попали в самую струю, вдруг обнаружили себя в авангарде, стали даже в некотором смысле мятежниками. И они вечно хихикали и фыркали при любом намеке на все эти марихуановые реалии, как будто они в точности знали, как это все было, как будто это о них шла речь. Я считал его талантливым, но очень претенциозным. Местами довольно смешным. Я не хочу совсем уж его принижать — он был хорошим и очень талантливым комиком, но даже близко не дотягивал до тех четверых.

Пока вы не ушли в кинематограф, вы много лет работали как артист кабаре и комик-эстрадник. Является ли персонаж, которого вы играете в ваших ранних фильмах, продолжением образа, который вы создали для себя на эстраде?

Да, на сцене я говорил все то же самое, что я обычно говорю. Стандартная для комика вещь. Боб Хоуп делал абсолютно то же самое. Вы все это знаете: неуверенность в жизни, боязнь перед женщинами, невозможность нормальных отношений, страхи, трусость, — все то же самое, что было в свое время у Чарли Чаплина или у Бастера Китона. Стандартный материал любого комика.

Вы импровизировали на этих выступлениях?

Нет, я писал тексты заранее. Сначала писал, потом все это читал. Импровизации иногда случались; иногда приходилось придумывать что-то на ходу, потому что это живое представление, но в основном я читал заранее заготовленные тексты.

Вернемся к вашему первому фильму. Мы уже коротко касались вашего сотрудничества с продюсерами Джеком Роллинзом и Чарльзом Джоффе, которые и по сей день занимаются продюсированием ваших картин. По всей видимости, у вас довольно необычные отношения. Было бы интересно узнать, как вы начали сотрудничать и как менялись ваши отношения на протяжении всех этих лет.

Они были моими менеджерами, когда я только начинал. Я писал, а они устраивали мои вещи, занимались моими делами. Как-то я сказал им, что иногда подумываю о сценической карьере и что не прочь бы делать выступления в духе Морта Сала. Они ухватились за эту идею, стали меня всячески поощрять и подначивать и в конце концов вытолкали на сцену. У меня даже не было возможности отказаться.

Вы сомневались, стоит ли этим заниматься?

Да, у меня были большие сомнения. И очень двойственное отношение к сценической работе. У меня был страх сцены, потому что я долгие годы был кабинетным писателем. Я его преодолел, и успех пришел сразу же, как только я начал выступать. И они не давали мне оставить это занятие. Я много раз говорил им, что эта работа не для меня. Но они каждый вечер приходили в кабаре вместе со мной и вновь и вновь выталкивали меня на сцену. Они говорили, что, если ты стал исполнителем, все остальное приложится. И они были правы. Я стал получать больше заказов на тексты, и потом мне стали предлагать режиссерскую работу именно потому, что я засветился как исполнитель. Сцена — это своего рода витрина.

Где вы давали свои представления?

Первый раз я вышел на сцену в нью-йоркском кабаре «Голубой ангел». Очень известная точка. Еще одно место, где осваивал сценическое мастерство, — это «Дуплекс», там давали представления на втором этаже. Владелицей этого заведения была Джейн Уоллман, замечательная женщина. Она каждый вечер выталкивала меня на сцену и всячески подбадривала. Там обычно был юморист и какой-нибудь певец, новые таланты. Довольно долго я работал там совершенно бесплатно. И вскоре после этого я стал выступать в клубе «Биттер-Энд» в Гринвич-Виллидж. Там я и сделал себе имя. Туда стали приходить журналисты, там я состоялся как сценический комик. Потом, когда я стал снимать фильмы, нам показалось, что было бы хорошо сделать моих прежних менеджеров моими продюсерами. Это сильно способствовало моей независимости и самостоятельности. Мне не нужно было самому искать продюсеров — ими стали Роллинз и Джоффе.

Обсуждали ли вы с ними проекты ваших первых фильмов? Или, может быть, они сами предлагали какие-то проекты?

Я всегда обсуждал с ними свои сценические программы. Каждый вечер мы сидели и говорили о том, что я делаю. На эти разговоры уходило довольно много времени — и у них, и у меня. Когда я стал снимать фильмы, я начал предлагать совместные проекты. Сами они никогда ничего не предлагали. Теперь у меня уже нет необходимости в подробностях докладывать им, что я собираюсь делать. Мы остались друзьями, мы по-прежнему работаем вместе, но в последние лет десять, когда я заканчиваю фильм, я уже не чувствую потребности услышать о нем чье-то мнение. Я могу дать кому-нибудь фильм и спросить, что этот человек думает, но я это делаю, только когда мне действительно хочется показать свою работу. Но когда фильм уже закончен, я, конечно же, прошу их посмотреть его. Мне интересно выслушать их замечания и впечатления.

Но первоначально их участие в съемочном процессе было более интенсивным?

Только не в съемочном процессе! В съемки они не вмешивались даже на первом фильме. Они участвовали в начальной стадии проекта. Я показывал им сценарий, спрашивал, стоит ли, по их мнению, снимать этот фильм; смогу ли я, по их мнению, его поставить. И мы все это обсуждали. Потом я приносил им другой сценарий, спрашивал, насколько он, по их мнению, интересен. Но как только я почувствовал себя более или менее уверенно, я практически перестал от них зависеть. Джек Роллинз часто говорил, что в этом и заключается трагедия менеджерской работы: чем успешнее в своей работе менеджер, тем меньше он нужен клиенту. Сначала клиент, как цыпленок, абсолютно беспомощен. Но по мере того как он крепнет, приобретает известность, становится более состоятельным, получает все больше предложений о работе, набирает опыт и обретает творческую самостоятельность, он все меньше и меньше нуждается в менеджере. Получается, что работа менеджера состоит в том, что он сам себя делает ненужным. В шоу-бизнесе менеджеры часто оказываются не у дел. Это обычное дело.

Но мне кажется, что у вас с продюсерами сохранились прочные доверительные отношения.

Да, это правда.

Насколько я знаю, с фильмом «Хватай деньги и беги» были проблемы на стадии монтажа. Не могли бы вы рассказать об этом?

Мы с режиссером монтажа начали складывать материал. Я до последних деталей знал, что хотел видеть на экране, но не представлял себе, что в монтажной даже очень смешные вещи смотрятся абсолютно уныло. И я начал кромсать фильм, выкидывал материал целыми сценами. Фильм становился все короче и короче. В итоге у меня ничего не осталось. И тогда директор картины предложил: «Давай пригласим Ральфа Розенблюма, он очень известный режиссер монтажа, очень одаренный человек. Нужно, чтобы кто-нибудь посмотрел на это свежим взглядом. Ты монтируешь уже который месяц». Пришел Ральф. Он оказался очень приятным человеком. Отсмотрел весь материал, в том числе и то, что я выбросил. Его вердикт был довольно неожиданным: «Отличный материал. Что вы делаете? Вы выкидываете самые лучшие шутки». Он очень помог мне с этим фильмом. Потом мы несколько лет работали вместе, и я очень многому у него научился. Это профессионал высочайшего класса.

Приведите, пожалуйста, пример. В чем была проблема, почему вам казалось, что какая-то шутка или какая-то сцена не годятся в монтаж? Дело было в конструкции самой шутки или в том, как она была снята?

Мне казалось, что сцена не складывается, что ничего смешного в ней нет, а Ральф говорил, например: «Здесь просто нужно добавить звук. Тебе кажется, что это не смешно, потому что ты ничего не слышишь. Вот ты задеваешь лампу бильярдным кием, а звука при этом никакого нет. Если мы здесь поставим грохот, а потом пустим музыку, вся сцена заиграет по-новому. Он добавил музыку, и сцена действительно ожила. У меня тогда совсем не было опыта. И таких случаев была масса: например, я мучился, чтобы смонтировать сцену в точности как я ее написал, а он подходил и говорил, чтобы я не тратил времени впустую: «Возьми первый кадр и последний. Середина никому не нужна — совершенно не обязательно показывать, как герой до этого доходит. Ставь сразу концовку». Ральф показал мне массу приемов, в том числе приучил меня монтировать под музыку. До него я никогда не включал музыку в процессе монтажа — я просто монтировал отснятый материал. Он мне сказал: «Когда ты монтируешь, подбери несколько записей и монтируй под них. Совсем не обязательно потом использовать эту музыку в фильме — важно, чтобы был какой-то фон».

Музыку к фильму «Хватай деньги и беги» написал Марвин Хэмлиш.

Да, к первым двум фильмам, но я уже тогда думал, что это своего рода клише. Всем кто-то писал музыку к фильмам. И я подумал: вот есть этот паренек, он очень талантливый, я пригласил его, и он сделал музыку к двум моим первым фильмам. Но потом, чуть позже, я начал понимать, что мне больше нравятся записи, которые я подклеиваю при монтаже. Мне нравится звучание этих записей, я могу делать с ними все, что хочу, — то есть музыку к фильму я могу делать сам, прямо в этой комнате. Здесь все мои записи. Я могу снять с полки любую музыку, самую лучшую, любые мелодии; я могу выбрать, что мне нравится. И для этого не нужно никакого особого мастерства. Я могу сделать погромче, где мне надо; могу сделать потише. Я стал работать таким образом и продолжаю до сих пор.

И у вас не было случая, что вам не разрешали использовать музыку или песни, которые вы подобрали?

Это происходит постоянно, и тогда приходится искать что-то другое. Кроме того, я все же записываю оригинальный саундтрек, хоть и крайне редко. Но для этого нужен специальный повод. Например, к «Манхэттену» мне хотелось сделать оригинальный саундтрек, потому что мне нужно было звучание филармонического оркестра, я точно знал, какой звук там требуется. То же самое было с «Пурпурной розой Каира». Но чаще всего я обхожусь без оригинального саундтрека. Из всех двадцати с лишним фильмов, что я снял, мы записывали саундтрек хорошо если для пяти. Максимум — для шести. В последнем фильме, «Мужья и жены», использованы записи. В фильме, который я делаю сейчас, тоже пойдут одни записи.

Вот вы говорите: «В фильме, который я делаю сейчас, пойдут одни записи». Вы знаете, какая пойдет музыка, хотя еще не начали снимать?

Да, я подобрал песни, которые, как мне кажется, будут звучать идеально.

Можно ли объяснить это тем, что в основу восприятия фильма или отдельных его частей вы кладете определенную музыку?

Иногда это так, иногда я знаю заранее. Например, когда мы снимали «Манхэттен», я знал, что там обязательно будет Гершвин. Поэтому я снимал сцены, которые сами по себе могли ничего не значить, но я знал, что в сочетании с музыкой они будут смотреться хорошо.

А на площадке, во время съемок, у вас никогда не звучит музыка?

На площадке — нет. Только когда в эпизоде по сценарию играет музыка.

Феллини часто включал музыку прямо на площадке, для того чтобы создать нужный ему настрой.

Феллини никогда не писал на площадке «чистовой» звук, так что он мог это себе позволить.

А вы? Вы используете синхроны с площадки или озвучиваете фильмы потом?

Я почти не делаю переозвучку, я не поклонник этих упражнений. За все те годы, что я снимаю, мне пришлось переозвучить, может быть, одно или два слова в разных местах — просто потому, что их было вообще не слышно. В общем и целом я никогда этим не занимаюсь.

Уже в «Хватай деньги и беги» присутствует психоаналитическая тематика. И хотя главный герой фильма, Виджил Рокуэлл, сам не проходит анализа, среди псевдодокументальных врезок имеется интервью с психоаналитиком, который комментирует поведение Виджила и рассуждает о его проблемах. Вы сами впервые обратились к психотерапевту, будучи довольно молодым. Для этого были какие-то особые причины?

Я обратился к психоаналитику, потому что мне казалось, что у меня в детстве были определенные проблемы, и мне хотелось понять, нельзя ли с ними что-нибудь сделать. На протяжении многих лет я время от времени заигрывал с психоанализом и психотерапией. Бросал, потом снова возвращался; пробовал одно, другое, третье. Иногда мне кажется, что анализ мне помогает, иногда я не очень доволен результатами. Смешанные впечатления у меня от психоанализа.

Сказался ли интерес к психоанализу на круге вашего чтения? Вы читаете психоаналитическую литературу — скажем, работы Рональда Лэйнга, Дэвида Купера, Элис Миллер?

Нет, с этой точки зрения психоанализ меня не интересует. Понятно, что он является частью образовательного процесса, и любой образованный человек читал Фрейда. Я тоже читал какое-то количество психоаналитической литературы. Но мне никогда не хотелось стать доктором. Меня вполне устраивает позиция пациента.

Насколько мне известно, после «Хватай деньги и беги» у вас был проект, который вам так и не удалось осуществить, — картина «Дитя джаза».

Верно.

О чем был этот фильм и почему он так и не был снят?

После первого фильма я подписал контракт с «Юнайтед артистз». Они не выставили никаких условий, просто сказали: «Пиши что хочешь, снимай что хочешь». В этом смысле мне всегда везло. И я написал сценарий «Дитя джаза». Для руководства «Юнайтед артистз» это был шок, потому что они ждали от меня комедии типа «Хватай деньги и беги», во всяком случае чего-то похожего. Они были в шоке, потому что я принес им сценарий абсолютно серьезного фильма. Они были сильно озабочены. Мне сказали: «Мы понимаем, что у нас с вами контракт и что вы можете делать, что считаете нужным. Но нам хотелось бы, чтобы вы знали: этот сценарий не нашел у нас понимания. Он оказался для нас полной неожиданностью». Я ответил в том духе, что это наш первый с ними фильм и что мне не хотелось бы принуждать их заниматься проектом, который они не одобряют, только на том основании, что мы подписали контракт. Я сказал: «У меня нет ни малейшего желания делать фильм, если я при этом буду ежесекундно сталкиваться с вашим неудовольствием. Давайте я заберу этот сценарий и попытаюсь написать другой. Может быть, потом, по ходу дела, ситуация изменится, там будет видно». Я забрал джазовый сценарий и в очень сжатые сроки написал «Бананы». Эта работа потребовала совсем немного времени.

В этом фильме, «Дитя джаза», действие происходило в наши дни?

Нет, это была историческая картина. Быть может, слишком амбициозная.

Вы рано стали интересоваться джазом.

Да, это моя страсть.

Когда вы начали слушать джаз и когда сами стали играть на инструменте?

Я стал слушать джаз лет в четырнадцать-пятнадцать. Конечно, я и раньше его слышал. Когда я рос, Бенни Гудмен, Арти Шоу и Томми Дорси были на пике популярности, свинг был поп-музыкой того времени. Но лет в четырнадцать-пятнадцать — наверное, все же в четырнадцать — я услышал Сидни Беше. В записи. Я был захвачен этой музыкой с головой. Потом мало-помалу я стал слушать и другие записи — Банка Джонсона, Джелли Ролла Мортона. В итоге все мои интересы сосредоточились на джазе. Я очень любил эту музыку. Я купил себе сопрано-саксофон и попытался научиться играть. И в общем я освоил инструмент, но было понятно, что виртуозом мне никогда не стать, что это не мое. Тем не менее мне очень нравилось играть, и в какой-то момент я переключился на кларнет, что было вполне логичным ходом. Сначала я играл под записи — ставил музыку и старался попасть в мелодию. Потом, когда я давал представления в «Хангри ай» («The Hungry I») — было такое кабаре в Сан-Франциско, там, кстати, начал свою карьеру Морт Сал, — я частенько наведывался в джаз-клуб, буквально за углом от этого места. Там играл Тюрк Мерфи, великий тромбонист. Вместе с ним выступал традиционный джаз-банд. Я довольно часто приходил их послушать. Он заметил, что я там постоянно сижу, и предложил присоединиться, поиграть вместе. Я ответил, что играю на кларнете, но что я никогда не осмелился бы играть вместе с ним. Для него это был не ответ, он продолжал настаивать, постоянно проявлял ко мне внимание и в конце концов заставил поиграть вместе с ними. Он очень поощрял меня, всячески побуждал играть больше, шпынял и подталкивал. Постепенно я стал играть все чаще и чаще. И когда я вернулся в Нью-Йорк, я понял, что хочу играть в группе. Я собрал несколько музыкантов, и мы стали играть. И вот уже больше двадцати лет играем. Вечером по понедельникам.

Сегодня понедельник. Вы будете играть сегодня вечером?

Конечно!

Когда мы виделись с вами в последний раз, это тоже был понедельник, но вы тем не менее не играли.

Когда у меня съемки или какое-то важное дело, я не играю. Но я не так много пропускаю. Не больше шести понедельников в год — может, даже и меньше.

И все эти годы состав вашего оркестра не менялся?

Практически нет. Один человек от нас ушел, и один умер. Все остальные на месте.

Глава 3
«Бананы»

Ваш второй фильм, «Бананы», — фильм, в котором дается сатирическое освещение революционной ситуации в вымышленной латиноамериканской стране, — снимался в семьдесят первом году. В тот период подобные революции и в самом деле не были редкостью в Латинской Америке. Кроме того, шла война во Вьетнаме. Каких политических взглядов вы придерживались в то время? Изменились ли они с годами? Считаете ли вы себя политической фигурой?

Политической фигурой я себя не считаю. В общем и целом — я бы даже сказал, на девяносто девять процентов — я либеральный демократ. Либеральным демократом я был и тогда; я выступал против войны, против войны выступали все мои знакомые. Политика не представляет для меня особого интереса, однако я принимал участие в избирательных кампаниях. В шоу-бизнесе все так или иначе этим занимаются.

Кому вы оказывали поддержку?

Сначала, когда я был еще очень молод, то принимал участие в предвыборных кампаниях Эдлая Стивенсона, Джорджа Макгрегора, Юджина Маккарти. Ни одного из них в итоге так и не выбрали. Я участвовал в кампании Линдона Джонсона против Барри Голдуотера. Я поддерживал Джимми Картера и Майкла Дукакиса. А сейчас — Клинтона. В общем, я демократический либерал.

Я считал нужным задать этот вопрос, потому что в более поздних фильмах — например, в «Энни Холл» или в «Манхэттене» — нередко встречаются иронические ремарки в адрес левых интеллектуалов, то есть в адрес людей, к которым, я полагаю, вы сами себя относите.

И к которым я питаю глубокое уважение.

«Бананы» начинаются с иронических реплик о влиянии США на другие страны, в особенности на латиноамериканские. Единственный, кто смог пробиться сквозь огромную толпу, собравшуюся у здания парламента, — это человек, называющий себя представителем американского телевидения.

В Америке телевидение обладает неимоверной властью. Не знаю, как в других странах, но в США дела обстоят именно так. С нашей точки зрения, порядка в Латинской Америке никогда не было, правительства никогда не справлялись со своими задачами. По сравнению с латиноамериканскими странами государственная система США — это верх стабильности. Естественно, что эти постоянные перевороты воспринимались здесь как странность: политические лидеры и политические курсы менялись слишком уж часто.

Однако политику США по отношению к этим странам тоже можно охарактеризовать как грабительскую. Например, по отношению к таким странам, как Чили и Аргентина.

Несомненно. Американское давление было очень жестким, мы выступали как эксплуататоры.

Ближе к концу фильма Старый Свет тоже удостаивается иронических комментариев. Один из героев фильма цитирует Кьеркегора и говорит: «Скандинавы очень тонко чувствуют жизнь». И потом государственным языком новой республики Сан-Марко объявляется шведский. Ваше теплое отношение к Скандинавии, и в особенности к Швеции, несомненно, отразилось в этой картине.

Скандинавские страны мне всегда нравились — в первую очередь, конечно, Швеция, потому что с этой страной я познакомился через кинематограф. Но Скандинавия мне близка и без кинематографа: мне нравятся ландшафты, мне нравится погода. Там есть что-то такое, что всегда меня привлекало.

Вы, конечно же, знаете Стриндберга. Каких еще скандинавских авторов вы могли бы назвать?

Я знаю то, что знают все: живопись Эдварда Мунка, музыку Сибелиуса и Алана Петерсона, — эти имена всем известны. Можно сказать, что я знаю скандинавскую культуру — в той мере, в какой она здесь доступна. И из всего, что меня коснулось, лучшим, важнейшим, огромнейшим событием для меня были, конечно, фильмы Бергмана. Там показана жизнь — шведская жизнь, как она есть. Эти фильмы дают ключ к пониманию скандинавской культуры вообще. Со Стриндбергом так не получается. Сколько его ни читай, сколько его ни смотри — «Пляска смерти», например, постоянно где-то идет, — как бы хорошо его ни ставили, все равно он не дает того понимания, какое дает Бергман. У Бергмана дана Швеция — города, деревни, церкви, люди. Это совсем другое чувство.

«Бананы» — одна из самых стилизованных ваших картин. Как режиссер, чувствовали ли вы себя более уверенно, когда ставили ваш второй фильм?

Да, уверенности прибыло. Но до режиссерского чутья, которое появилось впоследствии, было еще очень далеко. В этом смысле большим прорывом для меня был фильм «Энни Холл». А до него — да, тоже была какая-то уверенность в себе, потому что один фильм у меня уже был и я знал, что нужно делать, чтобы избежать ошибок, которые, как мне казалось, были допущены в предыдущей картине. Когда я снимал «Хватай деньги и беги», я понял одну важную вещь: в комедии нужен темп, даже если ставишь сцену в максимально быстром темпе, при монтаже ее все равно хочется убыстрить. Это золотое правило. Есть замечательная история как раз на эту тему. Кто-то из режиссеров — мне кажется, Рене Клер — снимает сцену, и после третьего или пятого дубля она наконец складывается абсолютно безупречно. Тогда он говорит: «Сейчас все было хорошо, актеры все сделали правильно, получилось ровно то, что я хотел. Лучше не сделаешь. Теперь давайте сделаем еще один дубль — все то же самое, но только очень быстро». И он снимал этот быстрый дубль, и в фильм всегда шел именно он. Мне это очень понятно: даже если на площадке сцена кажется очень быстрой, она будто бы замедляется, когда смотришь ее на экране.

Мне кажется, темп — одна из важнейших характеристик ваших фильмов. Из множества других фильмов ваши сразу же выделяются темпом. Я в который раз это прочувствовал, когда пересматривал ваши картины, готовясь к этой встрече. Все они невероятно компактны, время сгущается у вас до предела, при этом большинство картин довольно короткие. «Зелиг», к примеру, идет всего час пятнадцать, большинство остальных фильмов умещаются на пяти бобинах, то есть идут не больше полутора часов. Но при всем при этом фильмы очень плотные по содержанию — что комедии, что драмы.

Это верно. Мне кажется, темп фильмов определяется естественным биологическим ритмом режиссеров. Чувственность у разных людей устроена по-разному. Я не стараюсь укорачивать свои фильмы, никогда не стремлюсь, чтобы они были какой-то определенной продолжительности, — я на телесном уровне чувствую, сколько они должны идти. Я много об этом думал, когда мы работали с Полом Мазурски на «Сценах в магазине». У него другой ритм, он медленнее. У Скорсезе ритм медленнее. Я не хочу сказать, что их фильмы не рассчитаны по времени или плохо скомпонованы, — в них просто другой темперамент.

Фильмы Скорсезе невероятно ритмичны — даже притом, что у него они все обычно укладываются в шесть-семь частей.

Да, но это отличные фильмы — со своим темпом, со своим дыханием. Скорсезе нужны длинные фильмы — по два часа, по два десять. Для меня час сорок уже много. После какого-то момента история утрачивает у меня движущую силу. В фильмах отражаются жизненный ритм и особенности метаболизма их создателей.

«Ханна и ее сестры», наверное, самый длинный ваш фильм. Он идет час сорок.

Да, и, насколько я помню, «Преступления и проступки» и «Мужья и жены» примерно той же длины. Когда в фильме сплетаются сразу несколько историй, он всегда получается длиннее. Фильмы, в которых линия одна, разворачиваются энергичнее и выходят короче. Но опять же вспомните фильмы братьев Маркс или У. К. Филдза — они еще короче моих.

Некоторые ваши картины — например, «Сексуальная комедия в летнюю ночь» — начинаются весьма неожиданно. Первая сцена этого фильма: Хосе Феррер приближается к камере, крупный план — и он тут же начинает говорить. Невероятно эффектное начало.

Как начать фильм — очень важный для меня вопрос. Возможно, это как-то связано с номерами, которые я делал для кабаре. Там было важно придумать что-то специальное для начала и для концовки, что-то очень театральное, что-то такое, что сразу же захватывает внимание. Поэтому, мне кажется, и фильмы мои тоже начинаются не совсем обычно, в начале всегда есть что-то особенное. Первый кадр очень для меня важен.

Абсолютно согласен. В большинстве случаев можно по первым трем-пяти минутам фильма понять, хороший он или нет, интересный или не очень.

Совершенно верно. Трех-пяти минут достаточно, чтобы понять, в хороших ты руках, воодушевил тебя режиссер или нет. Чистая правда.

И здесь совершенно неважно, насколько энергично это начало, — хорошее начало может быть и очень-очень медленным. В любом случае хорошее начало создает впечатление, что режиссер знает, как подвести зрителя к сюжету или как ввести в режиссерскую вселенную.

Да, ощущение должно возникать раньше, чем ты успел о нем подумать. Первые несколько минут, первые несколько сцен — ты еще ни о чем не думаешь, сам еще этого не понимаешь, но ты уже вовлечен в то, что происходит на экране. Очень важно этого добиться.

На каком этапе создается этот первоначальный заряд? Еще на уровне сценария?

У меня эти вещи определяются в сценарии. Когда я пишу сценарий, я почти всегда знаю, какого рода будет начало, какими примерно будут первые кадры. В деталях что-то может меняться после осмотра натуры или интерьеров, но в самом общем виде я знаю первые кадры заранее. Сейчас я иногда начинаю работать над сценарием и без этого образа, но я заставляю себя остановиться и попытаться придумать хорошее начало. Захватывающее.

Именно захватывающее — как первая сцена в «Алисе». Сцена с Миа Фэрроу и Джо Мантеньей в аквариуме сразу же захватывает, буквально втягивает в картину, потому что смысл этой сцены в начале фильма совершенно непонятен. И потом проходит довольно много времени, прежде чем Мантенья снова появляется на экране.

Да, этой сценой создается ощущение, что что-то не так, что эта женщина, Алиса, мечтает о другом. Что у нее на душе лежит какой-то камень. И тогда смотреть весь этот вводный материал уже не так скучно: ты уже знаешь, что, несмотря на все богатство и благополучие, где-то что-то не так. Именно первые кадры вызывают этот интерес.

Этот кадр остается где-то в подкорке.

Именно.

Посмотрев все ваши фильмы в течение очень короткого промежутка времени, я заметил еще одну интересную вещь: ваше творчество очень последовательно. Мне прекрасно известно — как, впрочем, и вам, — что критики отмечали у вас множество самых разных влияний — от Бергмана и Феллини до Бастера Китона и других комиков. Однако, притом что фильмы у вас получаются очень и очень разные как по стилю, так и по содержанию, притом что вы снимаете то комедии, то драмы, — при всем при этом в ваших фильмах можно усмотреть определенное единство. И это единство того же свойства, что и то, которое мы находим в фильмах Франсуа Трюффо, тоже порой очень разных.

Мне всегда очень нравилось то, что делал Трюффо!

От фильма к фильму у него меняются темы и сюжеты. Он снимал очень личные, полубиографические картины — такова, например, серия фильмов об Антуане Дуанеле[1]. Он снимал триллеры, комедии, романтические драмы. Он делал фильмы о детях — например, «Карманные деньги», фильм, который чем-то напоминает мне ваши «Дни радио». Суть, конечно, не в том, что ваши картины напоминают мне картины Трюффо, — суть в том, что между вами можно проследить параллели.

Которые сводятся к тому, что мы оба сняли много фильмов на разные темы?

---

[1] Пять фильмов Трюффо с Жан-Пьером Лео в главной роли: «Четыреста ударов» (1959), «Антуан и Колетт» (к/м, 1962), «Украденные поцелуи» (1968), «Семейный очаг» (1970), «Ускользающая любовь» (1979).

Да, но это еще и вопрос чувства, впечатления. Все ваши фильмы производят какое-то особенное, узнаваемое впечатление; похожее впечатление остается, если посмотреть один за другим два-три фильма Трюффо. Как и вы, он был склонен к эксперименту, к смене стилей и тем.

Мне очень нравятся его картины. Это был прекрасный, замечательный режиссер. Некоторые его фильмы кажутся мне образцовыми. Что-то подобное уже говорилось — насколько я помню, Винсент Кэнби писал в «Нью-Йорк таймс», что есть особый тип режиссеров: о чем бы такой режиссер ни снимал, сразу видно, что это его фильм. Это особый тип мировосприятия или особый тип чувствования, что-то такое, что просачивается сквозь любой материал, так что зритель сразу же ощущает: фильм снял именно этот режиссер. В моем случае важно еще и то, что я не только снимаю все эти фильмы, — я все их еще и пишу. Это своего рода единство почерка. Почерк нелегко поменять.

Возвращаясь к «Бананам»: здесь чувствуется уверенность, какой не было в вашем предыдущем фильме; вы с огромным удовольствием пародируете другие жанры и других режиссеров. Например, сцены в лагере сделаны по образцу мультфильмов. Любовные сцены у моря между вами и девушкой из повстанцев, Иоландой, сняты как мелодрама.

В «Бананах» меня заботило только одно: чтобы было смешно. Это было главное. Я уже снял «Хватай деньги и беги», и мне важно было не повторить ошибок, которые я сделал на первом фильме. Я хотел, чтобы все было смешно и чтобы нигде не провисал темп. Собственно, на решении этих задач я и сосредоточился. Так что если я и снимал какие-то сцены по-мультяшному или монтировал какие-то куски как в мультфильмах, то единственно с этой целью. В какой-то момент я понял, что некоторые мои картины действительно напоминают мультфильмы: никто не истекает кровью, никто не умирает по-настоящему. Из сцены в сцену герои просто бегают туда-сюда и шутят, шутят, шутят.

В мультфильмах тот же принцип построения сюжета: что-то происходит в начале, что-то в середине, что-то в конце, но при этом целые периоды в развитии сюжета выпускаются.

Да, выпускается все ненужное.

Все вышесказанное вполне приложимо к фарсовым лентам Фрэнка Ташлина или Джерри Льюиса, например. Они работали в одной и той же манере. Вам нравились работы Ташлина?

Нет. Я видел несколько его фильмов, но я не настолько хорошо их знаю, чтобы выносить взвешенное суждение.

Концовка «Бананов», сцена в суде, сильно напоминает фильмы братьев Маркс.

Действительно, напоминает. Забавно, как это вышло. В фильме нужен был какой-то кульминационный пункт, а у меня не было денег, чтобы снять традиционную погоню. Тогда я решил сделать суд. Это гораздо дешевле.

Получается, что концовка тоже традиционная, просто она из другой традиции.

Да.

В этой финальной сцене роль Дж. Эдгара Гувера[1] исполняет черный актер. Это один из немногих случаев, когда в ваших фильмах задействованы негры. Ваших чернокожих персонажей легко пересчитать: в фильме «Любовь и смерть» есть сержант-негр, но там он был нужен, скорее, чтобы создать анахронизм; есть чернокожий пер-

---

[1] *Джон Эдгар Гувер* (1895—1972) — основатель (1924) и бессменный руководитель ФБР.

сонаж в «Спящем», и есть чернокожая служанка в «Пурпурной розе Каира» — там есть фильм в фильме, где она и появляется. Помимо перечисленных эпизодов, вы нигде не задействовали чернокожих актеров. Почему?

Вы имеете в виду — в основных ролях или вообще?

Вообще. Даже среди статистов у вас очень мало чернокожих.

Со статистами возможны два варианта. Бывает, что мы просто звоним в соответствующее агентство и просим прислать людей — сто человек, или двадцать, или сколько нам нужно. В таких случаях присылают обычно смешанную группу. Если мы снимаем сцену на улице в Нью-Йорке, от агентства к нам обычно приходят латиноамериканцы, негры и белые — примерно в равных пропорциях. Но это исключительно фоновые вещи — для этих целей мы не приглашаем людей по одному. Что касается основных ролей, то я недостаточно хорошо знаю жизнь чернокожих американцев, чтобы писать о ней хотя бы с минимальной долей достоверности. На самом деле большинство моих персонажей принадлежат к одному-единственному типу: они все ньюйоркцы, более или менее состоятельные, все они люди образованные, все невротики. Я пишу почти исключительно о таких людях, потому что только их я хорошо знаю. О других типах я знаю слишком мало. К примеру, я никогда не писал об ирландских или итальянских семьях, потому что не чувствую себя знатоком ирландской или итальянской жизни.

Я обратил внимание на этот аспект еще и потому, что в последнее десятилетие в голливудских фильмах чернокожим актерам дают все больше и больше ролей. В особенности это касается картин из жизни полицейских: чаще всего там действуют напарники, один из которых белый, а другой — черный, и черному обычно достается классическое амплуа закадычного друга. Это уже своего рода клише.

Да, в фильмах и вообще в киноиндустрии все больше и больше негров. Но, например, когда я писал «Ханну и ее сестер», я писал о среде, которую очень хорошо знаю. В этом фильме есть чернокожая служанка, но я сделал ее чернокожей только потому, что в девяноста процентах таких семей служанки были чернокожими. Я получил массу гневных писем от афроамериканцев с обвинениями в том, что у меня в фильмах почти нет чернокожих, а если они и появляются, то обязательно в качестве прислуги. Но я ни о чем таком не думаю, когда пишу сценарий. В политической жизни — какой бы она у меня ни была — я всегда поддерживаю кандидатов, ратующих за права чернокожих. Я участвовал в марше Мартина Лютера Кинга в Вашингтоне. Но, когда я пишу, я не верю ни в равные возможности, ни в предоставление преимущественных прав. В рамках сценария такие вещи не делаются. Я пытаюсь воссоздать определенную атмосферу, и мне ничего не остается, как признать, что в большинстве семей в Верхнем Ист-Сайде была чернокожая прислуга. Поэтому и в фильме у меня чернокожая служанка. В ответ я получил массу критики. Все, что я пытаюсь делать, — это дать описание реальности в том виде, в каком я ее воспринимаю, передать ее во всей подлинности. То же самое происходит, когда я описываю еврейскую семью: за образец я беру тот тип семьи, в которой я вырос, и даю ее как она есть, со всеми ее лестными и нелестными характеристиками. И за это меня тоже со всех сторон критиковали. Разнообразные еврейские сообщества считают, что я слишком резок, что я очерняю, что мой подход чрезмерно критичен. Это все очень чувствительные материи. Но я всегда пытаюсь сделать одну-единственную вещь: дать сцену или ситуацию во всей ее подлинности.

Глава 4
«Сыграй это снова, Сэм»

Затем вы написали пьесу «Сыграй это снова, Сэм» и участвовали в постановке в качестве актера. Насколько я знаю, ни до, ни после вы никогда не играли в пьесах. Какие у вас были впечатления?

Мне все очень нравилось. Мне было очень приятно работать с Дайан Китон и Тони Робертсом, я испытывал к ним симпатию. Пьеса пользовалась успехом. Режиссер театральной постановки Джо Харди оказался на высоте. После премьеры нам практически ничего не надо было делать. Вряд ли можно найти более простую работу. Весь день остается в твоем полном распоряжении — делай что хочешь: пиши, отдыхай, расслабляйся, — только к восьми вечера надо подойти в театр. Обычно мы шли пешком вместе с Дайан. Я жил неподалеку, и мы совершали приятную пешую прогулку по Бродвею. Потом заходишь в театр. Никакого волнения. Пьеса уже идет. Ты на сцене со своими друзьями. Поднимается занавес. Ты играешь. Все это длится часа полтора. Через два часа ты уже обедаешь с друзьями в ресторане. Это самая легкая работа в мире! Так что я испытывал огромное удовольствие.

Вас не смущало, что вы как актер были вынуждены подчиняться указаниям режиссера, будучи при этом автором пьесы?

Нет-нет. Театральная режиссура никогда не входила в сферу моих амбиций, так что меня это совершенно не заботило. Как режиссер Джо Харди меня абсолютно устраивал. В работе под руководством режиссера есть своя прелесть.

Позже, когда по этой пьесе решили снять фильм, его режиссером стал Херберт Росс. У вас не было желания поставить этот фильм самостоятельно?

Нет. Мне не хотелось делать из пьесы фильм. Но когда мои агенты продали права на экранизацию, я обрадовался. На момент продажи я был недостаточно известен, чтобы играть в фильме, до звезды мне было еще далеко. Они приглашали других актеров, но все отказывались. В конце концов я приобрел некоторую известность как автор собственных фильмов, и они решили рискнуть и сделать фильм с моим участием. В итоге получился фильм с тем же актерским составом, что был в театральной постановке. Я был очень доволен, что режиссером назначили Херба Росса. У меня не было желания снимать фильм по пьесе — мне хотелось снимать *фильмы*. Как сказал много лет назад Теннесси Уильямс, завершив работу, писатель идет дальше. Досадно, что нужно продолжать что-то делать, осуществлять постановку. Было бы замечательно, если было бы можно написать вещь и просто положить ее в ящик письменного стола. У меня были похожие ощущения. Я написал пьесу, я шагнул дальше, она стала для меня далеким прошлым. Мне не хотелось тратить целый год на съемки фильма по этой пьесе. Я считал, что в данном случае нужно найти человека со свежим взглядом. Для Херба Росса этот фильм был абсолютно новым начинанием, ему просто приятнее было этим заниматься.

Кино снималось спустя четыре года после премьеры на Бродвее.

Это тоже сыграло свою роль. Я воспринимал все связанное с пьесой как безнадежно устаревшее.

«Сыграй это снова, Сэм» — пьеса о фантазиях и грезах, занимающих огромное место в нашей жизни. Насколько, по-вашему, важна здесь роль кинематографа? Герой пьесы, как и герой фильма, пытается претворить кино-

*реальность и кинематографические ситуации в собствен-
ной жизни.*

Кто-то сказал обо мне, что если в моих фильмах есть
хоть одна большая тема, то это как раз тема расхождения
мечты и реальности. Она очень часто всплывает в моих
картинах. Я думаю, все это сводится к тому, что я ненавижу реальность. А реальность, к великому моему сожалению, пока единственное место, где на обед дают добрую порцию стейка. Вероятно, это у меня из детства —
я постоянно сбегал в кино. Я был довольно впечатли-
тельным мальчиком и как раз застал так называемый
золотой век кинематографа, когда выходили один за другим совершенно замечательные фильмы. Я помню, как
вышли на экраны «Касабланка» и «Янки Дудл Денди» —
все эти американские картины, фильмы Престона Стерджеса, фильмы Фрэнка Капры... Я погружался в них с
головой: домашняя бедность, проблемы в семье и в школе — все оставлялось за дверью; ты заходишь в кинотеатр, и у них там пентхаусы, белые телефоны, все женщины прекрасны, мужчины всегда удачно острят, кругом
сплошное веселье, при этом все заканчивается хорошо,
герои — всегда настоящие герои, словом, мир прекрасный и восхитительный. Влияние кинематографа было со-
крушительным, все это произвело на меня невероятное
впечатление. Я знаю множество людей моего возраста,
которым так и не удалось это впечатление стряхнуть,
которым оно создало множество проблем в реальной жизни, потому что они до сих пор — а им уже за пятьдесят
и за шестьдесят — не могут понять, почему в жизни ничего не получается как в кино, почему все, на чем они
выросли, во что они верили, о чем мечтали и что воспринимали как реальность, не осуществилось, почему реальность оказалась куда жестче и безобразнее. В те времена ты сидел в кинотеатре и думал, что вот она, реальность. Даже в голову не могло прийти, что так бывает
только в кино. Наоборот, ты говорил себе: да, я живу
по-другому. Я живу в Бруклине, живу бедно, но множе-

ство людей в мире живут в таких вот домах, занимаются верховой ездой, встречают самых красивых женщин на свете и ночь напролет пьют коктейли. Это просто другая жизнь. Потом ты читаешь газеты, и все это подтверждается: да, где-то другая жизнь, есть люди, которые счастливы, как в кино. Это настолько сокрушительная вещь, что я так и не смог ее преодолеть, она то и дело всплывает в моих картинах. Желание контролировать реальность, написать для нее сценарий, управлять событиями, чтобы все вышло именно так, как ты хочешь. Ведь что делает писатель или сценарист? Он создает мир, в котором ему хочется жить. Он любит людей, которых придумывает, ему нравится, как они одеваются, нравится, где они живут, нравится их манера речи — появляется шанс пожить в этом мире хотя бы несколько месяцев. В моих картинах всегда присутствует это всепроникающее чувство, что идеализированная жизнь — или фантазия — великолепна, тогда как реальность — неприятна. В «Нью-Йорк таймс» была статья о Сьюзен Зонтаг и ее романе «Любовница вулкана»[1]. Среди прочего она там рассказывает, что, когда отнесла книгу издателю, она вернулась домой и поняла, что лишилась своих персонажей.

Таким образом, вы создаете персонажей и создаете для них отдельные миры. Но их жизнь заканчивается вместе с последней сценой фильма, они уходят вместе с последним кадром. Вы когда-нибудь задумывались, как они живут дальше? У вас не было желания сделать сиквел к какому-либо из ваших фильмов, чтобы рассказать что-то еще об одном или нескольких персонажах в отдельной картине?

Был случай, когда мне показалось, что было бы интересно показать Энни Холл и персонажа, которого я играю, много лет спустя. Я не собираюсь снимать такой фильм, но я об этом думал. Мы с Дайан могли бы встре-

---

[1] Также выходил по-русски как «Поклонник вулканов» и «Поклонник Везувия».

титься сейчас, спустя двадцать лет, и поскольку мы расстались, было бы довольно интересно посмотреть, что у каждого из нас в жизни произошло. Но от всего этого за версту несет паразитизмом, и мне бы не хотелось в этот паразитизм впадать. Все эти бесконечные сиквелы меня раздражают. Не думаю, что Фрэнсису Копполе надо было снимать «Крестный отец»-3 только потому, что «Крестный отец»-2 вышел неплохо. Сиквел делается из стремления получить дополнительные деньги, и мне такое стремление несимпатично.

Ваше желание проследить дальнейшую судьбу Энни Холл и Элви очень понятно. Еще интересно было бы посмотреть, что произойдет дальше с Ханной и ее сестрами.

Да, и я постоянно задаю себе этот вопрос, о каких бы персонажах ни шла речь. Этого недостаточно, чтобы снимать о них продолжение, но я всегда спрашиваю себя: чем все это кончится, что случится с этими людьми дальше? С каким впечатлением я оставляю зрителей? Об этом я всегда думаю.

Насколько я понимаю, вы познакомились с Дайан Китон во время работы над театральной постановкой пьесы «Сыграй это снова, Сэм».

Да.

Повлияла ли эта встреча на вашу дальнейшую жизнь и, в частности, на ваше творчество?

Конечно, Дайан на меня повлияла. Во-первых, у нее безошибочные инстинкты. Ей всегда везет. Она очень талантливый человек. Тогда она была очень красивой. Она умела петь, танцевать, неплохо рисовала, писала красками, делала хорошие фотографии. И кроме всего прочего, была актрисой. То есть талантов было даже слишком. И главное, у нее все это хорошо получалось. Она одевалась невероятно эксцентрично. Плюс замечательное чувство юмора. Абсолютная независимость в суждениях. Что бы она ни смотрела — хоть Шекспира, — если ей что-то не нравилось, она никогда этого не скрывала и при этом могла четко объяснить, что именно ее не устраивает. Никаких ложных претензий, никаких предрассудков. Кристальная ясность. И очень хороший вкус. За все те годы, что мы были вместе, мы не сошлись только по одному пункту — поп-музыка, музыка шестидесятых—семидесятых. Ей нравилась, нравится эта музыка, а я ее никогда не выносил. По всем прочим вопросам у нас почти не бывало разногласий. Я помню, как пригласил Дайан посмотреть черновой монтаж «Хватай деньги и беги». Мы сидели в крошечной проекционной. Она сказала: «Знаешь, а фильм ничего. Смешной. Очень смешной фильм». В тот момент, в ту самую секунду я почему-то понял, что публика фильм примет. Ее одобрение очень много для меня значило: было такое чувство, что у нее с миром более глубокие отношения, чем у меня. И это чувство не покидало меня все те годы, пока мы встречались, пока жили вместе. И мы до сего дня остались большими друзьями. Я всегда полагаюсь на ее суждения. Самый важный просмотр любого из моих фильмов — это когда Дайан в городе и мне удается ее затащить.

То есть вы показываете ей еще не законченный фильм? Черновой монтаж?

Если она в городе, я приглашаю ее на просмотр до того, как фильм закончен. Но она теперь живет в Калифорнии, и у меня не всегда есть такая возможность. Но ее слова в любом случае очень много для меня значат. Когда ей что-то нравится или не нравится, это обязательно отражается на мне. Множество вещей я впервые увидел ее глазами. У нее всегда был безупречный визуальный вкус. Музыкальный вкус, вкус к чисто интеллектуальным, умственным вещам — и в дополнение к этому еще и тонкое чувство визуального. Я на многое смотрел ее глазами, и это обогатило и расширило мое понимание.

Вероятно, ее влияние было самым значительным в моей жизни. Я тоже очень повлиял на нее. Хотя бы тем, что я родился в Нью-Йорке, был очень городским человеком. Мне нравилась жизнь нью-йоркских улиц, я любил баскетбол, джаз, много читал. Она родилась в Калифорнии, ее больше трогали зрительные образы, фотография, живопись, цвет. У нее было свое понимание кино, у меня — свое. Все эти годы между нами продолжался здоровый обмен. Я познакомил ее со многими вещами. Я показывал ей фильмы, которых она не видела и которые мне казались очень важными, — от фильмов Бергмана до... Помню, сначала я показал ей «Шейн», фильм Джорджа Стивенса, ей очень понравилось, хотя я не ожидал, что ей может понравиться вестерн. Совсем недавно, месяц назад, она приезжала в Нью-Йорк, и я показал ей фильм Билли Уайлдера, который она никогда не видела, — «Туз в рукаве». Это один из моих любимых картин Уайлдера. Абсолютно гениальный фильм. В Штатах у него не было особого успеха, хотя фильм замечательный. Я показал его Дайан, и он ее очень тронул. А на следующий день мы посмотрели — оба впервые в жизни — «Чем больше, тем веселее» Джорджа Стивенса. Там играют Чарльз Кобурн, Джин Артур и Джоэл Маккри. Отличная комедия. Так что на протяжении всех этих лет между нами продолжается творческое взаимодействие. Как я уже сказал, если фильм, который я снял, ей понравился, я понимаю, что достиг своей цели, и мне совершенно безразлично, нравится ли он всем остальным. Тогда мне все равно, что думают критики, как реагирует публика, что вообще с фильмом происходит. Теперь вы, конечно, спросите, было ли такое, чтобы мой фильм ей *не* понравился. Было. Дайан старается быть вежливой, я всегда понимаю, что она на самом деле думает, по степени ее энтузиазма или по тому, что она говорит. Я очень ценю ее мнение.

Насколько я понимаю, Дайан Китон сама хочет стать режиссером? Она сняла несколько короткометражек и сделала несколько эпизодов «Твин Пикс».

Думаю, у нее будет возможность снять собственный фильм. И она будет очень хорошим режиссером. Сначала будет, конечно, нервничать, потому что она очень неуверенный в себе и чрезвычайно скромный человек. Но при всей ее неуверенности и скромности у нее огромный талант. Это очень забавно. Она умеет работать и будет замечательным режиссером, если ей дадут такую возможность.

Вы видели ее картину «Небеса»?

Видел. Недавно она сняла очень интересный телефильм «Дикий цветок». Она абсолютно замечательный человек.

Вы были женаты на актрисах или жили с актрисами: с Луиз Лассер, Дайан Китон, Миа Фэрроу. Какое влияние это оказывает на вас? Можно ли сказать, что вы черпали в них вдохновение, создавая женские образы в своих фильмах?

Я не был женат ни на Дайан, ни на Миа. С Дайан мы действительно жили вместе, с Миа — нет. Но каждая мне в чем-то помогала. И конечно же, какие-то роли писались специально для них. В последние годы я очень часто писал роли специально для Миа.

Как это происходило? Вы думали, что вот, например, она сыграла эту и эту роль, но у нее никогда не было ролей вот этого типа — было бы интересно попробовать?

Да, именно так. Было несколько именно таких случаев. Например, «Дэнни Роуз с Бродвея». Я знал, что ей всегда хотелось сыграть такую роль, но случая так ни разу и не представилось. И я специально придумал фильм, чтобы она могла сыграть то, что ей хотелось.

Среди ролей, которые сыграла в ваших фильмах Миа Фэрроу, некоторые кажутся мне очень близкими к ее реальному облику и характеру. Например, ее роль в «Ханне и сестрах».

Нет, эта роль ей не так уж и близка. С этой ролью у нее были трудности. Мы никак не могли сформулировать ясный подход. Я не мог решить, хороший Ханна человек или плохой. Мне было трудно понять, хорошая Ханна сестра или нет.

Но в этом-то и прелесть ее героини!

Да, это создает определенную интригу, но нам просто повезло, что так получилось, потому что на самом деле мне все же хотелось выяснить, хорошая она сестра или нет. Хотелось понять, какую роль она играет в этой истории: действительно она источник света, человеческого тепла, добрый ангел или все же нет. Но мы вдвоем так и не смогли это выяснить. Но так получилось даже интереснее.

А теперь, оглядываясь назад, как бы вы определили этот персонаж?

Если смотреть на эту роль из сегодняшнего дня, Ханна не кажется мне очень добрым человеком. Если присмотреться к ней поближе, она не так добра, как может показаться.

Глава 5

«Все, что вы всегда хотели знать о сексе...»

Секс — одна из наиболее явных тем ваших фильмов. Насколько я понимаю, во времена вашего детства и юности секс был более или менее запретной темой.

О да, абсолютно запретной. О нем никто не говорил, и никто им не занимался.

Значит, кино должно было иметь огромное значение. Возможность увидеть, как все происходит...

Да, только в американских картинах ничего такого не происходило. Об иностранных фильмах ходило множество анекдотов. Там присутствовало иное отношение к сексу. У американцев к сексу всегда было насмешливое отношение.

Возвращаясь ко временам вашей юности: что именно вы тогда хотели знать о сексе, но боялись спросить?

На самом деле только одно: где его можно получить? И как скоро? Больше меня по данному вопросу ничего не интересовало. Где и сколько раз.

В титрах фильма указано, что сценарий основан на книге доктора Дэвида Ройбена. Что это за книга?

Я тогда закончил очередную картину и не знал, что делать дальше. И вот однажды мы с Дайан пришли вечером домой — мы были на баскетбольном матче. Перед тем как лечь спать, мы включили на минутку телевизор, и там как раз шло шоу с участием доктора, который написал невероятно популярную книгу «Все, что вы всегда хотели знать о сексе, но боялись спросить». Там были вопросы и ответы, причем предполагалось, что люди абсолютно ничего не знают о сексе. Вопросы были примерно такие: «Можно ли забеременеть во время месячных?» или «Как лучше это делать?» Тысячи подобных вопросов. И я подумал, что из этого может получиться смешной фильм. Подумал, что можно купить права на книгу и сделать несколько коротких киноновелл. Сначала вопрос — и потом короткий скетч или зарисовка. Просто для смеха. Я обратился в «Юнайтед артистз», и оказалось, что права на книгу уже приобрел Эллиот Гулд. Но он на тот момент этим материалом не занимался, мои агенты связались с его представителями, чтобы узнать, что можно сделать. Он не возражал, сказал, что я могу заниматься этим проектом, что он готов уступить права мне. И я сделал фильм. Мне говорили, что доктор, автор книги, этот фильм не выносит. Не знаю почему. Вероятно, он ему кажется тривиальным, глупым, идиотским. Но книга, знаете ли, тоже полный идиотизм, так что претензий быть не должно. Если бы его действительно заботила судьба книги, он не стал бы продавать права на экранизацию. С книгой могли обойтись гораздо хуже, чем я это сделал. Снимать все эти эпизоды было очень весело. Фактически все это делалось ради развлечения.

Вы использовали какие-то материалы из книги?

Вопросы. Только вопросы. Например, «что происходит во время оргазма?». Этот вопрос был в книге. В эпизоде со сперматозоидами я дал свою версию ответа. Вопросы я брал из книги, но ответы всегда придумывал сам.

В первом эпизоде, «Стоит ли рассчитывать на афродизиаки?», у вас играют британские актеры Линн Редгрейв и Энтони Куэйл. Создается впечатление, что вы питаете особые симпатии к английским актерам. Вы работали с Шарлоттой Рэмплинг, Майклом Кейном, Дэн-

холмом Эллиотом, Яном Хольмом, Клер Блум — все они британцы. Кроме того, вы снимали актрису, которая мне очень нравится, Джуди Дэвис, хотя она как раз не англичанка, она австралийка.

Да, я тоже ее очень люблю. Она замечательная актриса, гениальная! В Британии театр и кинематограф всегда были очень сильны и остаются таковыми до сих пор. По сравнению с нами там большее разнообразие исполнителей. В данном фильме мой выбор, конечно же, определялся тем, что я делал вещь в шекспировском духе, и мне хотелось, чтобы она выглядела максимально аутентично. Если говорить в общем, то нужно признать, что в Соединенных Штатах культивируется в основном единственный тип актера: боевик, крутой парень. А в Англии можно найти обыкновенных, нормальных мужчин — таких, которые встречаются в реальной жизни. Ранимых мужчин. Мне много раз приходилось полагаться на английских актеров, потому что найти для моих ролей американцев было невозможно.

Как обстоит дело с актрисами? Шарлотта Рэмплинг, например, или Клер Блум?

Шарлотта Рэмплинг всегда была моей любимой актрисой, и в «Воспоминаниях о звездной пыли» мне наконец удалось с ней сняться. В данном случае не было никакой необходимости снимать именно английскую актрису, просто я всегда очень ценил ее роли. Что касается Клер Блум, то мне нужна была актриса, способная держаться с большим достоинством, на роль жены в «Преступлениях и проступках». Но в любом случае актрис в Штатах найти проще, чем актеров, — выбор типажей на женские роли гораздо больше. Так что прибегать к помощи английских актрис на самом деле нет никакой необходимости.

В фильме «Сентябрь» Дэнхолм Эллиот, прекрасный характерный актер, определяет очень многое.

Найти американского актера такого типа очень трудно.

Вы работали еще с несколькими иностранными актерами — скажем, с Максом фон Сюдовом в «Ханне и ее сестрах», с Мари-Кристин Барро в «Воспоминаниях о звездной пыли». У вас не было желания продолжить сотрудничество с иностранными актерами и пригласить исполнителей из других стран?

Подобные желания меня периодически посещают. Но главное все же — соответствие исполнителя и роли. Я без колебаний утвердил бы на роль шведского актера или актрису. Актеры из других европейских стран часто не говорят по-английски, а со шведами этой проблемы не возникает. С французами работать гораздо тяжелее: они не всегда говорят по-английски и у них очень заметный акцент. Это создает дополнительные проблемы. Шведы обычно говорят очень хорошо. Так что шведов взял бы сразу — был бы только подходящий материал. Проблемы как раз с материалом: если в фильме фигурирует семья, половина которой — американцы, почти невозможно сделать другую половину с актерами европейского происхождения, будь то шведы или еще кто.

Вы наверняка знаете, что Ингмар Бергман работал с актерами из других стран. Скажем, Лив Ульман — норвежка.

То есть вы хотите сказать, что, когда шведы видят Лив Ульман в «Персоне» или «Страсти», они чувствуют норвежский акцент?

Да, легкий акцент присутствует. Лив Ульман очень хорошо говорит по-шведски, но от акцента никуда не денешься.

Но ведь можно предположить, что ее героини норвежского происхождения?

Да, это правда. Пожалуй, есть лишь один фильм, где такое объяснение не ложится, — это «Осенняя соната».

Лив Ульман играет там дочь Ингрид Бергман, а та говорит без всякого акцента.

Но ведь это никому не мешает, никого не запутывает, правильно? Думаю, это скорее похоже на американские картины с участием английских актеров. Скажем, в фильме изображается семья, и роль отца играет Джеймс Мейсон. Он говорит на британском английском. Меня такие ситуации всегда забавляют. В «Преступлениях и проступках», например, нигде не объясняется происхождение Клер Блум. То же самое с ролью Майкла Кейна в «Ханне»: можно предположить, что он переехал в Нью-Йорк из Лондона. Но если бы он был частью пары отец—сын, меня бы это сбивало. В Штатах такую вещь наверняка раскритиковали бы в прессе.

В первом эпизоде фильма «Все, что вы всегда хотели знать о сексе...» вы играете придворного шута. Можно ли воспринимать эту роль как продолжение вашей карьеры эстрадного комика?

Конечно, в расчете на такое восприятие я ее и делал.

Пару лет назад вы играли шута в «Короле Лире» Жан-Люка Годара. Что значила для вас эта роль?

Это была совершенно уникальная возможность. Я очень люблю картины Годара. Но этот фильм я так и не посмотрел. Собственно, он просто спросил меня, хочу ли я сыграть в его «Короле Лире», — он тогда был в Нью-Йорке, пришел ко мне, вопрос был задан в этой комнате. Естественно, для него я готов был сделать все, что угодно, потому что он один из величайших мастеров кинематографа. Он сказал, что это займет всего несколько часов утром. На следующий день я пришел к ним на съемочную площадку, Годар был в халате, со своей вечной сигарой. Съемочная группа очень небольшая — трое или четверо: оператор, мастер по звуку и кто-то еще. Меньше просто не бывает. Он объяснил мне, что я должен делать, и я сыграл. Собственно, я пришел туда только потому, что об этом просил Годар. Но пока мы снимали, я не мог избавиться от чувства, что фильм получится невероятно глупый. Какой-то абсолютно идиотский. Впрочем, меня это не касалось, я участвовал исключительно ради Годара, ради возможности с ним пообщаться. Потом я ушел и с тех пор ничего не слышал о фильме и никогда его не видел.

Мне тоже удалось посмотреть его только в прошлом году. Я, как и вы, большой поклонник Годара, но, должен признаться, «Король Лир» — один из самых странных его фильмов. Абсолютно непостижимый.

Да, в последние годы он становится все менее и менее понятным. Снимает экспериментальное кино, скажем так.

Это действительно так, хотя некоторые из его поздних фильмов невероятно красивые — «Новая волна», например, или картина «Германия девять-ноль», которую он снял в Германии с Эдди Константином. Завораживающая картинка. Кроме того, в них хорошо чувствуется его авторская поэтика.

Это замечательно, такие вещи я ценю.

Но вернемся к фильму «Все, что вы всегда хотели знать о сексе...». Недавно мне попалась на глаза такая цитата из вашей «Речи к выпускникам»: «Мы живем в обществе, где слишком многое дозволено. Никогда раньше не существовало столь ужасающего количества порнографии. И кроме того, кто ставит свет в этих фильмах? Это же абсолютная халтура!» Не кажется ли вам, что в Америке господствуют двойные стандарты по отношению к сексу?

Под двойными стандартами чаще всего подразумевают дискриминацию женщин — когда то, что кажется вполне приемлемым в поведении мужчины, считается недопустимым для женщины. Отношение американцев к сексу я бы скорее назвал инфантильным.

То есть пуританским?

Да.

Насколько я понимаю, именно против такого отношения и направлены как текст, который я только что процитировал, так и фильм, о котором мы говорим?

Да, я вырос в обществе, пронизанном этим отношением. Я считаю его невероятно глупым, но влияние его распространяется на всех.

Не кажется ли вам, что в последние годы отношение к сексу поменялось? Причем не на поверхностном уровне (здесь перемены очевидны), а на базовом. Или вы думаете, что все осталось по-прежнему?

Если брать Соединенные Штаты в целом, думаю, не поменялось ничего. Секс по-прежнему остается очень щекотливой темой. В интеллигентских кругах прогресс, конечно, имеется, но в стране в целом господствует все тот же идиотический подход. Это хорошо видно на примере выборов: большинство отдает предпочтение тем, кто в полной мере разделяет весь набор устаревших моральных требований. Если кандидат сам этим требованиям не соответствует, у него мало шансов на избрание.

Нам в Европе трудно понять и трудно смириться с тем, что личная жизнь кандидатов на высшие государственные посты подвергается столь тщательной проверке, когда наличие внебрачной связи может помешать...

Америка — очень ханжеская страна.

Второй эпизод «Все, что вы всегда хотели знать о сексе...» озаглавлен «Что такое содомия?». Это очень смешной эпизод, и мне кажется, что лучшую роль в этом фильме вы отдали Джину Уайлдеру. Почему вы пригласили его? Как вы оцениваете его актерскую работу?

Он блестящий комедийный актер. Я не хотел сам играть во всех без исключения эпизодах, хотелось, чтобы в некоторых обошлось без моего участия. Поэтому я старался найти сильных актеров на те эпизоды, где меня не будет. Джин Уайлдер превзошел все мои ожидания.

Мне тоже кажется, что он сыграл блестяще, тем более что сюжет, при всей его краткости, очень напряженный. И вот что мне бросилось в глаза: он играет в собственном темпе — с длинными, очень выразительными паузами. Это его собственная манера или он в данном случае следовал вашим режиссерским указаниям?

Нет, это его собственный ритм. Он как-то сказал, что в нашем фильме старался выстроить более тонкий рисунок роли, чем он обычно делает. На самом деле это был его темп, он следовал исключительно собственному чутью. Когда у меня в фильме участвует актер такого ранга, как Джин Уайлдер, да при этом еще и сам что-то придумывает, я стараюсь не вмешиваться. Я встреваю со своими комментариями, только если вижу явное несоответствие общей идее фильма или сценарию, иначе я просто не вижу смысла брать в фильм таких актеров, как Джин Уайлдер или Джин Хэкмен, или любого другого актера их ранга, а потом трястись над ними и не давать им шагу ступить самостоятельно. Я вижу, как они работают. Они читают роль. Если им что-то непонятно, они задают мне вопросы. Довольно часто никаких вопросов не возникает. Это значит, что роль им до конца понятна. Они играют, и играют всегда очень хорошо. Иногда мне не удается сделать ни одного замечания. Иногда я ограничиваюсь тем, что прошу сыграть все то же самое, но немного быстрее. Так было в «Ханне и ее сестрах» с Максом фон Сюдовом и Барбарой Херши. Помните сцену, где они ссорятся? Они репетировали без меня. Когда я пришел и посмотрел, что у них получилось, сцена была в два раза длиннее, чем потом в готовом фильме. Они сделали *невыносимо медленную* сцену. Все, что мне пришлось сделать в данном случае, — это просто сказать им: «Нужно сыграть намного быстрее. Я не могу отвести столько времени на эту сцену». В остальном они сделали сцену, исходя из собственной интуиции. Вышло замечательно.

Не кажется ли вам, что они сыграли так медленно потому, что Макс фон Сюдов — швед? У нас несколько замедленные действия и реакции, мы приучены к более спокойному темпу жизни.

Мне представляется, что актеры — все актеры — играют медленнее, чем нужно, просто потому, что им нравится то, что они делают, они получают удовольствие от самого процесса и в тот момент не осознают, что смотреть на это со стороны не так интересно, как играть. К тому же на пленке это смотрится в два раза медленнее, чем вживую. Вряд ли они это понимают — это довольно тонкая вещь. Раз им так нравится играть, они думают, что публике должно быть приятно на это смотреть. Однако в целом европейский ритм действительно гораздо медленнее американского. Наше кино в целом более нервно. Если не брать в расчет ранние фильмы Годара, такие как «На последнем дыхании» или «Женщина есть женщина» и т. д., темп европейского кино действительно можно назвать медленным.

Я тоже заметил, что у актеров часто отсутствует чувство экранного времени. Это особенно хорошо видно, когда работаешь с театральными актерами.

Конечно, это чувство и у режиссеров формируется не сразу. Актеры всегда затягивают. Хотя с Джином Уайлдером этой проблемы не было. Он сразу понял своего героя, выстроил роль, очень естественно ее сыграл. Мне почти не пришлось с ним работать. Естественная реакция актера — очень важная для меня вещь. Пару дней назад я видел по телевизору интервью с Лив Ульман — она как раз говорила, что ее раздражает, когда режиссер не готов к съемкам, когда он чувствует себя неуверенно на площадке. Все это было сказано в связи со съемками ее собственного фильма. Я придерживаюсь прямо противоположной точки зрения. Лишь однажды мне пришлось отступить от этого правила — на фильме, который мы делали вместе с Полом Мазурски[1]. Я поразился, насколько тщательно он подготовился к съемкам. Он съездил на площадку, отсмотрел всю натуру. До начала съемок показал все это актерам, чтобы мы знали, где будем играть. Он знал, где будет камера, то есть проделал огромную подготовительную работу. Во время съемок никаких неожиданностей не было, работалось очень легко. Я сам никогда этого не делаю. Я отсматриваю натуру с художником-постановщиком. Мы что-то выбираем. Потом туда едет оператор, мы кратко обсуждаем с ним какие-то вопросы — все это за месяц, за пару недель до начала съемок. На данном этапе главное — определиться с местом и убедиться, что мы понимаем друг друга. Больше я об этом не думаю. Когда прихожу на съемочную площадку, я понятия не имею, что буду снимать и как буду снимать. В этот момент мне нужна какая-то спонтанность. Я просто хожу по площадке — один или с оператором, мы обмениваемся какими-то идеями, после этого я решаю, как расставить актеров. Потом мы расставляем свет, и только после этого я зову актеров. Я объясняю им, как они должны двигаться, куда идти. В общем виде — никаких точных предписаний я не даю. И затем мы начинаем снимать. Иногда мы попадаем с первого же дубля, и все остальные ничего не прибавляют, а иногда нужно какое-то время, чтобы актеры освоились с площадкой, — это может быть третий дубль, а может быть и десятый. Но я никогда не устраиваю никаких репетиций, не требую никакой специальной подготовки.

---

[1] Имеется в виду фильм Пола Мазурски «Сцены в магазине» (1991), в котором Вуди Аллен исполнил главную роль.

Когда сценарий закончен, я один раз его переписываю, чтобы убедиться, что там все в порядке. Больше я к нему не возвращаюсь до начала съемок. Я не учу роль. Я заглядываю в сценарий минут за десять до съемок. Очень часто — на самом деле почти на всех фильмах — у меня даже нет своей копии сценария. Я раздаю текст, его размножают, проверяют, у всех ли есть копия, но сам я его не держу — ни дома, ни где-то в другом месте. Чем меньше он мне попадается на глаза, тем лучше: сохраняется свежесть восприятия.

Когда вы снимаете, сколько дублей вы обычно делаете? Я понимаю, что в разных фильмах по-разному и многое зависит от ситуации. Но все же?

Я стараюсь обходиться без излишеств. Думаю, в среднем я снимаю четыре дубля. Если нет такой возможности, меня вполне устраивают два — один и еще один на всякий пожарный. Были случаи, что я делал больше. На съемках «Дэнни Роуз с Бродвея» я в какой-то момент сделал пятьдесят дублей. Но такое случается очень редко.

Вернемся к фильму «Все, что вы всегда хотели знать о сексе...». В третьем, полуитальянском эпизоде, вы с Луиз Лассер разговариваете на ломаном итальянском.

Да, мы учили реплики на слух.

Понятно, что этот эпизод — пародия на итальянское кино. Вы имели в виду какой-то конкретный фильм или какого-то конкретного режиссера?

Нет, ну разве что настроение слегка антониониевское. Изначально мы с Луиз должны были быть крестьянами, мы хотели воспроизвести ситуацию, типичную для Де Сики или раннего Феллини. Но потом подумали, что героям вовсе не обязательно быть простыми людьми, что вполне итальянскую сцену можно сделать и с богатой утонченной парой. Так в итоге и сняли.

Титры и сцены с кроликами сопровождаются замечательной песней Кола Портера «Let's Misbehave» («Давай пошалим»). Вероятно, Кол Портер — один из ваших любимых композиторов, его музыка звучит во многих ваших фильмах.

Да, его музыка звучит в титрах к «Мужьям и женам». Пожалуй, я действительно фанат Кола Портера. В «Мужьях и женах» я использовал «What Is This Thing Called Love» («Что это за штука любовь») в очень хорошем исполнении с участием Баббера Майли — великого чернокожего корнетиста, который играл с Дюком Эллингтоном и Джелли Роллом Мортоном.

Глава 6
«Спящий»

> М а й л з: Я всегда шучу. Это защитный механизм.
>
> *Из фильма «Спящий»*

Как родилась идея этого фильма?

Идея, с которой я первоначально обратился в «Юнайтед артистз», несколько отличалась от того, что в итоге получилось. Я пришел к ним и сказал, что хочу снять большой, дорогой фильм. Часа на четыре. Что это будет нью-йоркская комедия примерно на два часа, в конце которой меня случайно замораживают в криогенном аппарате. Потом планировался перерыв, чтобы зрители могли бы выйти купить конфеты и попкорн, а затем должен был идти второй акт, в котором я просыпаюсь в Нью-Йорке пятьсот лет спустя. Так должен был начинаться второй фильм. В «Юнайтед артистз» эту идею с радостью приняли. Но потом мне стало так лень все это писать, что я решил ограничиться второй частью. Я позвонил Маршаллу Брикману и спросил, сможет ли он принять участие в проекте. Он сказал: «Конечно!» — и мы вместе написали сценарий.

Название фильма, «Sleeper», имеет двоякое значение. Насколько я знаю, по-английски «sleeper» — это еще и «темная лошадка».

Да, это слово означает нечто получившее неожиданное признание. Но я не имел в виду эту многозначность. Мне просто нужно было короткое название для фильма, одно слово.

94

Музыку к фильму исполняет ваш джаз-банд «Rag-time Rascals». Эта музыка придает фильму фарсовое звучание.

Да, мы играли сами. Я не знал, какую музыку использовать, и тогда я подумал, что, хотя действие и происходит в будущем, футуристическая музыка не ляжет, потому что она очень странная и не слишком приятная. А поскольку это фарсовая комедия, я решил, что вполне подойдет музыка, которую играем мы. На этом фильме мне больше всего понравилось записывать саундтрек.

Как вы подбирали музыку?

Это классический нью-орлеанский джаз. Я прослушал массу записей и потом отобрал подходящие мелодии. По этому случаю у меня образовалась целая музыкальная библиотека.

В «Спящем» у вас впервые играет Дайан Китон. Насколько я понимаю, эта роль писалась специально для нее.

Совершенно верно. Я хотел, чтобы она была похожа на героинь Бастера Китона, — в его фильмах есть очень смешные женские персонажи, из-за которых главный герой постоянно попадает в опасность. Она хорошо справилась с задачей.

В «Спящем», мне кажется, больше чисто визуальных комических трюков, чем в любом другом вашем фильме. Вы помните, как они складывались?

Мне просто хотелось снять фарсовую комедию, то есть в каком-то смысле чисто визуальный фильм. По большей части ничего сложного в этом не было. «Спящий» был недорогим фильмом — бюджет не превышал трех миллионов долларов.

Что вам проще придумать — визуальный гэг или чисто словесную шутку?

Визуальные гэги никакой особой сложности не представляют. Их просто труднее снять.

В фильме есть сцена, где вы бреетесь перед зеркалом; она напоминает отдельные моменты из фильмов братьев Маркс. Вы намеренно ввели в фильм эту ассоциацию?

Не вполне. У меня немного другая идея, потому что там потом появляются другие люди. Кинематографический юмор этого фильма происходит в основном из его футуристического контекста.

Глава 7
«Любовь и смерть»

Оператором-постановщиком фильма «Любовь и смерть» был Гислен Клоке. Вы снимали эту картину во Франции?

В Венгрии и во Франции, в Будапеште и в Париже. По понятным причинам этот фильм нужно было снимать за границей: это европейская история. Продюсеры убедили меня снимать массовые сцены в Венгрии, потому что там гораздо дешевле. Мы поехали туда. Съемочная группа была французской. И надо сказать, я остался очень доволен их работой. Я встречался со многими французскими операторами, смотрел их фильмы, и больше всего мне понравились работы Клоке. Не помню, что именно я видел, потому что мне дали катушку, на которой было сразу несколько фильмов.

Это был первый из ваших фильмов, на котором кастингом занималась Джульет Тейлор?

Не совсем так. Джульет Тейлор была ассистенткой Мэрион Догерти, которая делала кастинг всех моих фильмов, начиная с первого. Потом Мэрион уехала в Калифорнию, стала работать со студиями, и Джульет стала главной. Но мы работали с ней с самого начала.

Каким образом вы работаете? Вы устраиваете совещания, на которых она предлагает варианты, рассказывает, какие актеры могли бы подойти на те или иные роли?

Да. Я даю ей сценарий и обычно никак его не комментирую. Это ее пожелание — ей так удобнее. Потом мы встречаемся, она всегда приносит целые списки актеров, которые могли бы подойти на ту или иную роль. Мы все это долго обсуждаем, я говорю: «Этого актера я ненавижу!» — она предлагает кого-то другого, и так до конца, пока не определим всех исполнителей.

И таким образом вы подбираете актеров на все роли — и на главные, и на второстепенные? То есть вы сами никогда заранее не выбираете актеров на главные роли?

Нет, мы совместно подбираем исполнителей на все без исключения роли.

В «Любви и смерти» использована музыка Прокофьева.

Изначально я хотел взять Стравинского. Но потом обнаружилось, что, как только мы ставим Стравинского, фильм перестает быть смешным, появляется какая-то тяжесть. И в дополнение ко всему — хотя причина все же была не в этом — Стравинский обходился нам гораздо дороже Прокофьева. Основная причина, по которой мы отказались от Стравинского, была эта тяжеловесность. Ральф Розенблюм, режиссер монтажа, в какой-то момент сказал: «Давай забудем про Стравинского. С ним у нас ничего не получается. Давай попробуем Прокофьева». Мы попробовали, и все сразу стало на свои места. Эта музыка дала фильму нужную легкость; это блестящая, жизнеутверждающая музыка. Тогда как Стравинский в любом месте фильма звучал странно, сбивал с толку, привносил какую-то тревожность.

Где-то в начале фильма Соня (Дайан Китон) говорит Борису (которого играете вы): «Как прекрасна и удивительна природа!» И вы ей отвечаете: «Не знаю. Природа для меня — это пауки, пожирающие жучков, крупная рыба, поедающая мелкую, и растения, поедающие растения. Какой-то чудовищных размеров ресторан. Так я ее воспринимаю». Каково ваше отношение к природе, если сравнивать ее с городской жизнью? Мне представляется, что в этом вопросе вы не придерживаетесь руссоистской точки зрения.

Все не так просто. Конечно, если противопоставлять городской и сельский тип, я определенно горожанин. Это старая дихотомия, творческие люди всегда делились на городских и сельских. К примеру, Достоевский представлял собой четкий городской тип там, где Толстой представлял сельский. Тургенев — сельский тип в еще большей степени. Но это не имеет ни малейшего отношения к качеству или глубине их произведений. Мне больше нравится город. Я могу ездить по деревням, могу иногда провести в деревне целый день. Но в том контексте я имел в виду природу как таковую, то есть город в той же мере, в какой и деревню. Природа красива, когда рассматриваешь красивую пасторальную сцену. Если присмотреться поближе, глазам откроется чудовищная картина. Если всмотреться по-настоящему, увидишь насилие, хаос, смертоубийство и каннибализм. Но когда картина берется достаточно широко, как на полотнах Констебля, природа действительно выглядит прекрасной.

Да, но то же самое можно сказать и о городском ландшафте.

Правильно. Мы смотрим на город и видим образец урбанистической красоты. Но стоит нам приблизиться, как мы обнаруживаем разного рода бактерии, не говоря уже об отношениях между людьми. Жалкая, уродливая, ужасающая картина.

По сравнению с вашими позднейшими картинами «Любовь и смерть» выглядит едва ли не бессюжетным фильмом. Диалоги тоже иногда представляют собой всего лишь набор шуток, как в ваших ранних вещах. Типичный пример — сцена между Борисом и Соней на чердаке.

Совершенно верно. В то время мне хотелось, чтобы мой герой беспрерывно шутил, как Граучо Маркс или Боб Хоуп. Поэтому я все время отдавал предпочтение шутке, а не психологически мотивированному диалогу.

В вашей книге «Побочные эффекты» есть несколько рассказов, пародирующих определенные литературные стили. Особенно мне нравится рассказ, который называется «Обреченные». Это своеобразная пародия на экзистенциалистские писания французского типа, на традицию Сартра и Камю. Похожие вещи встречаются и в этом фильме.

Конечно, у каждого есть свои пристрастия. Мы часто высмеиваем именно то, что любим. Мне очень близки эти авторы и то, о чем они пишут. Если бы я снял пародию на Ингмара Бергмана, это следовало бы воспринимать как признание в любви.

В картине «Любовь и смерть» можно обнаружить следы таких пародий — имитации Бергмана, Эйзенштейна, каких-то французских режиссеров.

Естественно, мы ведь работали с их тематикой. Я знал, что в этом философском мире буду чувствовать себя очень уютно. Рецензируя «Любовь и смерть», Пенелопа Гиллиат заметила, что «здесь мы имеем дело не с Россией, а с миром русской литературы». Это действительно так. Можно сказать, что этот фильм — своего рода литературная пародия.

Что же побудило вас написать подобный сценарий?

Это довольно интересная история. Я закончил «Спящего», который снимался в Колорадо и Калифорнии, и мне захотелось сделать фильм в Нью-Йорке. Я написал детективный сценарий. Но стоило мне его закончить, как у меня пропала всякая охота снимать детектив. Мне показалось, что сюжет для меня слишком слабый, и я его отложил. Потом мне вдруг захотелось снять фильм на русскую тему, фильм слегка философский, — и я написал «Любовь и смерть». Его мы и сняли. После чего я вернулся к детективу, взял часть сюжета и некоторых героев и сделал из этого «Энни Холл». Героями детектива были Энни и Элви, и там была масса моментов, которые вошли в фильм. Не вошла как раз детективная часть. Но к ней я вернулся, когда снимал «Загадочное убийство в Манхэттене».

Вернулись к тому самому сюжету?

В общем, к тому же самому, я поменял совсем немного. Картиной «Любовь и смерть» я всех удивил, потому что от меня ждали фильма о Нью-Йорке, о современном Нью-Йорке. Но мне было легко и приятно снимать «Любовь и смерть», — пожалуй, он так и остался одним из самых приятных фильмов для меня в этом смысле. Мне нравилась местность, в которой мы снимали. Мне нравилось работать в Париже. Мне нравились французы, мне нравилось быть во Франции. Будапешт показался мне тогда очень суровым городом, потому что там было холодно.

Мы уже говорили об аллюзиях, кинематографических аллюзиях. В этом фильме обнаруживается масса отсылок к Бергману: например, в качестве отдельного персонажа присутствует Смерть, уводящая за собой мертвых. В конце фильма есть удивительный кадр, который напоминает мне «Персону»: Дайан Китон и Джессика Харпер крупным планом. Этот кадр не мог быть случайным.

Конечно нет. Мы вставляли в этот фильм все, что хотели: брали русские книги, шведское кино, французское кино, Кафку, французских экзистенциалистов. Все, что казалось нам забавным.

Все эти вещи появились, когда вы писали сценарий или вы долго собирали элементы этого пастиша, с тем чтобы когда-нибудь вставить в фильм или в сценарий?

Все собралось, как только я начал писать. Что-то придумалось, я решил, что это забавно, и потом одна вещь потянула за собой другую.

Глава 8
«Энни Холл»

> Э л в и: Вселенная расширяется.
> *Из фильма «Энни Холл»*

Вашим следующим фильмом стал «Энни Холл» — та самая нью-йоркская история, которой от вас так ждали.

Да, и во многих отношениях этот фильм стал для меня поворотным. У меня наконец достало мужества оставить клоунаду и отказаться от удобств чисто комедийного жанра. Я сказал себе: «Нужно попытаться сделать более глубокий фильм. Возможно, получится не так смешно, как раньше, но зато появятся другие вещи, которые могут заинтересовать публику или показаться значимыми». Так и вышло.

Сценарий этого фильма, как и сценарий «Спящего», написан в сотрудничестве с Маршаллом Брикманом. Кто он такой? Профессиональный писатель?

Мы познакомились с Маршаллом в кабаре, где я выступал. У него был музыкальный номер, он играл на виолончели и гитаре. Мы подружились, стали общаться и в какой-то момент решили, что попробуем написать что-нибудь вместе, просто для смеха. Попробовали — нам понравилось. Мы написали «Спящего», потом «Энни Холл» и потом «Манхэттен». Я очень его люблю. Это мой друг и очень хороший человек. Он сам поставил несколько фильмов.

Как вы работали? Вы встречались каждый день, садились и писали?

Нет, мы гуляли по городу, вместе обедали, вместе ужинали. Сидели где-нибудь — и все это время проговаривали фильм, обсуждали варианты, говорили, говорили, говорили. Когда все было обговорено, я садился и писал сценарий. Потом я показывал его Маршаллу, и он вносил свои поправки. Он говорил: «Эта сцена мне нравится, а здесь получилось слабо, почему бы нам не заменить ее на такую-то и такую-то». Он предлагал новые варианты, новые повороты сюжета. Собственно, писал сценарий я, потому что мне было важно сразу сделать роль под себя, чтобы потом без труда сказать все это в фильме.

В отличие от других ваших фильмов, где вы задаете настроение с помощью музыки, «Энни Холл» начинается в полной тишине. Почему вы в данном случае решили обойтись без музыки? Вы хотели подготовить аудиторию к тому, что эта картина не будет похожа на предыдущие, что здесь основной упор приходится на диалоги, что именно на них строится фильм?

В музыкальном отношении я тогда все еще находился в поиске. В «Любви и смерти» я использовал классическую музыку, в «Спящем» я записал собственный джаз-банд. У меня в тот момент еще не было четко сформулированного подхода в отношении музыки, и поэтому я попытался сделать фильм вообще без музыки. Все, что звучит в «Энни Холл», как-то оправдано сценарием. Там нет саундтрека. Если там что-то играет, то это музыка из приемника в машине, музыка на вечеринке и так далее. Сам фильм никакой музыкой не сопровождается. Не знаю, я просто экспериментировал. Мне хотелось посмотреть, что получится. Хотелось сократить музыку до минимума. В этом отношении я был абсолютно непреклонен — меня не волновало, понравится это публике или нет. Мне хотелось, чтобы это было так, и никак иначе. Для меня это был поворотный пункт. Если бы я снимал этот фильм сегодня, вполне возможно, что там было бы очень много музыки. Возможно, есть еще одно объяснение: насколько я помню, у Бергмана в фильмах вообще нет музыки, а я был настолько захвачен в те годы его работами, что вполне мог убедить себя, что его путь является единственно верным. С течением времени я изменил свое отношение к музыке.

В отношении «Энни Холл» мне приходило в голову и другое сравнение с Бергманом. В этом фильме у вас появляются очень простые, опрятные титры, которые вы с тех пор воспроизводите во всех своих фильмах. Бергман тоже в течение многих лет делал титры ко всем своим фильмам по одному образцу.

Я этого не знал, я не думал тогда об этом. Изначально у меня вообще не было такого намерения. В «Бананах», как, впрочем, и в фильме «Все, что вы всегда хотели знать о сексе...», у меня довольно навороченные титры. Но потом я подумал: «Что за идиотизм — тратить столько денег на титры! Дурная американская привычка. Лучше я сделаю самые дешевые — простой скромный барабан». Я выбрал гарнитуру, которая мне нравилась, и с тех пор больше ничего не менял. Ведь что такое титры? Это чисто информативная вещь.

Конечно. Но в итоге эти титры стали восприниматься как фирменный стиль Вуди Аллена.

Да, теперь они фигурируют уже в пятнадцати фильмах — или что-то около того. И меня это совершенно устраивает. Мне это не стоит ни копейки. В Штатах все, что касается титров, давно уже вышло из-под контроля. В шестидесятые был период, когда считалось, что у всех титры должны быть как в «Розовой пантере»[1]. Продюсеры сразу откладывали для этой цели двести пятьдесят

---

[1] *Розовая пантера* — серия комедийных детективов, первый из которых (с Питером Селлерсом в главной роли) вышел на экраны в 1963 г. Первые фильмы серии открывались анимированными титрами производства студии «DePatie-Freleng Enterprises», за которые она получила «Оскар» в 1964 году.

тысяч. Титры воспринимались как едва ли не самая важная вещь во всем фильме. И кстати, я всегда был против организации каких-то специальных событий по случаю выхода нового фильма. Все, что я хочу, — это снимать фильмы (по возможности, много) и регулярно выпускать их на экраны. У меня нет ни малейшего желания устраивать по этому поводу ажиотаж: «И вот наконец-то выходит новый фильм Вуди Аллена, мы ждали его два года!» Я просто хочу выпускать их в прокат. Я люблю много работать. С кинокомпанией мы давно условились, что, как только я вынимаю готовый сценарий из пишущей машинки, меня тут же запускают в производство. Договор давно подписан, от этой головной боли я избавлен. И мне нравится работать именно так. Я не привык показывать кому-то только что законченный сценарий, назначать встречи, искать финансирование и т. д.

Когда вы снимали «Энни Холл», у вас, вероятно, уже появилась уверенность в том, что вы достигли определенной степени свободы — как с художественной точки зрения, так и с экономической. Собственно, поэтому вы и сняли такой фильм, как «Энни Холл».

С этим фильмом связаны две вещи. Во-первых, я действительно достиг определенного мастерства, с высоты которого мог оценить свои предыдущие фильмы как пройденный этап. Мне хотелось двигаться в сторону более реалистического и более глубокого кино. А во-вторых, на этом фильме я познакомился с Гордоном Уиллисом. Гордон научил меня важнейшим техническим вещам. В этой сфере Гордон волшебник. Но при всем при том он еще и художник. Он показал мне множество приемов работы с камерой, работы со светом; действительно, во многих смыслах этот фильм стал для меня поворотной точкой, я считаю его своим первым шагом к творческой зрелости.

Это абсолютно свободный по структуре фильм.

Я всегда так писал. Свободное отношение к хронологии и к структуре фильма у меня присутствовало с самого начала.

Фильм начинается внезапно, без всякой подводки: вы обращаетесь к публике с двумя шутками. Первая — про двух старушек, отдыхающих на горном курорте, когда одна старушка говорит: «Здесь так невкусно кормят!» — а другая отвечает: «Да, и порции такие маленькие!» И во второй шутке вы, по вашим словам, перефразируете Граучо Маркса: «Не хотелось бы мне быть членом клуба, в который примут такого человека, как я». Такое начало сразу создает атмосферу непосредственности и прямоты.

Да, здесь задается сама идея фильма. Я интуитивно понимал, что картина, в которой я обращаюсь к публике напрямую и говорю о себе от первого лица, должна сразу же вызывать интерес, потому что у огромного множества людей возникают те же самые чувства и те же самые проблемы. И я хотел говорить о них открыто и прямо.

В начале фильма вы говорите, что Элви Сингер вырос на русских горках в Бруклине. Позже образ русских горок воспроизводится еще в нескольких фильмах: в «Воспоминаниях о звездной пыли», «Пурпурной розе Каира» и «Днях радио».

Верно. Я вырос в Бруклине, неподалеку от Кони-Айленда, — не совсем рядом с ним, но и не очень далеко. Кони-Айленд — это огромный парк развлечений, теперь уже ставший легендой. Во времена моего детства он уже наполовину состоял из развалин, однако все еще работал. Мы с друзьями проводили там довольно много времени. Мы купались, болтались на променаде. Кое-что из этого есть в «Днях радио». Я вырос у пляжа, у воды. И хотя там прошла меньшая часть моего детства, для меня она оказалась более значительной. Поэтому когда я писал «Энни Холл», в сценарии фигурировал не парк развлечений, а место, в котором я на самом деле вырос, в нескольких милях от этого парка. Позже, когда мы с Гордоном Уиллисом и Мелом Бурном, художником-постановщиком фильма, ездили по Бруклину в поисках натуры, мы обнаружили этот аттракцион и дом, расположенный прямо под ним. Мне показалось, что мы должны его использовать, — и я поменял в сценарии место рождения моего героя. Образ сам по себе очень сильный.

А в остальном насколько соответствует детство главного героя вашему собственному?

В остальном соответствие полное. Я действительно жил в таком доме и действительно ходил в такую школу, и там были примерно такие же учительницы: с выбеленными до синевы волосами, очень строгие и чрезвычайно неприятные.

В связи с этим вы говорите в фильме: «Я не могу состыковать фантазию и реальность — у меня с этим проблемы».

Да, это основная тема моих фильмов. У меня есть несколько образов собственного детства. Иногда я вспоминаю о нем как о чем-то неприятном, а иногда воспоминания рисуют его куда более счастливым, чем оно было на самом деле. Детство трудно запомнить точно в соответствии с действительностью.

В «Энни Холл» имеются своего рода интерлюдии — доверительные разговоры между вашим героем и его приятелем, которого играет Тони Робертс. В начале фильма есть длинная сцена, где вы с ним идете по тротуару прямо на камеру, очень долгая, снятая одним планом. Поначалу вас даже трудно разглядеть на дальнем конце улицы, потом вы постепенно приближаетесь к камере, а затем уже камера следует за вами вдоль улицы. Похожие сцены встречаются и в других ваших фильмах. Все они довольно длинные — вы не обрываете кадра, пока герои не закончат разговор. Правильно ли я понимаю, что вы предпочитаете всем прочим именно такой способ подачи размышлений?

Меня критиковали за такого рода сцены в «Манхэттене». Но именно в этом и состоит городская жизнь: разговоры и умствования. В городе не встают в такую рань, как толстовский крестьянин на сенокосе. В городе нет тех молчаливых семейных ритуалов, какие мы видим у Бергмана в «Девичьем источнике».

Мне-то как раз нравится, как сделаны эти сцены-комментарии, нравится, что вы снимаете их длинными планами и не даете никаких перебивок.

Я начал работать таким образом на «Энни Холл», и с тех пор я сделал огромное количество фильмов, снятых всего несколькими планами. На некоторых картинах нам с режиссером монтажа Сьюзен Морс требовалось не больше недели, чтобы сделать фильм от начала до конца, потому что там были сплошные мастер-шоты. Сорок длинных планов с использованием внутрикадрового монтажа — и все готово. Большинство моих последних картин построено исключительно на очень длинных мастер-шотах. Я давным-давно перестал снимать лишний материал «на всякий случай». Делать длинные сцены гораздо интереснее и быстрее.

По структуре и содержанию эта сцена напоминает мне фильм Майка Николса «Познание плоти» — это ведь тоже своего рода комедия положений.

Возможно. Я очень давно смотрел этот фильм. Думаю, это одна из лучших его работ.

В «Энни Холл» Энни и Элви собираются в кино на картину Бергмана «Лицом к лицу» — думаю, вы не случайно выбрали именно этот фильм. Элви отказывается идти в зал, когда фильм уже начался.

Да, это была первая сцена детективного сценария: я жду у кинотеатра, подходит Энни, мы идем куда-то посидеть, и в это время происходит убийство. В «Энни Холл» я просто стою и жду, а потом отказываюсь смотреть бергмановский фильм, потому что он уже начался.

Дальше вы препираетесь с человеком из очереди. Он начинает возражать, приводит неверную цитату из Маршалла Маклюэна, а вы в ответ выводите из-за рекламной стойки самого Маршалла Маклюэна, который и подтверждает вашу правоту.

На эту сцену я пытался пригласить множество людей. В итоге согласился Маршалл Маклюэн. Изначально я не планировал его снимать. Мне хотелось снять Феллини: мне казалось, что люди, стоящие в очереди в кинотеатре, должны говорить о кино и, само собой, о Феллини. Но Феллини не захотел ехать в Штаты, чтобы снять этот эпизод, что было вполне естественным с его стороны. И тогда я пригласил Маршалла Маклюэна.

А вам не хотелось снять в этой сцене Бергмана?

Даже мысли такой не было, потому что я прекрасно понимал, что Бергман — не тот человек, который станет заниматься такими вещами. Все разговоры о нем сводились к его затворнической жизни на острове Форё.

В то время вы еще не были с ним знакомы?

Нет, я встретился с Бергманом позже, когда снимал «Манхэттен». Я уже был знаком с Лив Ульман, и она знала, как дорог мне Бергман. Она-то и сказала, что Бергман на неделю приедет в Нью-Йорк, и предложила пообедать вчетвером: она, я, Бергман и его жена. Лив уверила меня, что он тоже этого хочет. Я пришел к нему в отель, и мы обедали прямо у него в номере. Состоялся длинный, очень приятный разговор. Мы обсудили множество вещей. Я был поражен тем, что ему пришлось пройти через ту же рутину, что и мне, причем ровно тогда же, что и мне. Мы говорили и говорили. К сожалению, я не смог встретиться с ним, когда последний раз был в Стокгольме, потому что со мной было слишком много детей. Но мы долго говорили по телефону — час или, может быть, два. Он довольно занятный собеседник. Потом мы еще несколько раз беседовали по телефону, но непосредственно я общался с ним только однажды — в тот вечер, в нью-йоркском отеле. У меня остались необыкновенно приятные впечатления. Мне было забавно узнать, что всем режиссерам приходится сталкиваться с невероятным количеством глупостей, — похоже, исключений не бывает. Бергман говорил мне, что каждый раз, когда выходит его новый фильм, продюсеры тут же звонят ему, чтобы сообщить: мол, на первом показе был аншлаг и, по их прогнозам, этот фильм даст больше сборов, чем все предыдущие. Ровно то же самое происходит со мной. Абсолютно те же прогнозы. Первые пять дней все идет как по маслу, а потом оптимизм исчезает. И у Бергмана та же ситуация.

Насколько оптимистично вы сами оцениваете судьбу фильма, который находится в производстве? Скажем, когда сценарий закончен и начались съемки?

В коммерческом смысле — нисколько. Я оптимист, когда речь идет о художественных качествах фильма. Я всегда думаю, что мой следующий фильм будет замечательным с художественной точки зрения. Но если дело идет о коммерческом успехе фильма, я всегда настроен пессимистически. Когда я снимал «Сентябрь», «Другую женщину», «Интерьеры», «Воспоминания о звездной пыли», я уже на съемках понимал, что никто не пойдет их смотреть. Даже если с художественной точки зрения я был доволен своей работой и понимал, что фильм получился, я *знал*, что публику он не соберет. Это чувствуется. И напротив: когда я делаю такую картину, как «Энни Холл» или «Спящий», я знаю, что, если фильм получится, люди будут его смотреть.

Но ведь это никогда не мешало вам снимать то, что вам хотелось?

Нет, такие вещи меня не останавливают. И что самое удивительное, студию подобные соображения тоже еще ни разу не остановили. Если вы думаете, что любому моему фильму заранее обеспечено финансирование, то вы ошибаетесь. Я снимаю то, что хочу, и меня не волнует, понравится ли моя работа публике и критикам. Хотя мне, конечно, хочется их одобрения. Но нет так нет. Я снимаю для собственного удовольствия. Однако реальность, к сожалению, такова, что через какое-то время студия скажет: «Слушай, ты сделал уже десять фильмов, а у нас сплошные убытки». К счастью, со мной такого пока не случалось.

Как ни странно, фильмы, которые вы только что упомянули — например, «Воспоминания о звездной пыли», «Сентябрь» или «Другая женщина», — я бы причислил к вашим лучшим работам. Возможно, нет ничего удивительного в том, что публика встретила их прохладно, но все же это печально.

Мне тоже так кажется, однако лучший фильм никогда — или почти никогда — не является успешным с коммерческой точки зрения. Картина «Что нового, киска?» пользовалась огромной популярностью — факт, как мне кажется, постыдный. Иногда, правда, везет: случается, что хороший фильм собирает большую аудиторию. Но обратная ситуация наблюдается чаще. Я не берусь судить, какой фильм люди склонны считать хорошим, а какой нет, — могу лишь оценить, насколько я доволен реализацией собственной идеи. Так вот, фильм, который я всегда выделял из всех мною сделанных, — «Пурпурная роза Каира» — вообще не получил сборов в США. А для меня он всегда был самым любимым, потому что в нем мне удалось воплотить свою идею именно так, как я хотел. Когда съемки закончились, я сказал: «У меня был сценарий и идея, и все получилось». Именно так, как я хотел. Фильм получил очень высокую оценку со стороны критики, но собрал очень мало зрителей. Говорили, что, если бы они в конце поженились — Сесилия и кинозвезда, — зрителей было бы больше. В конце, когда он ее бросает, возникает такая тоска! Но именно ради этого я и делал фильм, в этом его смысл. У многих других моих фильмов похожие судьбы. Например, «Зелиг» критика восприняла на ура, но люди тоже на него не пошли. Та же история была и с «Днями радио», при том что это простые фильмы. С картиной «Дэнни Роуз с Бродвея», которая была стилизована под старомодную комедию, произошло то же самое. Хотя именно про этот фильм я часто слышал: «Из всех ваших фильмов этот мой любимый. Я так смеялся!» Но когда он вышел, его никто не смотрел.

Но ведь в Европе ваши фильмы принимали по-другому?

Да. За последние пятнадцать лет Европа не раз меня спасала. Если б не Европа, я бы уже, наверное, не снимал. Фильмы, которые здесь оказались коммерчески несостоятельными, имели неплохие сборы в Европе. По крайней мере, достаточные, чтобы свести убытки к минимуму. А мои ранние фильмы не пользовались особой популярностью и в Европе, хотя французы с ума сходили по «Бананам». Этот фильм открыл для меня Европу. Затем подтянулась Италия. Спустя некоторое время у меня появилась европейская аудитория, от которой сейчас я всецело завишу. Ярким примером может служить «Тени и туман»: в Америке этот фильм никто не смотрел, а в Европе он собрал неплохие деньги.

Вы уже упоминали Феллини. Очевидно, что вы черпаете вдохновение в его творчестве.

Да. Думаю, «Белый шейх» — лучшая звуковая комедия за всю историю мирового кинематографа. Мне трудно вспомнить построенную на диалогах комедию, которая была бы лучше. Может быть, с ней способен соперничать фильм Престона Стерджеса «Клянусь в верности» (Unfaithfully Yours)[1]. И есть еще два замечательных фильма

---

[1] *«Клянусь в верности»* — фильм 1948 г. с участием Рекса Харрисона и Линды Дарнелл. Не путать с римейком 1984 г. (реж. Говард Зиф) с Дадли Муром и Настасьей Кински в главных ролях.

Любича: совершенно потрясающий «Магазин за углом» и очень смешной «Переполох в раю». Но если говорить о комедиях, где герои действительно разговаривают между собой, — и тогда фильмы братьев Маркс не в счет, потому что они лишь документируют их представления, — то вряд ли можно вспомнить комедию, которая была бы лучше «Белого шейха». Да лучшего просто и не представить, это абсолютная комедия. Забавно, что одним из авторов сценария был Антониони. Кто бы мог подумать — сам по себе он такой мрачный!

Но вернемся к «Энни Холл». В этом фильме вы используете прием, который можно квалифицировать как более или менее «запрещенный» в кинематографе: напрямую обращаетесь к публике, комментируя развитие сюжета и делая какие-то замечания в адрес персонажей. В этом есть что-то брехтовское или годаровское. Похожие вещи можно заметить и в ваших ранних комедиях, но там эти реплики больше напоминают ремарки в сторону и в этом смысле принадлежат скорее к традиции Боба Хоупа.

Да, как у Граучо или Боба Хоупа. В данном случае вставки были мне нужны скорее для развития сюжета, я не позиционировал их как шутки. Я хотел, чтобы зрители смотрели фильм *вместе со мной*. Собственно, с таким посылом я и начал работу над картиной.

«Энни Холл» — один из немногих фильмов, где ваш герой занимается спортом. Есть ли в спорте что-то привлекательное для вас или он вас вообще не интересует?

Как раз наоборот. В детстве я был очень спортивным мальчиком. Все этому удивляются, но я действительно увлекался спортом и всегда любил смотреть соревнования. Я и по сей день очень люблю спорт. Часто я жалуюсь, что из театральной постановки невозможно выжать того напряжения, которое возникает во время спортивного матча. Я обожаю смотреть многие виды спорта.

Например?

Массу всего: бейсбол, баскетбол, бокс, футбол, теннис, гольф... Проще перечислить виды спорта, которые мне не нравятся, — их меньше. Когда я жил в Лондоне, я с удовольствием смотрел крикет, хотя американцы этой игры не понимают. Но мне сразу же стало интересно.

Вы смотрите спорт по телевизору или предпочитаете ходить на стадион?

Это зависит от того, где играют. Бо́льшую часть игр я смотрю по телевизору, так проще. Но я часто хожу на баскетбол. Раньше не пропускал ни одного профессионального боксерского поединка. На бейсбол я хожу редко, предпочитаю смотреть по телевизору, потому что на бейсбол труднее попасть. Там бывает до пятидесяти тысяч человек — пятьдесят, а не пятнадцать. Соответственно, доступ затруднен: туда труднее попасть и труднее оттуда выбраться. Мне проще ходить на баскетбол. Во-первых, это на Манхэттене. Можно взять такси, и через десять минут ты там, а иногда и быстрее. До бейсбола ехать минут сорок пять — играют на стадионе «Янкиз», недалеко от аэропорта.

Но вы тем не менее ходите на разные игры более или менее регулярно?

Да, в зависимости от того, снимаю я или нет. Было время, когда мы с Дайан Китон ходили на все баскетбольные матчи. Не пропускали ни одного.

Раз уж речь зашла о Дайан Китон: правда ли, что Энни Холл — ее настоящее имя?

Ее настоящее имя — Дайан Холл. Она взяла девичью фамилию матери, Китон, когда обнаружилось, что среди членов «Экторз эквити»[1] уже была одна Дайан Холл.

---

[1] Actors' Equity Association — профсоюз актеров в Соединенных Штатах.

Собственно, поэтому фильм и получил название «Энни Холл»?

Да, оно мне показалось удачным.

Вы уже рассказывали о Дайан Китон и о ее характерной манере одеваться. После выхода фильма на экраны этот стиль вошел в моду.

Собственно, это и был ее стиль. Когда она пришла на съемки, художник по костюмам Рут Морли начала протестовать: «Пусть она переоденется! Это нельзя снимать, это безумие!» А я ответил: «Оставьте ее в покое. Она гений. Пусть одевается как хочет. В крайнем случае я сам ей скажу, чтобы переоделась. А пока пусть сама выбирает».

В фильме по поводу ее манеры одеваться есть отличная реплика: когда она появляется в брюках, жилетке, при галстуке и в шляпе, вы спрашиваете: «Ты, похоже, выросла в картине Нормана Рокуэлла». Когда я смотрю ваши фильмы, мне на ум приходит еще один художник — Эдвард Хоппер.

Конечно! Я очень люблю Хоппера. Все американцы любят Хоппера. Мне нравится меланхоличность его работ.

А как насчет других американских художников, они на вас повлияли?

Не думаю, что в случае художников вообще можно говорить о влиянии, но пристрастия в этой области у меня есть. Я люблю представителей абстрактного экспрессионизма: Де Кунинга, Поллока, Фрэнка Стеллу. Мне нравится многое из того, что делал Энди Уорхол, нравится многое у Раушенберга и Джаспера Джонса. Я большой поклонник современной американской живописи.

Образ, который создала в этом фильме Дайан Китон, можно охарактеризовать как рассеянный. Время от вре-

мени она начинает оправдываться, как бы выстраивает линию обороны, но чаще всего стушевывается, старается отступить на задний план. По чьей инициативе был создан именно такой образ — по вашей или по ее собственной?

Это ее работа! Дайан просыпается и сразу же начинает извиняться. Она так устроена. Гипертрофированная скромность, стремление не обращать на себя внимания. Это качество, присущее всем по-настоящему умным людям: *невероятная* скромность, *невероятное* стремление держаться в тени. Она в полной мере им обладает.

То есть когда вы писали сценарий «Энни Холл», вы знали, что главную роль будет играть Дайан Китон?

Конечно! Роль создавалась специально под нее.

Вспомните сцену: Энни и Элви провели вместе первую ночь, они идут в книжный магазин, и Элви признается, что придерживается крайне пессимистических взглядов на жизнь: «Жизнь бывает либо ужасная, либо несчастная. Категорий только две». Вы разделяете позицию своего героя?

Да. Собственно, он высказывает мое мнение. Будь доволен, что ты всего лишь несчастен.

Получается, что образ Энни Холл во многом основан на личности Дайан Китон. А насколько близок к личности Вуди Аллена ваш герой, Элви Сингер? Это наиболее близкий вам персонаж, можно так сказать?

Нельзя. Как ни странно. Хотя мне очень часто задают этот вопрос. Но как давно заметил Пэдди Чаефский[1], лю-

---

[1] Paddy Chayefsky (1923—1981) — американский драматург и киносценарист русско-еврейского происхождения. Трижды получал «Оскар» за лучший сценарий («Марти», 1953; «Больница», 1972; «Телесеть», 1976).

бой персонаж — слепок с автора. Мне кажется, это верно. В Элви Сингере много моего, но в той же мере я отождествлял себя и с Сесилией из «Дней радио», и с матерью из «Интерьеров». Куда ни ткни, везде я — в этом смысле какой-то один мой персонаж выделить трудно. В каждом есть что-то от меня, каждый новый герой — лишь новая маска; возраст или пол выступают лишь как средства маскировки. В рецензии на «Интерьеры» Полин Кейл[1] писала, что наиболее близким мне персонажем она считает героиню Мэри Бет Херт. Основным аргументом была общность в манере одеваться. Надо сказать, Кейл здесь промахнулась. В Джоуи, которую играла Мэри Бет Херт, может, и есть что-то от меня, но все же суть этой героини в том, что у нее есть переживания, но нет таланта, чтобы их выразить, — тогда как я всегда считал, что мне в этом смысле повезло, что какой-то талант у меня все же есть. Так что основная проблема этой героини никак со мной не соотносится. Скорее, я был склонен отождествлять себя с фигурой матери, с героиней Джеральдин Пейдж.

В каком смысле?

Я видел в ней отражение самого себя. Во мне тоже есть эта холодная суровость, гипертрофированный перфекционизм, стремление к порядку во всем.

Вы считаете, что в жизни должен быть порядок?

Да. И все вокруг должно быть мягких, землистых тонов. Мебели не должно быть слишком много или слишком мало. И прочие навязчивые идеи.

До Коллин Дьюхерст — в фильме она играет мать Энни — в ваших картинах не было образов сильных матерей.

---

[1] Pauline Kael (1919—2001) — одна из наиболее влиятельных американских кинокритиков, на протяжении двадцати с лишним лет была постоянным автором журнала «Нью-Йоркер». Публика особенно ценила Кейл за живость языка и непредсказуемость в оценках.

Я пригласил ее сниматься не только потому, что она замечательная актриса, но еще и потому, что она очень похожа на мать Дайан. Мать Дайан — настоящая американка, типичный представитель классического типа американцев-первопроходцев. У Коллин тоже все это есть, но она еще и прекрасная актриса.

Однако появление целого ряда «сильных матерей» в ваших фильмах не может быть случайностью: Джеральдин Пейдж в «Интерьерах», Морин О'Салливан в «Ханне и ее сестрах», Элейн Стритч в «Сентябре», Гвен Вердон в «Алисе».

Когда я только начинал, я умел писать только с мужской точки зрения. Причем носителем этой точки зрения был я сам. Каждая ситуация рассматривалась с позиции этого конкретного мужчины. Но со временем что-то во мне переключилось. Не знаю, почему так случилось и что, собственно, произошло, но в какой-то момент я стал предпочитать точку зрения женщины. У меня составилась целая галерея женских образов. Если вы посмотрите на женские роли, сложившиеся у меня в фильмах за последние пятнадцать лет, — на матерей и сестер в «Интерьерах», в «Ханне и ее сестрах» и в «Сентябре», на роли, которые я писал для Дайан Китон, для Миа Фэрроу, — вы увидите, что это всегда центральные роли. Не знаю, как, когда и почему это произошло, но что-то кардинальным образом поменялось.

Возможно, здесь сказалось влияние Бергмана? В его фильмах женские роли тоже очень сильны.

Не стану утверждать наверняка, но мне так не кажется. Не думаю, что такие вещи могут происходить вследствие внешних влияний. Скорее, тут дело во мне самом. Можно было сказать, что Бергман создает прекрасные женские портреты, но я до его уровня не дотягивал, потому что не владел женской психологией до такой степени. Но потом что-то во мне поменялось, произошла

118

какая-то внутренняя перемена. Может быть, свою роль здесь сыграл психоанализ; возможно, многое определили наши отношения с Дайан — раз уж именно в «Энни Холл» мне впервые удалась женская роль, удалась по-настоящему. И с тех пор интересные женские образы стали возникать один за другим, порой куда более интересные, чем мужские. Думаю, в «Мужьях и женах» женские роли намного сильнее мужских.

Может быть, дело еще и в том, что вам интересно работать с отдельными актрисами? Вы уже упоминали, что испытываете определенные трудности с тем, чтобы найти хороших американских актеров на мужские роли. Возможно, вы подсознательно стремитесь писать роли, которые смогут сыграть талантливые актрисы?

Думаю, да. Мне всегда хотелось сделать фильм, в котором сыграли бы сразу все любимые мною актрисы: и Миа, и Дайан Китон, и Дайан Вист, и Мерил Стрип, и Джуди Дэвис. Талантливых актрис очень много, я упомянул лишь некоторых. Гениальные актеры, конечно же, тоже есть — взять хотя бы Джина Хэкмена или Роберта Де Ниро. Но для них нужно создавать специфически мужские ситуации, в которых они доминируют. Им нельзя давать роли слабых мужчин, они в них не смотрятся — роли, которые играл в Германии Эмиль Яннингс[1] или которые в Штатах время от времени исполняли Эдвард Робинсон[2] или Фредрик Марч. Лучшие американские актеры: Роберт Де Ниро, Джек Николсон, Джин Хэкмен или Аль Пачино — не смо-

---

[1] Emil Jannings (1884—1950) — немецкий актер, первый лауреат премии «Оскар» за лучшую актерскую работу (в 1928 г. он получил «Оскар» за свои роли в фильме Виктора Флеминга «Путь всякой плоти» и картине Йозефа фон Штернберга «Последний приказ». Лучшими актерскими работами Эмиля Яннингса принято считать роль швейцара в картине «Последний человек» (1925) и роль профессора Унрата в классической ленте «Голубой ангел» (1930).

[2] Помимо бандитов и хулиганов, Робинсон играл приятных, в чем-то слабых мужчин с мягкими манерами — такой, например, была его роль в фильме Фрица Ланга «Улица греха» (1945).

гут сыграть Уилли Ломана[1]. Для этого им пришлось бы совершить насилие над собой. Они слишком мужественны, слишком привлекательны для такой роли. Довольно удачно сыграл Ломана Дастин Хоффман, хотя он был слишком молод для этой роли. В шестьдесят он сыграл бы блестяще. Дастин, быть может, единственный американский актер, обладающий нужными для этой роли качествами. Однако английских или шведских актеров с таким амплуа довольно много.

Но, скажем, роль Джина Хэкмена[2] в «Другой женщине» была несомненной удачей.

Там более мужественная роль. Думаю, лучшего актера на эту роль было и не найти.

Если говорить об этом фильме, то в его игре некоторая мягкость была.

Да, он смотрелся мягче, чем обычно: здесь у него была романтическая роль, он редко выступает в таком амплуа. Но даже в этой роли он смотрелся невероятно мужественно. Хэкмен — особый случай: ему дано больше, чем другим; он может сыграть и так, и так. Вспомните его роль в «Разговоре»[3] — там тоже есть эта двойственность. Он умеет быть разным. Но такой актер — редкость. Джордж Скотт принадлежал к тому же типу. Другие актеры — типа

---

[1] *Уилли Ломан* — главный герой пьесы Артура Миллера «Смерть коммивояжера» (1949), неудачник, жертва американской мечты, на реализацию которой он положил собственные жизнь и жизнь двух своих сыновей. Уже в 1949 г. пьеса получила сразу три высшие награды: Пулитцеровскую премию, бродвейскую награду «Тони» за лучшую пьесу и награду нью-йоркских театральных критиков. В оригинальной постановке роль Ломана исполнял Ли Джей Кобб, в позднейших экранизациях над ней работали упомянутый выше Фредрик Марч (фильм Ласло Бенедека, 1951) и Дастин Хоффман (телевизионная версия 1985 г., режиссер Фолькер Шлёндорф).

[2] Хэкмен играет отвергнутого любовника — писателя Ларри Льюиса.

[3] *«Разговор»* — триллер Фрэнсиса Форда Копполы с Хэкменом в главной роли. В 1974 г. получил Гран-при в Каннах.

Редфорда или Ньюмена — могут быть сколь угодно прекрасными, но они всегда слишком героичные. Они оба замечательные актеры, но им не сыграть обыкновенного человека, которого можно было бы принять за своего соседа.

Когда Энни и Элви идут каждый к своему психоаналитику, почему вы даете их сеансы одновременно, разбив экран пополам?

Мне было интересно показать, насколько по-разному можно рассказывать об одном и том же событии, и я думал, что именно таким образом смогу добиться максимальной наглядности.

В «Энни Холл» масса поводов для раздумий и рассуждений, но сюжет при этом развивается довольно стремительно. В этом смысле фильм невероятно богат и разнообразен. Мне вспоминается следующая сцена: Энни и Элви препираются на улице, далее следует перебивка, и мы видим Элви, моющего посуду, а препирательства продолжаются уже в виде саундтрека. Далее в кадре неожиданно появляется Энни, и мы оказываемся в совершенно новой ситуации. Помните эту сцену?

Я не помню подробностей, потому что не имею привычки пересматривать свои фильмы, но прекрасно помню сам прием. Я пытался добиться большей интроспективности, хотел заставить зрителя как можно дольше пробыть в шкуре Элви. Я дважды использовал этот прием: в «Воспоминаниях о звездной пыли» мне удалось полностью погрузиться в сознание героя. Все события происходят исключительно у него в сознании, поэтому случиться может все, что угодно. В «Энни Холл» я только осваивал этот прием.

В своей жизни Элви ни на минуту не расстается с грузом пережитого, с воспоминаниями о прошлом, что придает фильму характер импровизации. Насколько я понимаю, вы сознательно стремились к такому эффекту?

Конечно. В кинематографе меня, собственно, и привлекает возможность делать все, что угодно. Удивительное чувство свободы.

В фильме Элви едет в Лос-Анджелес навестить своего друга Роба (Тони Робертс), который делает карьеру на телевидении. Они идут на телестудию, где Элви начинает исходить желчью, когда слышит искусственный закадровый смех. К концу своей поездки Элви замечает: «Похоже, начинает сказываться мое хроническое отвращение к Лос-Анджелесу». Каково ваше отношение к этому городу и тамошней киноиндустрии?

В тамошней киноиндустрии, безусловно, ничего хорошего нет. По большей части там производятся довольно дорогие, но абсолютно бессмысленные фильмы — качественной продукции крайне мало. То, что там делается, заранее рассчитано на массового зрителя, на молодежь, — собственно, поэтому на выходе мы имеем почти исключительно мусор. А хорошим людям приходится вести постоянную борьбу за собственное произведение, следить, чтобы его сделали достойно. Но сам по себе Лос-Анджелес — славный город. Просто не в моем вкусе. Обычно думают, что я ненавижу Лос-Анджелес. Вовсе нет. У меня там много друзей. Но мне не нравится солнце, не нравится этот свет, не нравится, что город невероятно растянут, так что без машины никуда не попасть. Там нет ощущения большого города, нет среды, в которой я привык жить и которой обладают такие города, как Лондон, Париж, Стокгольм, Копенгаген, Нью-Йорк. В Лос-Анджелесе меня не оставляет ощущение, что я за городом, и от этого я никогда не чувствую себя комфортно. Мне важно знать, что я могу выйти из дому и вокруг меня будет целый город, с тротуарами и магазинами, что я смогу куда-нибудь зайти. Человеку, привыкшему жить в Нью-Йорке или Париже, трудно приспособиться к такому городу, как Лос-Анджелес. Именно поэтому я постоянно иронизирую по поводу Лос-Анджелеса. Кроме того, почти все, что там делается и в кино, и на телевидении, изначально имеет дурную мотивацию: там все подчинено эксплуатации. Я не хочу сказать, что в других местах такого не происходит. Но в Лос-Анджелесе почти все делается исключительно ради денег, славы и тому подобных амбиций.

В «Мужьях и женах» Джульетт Льюис говорит: «Жизнь подражает не искусству, а плохому телевидению».

Думаю, так оно и есть.

Не кажется ли вам, что именно благодаря нестоличности этого города там и производится такое кино? Лос-Анджелес — довольно безликое место; складывается впечатление, что и жизнь там легкомысленнее, чем где бы то ни было.

Думаю, в США к настоящему кино имеет отношение лишь жалкая горстка режиссеров. Все остальные делают то, что они называют проектами. Проекты требуют времени. Им предшествует масса встреч: деловые обеды и деловые ужины, встречи со сценаристами, с режиссерами, актерами. Вся жизнь сводится к череде подготовительных церемоний. В конечном итоге они делают фильм, и чаще всего получается очередная коммерческая ерунда. Серьезных режиссеров, пытающихся делать интересное кино, считаные единицы. В кино невероятно мало людей, готовых пойти на риск, людей, для которых деньги не главное.

В самом деле, сегодня кое-кто из наиболее интересных и талантливых американских режиссеров живут вовсе не в Лос-Анджелесе, и то, что они снимают, несет на себе печать городов, в которых они живут. Скажем, вы и Мартин Скорсезе живете в Нью-Йорке, Гас Ван Сент снимает в Портленде, Дэвид Мамет — в Чикаго. Барри Левинсон начинал в родном Балтиморе, и его первые картины были непосредственно связаны с этим городом.

Дополню ваш список: Фрэнсис Коппола работает в Сан-Франциско. Из рук этих людей выходят фильмы, которые можно назвать ручной работой, — в противовес фабричной продукции, которую выпускают в Калифорнии. Не всегда, конечно, но по большей части это так. Джон Кассаветес, к примеру, составляет исключение, но ему приходилось выдерживать целые битвы ради своих фильмов.

Что заставило вас пригласить певца Пола Саймона сниматься в «Энни Холл» в качестве актера?

Мне требовалось свежее лицо. Нужен был интересный человек, который не очень часто снимается. Думаю, Маршалл Брикман посоветовал мне пригласить на эту роль Пола Саймона. И мне эта идея понравилась.

Когда Элви приезжает в Лос-Анджелес, вы вкладываете в его уста следующую реплику: «Они раздают какое-то невообразимое количество наград: „Величайший фашистский диктатор — Адольф Гитлер"!» «Энни Холл» тоже не была обделена наградами: картине досталось сразу два «Оскара». Каково ваше мнение о наградах Американской киноакадемии и о прочих призах и премиях?

Мне трудно представить соревнование между книгами, фильмами или произведениями искусства. Кто должен решать, какая работа лучше? С моей точки зрения, было бы куда лучше, если бы представители киноиндустрии устраивали ежегодные собрания и заявляли бы самым достойным образом: «Имеем честь представить наши любимые фильмы прошлого года! Путем голосования мы определили пять картин, которые понравились нам больше всего». Речь не должна идти о *лучшем* фильме, потому что среди номинируемых картин не бывает двух похожих, каждая обладает каким-то своеобразием. Награды киноакадемии едва ли не самые гнилые, потому что люди буквально заставляют голосовать за себя и своих друзей, каждый номинант устраивает рекламную кампанию, каждый фильм ведет отчаянную борьбу за «Оскар». В природе нет такой вещи, как «лучший фильм года». Этому нельзя верить, это нечестно.

Однако очевидно, что этот процесс необычайно важен для киноиндустрии.

Важен в коммерческом смысле. Но даже с коммерческой точки зрения получение «Оскара» — лишь преходящий успех. Актер получает «Оскар», и в течение следующего года у него отбоя нет от предложений. Он снимается в какой-нибудь картине, картина оказывается не слишком успешной — и все кончено! Спроса на этого актера больше нет.

Ваши фильмы редко встретишь на зарубежных кинофестивалях. Вы сознательно отказываетесь от участия в подобных событиях?

Время от времени я показываю свои картины на фестивалях, но ни разу в жизни не пытался включать их в конкурсную программу. У меня нет желания мериться, чей фильм лучше. Мои фильмы создавались не для конкурсов — я снимал их для людей, они могут нравиться или не нравиться. Поэтому мне достаточно просто отправить их в Канны, или в Венецию, или на другие кинофестивали. Сам я на фестивали не езжу, но понимаю, что все эти вещи давно приобрели политический характер. Та же история, что и с Олимпийскими играми. Некогда чистое начинание превратилось в еще один повод для эксплуатации.

«Энни Холл» завершается подведением итогов, своего рода моралью. Почему вы сделали именно такую концовку?

Мы с режиссером монтажа Ральфом Розенблюмом долго пытались понять, как лучше закончить картину, и нам казалось, что в идеале ее следовало бы закольцевать, чтобы она закончилась там же, где и началась. Так мы и сделали.

Мы добавили эту концовку в процессе монтажа, в сценарии ее не было. На самом деле я вытащил ее из первоначального варианта — из детективной истории, которая послужила основой для «Энни Холл».

И далее вы завершаете фильм невероятно красивой сценой: примерно тридцать секунд мы наблюдаем на экране пустую улицу.

Да, после того, как мы с Энни прощаемся и расходимся.

Вы не помните, почему вам захотелось завершить фильм именно так?

В этой сцене снимались я и Дайан Китон. Когда я снимаю какой-то особенно важный момент — будь то первая сцена, или концовка, или какое-то ключевое событие в сюжете, — я всегда пытаюсь выжать из кадра максимальный драматический или эмоциональный эффект. И в тот момент, на той улице с маленьким кафе, мне показалось, что герои должны уйти, чтобы проступила сама атмосфера улицы. Я принял это решение чисто интуитивно. Мне казалось, что такой финал захватит зрителя и усилит впечатление от картины. И затем, когда добавили музыку, такой финал показался мне удачным, и я его оставил.

В «Энни Холл» в коротких дебютных ролях снялись актеры, ставшие впоследствии знаменитыми. Это Сигурни Уивер, она играет новую девушку Элви, — мы видим ее издалека стоящей около кинотеатра. Другой актер — Джефф Голдблюм, он появляется на голливудской вечеринке. Это совпадение заставляет вспомнить еще одного актера, который сыграл свою первую роль в фильме «Бананы», а потом стал невероятно знаменитым и популярным, — Сильвестра Сталлоне. Ведь именно он играет бандита в метро? Что это — чистая случайность? Почему все эти актеры сыграли свои первые роли именно в ваших фильмах?

Сигурни с самого начала показалась мне замечательной актрисой. Когда я впервые ее увидел, она была еще очень молода, но уже тогда играла безупречно. Мне сразу же захотелось дать ей какую-нибудь роль. Сильвестр Сталлоне — совсем другая история. Мне нужны были двое громил. Приходят двое громил — Сильвестр Сталлоне и еще один. Я смотрю на них и говорю: «Эти мне не подходят. У них недостаточно угрожающий вид». В ответ они начинают просить, чтобы я дал им еще один шанс, что они только переоденутся и сменят прически. Я соглашаюсь. Через пять минут они возвращаются, причем выглядят ровно так, как мне нужно. Я никогда не забуду этот случай: я бы пал жертвой собственной недальновидности, если б эти двое не показали мне, как их нужно подать.

По-видимому, это была его первая роль в кино.

Совершенно верно. Зато теперь, когда этот фильм крутят в маленьких городках, на афишах стоит: «Вуди Аллен и Сильвестр Сталлоне в фильме „Бананы“».

Глава 9
«Интерьеры»

> Элви: Знаешь, я... меня постоянно мучит мысль о смерти. Важная для меня тема.
>
> Энни: Да-а?
>
> Элви: У меня абсолютно пессимистический взгляд на жизнь. Тебе следует это знать, раз уж мы решили встречаться. Мне кажется, жизнь бывает либо ужасная, либо несчастная. Категорий только две. Страшная жизнь... ну не знаю — у смертельно больных, например. Или у слепых, инвалидов...
>
> Энни: Да-а.
>
> Элви: Не понимаю, как они живут. Просто не могу себе представить. А несчастная жизнь у всех остальных. Третьего не дано. Так что нужно радоваться, что ты всего лишь несчастен, потому что... Потому что это большое везение — быть несчастным.
>
> Энни: А-а.
>
> *Из фильма «Энни Холл»*

Я полагаю, что вы вынашивали идею этого фильма в течение долгого времени. Столкнулись ли вы с какими-либо трудностями, запуская в производство этот серьезный фильм, драму? Не встречали ли вы сопротивления?

Со стороны студии? Нет. Люди, с которыми я работал, отличались широтой взглядов. Артур Крим, который в то время возглавлял «Юнайтед артистз», просто сказал: «Ты сделал несколько комедий и теперь хочешь попробовать себя в другом жанре. Ты это заслужил. Работай».

Возможно, свою роль здесь сыграл успех «Энни Холл» и «Оскары», которые эта картина получила?

Наверное. Так или иначе, мне дали возможность снять этот фильм, и я его снял. Здесь он получил неоднозначную оценку. Он вышел на экраны, и некоторым критикам очень понравился. Но в то же время именно на этом фильме я столкнулся со значительным количеством негативной прессы.

Как вам кажется, почему? Возможно, от вас просто не ожидали такого фильма, как «Интерьеры»? Критики не были готовы к тому, что вы снимете драму?

Да, люди были возмущены и страшно разочарованы, потому что я нарушил некий существовавший между нами негласный уговор. Я снял драму — и какую драму! Драму такого рода, которая американцам в принципе понравиться не может. Знаете, что в Штатах считают драмой? Нечто близкое по стилистике к телесериалу, мыльную оперу. «Интерьеры» с этой точки зрения выглядели необычно. В этом смысле раздражало не только то, что я, милейший комик, осмелился выступить с подобной претензией, но и то, что я снял *именно такую драму*. Они почувствовали в ней серьезность и важность, которые, на мой взгляд, должны присутствовать в кино. И потом не стоит забывать, что это была моя первая драма: отсутствие соответствующего опыта и навыков не могло не сказаться на качестве фильма. Я не готов утверждать, что «Интерьеры» — шедевр шекспировского уровня. Это была моя первая попытка. Но публика не проявила снисходительности. Были люди, которые обвиняли меня в недобросовестности.

И какова была ваша реакция?

«Интерьеры» — это фильм, который я хотел снять и в который вложил все, на что я в тот момент был способен. Мне хотелось начать работать в драматическом жанре. У меня не было желания заниматься этим все время, но я считал, что среди моих фильмов должны быть в том числе и драмы. И я не собирался начинать вполсилы — меня не интересовал «некоторый драматизм», не интересовали традиционная драма или коммерческая драма. Мне хотелось сразу сделать высокую драму, а не получится, так не получится. Это меня не смущало. Чего мне действительно хотелось — так это чтобы в случае успеха фильм получился очень и очень значительным. Я не хочу сказать, что у меня это получилось, но замах был правильный, высокий. Таковы были мои ощущения, и мне было жаль, что люди не приняли фильм, что его так много критиковали.

Какие чувства вызвала у вас эта реакция? Вы были обижены? Разочарованы?

Мне было стыдно.

Читаете ли вы отзывы на свои фильмы?

Сейчас нет. Я читал все, что писали о моих первых четырех-пяти фильмах. Мне казалось, что я должен это делать, что мне нужно подобрать соответствующие цитаты для рекламных кампаний и т. д. А потом я стал думать, что чем меньше я буду знать, что пишут о моих работах, тем лучше я буду себя чувствовать. Нужно просто продолжать работать, нужно снимать то, что мне хочется, и выпускать эти картины на экраны. Если публике они нравятся — прекрасно! Но если какой-нибудь газетчик охарактеризует мой фильм как гениальный, это вовсе не значит, что я гений. И если они напишут, что я идиот, я не стану от этого идиотом. Бессмысленно прислушиваться к тому, что о тебе говорят. На студии я сказал, чтобы они прекратили звонить мне и сообщать, кто собирается прийти на просмотр и сколько там будет человек. Меня это не волнует. Вот уже много лет я так и поступаю: я заканчиваю фильм, процесс завершен — и до свидания. Помню, когда шли премьерные показы «Манхэттена», меня даже не было в Нью-Йорке. Единственный минус такого подхода — то, что никогда не возникает настоящего чувства завершенности. У других все не так. Люди снимают фильм, работа завершается, картина с успехом выходит в прокат. Потом читаются рецензии, устраиваются вечеринки. Чувствуется какое-то освобождение от бремени. А я штампую их как пирожки. Заканчиваю один фильм и тут же начинаю следующий.

Но в таком случае, я полагаю, у вас есть близкие люди, которые могут сообщить вам, как воспринимается новый фильм. Вы уже рассказывали о Дайан Китон, о том, какое огромное значение имеют для вас ее суждения. Полагаю, что есть и другие люди, мнению которых вы доверяете и на суждения которых тоже можете положиться?

Да, но обычно они смотрят фильм до того, как он выходит в широкий прокат.

Теперь, когда выходит ваш новый фильм, вы, как правило, находитесь уже в процессе работы над следующим.

Да, обычно так и бывает. Уже на съемках, как только у меня появляется свободное время, я начинаю думать о следующем фильме, прикидываю, над чем было бы интересно поработать дальше. Собственно, меня интересует сама работа. К тому, как критика и публика принимают мои фильмы, я равнодушен. Награды приходят потом сами собой. Деньги тоже.

«Интерьеры» открывает невероятно красивая, почти гипнотическая сцена: мы видим пустой дом на берегу моря, затем проходим по комнатам. То, что мы видим, сродни натюрмортам. Начало, таким образом, задает основу для дальнейших размышлений над фильмом.

Верно. Мне хотелось задать нужный ритм с самого начала.

Потом появляются актеры, и мы видим стоящих у окна сестер. Кстати, заканчивается фильм довольно похожей сценой: стоящие у окна сестры. Сродство этих двух сцен «закольцовывает» фильм, задает эллиптическую структуру.

В какой-то момент мы хотели назвать фильм «Окна». Потом, когда Гордон Уиллис снимал свой первый фильм в качестве режиссера, он назвал его «Окна».

И далее — довольно неожиданно — следует сцена с отцом (Э. Дж. Маршалл): он стоит у окна в своем кабинете спиной к зрителю и кратко излагает свою версию событий, которые нам предстоит увидеть. На каком этапе работы вы решили ввести в фильм эту сцену?

Эта сцена должна была стоять гораздо ближе к концу. Но когда мы с Ральфом Розенблюмом монтировали фильм, я подумал, что было бы интересно поставить ее в самое начало для большего эффекта.

А вы не помните, почему вам так показалось? Вы исходили из каких-то психологических соображений или у вас были иные причины?

Не знаю почему, но эта сцена давала фильму какой-то особый толчок, сразу же создавала непосредственный интерес. Помню, когда мы ее увидели, у нас сразу же возникло ощущение, что было бы здорово поставить ее третьей или четвертой от начала. Ради эксперимента мы так и смонтировали, посмотрели этот кусок и задались вопросом, не сломает ли такой монтаж концовки фильма. Когда мы удостоверились, что этого не происходит, мы оставили эту сцену в начале. Подобные перестановки — не редкость; случалось, что и на других фильмах я монтировал сцены совсем не туда, куда они первоначально предназначались. Идея всегда возникала неожиданно: я просто иду по улице, думаю о текущей работе в связи с монтажом картины и внезапно понимаю, что ту или иную сцену нужно переставить в другую часть фильма. По-моему, это замечательно: фильм становится живее, потому что появляется элемент спонтанности.

Сюжет фильма в значительной степени завязан на фигуре матери, Евы. Даже когда она не принимает непосредственного участия в происходящих на экране событиях, ее определяющее присутствие в жизни и поступках других персонажей остается очевидным. Ее муж, Артур, говорит в этой связи: «Мы жили в созданном ею мире... Каждая вещь в этом мире имела свое место, везде была какая-то гармония. Все было преисполнено достоинства... Мы словно бы жили в ледяном дворце».

Несомненно, центральным персонажем является именно она.

Это тип властной матери; похожие героини присутствуют в целом ряде других ваших картин. Чем объясняется ваш интерес к фигуре сильной матери? Не кажется ли вам, что это специфически американский феномен?

Нет, в американской драме фигура отца занимает ничуть не меньшее место. Просто в последнее время мне лучше удаются женские персонажи, поэтому именно матери выдвигаются у меня на первый план. Но я был бы не прочь сделать фильм и о сильном отце.

Имела ли ваша мать столь же определяющее влияние на вашу жизнь?

Нет. Она до сих пор жива. У нас были прекрасные отношения, я вспоминаю о них с приятными чувствами. Мы до сих пор очень дружны. И мать и отец живут сейчас неподалеку от меня. Думаю, не ошибусь, если скажу, что моя мама была совершенно типичной матерью, — может быть, порой слишком строгой, но в основном доброй и ласковой.

В «Интерьерах» роль матери исполняет Джеральдин Пейдж.

На тот момент она была лучшей американской актрисой в своей возрастной группе. И она вполне соответствовала роли: в ее игре присутствуют динамика и выразительность вкупе с необычайной тонкостью. Вообще я предпочитаю доверять своим актерам; когда они знают, что делают, я ставлю камеру и стараюсь их не беспокоить. Джеральдин Пейдж относилась как раз к этому типу, на нее можно было положиться.

Обстановка, в которой она живет, тоже имеет огромную важность для раскрытия ее характера.

Мне хотелось, чтобы героиню Джеральдин Пейдж окружала атмосфера холодной гармонии. Чтобы мебели вокруг было ровно столько, сколько нужно, — не больше и не меньше. И когда этот бедняга, проживший с ней почти всю жизнь, в конце концов вырывается на свободу, он находит себе совершенно другую жену — женщину куда более энергичную и живую. По моим ощущениям, одна из дочерей — Джоуи, героиня Мэри Бет Херт, — оказалась после развода родителей в наиболее трудном положении, потому что она лишена таланта. Ее переполняют чувства, но она не находит возможности их выразить. Она жертва своей матери. Мне самому показалось, что, когда в конце мать умирает и Джоуи возвращает к жизни поцелуй ее новой матери, она переживает второе рождение и с этого момента у нее появляется надежда на будущее.

В фильме есть сцена, когда Джоуи, обращаясь к Перл, непроизвольно говорит ей «мама». И Перл отвечает: «Что? Ты звала маму, и я спрашиваю что?» Этот диалог естественным образом предвосхищает финал.

Да, в этот момент Перл превращается в мать.

Героиня Морин Стэплтон весь фильм появляется перед зрителями в цветном и ярком. Когда отец впервые приводит ее в дом, она поражает дочерей своим кричаще-красным платьем.

Верно. Кроме того, она любит стейки и умеет показывать фокусы. Думаю, если бы я сделал римейк этого фильма, он имел бы огромный успех.

Но разве вы недовольны тем, что у вас получилось?

Нельзя сказать, что «Интерьеры» вызывают у меня какое-то особенное недовольство, но, пересмотрев его, я думаю, что сейчас многие вещи я снял бы совершенно по-другому — с технической точки зрения, с точки зрения структуры. Инстинкт сценариста подсказывает мне, что героиня Морин Стэплтон должна была появиться гораздо раньше. И сейчас мне бы не стоило особого труда придумать, как это сделать.

Отец сообщает о своем решении уйти из семьи довольно жестоким способом: он заводит этот разговор во время завтрака, когда вся семья в сборе. Почему вы устроили ему эту открытую конфронтацию со всеми членами семьи?

Мне рассказывали похожую историю: во время завтрака муж сказал, что уходит из семьи, — сказал в светском тоне, очень деликатно. После чего мать встала из-за стола, зашла в свою комнату и покончила с собой. В «Интерьерах» мне не хотелось доводить ее до самоубийства, но в целом я основывался именно на этой истории.

Мне эта сцена напоминает начало «Мужей и жен», где одна из супружеских пар, Салли и Джек, мимоходом сообщает друзьям, что намерена развестись. Там, конечно, интереснее всего наблюдать за реакцией Джуди.

В «Мужьях и женах» я пытался заставить героев то и дело противоречить самим себе. Они все время говорят одно, а делают совершенно другое или стараются показать одно, но все время выдают себя, и ты видишь, что на деле у них совсем другие переживания.

Большинство персонажей «Интерьеров» — интеллектуалы: к интеллектуалам принадлежат сестры (кроме самой младшей, которая снимается в мыльных операх) и их мужья. Причем каждый из них зациклен на чем-то своем, у каждого свой особенный невроз. Чем это объясняется? Вам казалось, что подобный настрой является типичной чертой нью-йоркских интеллектуалов?

Нет, я вообще не воспринимал этот фильм как специфически нью-йоркский. Скорее, меня интересовал символизм сюжета, его метафизическая сторона. То, что происходит в этом фильме, могло случиться где угодно, не обязательно в Нью-Йорке. Мне хотелось воссоздать сферу подсознательного и бессознательного.

Мы уже говорили о Морин Стэплтон, о том, что она появляется в невероятно ярких нарядах. Вспомните сцену в церкви: героиня Джеральдин Пейдж замечает множество горящих красных свечей и внезапно сметает их на пол. Следует ли понимать ее действия символически в том смысле, что она стремится устранить из своей жизни эту другую женщину?

Нет, это жест отчаяния, не более того. В данном случае я не имел в виду никакого символизма, мне лишь хотелось показать глубину потрясения этой женщины.

В «Интерьерах» мы наблюдаем жизнь трех сестер. В «Ханне и ее сестрах» тоже присутствуют три сестры. Случайность ли это или вы питаете особый интерес к отношениям, которые складываются внутри больших семей?

Мне интересны отношения между женщинами. Когда выходила на экраны «Группа» Сидни Люмета, я едва дождался премьеры — настолько я был заинтригован этой картиной. По той же причине я очень люблю «Шепоты и крики». Меня привлекают взаимоотношения между женщинами.

Но ведь эти отношения не обязательно должны быть внутрисемейными, женщины могут быть подругами.

Могут. Но все-таки особенный интерес для меня представляют отношения между сестрами.

Средняя сестра, Джоуи, пожалуй, наиболее сложная героиня «Интерьеров». Почему вы пригласили на эту роль Мэри Бет Херт?

Нас познакомила Джульет Тейлор. Я понял, что она идеально подходит для этой роли, как только ее увидел, — ровно в ту секунду, когда она вошла в комнату. Джулия давно ее знала. Мэри — замечательная актриса.

Вы уже упоминали, что многие критики увидели в ее героине ваше альтер эго. Как вы думаете, почему?

Думаю, потому, что художник по костюмам одел ее примерно так же, как я обычно одеваюсь: твидовые пиджаки, серые свитера. Другой причины мне не придумать.

Но ведь она постоянно находится в центре событий. Вспомните первое появление Перл: отслеживая реакции сестер, вы основное внимание уделяете именно Джоуи.

Правильно. Потому что появляется ее соперница.

Джоуи всегда была любимицей отца, но теперь у него появилось более сильное увлечение.

Верно. Но все же появление Перл в фильме воспринимается как дыхание весны. Это витальный характер, она так и пышет жизнью. И в конечном итоге Перл спасает жизнь именно Джоуи. В конце она вытаскивает ее из воды и делает искусственное дыхание рот в рот.

Вы думаете, что после этих событий в жизни Джоуи что-то изменится?

По крайней мере, на это можно надеяться. Думаю, как раз у нее есть шанс. Остальные слишком далеко зашли: младшая свыклась с тем, что стала второсортной актрисой, а у старшей за талантом и мастерством не скрывается ничего, кроме холодности. Тогда как у Джоуи есть возможность найти для себя что-то настоящее. Большим талантом она не обладает, но зато способна на человеческие проявления. Будь у нее другая мать, она и не испытывала бы никаких трудностей. У всех сестер одна и та же проблема: недостаток теплоты и душевности. Поэтому я думаю, что после того, как у Джоуи появилась новая мать, появилась и надежда на добрые перемены в жизни.

Но Перл ведь тоже критична по отношению к этой семье. Когда они за обедом обсуждают пьесу с приговоренными к смерти алжирцами, Перл не блещет особой тонкостью. Ее ремарки слишком просты и прямолинейны.

Да, она вульгарна. В лучшем смысле этого слова. Ее сын-художник подвизается в Лас-Вегасе, пишет каких-то клоунов на черном бархате, однако она с готовностью признает, что никакое это не искусство. Перл вульгарна, но она при этом живой человек. Ей присуща естественность, в ней все настоящее. Все остальные чопорны, надменны и презрительны.

«Интерьеры» — первый из ваших фильмов, где вы не появляетесь в качестве актера. Вам не хотелось самому сыграть одну из мужских ролей — скажем, роль Ричарда Джордана или роль Сэма Уотерстона?

Нет, я даже не рассматривал эту возможность.

Вас смутил драматический характер фильма?

Конечно. Я комический актер. Не думаю, что я смог бы сыграть роль такого плана. Мне кажется, что одного моего появления на экране было бы достаточно, чтобы зрители начали смеяться. Я даже мысли такой не допускал.

*В «Интерьерах» почти нет музыки. Атмосферу зада-
ет шумовое сопровождение: звук волн, шум ветра и т.д.*

Я уже говорил, что в этот период, сразу после «Энни
Холл», у меня не было четкого представления, что мне
делать с музыкой и в каком направлении двигаться. Ни
в «Энни Холл», ни в «Интерьерах» музыки просто нет.
Это фильмы переходного периода: я уже отказался от
композиторского саундтрека, но еще не пришел к ис-
пользованию «любимых» записей. Мне казалось, что раз
я снимаю серьезный фильм, то музыки в нем быть не
должно. Но шумовая атмосфера там постоянно присутствует.

*Сцена самоубийства матери сделана в стилистике сно-
видения. Возникают сомнения, происходит ли это на самом деле или мы смотрим чей-то сон.*

Мне хотелось, чтобы сцена выглядела реально, но в
то же время передавала раздвоенность сознания матери.
Я собирался совместить эти вещи. Она действительно
совершает самоубийство, а то, что мы видим, передает
до некоторой степени ее внутреннее состояние.

*Мы поговорили о Джоуи, однако Рената, старшая се-
стра, которую играет Дайан Китон, тоже непростой
персонаж. В какой-то момент она выражает беспокойство, что становится слишком похожей на свою мать.
Она тверже и целенаправленнее всех героев фильма,
Джоуи обожает ее и хочет быть на нее похожей. Но на
деле она совсем другой человек.*

Да. Она талантлива. Но в то же время она, как и мать,
очень эгоистична. Можно сказать, что ее талант не делает
ее жизнь «благословенной», этот талант ничего не искупает.

*Что вы о ней думаете? Можно ли сказать, что Рена-
та — прекрасный человек и хорошая сестра, или не такая уж она и хорошая, особенно по отношению к Джоуи?*

Ренате повезло: она талантлива, она располагает тем, чего недостает Джоуи, а именно средствами для выражения боли, которую нам всем приходится переживать. Но Рената эгоистична. Творческие люди довольно часто бывают эгоистами. Им нужно уединение, нужен порядок; в отношениях с людьми они часто ищут чего-то важного для себя, совершенно не думая, насколько деликатны они при этом по отношению к другим. Рената довольно рано поняла, что творчество ее не спасет, — собственно, это ее и беспокоит. Порой мне кажется, что искусство стало своеобразной религией интеллектуалов. В творчестве ищут спасения, надеются, что искусство сделает своего автора бессмертным, что он будет жить в своих работах и после смерти. Но соль в том, что искусство еще никого не спасло. На мой взгляд, искусство — лишь средство развлечения для образованных слоев общества. Моцарт, Рембрандт, Шекспир — все работали во имя развлечения, но это было развлечение очень высокого уровня. На этом уровне оно взывает к лучшему в человеке, будоражит, тормошит и в конечном счете доставляет людям восприимчивым и образованным чувство глубокого удовлетворения. Но художника оно не спасает. В том смысле, что Шекспиру ни на йоту не полегчало от того, что его пьесы его пережили. Думаю, он предпочел бы предать их забвению, если бы это даровало жизнь ему самому.

Насколько для вас лично актуален конфликт художника и его окружения, насколько остро стоит для вас необходимость в уединении и отрыве от окружающих?

Я не чувствую этой проблемы, потому что я и так нахожусь в изоляции. Но у меня была та же проблема, что и у Ренаты: в молодые годы я склонялся к мысли, что спасения следует искать в творческой реализации. Может быть, я не формулировал это именно таким образом, но что-то такое я думал. В «Воспоминаниях о звездной пыли» у меня есть термин *Ozymandias Melancholia*, «меланхолия Озимандии»[1]. Собственно, я придумал этот диагноз для описания такого рода состояний, когда ты вдруг понимаешь, что твои произведения тебя не спасут и в конечном счете потеряют всякую значимость. Ведь в конце концов исчезнет весь мир и ничего не останется ни от Шекспира, ни от Бетховена. То, что переживает Рената, отражает мои собственные переживания. Я тоже спрашивал себя: «Ну и какой тогда в этом смысл?»

В фильме Рената говорит Джоуи: «Творчество — тонкий процесс. Оно требует уединения». Вы тоже так думаете?

Я дал Ренате эту реплику, чтобы показать, насколько она эгоистична. Сам я так не думаю, потому что никогда не сталкивался с подобного рода тонкостями в собственной работе. Думаю, все зависит от конкретного человека. Возьмите Кафку: он не выносил шума. Судя по всему, его муза требовала тонкого обращения с собой. Другие, наоборот, лучше всего работают в обстановке полного хаоса — Феллини, например. Никаких особенных условий

---

[1] Термин отсылает к стихотворению Перси Биши Шелли «Озимандия» (1817):

Я встретил путника; он шел из стран далеких
И мне сказал: вдали, где вечность сторожит
Пустыни тишину, среди песков глубоких
Обломок статуи распавшейся лежит.
Из полустертых черт сквозит надменный пламень —
Желанье заставлять весь мир себе служить;
Ваятель опытный вложил в бездушный камень
Те страсти, что могли столетья пережить.
И сохранил слова обломок изваянья:
«Я — Озимандия, я — мощный царь царей!
Взгляните на мои великие деянья,
Владыки всех времен, всех стран и всех морей!»
Кругом нет ничего... Глубокое молчанье...
Пустыня мертвая... И небеса над ней...

(Перевод К. Бальмонта)

По общему мнению, «Озимандия» — одно из имен египетского фараона Рамзеса II. Сонет Шелли содержит парафразу надписи на пьедестале статуи, которая приводится у греческого историка Диодора Сицилийского (I в. до н.э.).

для работы ему не требовалось: вокруг него постоянно крутились толпы людей, а в результате получалось несравненное произведение искусства. Так что все зависит от человека. Рената требует для себя особых условий, потому что она эгоистична, потому что ее не заботит Джоуи и муж ее не заботит. Она занята исключительно собой.

Но это не избавляет ее от страданий. Мне вспоминается ее сон: дерево, чьи сплетенные между собой ветви несут в себе необъяснимую угрозу.

Да, но ей страшно только за себя, она боится собственной смерти. Кроме того, здесь отражено мое отношение к природе: природа, если к ней присмотреться, откровенно враждебна человеку. Кровавое соперничество и каннибализм — вот ее основные черты. Видение открывает Ренате именно эту сторону природы, она вдруг понимает, чем на самом деле является природа и чем на самом деле является жизнь. Ей становится ясно, что творчество не спасет, не защитит ее. Далее по фильму, в разговоре с младшей из сестер, Флин, она замечает, что старые фильмы с участием Флин стали снова показывать по телевизору: возникает ложное ощущение бессмертия, хотя на самом деле ни эти фильмы, ни роли, которые играла там Флин, ничего не значат. У меня была где-то шутка о том, что я не хочу жить вечно в сердцах соотечественников, — я предпочел бы жить в собственной квартире. И я действительно так думаю. В «Интерьерах» эта тема всплывает несколько раз: единственное, о чем мы на самом деле рассуждаем, — это трагедия смерти. Старение и смерть. Людям настолько невыносимо о них думать, что они предпочитают о них не думать. Возникают религии, возникает все, что угодно, лишь бы избежать мыслей о смерти. Лишь бы эта мысль ниоткуда не просочилась. Однако порой это невозможно. И когда они все же появляются, ты либо идешь тем же путем, что и Рената, пытаясь выразить это в поэзии, либо — если с талантом не повезло — ты, как Джоуи, не знаешь, что делать. Ты не можешь найти себя. Но даже такой человек, как Рената, которой дано больше, чем Джоуи, в конце концов приходит к совершенно другому выводу: несмотря на то что она поэт и может по-своему выразить всю эту боль, поэзия все равно ее не спасет. Она умрет так же, как все. Даже если ее стихи будут читаться и через тысячу лет.

Эта тема постоянно повторяется в ваших фильмах. Возможно, именно поэтому у вас такое множество персонажей всех возрастов и среди них всегда есть старики.

Нет страха более сильного. Со всеми прочими можно справиться: одиночество, недостаток любви, таланта, денег — эти проблемы можно так или иначе решить. Друзья помогут, врачи спасут. Но смерть не отменить. Я твердо верю тому, что говорит Эрнст Беккер[1] в книге «Отрицание смерти», — я рекомендовал ее героине Дайан Китон в «Энни Холл». Это лучшая книга о смерти — там эта мысль додумана до конца.

---

[1] *Эрнст Беккер* (1925—1974) — культурный антрополог и теоретик, наибольшую известность которому принесла опубликованная в 1973 г. работа «Отрицание смерти». В 1974 г., через два месяца после смерти автора, книга была награждена Пулитцеровской премией в номинации «нон-фикшн». В своих рассуждениях Беккер во многом основывается на работах Кьеркегора, Фрейда и Отто Ранка.

Глава 10
«Манхэттен»

А й з е к: «Глава первая. Он обожал Нью-Йорк. Он поклонялся этому городу сверх всякой меры». Или нет, лучше так: «Он идеализировал этот город сверх всякой меры. Теперь... в любое время года этот город разворачивался перед ним чередой черно-белых кадров под незабываемые мелодии Джорджа Гершвина». Э-э-э, попробуем заново. «Глава первая. Он идеализировал Манхэттен — впрочем, как и все остальное. Жить в полную силу ему удавалось лишь в сутолоке и суете, в толпе и в пробках.

Чем был для него Нью-Йорк? Женщины, красивые женщины, и мужчины, хитрые и изворотливые, тертые калачи, которые, казалось, знали все на свете». Нет, слащаво, слишком слащаво, на мой вкус. Начнем снова, попытаемся копнуть глубже. «Глава первая. Он обожал Нью-Йорк. Этот город был для него метафорой загнивания современной культуры. Тот же недостаток человеческой прямоты, что толкает многих на скользкую дорожку, стремительно превращал город его мечты в...» Нет, не годится. Кому я читаю эти нравоучения? Никуда от этого не денешься — я хочу, чтобы книга продавалась, нужно это признать.

«Глава первая. Он обожал Нью-Йорк, хотя этот город был для него метафорой загнивания современной культуры. Как трудно существовать в обществе, доведенном до полной невосприимчивости наркотиками, телевидением, грохочущей музыкой, мусором и преступностью!» Слишком гневно. У меня нет ни малейшего желания демонстрировать праведный гнев. «Глава первая. Он был суров и сентиментален, как и город, который он так любил. За этими очками в темной оправе таилась любовная энергия дикой кошки». Хорошо! «Нью-Йорк был его городом. И останется им навсегда».

Из фильма «Манхэттен»

Чем определялся формат «Манхэттена» — широко-экранный черно-белый фильм? Почему вы решили снять его именно так?

Как-то мы обедали с Гордоном Уиллисом и рассуж-дали о том, что было бы здорово поработать в ч/б и как было бы интересно поснимать в анаморфотном формате, то есть в настоящем широкоэкранном формате. Мы вспоминали старые фильмы, где эта техника использовалась ради батальных сцен с танками и самолетами, и нам показалось, что было бы интересно снять в этой технике предельно камерную картину. Я стал думать об этом, потом у меня родился сценарий «Манхэттена», и я решил, что так мы его и снимем. Тут было два соображения. Во-первых, широкий формат давал возможность красиво показать Нью-Йорк, который, по сути, является полно-ценным персонажем фильма. И во-вторых, нам было интересно узнать, с какими проблемами сталкиваешься при съемках такого фильма и какие преимущества можно вытянуть из этого формата.

Персонаж, которого вы играете в фильме, Айзек, заяв-ляет, что не смог бы существовать нигде, кроме Нью-Йорка. Многие думают, что это в полной мере относится и к вам. Это действительно так или это очередной миф?

Отчасти это правда. Естественно, многое зависит от того, какое место мне предложат взамен и как долго мне придется там находиться. Если это большой город вроде Парижа, Лондона или Стокгольма, место по-настоящему космополитичное, я был бы не прочь пожить там некоторое время. Но вообще я предпочитаю Нью-Йорк.

Вам может прийти в голову идея снять фильм где-нибудь, кроме Нью-Йорка?

Я могу рассматривать Европу как такой вариант. Против Европы я ничего не имею — важно, чтобы фильм был соответствующим.

В «Манхэттене» очень красивое начало. Монтаж выдает вашу огромную любовь к этому городу. Панорама заканчивается неоновой вывеской ресторана «Элейн». Это одно из ваших любимых мест в городе?

Да, я много лет туда ходил — то чаще, то реже. Скорее чаще, чем реже.

Насколько я знаю, в «Манхэттене» использовались только реальные съемочные объекты. Интерьеры тоже настоящие?

Да, в этом фильме только реальные объекты.

В начале картины Айзек говорит своему приятелю Йейлу (Майкл Мерфи): «Не спрашивай у меня совета. За то, что у меня было с женщинами, меня следовало бы наградить орденом Августа Стриндберга». В ваших картинах есть еще несколько персонажей с похожими проблемами. Например, в первом фильме, «Хватай деньги и беги», главный герой, Виджил, говорит: «Я очень нервничаю в женской компании. У меня склонность к словоизвержениям». Вы думаете, это общая проблема?

Вовсе нет. Я думаю, что этим страдает персонаж, которого я обычно играю. Просто именно этой теме я чаще всего могу дать смешной поворот. Не думаю, что это должно быть близко абсолютно всем, но кому-то близко. В том числе и герою, которого мне легче всего сыграть в фильме.

Дальше по фильму, когда Айзек и его подруга Трейси (Мериэл Хемингуэй) идут в магазин, он говорит: «Я старомоден. Внебрачные связи — это не выход. Мне кажется, люди должны жениться раз в жизни — как голуби, как католики». Разделяете ли вы это мнение?

Да, это мой идеал. Я действительно так думаю, хотя и понимаю, что этого идеала трудно достичь. Но все равно каждый стремится к глубоким, прочным, постоянным отношениям с каким-то одним человеком противоположного пола. Но это легче сказать, чем сделать. Здесь нужно огромное везение.

Американская мораль, как мне кажется, особенно строга и сурова в том, что касается супружеской верности. По крайней мере, такое впечатление у меня сложилось от посещений Соединенных Штатов, и американский кинематограф его подтверждает. Возможная измена воспринимается здесь как конец всяких отношений. В Европе подобная ситуация может оказаться вполне преодолимой, она не всегда влечет за собой столь катастрофические последствия. Не кажется ли вам, что здесь мы имеем дело со специфически американской моралью?

Да, когда в Европе кто-то из супругов имеет связь на стороне или муж содержит любовницу, это не воспринимается как нечто неслыханное. Но здесь на это смотрят очень и очень неодобрительно. Поэтому люди стремятся к браку, одним из важнейших условий которого является верность. Таковы правила игры. Это трудно, но мы все время к этому стремимся.

И еще одно наблюдение: в буржуазных американских семьях распространены очень ранние браки — люди женятся в восемнадцать, девятнадцать, двадцать лет. И мне кажется, это является следствием все той же морали: никаких добрачных отношений. Если вы не женаты, вы не должны жить вместе.

Да, это американская мечта: ты взрослеешь, встречаешь женщину или мужчину, влюбляешься и женишься. Потом вы воспитываете детей и никогда друг другу не изменяете. Это американская мечта в том, что касается отношений между мужчиной и женщиной. Понятное дело, реальность не всегда позволяет все это осуществить.

В «Манхэттене» есть сцена, когда Айзек приходит в квартиру своей бывшей жены. Насколько я помню, он должен забрать сына. И между Айзеком и Джилл (Мерил Стрип) начинается ссора. Прекрасно срежиссированная, длинная, красиво поставленная ссора, в течение которой актеры то и дело уходят из кадра, исчезают из поля зрения. Вы помните, как вы ставили эту сцену?

Нам с Гордоном всегда было интересно этим заниматься: придумывать, как убрать актера из кадра и как вернуть его обратно, чтобы он то появлялся, то исчезал. И тогда мы попробовали проделать все это с Мерил. Я помню, нам было очень интересно. Она прекрасная актриса, и работать с ней в таком духе было одно удовольствие. Потом использовали этот прием во многих фильмах.

Да, я припоминаю похожую сцену между вами и Тони Робертсом в «Сексуальной комедии в летнюю ночь» — там этот прием используется для усиления комического эффекта. Вы поднимаетесь по лестнице, исчезаете из кадра — и потом появляетесь вновь.

Мы тогда все время пользовались этим приемом. В первый раз мы опробовали его в «Энни Холл», в сцене, где мы выезжаем из дома и делим книги. Энни и Элви спорят о чем-то, я ухожу из кадра, чтобы взять какие-то книги, потом она тоже уходит из кадра — и зритель видит комнату, в которой никого нет. После этого мы ради эксперимента стали использовать этот прием почти во всех фильмах. В «Мужьях и женах» камера ведет постоянную борьбу за то, чтобы персонажи оставались в кадре.

На каком этапе принимается решение поставить сцену именно в таком ключе — во время съемок или раньше?

Только во время съемок, прямо на площадке.

В «Манхэттене» вы постоянно даете общие планы, взять хотя бы редкую по красоте сцену, где вы и Дайан

Китон сидите на рассвете у моста. Насколько я помню, именно эти кадры стояли на афише фильма.

Да. Мне кажется, подобного рода общие планы, собственно, и создали особую атмосферу этого фильма.

Раз уж речь зашла о композиции, давайте поговорим о сценах в планетарии.

Часть планетария мы построили сами. Где-то на три четверти это реальный планетарий, но кое-какие детали пришлось добавить.

Этот эпизод, пожалуй, самый красивый в фильме. Каждый кадр тщательно выстроен.

Согласен. Это очень стильная сцена.

Каким образом протекает работа, когда вы разводите сцену? Насколько плотно вы сотрудничаете с оператором? Меняется ли этот процесс в зависимости от того, кто именно снимает данный фильм?

Нет, кто бы ни снимал фильм, это всегда очень кропотливая работа. Если мы снимаем эпизод столь же стильный и значительный, как сцена в планетарии, мы оба — я и оператор — смотрим в камеру, потом возвращаемся к актерам, делаем какие-то перестановки, снова смотрим в камеру, затем снова что-то переставляем. Это всегда совместная работа, довольно длительный процесс, часто весьма утомительный. Кто бы ни снимал фильм — Свен [Нюквист], Карло [Ди Пальма] или Гордон [Уиллис], работа строится примерно одинаково. Я лично предпочитаю сначала прийти на площадку с одним только оператором, без актеров, осмотреться, спланировать, как актеры будут появляться, где будет разворачиваться основное действие. Операторская группа в это время распоряжается светом. Потом я приглашаю актеров, расставляю всех по местам и показываю, как они должны двигаться. Затем мизансцену корректирует оператор, и потом мы снимаем.

Когда вы сами принимаете участие в сцене как актер, вы приглашаете статиста, чтобы иметь возможность проследить свои перемещения в кадре?

Да, конечно.

Актер, который и в дальнейшем будет играть в ваших фильмах эпизодические роли, Уоллес Шон, впервые появляется именно в «Манхэттене». Он играет бывшего мужа Мэри (Дайан Китон). Я знал этого актера исключительно по фильму Луи Маля «Ужин с Андре». Почему вы пригласили на эту роль именно его?

Я сотрудничаю с ним уже многие годы. Он замечательный, прекрасный актер. В «Манхэттене», вы помните, Мэри все время рассказывает мне про своего бывшего мужа и говорит, что он так и остается лучшим любовником в ее жизни. Мне хотелось взять на эту роль актера, который выглядел бы полной противоположностью тому, что можно было представить по ее рассказам. И тогда Джульет Тейлор тут же сказала, что это должен быть Уолли Шон. Я не был с ним знаком, но, когда она его привела, я сразу же понял, что попадание абсолютное.

Вы не видели ни одной его роли? Насколько я знаю, он, кроме того, сам пишет пьесы.

Да. Но на тот момент я не был знаком с его работами. Я даже не знаю, были ли у него уже какие-то пьесы на тот момент. Но когда он вошел, я понял, что лучшего актера мне не найти. Он обладает невероятной естественностью. Позже он играл у меня в «Днях радио» и в «Тенях и тумане». Я и в дальнейшем буду приглашать его при всяком удобном случае.

В одном из эпизодов Айзек говорит: «Я не приемлю компромиссов. Понять противоположную точку зрения невозможно». Согласны ли вы с мнением своего персонажа?

Думаю, для любого человека компромисс — не самая простая вещь в жизни. Компромисс сам по себе — весьма неприятная пилюля, и не каждый готов ее проглотить.

Кто-то мне говорил или я где-то читал, что вы были крайне недовольны «Манхэттеном»...

...когда работа над фильмом завершилась? Верно. Я редко бываю доволен своими фильмами сразу по завершении работы. Почти никогда. А с «Манхэттеном» я чувствовал такое разочарование, что даже не хотел выпускать его на экраны. Я думал просить «Юнайтед артистз», чтобы они не выпускали его. Я был готов отказаться от гонорара за следующий фильм, если они согласятся выбросить «Манхэттен».

Что не удовлетворяло вас в этом фильме?

Не знаю. Я долго над ним работал, но результат меня не удовлетворил. На многих других фильмах я чувствовал абсолютно то же самое.

Разве вы никогда не бываете довольны только что законченным фильмом? Разве у вас не бывает чувства, что на сей раз фильм получился — ну или почти получился?

Я чувствовал нечто похожее лишь однажды — когда завершилась работа над «Пурпурной розой Каира». На этом фильме я почувствовал нечто близкое удовлетворению. Мне казалось, что на этот раз мне удалось снять фильм так, как я хотел.

А «Мужья и жены»?

Этим фильмом я тоже был более или менее доволен. Там есть моменты, которые можно было бы сделать иначе, но теперь уже ничего не сделать, назад не вернешься. Однако в целом это один из немногих фильмов, которые принесли мне удовлетворение.

Когда мы говорили об «Интерьерах», вы обмолвились, что могли бы переделать этот фильм.

Думаю, сейчас я снял бы его лучше.

Каким образом? Что бы вы поменяли — форму или содержание?

И то и другое. Я бы сделал картину более подвижной. Думаю, связанное с фильмом ощущение холодности проистекает в том числе и от операторской техники, которую мы с Гордоном Уиллисом тогда избрали. В этом смысле я многое бы поправил сейчас, сделал бы картину более интересной для публики. И, как я уже говорил, я бы гораздо раньше ввел в историю героиню Морин Стэплтон. Сейчас мне кажется, что фильм получился слишком сдержанным. На протяжении многих лет я сталкивался с довольно забавной проблемой: дело в том, что я люблю в основном зарубежное кино. А там всегда присутствуют субтитры, которые ты и читаешь. Я заметил, что, когда я сам пишу диалоги, реплики моих героев часто напоминают именно субтитры, а не живую человеческую речь. Такая вот странность. Думаю, снимай я этот фильм сейчас, я бы сделал речь героев более свободной, более разговорной, менее литературной.

Когда вы сейчас пересматриваете этот фильм, он кажется вам чрезмерно статичным?

Я его не пересматриваю, но мне действительно кажется, что он вышел статичнее, чем следовало.

Забавную вещь вы сказали по поводу субтитров. А вам не кажется, что в этом кроется одна из причин большей популярности ваших фильмов в Европе? В отличие от американцев, мы не только смотрим, но и читаем ваши картины и в этом смысле имеем сразу две версии диалогов. Мы слышим, что говорят актеры, и понимаем их речь, потому что большинство европейцев говорят по-

английски, но в то же время у нас перед глазами всегда присутствует текст.

Что ж, объяснение довольно интересное. Я знаю, что субтитры крайне необходимы зарубежным режиссерам, которые хотят показать свою работу здесь. Когда диалог ведется на иностранном языке, без субтитров практически невозможно судить о качестве актерской работы.

Раз уж мы заговорили о зарубежном кино и зарубежных режиссерах, мне хотелось бы узнать, как вы оцениваете работу Этторе Сколы. Он тоже принадлежит к числу режиссеров, огромное внимание уделяющих диалогу. Но в то же время его фильмы невероятно красивы и по визуальной фактуре.

Я видел несколько его фильмов, и они мне понравились. Диалог — один из инструментов кинорежиссера, инструмент довольно сложный. Картину без диалога снять гораздо проще. Мне все время говорят: «В современных комедиях все довольно просто: актеру нужно лишь произнести свой текст. Раньше, в немом кино, актер, за отсутствием звука, такими выразительными средствами не располагал». Но это же гораздо проще! Здесь та же разница, что между шашками и шахматами. Сделать фильм без диалога значительно проще, так же как черно-белый фильм снять не так сложно, как цветной. Возьмите фильмы Чаплина или Бастера Китона. Они остаются шедеврами, а хороших разговорных комедий, снятых в цвете, с тех пор появилось очень и очень мало. Немые комедии так и остаются в своем жанре величайшими. Затем идут великие разговорные комедии, и все они черно-белые. С появлением цвета мы едва ли получили хотя бы одну великую комедию.

Каких режиссеров — американских или зарубежных — вы назвали бы лучшими мастерами разговорного кинематографа?

Есть режиссеры, умеющие работать с диалогом, но при этом вовсе не обязательно, что они снимают гениальные фильмы. Скажем, Джозеф Манкевич. Возьмите картину «Всё о Еве»: диалоги там безупречны. С кинематографической точки зрения это вполне заурядный фильм, но реплики написаны с редким блеском и остроумием. Если подходить к диалогам с литературной точки зрения, то лучшего примера, чем «Всё о Еве», не найти. С другой стороны, если воспринимать диалог как средство, позволяющее превратить актера в реального человека, заставить зрителя поверить ему, то мастером такого рода банальных реплик следует считать Мартина Скорсезе. У него герои оживают именно за счет текста, потому что он пишет диалоги именно так, как эти люди разговаривают между собой в реальной жизни. Так что все зависит от того, для каких целей используется диалог. У Скорсезе вы не найдете запоминающихся реплик, остроумных или глубоких высказываний, но для своих целей он безупречен.

У Скорсезе это своего рода фактура.

И прекрасно сделанная фактура. А так, как персонажи говорят во «Всё о Еве», так люди не говорят. Но по-своему их диалоги замечательны. Хорошие диалоги встречаются у Престона Стерджеса — например, в его картине «Клянусь в неверности». У Хоукса в «Большом сне» есть прекрасные диалоги. У Бергмана часто попадаются красивые. Почти во всех фильмах.

А что вы скажете о Ренуаре?

Конечно, Жан Ренуар. «Правила игры» — великий разговорный фильм. Едва ли не лучший фильм всех времен и народов.

«Манхэттен» был первым вашим фильмом, на котором Сьюзен Морс выступила в качестве режиссера монтажа?

Думаю, да. Она работала ассистенткой у Ральфа Розенблюма, так что мы работали вместе и до того. Но когда прекратилось наше сотрудничество с Ральфом, она позвонила и сказала, что хотела бы продолжать работать со мной. Я не имел ничего против. С тех пор мы с ней и работаем.

Вы всегда присутствуете на монтаже?

Да, это мое непреложное правило. Фильм создается в том числе и в процессе монтажа. Это очень важный процесс; манкировать монтажом — все равно что отсутствовать на съемках. По-другому я не могу.

В конце «Манхэттена» Айзек записывает себя на магнитофон. Он перечисляет вещи, ради которых стоит жить, и таких вещей вы придумали для него множество: «Так, во-первых, Граучо Маркс... вторая часть симфонии „Юпитер“[1]. Луи Армстронг и „Блюз картофельной головы“. Шведское кино, конечно же. „Воспитание чувств“ Флобера. Фрэнк Синатра. Марлон Брандо. Удивительные яблоки у Сезанна. Краб в ресторане „Сунь-Во“». Если бы вы составляли подобный список для себя, вы включили бы в него все вышеперечисленное?

Мой собственный список был бы гораздо длиннее, и я бы, конечно же, включил в него все то, что назвал Айзек.

Вы можете прямо сейчас назвать вещи, явления, людей или произведения искусства, которые вы бы добавили к этому списку?

Я могу перечислять до бесконечности; список всего, что я люблю, получился бы огромным. Надо сказать, что китайского ресторана, о котором говорит Айзек, больше не существует.

---

[1] Симфония № 41 до-мажор В. А. Моцарта, получившая свое название благодаря грандиозному финалу.

*Но, быть может, вы добавили бы какие-то другие рес-
тораны? Кстати, какой линии вы придерживаетесь: вы
ходите все время в разные рестораны или у вас есть
парочка любимых мест, которые вы предпочитаете всем
остальным?*

И так и так. Обедать я могу в разных местах, но сидеть подолгу предпочитаю в каком-то одном. Одно время таким местом был «Элейн». Но поскольку я предпочитаю обедать не дома, я все время бываю в самых разных ресторанах.

Глава 11
«Воспоминания о звездной пыли»

> Сэнди: Я больше не хочу снимать комедии. Никто не заставит меня их снимать. Мне, знаете ли, не смешно. Я смотрю вокруг себя и вижу одни страдания.
> Менеджер: В Канзасе никто не пойдет смотреть ваши страдания.
> Сэнди: Вот как!
> Менеджер: В Канзасе хотят смеяться. Они целыми днями гнут спины на пшеничных плантациях.
> *Из фильма «Воспоминания о звездной пыли»*

Недавно я пересмотрел «Воспоминания о звездной пыли», и для меня это стало настоящим откровением. Прошло много лет с тех пор, как я увидел этот фильм впервые, но и на этот раз я был глубоко тронут и по-настоящему захвачен. Мне очень понравилась эта картина. Думаю, она принадлежит к числу фильмов, которые с течением времени становятся все более значительными.

Я всегда думал, что это один из лучших моих фильмов. И в то же время, из всех моих картин в США жестче всего раскритиковали именно эту. Не знаю, как в Европе, но здесь точно. Как бы то ни было, это один из моих любимых фильмов.

За что его критиковали? За стиль, за содержание... или сразу за все?

Критиковали не столько стиль, сколько содержание. Решили почему-то, что главный герой — это и есть я! Что это не вымышленный персонаж, а я собственной персоной и что я в этом фильме выражаю враждебность по отношению к публике. Естественно, это не имеет ничего общего с фильмом. В фильме речь идет о персонаже, очевидно переживающем нервный срыв. Несмотря на успех, ему очень и очень плохо. Но реакция была прямо обратной: «Значит, вы презираете критиков, публику вы тоже презираете». Я пытался возражать, пытался объяснять, что не следует смешивать меня и героя фильма. Думаю, если бы я отдал главную роль Дастину Хоффману или какому-нибудь другому актеру, фильму досталось бы гораздо меньше. Так мне кажется. Хотя, конечно же, это лишь предположения.

Но ведь это приложимо ко всем вашим работам: всегда есть риск, что критики и публика будут отождествлять вас с образом, который вы создаете на экране.

Да, этот инфантилизм неистребим. Я могу понять, когда это делают отдельные слои населения. Но я жду иного отношения от более образованных критиков и более искушенной публики. Но нет: людям проще найти Кларка Гейбла и ввязаться с ним в драку, чтобы доказать, что он не так крут, как кажется. Актеров все время смешивают с героями, которых они играют. Хамфри Богарта принимали чуть ли не за бандита, тогда как на деле он был очень образованным человеком. Я никогда не играл самого себя. И Чарли Чаплин никогда не был бродягой и не разделял судьбу других своих героев. И Джерри Льюис не был похож на психов, которых он играет в своих картинах. Какие-то черты могут совпадать, но о тождестве говорить нельзя. В данном случае все решили, что герой — это я, что фильм автобиографичен до мельчайших подробностей. А мне кажется, что «Воспоминания о звездной пыли» будут смотреть и пересматривать и что с течением времени этот фильм будет вызывать все меньше неприязни.

В начале фильма один из руководителей студии говорит о режиссере, которого вы играете: «О чем он может страдать? Разве он не знает, что наделен величайшим человеческим даром — даром смешить и смеяться?» Следует ли воспринимать эту реплику как вашу реакцию на то, как были восприняты «Интерьеры»? Ведь именно такой была типичная реакция на «Интерьеры»: вам следует снимать комедии, вы не должны пробовать себя в других жанрах.

Да, реакция была именно такой. Мне постоянно говорили: к чему снимать такой фильм, как «Интерьеры», если вы можете снимать совершенно по-другому? То же самое было с «Сентябрем» и «Другой женщиной»: если вы можете снять такую картину, как «Ханна и ее сестры», зачем снимать «Сентябрь»? На эти вопросы невозможно ответить.

Не могли бы вы рассказать о первом эпизоде фильма, об этом постепенно затуманивающемся сне, в котором мы видим два поезда и наблюдаем за их пассажирами. Понятно, что эта сцена отсылает к сновидению, с которого начинается «8 $^1/_2$» Феллини.

Если сравнить эти две сцены, обнаружится, что по содержанию они абсолютно разные. В одной мы видим сон, другая представляет собой кадры из фильма. У Феллини зачин имеет более личный характер, это сон. И в этом сне человек чувствует, что задыхается, его что-то гнетет. Он застрял в пробке, ему хочется вырваться и улететь, но его тут же тянет вниз его же счетовод и прочие приземленные люди. Это сон. Мое начало метафорично совсем в ином смысле. У меня все дело в ощущении жизненного провала: герой думает, что его посадили в поезд, на котором едут одни неудачники и который ни к чему хорошему не привезет. Тогда как на другом поезде люди, очевидно, едут совсем в другую сторону, и им всем там очень весело. Они все очень красивые, все богатые, а ты сидишь в своем поезде, и тебя окружают эти неопрятные личности. Тебе хочется сойти и пересесть туда, где весело. Ты делаешь все, что можешь, но тебе так и не удается выйти. А в итоге оба поезда высаживают своих пассажиров у одной и той же свалки. Можно сказать, что мое начало нагружено философской метафорикой, в то время как у Феллини речь идет о личных переживаниях главного героя.

Но все же нельзя отрицать, что в вашем фильме присутствует феллиниевский дух. Я полагаю, вы уважаете его как режиссера и любите его творчество?

Конечно! Я люблю его фильмы. Есть несколько режиссеров, работы которых я люблю: Ренуар принадлежит к их числу, Куросава и, естественно, Бергман. Феллини тоже к ним относится. Это великий режиссер.

Согласитесь ли вы с тем, что «Воспоминания о звездной пыли» посвящены конфликту между фантазией и реальностью?

Эта тема в фильме присутствует, но важнее другое: здесь, как и в других моих фильмах, я хотел показать отношение человека к тому, что он смертен. Главный герой, который кажется богатым и успешным, раз уж он ездит по городу с шофером и т. д., в начале фильма приходит домой и видит кролика, которого кухарка собирается приготовить ему на ужин. Он смотрит на эту тушку и начинает думать о собственной смерти. Все, что происходит в фильме дальше, происходит у него в голове. Он внезапно попадает на этот уик-энд, в течение которого мы узнаем почти все о его жизни, начинаем понимать его характер, знакомимся с его женщинами, сестрой, родителями, видим его в самых неловких ситуациях. И дальше, в конце фильма, в него стреляет его же страстный поклонник. Но он не умирает. Он говорит, если я правильно помню, что готов отдать свой «Оскар» за лишнюю минуту жизни. С моей точки зрения, в фильме важен именно этот философский аспект. Собственно, ради него я и затеял картину.

Принимая во внимание важность этого фильма в контексте вашего творчества и его важность для вас лично, интересно узнать, как долго вы работали над ним. Вы готовили этот фильм дольше, чем остальные?

Мы дольше его снимали. Съемки продолжались шесть месяцев — казалось, они никогда не кончатся. Снимать было невероятно сложно, потому что фильм тонко оркестрован. Многое пришлось переснимать. Были проблемы с погодой. Масса сложностей.

Кроме того, там много натурных съемок в разных местах.

Да. Кое-что пришлось строить специально.

Надеюсь, вам не пришлось строить здание, в котором проходит кинофестиваль? Это довольно большое здание, напоминающее курортный павильон.

На самом деле это церковь. Экстерьер нам достался уже в таком виде, а интерьер пришлось создавать самим. Интерьерные сцены снимались в студии.

Где-то в начале фильма ваш герой, режиссер Сэнди, говорит: «Я больше не хочу снимать комедии. Никто не заставит меня их снимать. Мне, знаете ли, не смешно. Я смотрю вокруг себя и вижу одни страдания».

Да, для героя фильма это важная проблема. Для героя, а не для меня. Передо мной проблема никогда не стояла таким образом. Мне хотелось продолжать снимать комедии, перемежая их серьезными фильмами. Но публика решила, что это я отказываюсь от комедий. Все было понято буквально.

В фильме Сэнди то и дело слышит советы и замечания по поводу того, что он должен делать и какие фильмы ему следует снимать. Мнения поступают отовсюду: от поклонников, от критиков, от полицейских; не остается в стороне даже космический пришелец, который говорит: «Нам очень нравятся ваши фильмы. Особенно ранние, смешные».

Да, ему постоянно говорят, как хороши его ранние фильмы, тогда как ему самому они кажутся пустыми и мелкими. Мне тоже приходилось слышать подобные замечания, но в фильме, разумеется, все это доведено до абсурда.

Квартира Сэнди, его большая гостиная, появляется в фильме несколько раз. Когда мы видим ее впервые, одну из стен украшает громадная фотография расстрела мирных жителей в деревне Сонгми[1]. Далее по фильму, в одной из ретроспективных сцен, мы обнаруживаем ту же стену, но уже с огромным портретом Граучо Маркса на месте вьетнамской фотографии. Поясните, пожалуйста, чем в данном случае определялся ваш выбор. Какое место в жизни главного героя занимают эти фотографии?

Его квартира — это состояние его сознания. Фотографии на стене отображают, что происходит с ним в тот или иной период жизни. В начале фильма он одержим человеческими страданиями, его переполняет чувство вины — по поводу того, что он богат, хорошо устроен, знаменит. В ретроспективной сцене дан более счастливый период, когда его отношения с Шарлоттой Рэмплинг еще безоблачны. Он счастлив, и на стене висит Граучо. Мне кажется, что дальше по фильму появляется еще портрет Луи Армстронга, верно?

Да, верно.

Стена отражает его внутреннее состояние. *(Раздается звонок, Вуди уходит и некоторое время говорит по телефону.)*

---

[1] Во время Вьетнамской войны, 16 марта 1968 г., в ходе зачистки местности от возможных партизанских отрядов подразделение американской армии уничтожило около 500 мирных жителей деревенской общины Сонгми в Южном Вьетнаме. Один из участников расправы, лейтенант Колли, был приговорен в 1971 г. к пожизненному заключению, но двумя днями позже освобожден по распоряжению президента США Ричарда Никсона.

Я слышал, что по телефону вы представились как «Вуди Аллен». Вам никогда не приходится пользоваться вашим настоящим именем? Ваши друзья или родственники тоже его не используют?

Нет! Даже родители зовут меня Вуди, все давно привыкли. Я поменял имя... сорок лет назад.

Когда смотришь «Воспоминания о звездной пыли», складывается впечатление, что вы достигли мастерского, непринужденного обращения с материалом и техникой. Насколько это соответствует вашим собственным ощущениям?

У меня было ощущение полного владения техникой. Я уже говорил, что поворотным пунктом в этом отношении стала для меня «Энни Холл»: на этой картине я впервые работал с Гордоном Уиллисом. Когда я снимал «Воспоминания о звездной пыли», я чувствовал себя еще увереннее. Я уже тогда знал, что в техническом смысле смогу реализовать любые свои идеи.

Это очевидно, когда смотришь «Воспоминания о звездной пыли». С технической точки зрения этот фильм гораздо смелее, чем «Энни Холл».

Конечно. Стилистика картины составляет часть ее содержания. Но именно за эту картину мне и досталось больше всего. Она была не просто непопулярна в США — она вызвала волну злобы и недоброжелательства.

Почему, как вам кажется? Возможно, публика и критики были не готовы принять такой фильм именно от вас?

Здесь два варианта: либо они ошибались, а я был прав, либо наоборот. Больше сказать нечего. Мне этот фильм казался невероятно интересным. Большинство зрителей отнеслись к нему враждебно. Я, правда, думал, что в дальнейшем отношение может измениться.

Сейчас, спустя двенадцать или тринадцать лет, можно с уверенностью сказать, что публика и критики ошибались.

Мне кажется, что люди, которым нравятся другие мои работы, теперь отнесутся к этому фильму с большей снисходительностью и, возможно, он покажется им интересным. Впрочем, и в этом я не уверен. Было бы интересно проследить, насколько это так. Пока я не снял «Пурпурную розу Каира», «Воспоминания о звездной пыли» оставались моей любимой картиной. И мне все говорили: «Естественно, это твой любимый фильм — он не имел успеха, и ты пытаешься защищать его, как мать защищает больного или слепого ребенка». Я всегда возражал, всегда говорил, что я действительно считаю «Воспоминания о звездной пыли» своим лучшим фильмом и своим режиссерским успехом. Я и тогда так думал. Впрочем, это тоже не имеет никакого значения. Что бы ни говорили об этом фильме или о других моих работах, последнее слово все равно скажет время. Ценное останется, остальное уйдет.

Если бы не экономическая свобода, которую обеспечивают вам ваши продюсеры, провал этого фильма мог оказаться для вас роковым. Будь на вашем месте другой режиссер, отсутствие позитивной критики и коммерческого успеха могло бы положить конец его карьере.

Конечно. К тому же в моем случае провалы следовали один за другим: сначала «Интерьеры» не имели никакого успеха, потом «Воспоминания о звездной пыли». Думаю, меня спасли две вещи: во-первых, поскольку я стою вне коммерции, окружающие восприняли этот фильм как мою попытку расширить амплуа, как шаг в сторону более серьезных фильмов. Они понимали, что я не делаю шаблонных, гарантированно успешных картин. Так что мой провал ничего особенно не значил: следующая попытка могла оказаться более успешной. А с другой стороны — и это на самом деле куда более важно, — я снимаю так много, что успех или провал какого-то одного фильма меня практически не заботит. Я снял «Интерьеры», и я снял «Воспоминания о звездной пыли», но, когда они выходили на экраны, я занимался уже совершенно другим проектом, и этот новый проект мог в дальнейшем оказаться сенсационно успешным — как «Манхэттен» или «Ханна», но меня это по большому счету не волновало. Я приложил максимум усилий, чтобы нивелировать значимость каждого отдельного фильма. Я просто хочу работать, это все. Я выпускаю фильмы, люди их смотрят, а я тем временем продолжаю работать. Надеюсь, что жизнь моя будет долгой и что здоровье позволит мне продолжать работу в этом режиме, чтобы потом я мог оглянуться на прожитую жизнь и сказать себе: «Я снял пятьдесят фильмов. Какие-то из них превосходны, какие-то не слишком удачны, какие-то просто смешны». Я не хочу оказаться в ситуации, в которой находятся большинство моих современников: они делают один фильм в несколько лет, и для них это каждый раз Большое Событие. Поэтому я всегда восхищался Бергманом, который мирно работает на своем острове, делает свой скромный фильм, выпускает его на экраны и тут же принимается за следующий. Важна сама работа. Не последующий успех или провал фильма, не деньги, не реакция критики. Важно, что работа составляет часть твоей повседневности и что можно при этом достойным образом существовать. Можно заниматься и другими вещами, как в моем случае: мне нравится играть в оркестре, я люблю проводить время с детьми, люблю ходить в рестораны, люблю гулять, смотреть спорт и так далее. Если все это сопровождается работой, жизнь прекрасна и насыщенна.

С непониманием и враждебностью приходилось сталкиваться и другим режиссерам, однако позже их работы переоценивались. У Бергмана тоже возникали подобные ситуации, порой весьма неприятные. Одна из основных его работ, фильм, который он сам очень высоко ценит,

«Вечер шутов», получил невероятно жесткую оценку после премьеры в Швеции. К примеру, критик одной из крупнейших стокгольмских газет так отозвался о фильме: «Я отказываюсь рассматривать блевотину, которую на сей раз представил нашему вниманию г-н Бергман». Настолько низкой и грубой была критика. Бергман до сих пор помнит эту фразу слово в слово. Вероятно, ему было очень тяжело это читать, потому что «Вечер шутов» был для него важным экспериментом.

Поразительно! Это замечательный фильм.

«Воспоминания о звездной пыли» со временем становятся только лучше. Фильм не стареет, он как китайская шкатулка: с каждым новым просмотром он все охотнее раскрывает свои секреты. Вам не кажется, что негативная реакция, которую он встретил, когда вышел на экраны, связана с тем, что этот фильм нужно смотреть как минимум дважды?

Нет, реакция была очень личной. Людям казалось, что в этом фильме я выставил их идиотами — и публику, и критику. Они разозлились, потому что отождествили меня с героем фильма, режиссером Сэнди; они решили, что это *я* им говорю, что мои комедии могут нравиться только идиотам. Если бы я так думал — а я так не думаю, — у меня хватило бы ума не говорить этого в фильме.

В картине один из героев обращается к Сэнди с такой репликой: «Комедия строится на враждебности. Что говорит комик, когда выступление ему удается? „Я уложил весь зал"... „Я их убил"... „Они стонали"... „Я их уничтожил"».

Не я первый это заметил. Это было замечено сто лет назад и постоянно обсуждается. Но это правда. В комедии есть элемент враждебности.

В «Воспоминаниях о звездной пыли» играет Тони Робертс. В семидесятые годы в ваших фильмах присут-

ствуют двое «приятелей», если можно так выразиться: есть два актера, и они всегда играют персонажей, к которым главный герой относится доверительно, — Тони Робертс и Майкл Мерфи. В реальной жизни они тоже ваши друзья?

Да, хотя с Мерфи мы редко видимся, потому что он редко бывает в Нью-Йорке. Тони тоже всегда был моим другом. Я люблю работать с друзьями, с людьми, которые мне нравятся, потому что это дает возможность близкого общения.

А Шарлотта Рэмплинг?

Она божественна! Замечательная актриса.

Ближе к концу фильма есть интересная сцена: ее героиня, Дорри, страдающая от нервного расстройства, рассказывает о своем состоянии. Она смотрит прямо в камеру, но все, что она говорит, все ее признания, ощущения, мысли даются последовательностью коротких кусочков. Этот метод расщепленных планов чем-то напоминает мне картину «Мужья и жены», с ее постоянными разрывами. Почему вы решили поставить сцену именно так?

Мне всегда нравился кубизм в живописи, и я подумал, что было бы интересно похожим образом показать человека, страдающего нервным расстройством: сделать сцену, полную резких монтажных переходов. И это был идеальный случай для подобного эксперимента.

Раз сцена была так и задумана, вы, наверное, и снимали ее короткими сегментами? Или вы сняли сцену целиком, а потом нарезали фрагменты и смонтировали?

И так и так. Кое-что я снял долгим планом, а потом добавил какие-то детали, чтобы получить нужный эффект. Мне кажется, у Шарлотты все получилось, сцена сыграна прекрасно.

Вы не планировали пригласить ее в какой-нибудь из своих новых фильмов?

Мы не теряем с ней контакта, но никаких конкретных предложений я не делал. Она англичанка, и нужно подобрать роль, которая бы точно ей подходила. В том фильме роль была как будто специально для нее написана. Она очень красивая, очень сексуальная, очень интересная женщина. И в ней есть что-то невротическое. Сейчас я уже не помню, кому пришла в голову идея пригласить ее в фильм, — может быть, и не мне. Но идея была правильная, потому что сыграла она идеально.

А Мари-Кристин Барро? Вы, наверное, видели ее в картине «Кузен, кузина»[1]?

Да, и мне показалось, что с ней было бы интересно поработать. Мне очень понравилась ее роль в этом фильме. Она прямая противоположность Шарлотты, очень земная, очень надежная женщина. На тот момент я не знал ни одной американской актрисы, которая удовлетворяла бы этим качествам.

---

[1] Мелодраматическая комедия Жана Шарля Таккелы (1975), в которой Мари-Кристин Барро играет главную женскую роль.

Глава 12

«Сексуальная комедия в летнюю ночь», «Зелиг»

> З е л и г: Так безопаснее... быть как все.
> Ю д о р а: Вам хочется избежать опасности?
> З е л и г: Мне хочется, чтобы меня любили.
>
> *Из фильма «Зелиг»*

Дальше я сделал сразу две картины, «Зелиг» и «Сексуальную комедию в летнюю ночь». Они снимались одновременно.

Потому что работа над «Зелигом» затянулась?

Нет. Я закончил сценарий «Зелига», и, пока составлялся бюджет и шли подготовительные работы, мне было нечего делать. Я сидел дома, и мне подумалось, что было бы здорово снять какой-нибудь легкий летний фильм. Через две недели сценарий был готов: простенькая история, развлекательный фильм об одном дне, проведенном за городом. Я решил, что ждать не имеет смысла. Какая разница, в каком порядке их снимать, — можно снять сразу оба. Так я и сделал.

Как строилась ваша работа? Вы действительно снимали оба фильма параллельно?

Иногда мне приходилось переключаться с одного на другой, но сначала была отснята бо́льшая часть «Сексуальной комедии в летнюю ночь» — из-за погоды. Но в то же самое время шла и работа над «Зелигом»: кастинг делался одновременно, поиски натуры шли параллельно, и в какой-то момент мы были готовы снимать оба фильма. Я отснял основные куски для «Сексуальной комедии», потом переключился на «Зелига», и потом мне множество раз приходилось прыгать от одного фильма к другому. «Сексуальная комедия в летнюю ночь» совсем не собрала публики. Один из критиков, которому очень нравятся мои фильмы, сказал, что я в первый раз в жизни снял тривиальную картину.

Кто это был?

Ричард Шикель из «Тайм мэгазин». Но в этом и состояло мое намерение: я хотел снять легкую комедию, интермеццо, в котором было бы несколько хороших шуток. Я не хочу сказать, что снял великий фильм, — мне жаль, что здесь, в Штатах, не способны оценить его атмосферу, такие вещи здесь никого не заботят. Я лично был доволен работой, мне было интересно снимать. Хотелось передать загородную атмосферу — как в «Манхэттене» я старался передать атмосферу Нью-Йорка. Я хотел показать природу во всем ее великолепии.

Нужно отметить, что Гордон Уиллис наделил этот фильм особой пышностью и блеском.

Мы долго обсуждали цвет. Нам хотелось запечатлеть деревню в ее лучшую пору, передать максимум очарования. Все было подчинено этой цели: мы следили, чтобы свет был идеальный, чтобы солнце было ровно там, где нужно. В итоге ближе к осени нам приходилось красить листья в зеленый цвет.

Этот фильм можно рассматривать как комедию нравов. Судя по всему, именно поэтому вы решили переместить действие в прошлое?

Да, что-то в этом роде. Я думал, что было бы мило снять простенькую летнюю вещицу, в которой действие происходит на рубеже веков — году в тысяча девятьсот десятом или около того, и сделать ее очень красивой.

Показать всего один день, показать людей, играющих в бадминтон и охотящихся за бабочками. Мне нравился сценарий, когда я его писал, и мне нравилось снимать. Но фильм совершенно не был оценен. «Сексуальная комедия...» и «Сентябрь» — мои величайшие финансовые провалы.

Настроение фильма во многом задается музыкой Мендельсона. Когда вы пришли к этому выбору — до съемок или после?

До съемок. Я хорошо знал творчество Мендельсона и решил, что именно такое настроение мне и нужно: легкое и приятное. Но публика не приняла меня в костюме ретро. Меня воспринимают как очень современного, специфически нью-йоркского, городского человека. Уже хотя бы поэтому фильм не был принят. И Дастин Хоффман не играл моей роли. Возможно, у него бы лучше получилось. Правда, моим собственным ожиданиям фильм удовлетворял в полной мере. Я снял то, что хотел, — безделицу, приятную вещицу.

Вы в который раз упомянули Дастина Хоффмана. Значит ли это, что вы собирались пригласить его в этот фильм?

Я всегда думал, что он может сыграть все, что играю я, и возможно, гораздо лучше.

Но вы никогда не пытались предложить ему роль?

Нет, он абсолютно недоступен. Он работает только за очень большие деньги, мы никогда не осилили бы его гонорара. И он постоянно занят.

В этом фильме у вас снимается Хосе Феррер; его герой — законченный рационалист. В своей лекции в начале фильма он говорит, что «реальность сводится к опыту». Его персонаж немного напоминает мне героев Гуннара Бьернстранда в картинах Бергмана.

Да, я согласен с вашим сравнением. Он рационален до мозга костей, он не верит ни в духов, ни в призраков, а в конце сам становится духом.

Кроме того, в этом фильме у вас в первый раз появляется Миа Фэрроу. Вы были знакомы с ней до фильма или познакомились прямо на съемках?

К тому времени мы уже были знакомы. Я завел с ней роман, когда снимал «Воспоминания о звездной пыли».

С тех пор она сыграла у вас огромное количество самых разных ролей. Каковы ее основные актерские качества, на ваш взгляд?

Она хорошая актриса, очень разносторонняя. Она может играть самые разные роли — как серьезные, так и комические. Кроме того, она очень фотогенична, очень красива на экране. Она прекрасная реалистическая актриса и в этом смысле составляет полную противоположность, скажем, Дайан Китон. Дайан — непревзойденная комическая актриса, но за всеми ее ролями стоит она сама, ее сильный характер. Дайан всегда играет одно и то же, но играет замечательно. Как Кэтрин Хепберн. А Миа всегда разная. У нее очень широкое амплуа. Роль может быть сколь угодно странной и сложной, но она за нее берется и прекрасно справляется.

Влияло ли это ее качество на ваши последующие сценарии? Быть может, возможность написать для нее роль, абсолютно не похожую на то, что она играла прежде, служила для вас толчком к написанию сценария?

Нет, ее персонажи никогда не были сюжетообразующими в этом смысле. Пожалуй, из всех ее героинь лишь Тина в фильме «Дэнни Роуз с Бродвея» несет на себе основную сюжетную нагрузку. Но эта роль не создавалась специально для Миа — она сыграла то, что уже было в сценарии. Бывало, что я говорил: «У меня есть отличный сюжет — „Дни радио", например. Хочу снять старомодную ностальгическую картину из времен моего детства. О том, как я рос, о том, какую огромную роль играло тогда радио. Давай подумаем, кого бы ты могла сыграть в этом фильме». И потом я предлагал: «Почему бы тебе не выступить в своем любимом амплуа и не сыграть тихую скромную блондиночку». Соответственно далее роль немного расширялась, отчего сюжет несколько видоизменялся. Только в этом смысле я писал роли специально для Миа.

Роль Дайан Китон в «Днях радио» тоже создавалась подобным образом?

Дайан — моя близкая подруга. Она тогда была в городе, и я спросил, нет ли у нее желания сыграть в этом фильме или что-нибудь спеть. И она с радостью согласилась.

Где снималась «Сексуальная комедия в летнюю ночь»?

Это место называется Покантико-Хиллз. Примерно сорок минут отсюда.

Вы снимали реально существующий дом или он был построен специально для съемок?

Дом построили специально. Я посмотрел каталоги, нашел соответствующую картинку и попросил выстроить нечто похожее. Интерьерные съемки тоже проходили в этом доме. Мы полностью его отстроили.

И он до сих пор там стоит?

Его кому-то продали. Покупателям пришлось многое переделывать, потому что, когда его строили для съемок, никому не приходило в голову соблюдать технические требования. Но кинокомпании все же удалось его продать, новые хозяева укрепили конструкции и превратили все это в настоящий дом.

173

В то же самое время вы работали над «Зелигом». Мне бы хотелось задать вам вопрос об именах: как вы подбираете имена для своих героев? Ведь имена так или иначе характеризуют персонажей, в какой-то мере определяют их суть.

Да, с именами у меня странные отношения. Имена главных героев очень важная для меня вещь. Второстепенных персонажей это почти не затрагивает, но главным героям я стараюсь дать имена, как только приступаю к сценарию. Мне всегда важно, как их назвать. Другим персонажам я стараюсь дать по возможности короткие имена, чтобы быстрее было печатать.

Приведите какой-нибудь пример.

Я полагаюсь на интуицию. Имя или подходит, или не подходит. Мне важно подобрать подходящие имена для всех основных персонажей до того, как я начинаю работать над сценарием.

Дольше всего вы, вероятно, раздумываете, как назвать собственного героя?

Иногда да. Иногда имя приходит само собой, а иногда все кажется неподходящим и приходится ждать, пока не придумается то, что нужно. Собственным персонажам я предпочитаю давать простые, короткие имена: Элви, Айк, Гейб, Сэнди. Их легко произносить, они все очень разговорные.

Как родилось имя Зелиг?

Оно придумалось само собой, когда я писал сценарий. Я просто назвал главного героя Леонард Зелиг и решил, что имя вполне подходящее. Но я не собирался делать его названием фильма. Эта мысль пришла много позже. Мы пробовали множество других названий, какие-то даже успели поставить в титры. Например, был вариант «Кошкина пижама». В двадцатые—тридцатые годы это выражение употребляли, чтобы передать крайнюю степень восхищения. Все самое замечательное и грандиозное вызывало тогда восклицание: «Кошкина пижама!»[1] Согласно моему первоначальному замыслу фильм должен был называться «Человек, который менялся», но в итоге это название было использовано для фильма в фильме. Мы даже рассматривали такой вариант, как «Кризис идентичности и его связь с личностными расстройствами».

Главную героиню фильма зовут Юдора Флетчер; насколько я знаю, так звали одну из ваших школьных учительниц.

Да, так звали нашу директрису. По-моему, замечательное имя. Мне всегда хотелось его использовать. Очень американское и очень характерное для того периода. Теперь девочек редко называют Юдорами. Сама директриса, правда, была страшная женщина. Но имя у нее прекрасное.

Расскажите, как задумывался «Зелиг». Где вы взяли идею фильма?

Я сидел в этой комнате [дома, в кабинете], ровно на этом месте, и думал, что интересно было бы сделать фильм о человеке, личность и характер которого настолько переменчивы, что он может вписаться в любую среду. Ему так хочется, чтобы его любили, что он готов приспосабливаться к тем, с кем в данный момент общается. Потом я подумал, что было бы интересно показать физические

---

[1] Авторство этого сленгового выражения приписывают известному журналисту и карикатуристу Томасу Доргану (1877—1929). Дорган работал в «Нью-Йорк джорнал», где публиковал спортивные обзоры и репортажи, снабжая их собственными иллюстрациями. Страстью Доргана было сленговое словотворчество; многие изобретенные им выражения не вышли из употребления и по сей день (например, hard-boiled — букв. «сваренный вкрутую» — в значении «крутой» при характеристике человека). В двадцатые годы выражение «кошкина пижама» и само по себе вызывало в народе словотворческий энтузиазм, о чем свидетельствует масса синонимов, созданных в те годы по его образцу: bee's knees («пчелкины коленки»), cat's whiskers («кошачьи усики»), snake's hip («змеиное бедро») и т. п. — вплоть до такого совсем уж экзотического выражения, как elephant's instep («подъем слоновьей стопы»).

изменения. Как он в буквальном смысле становится тем, с кем находится. Потом я подумал, что имело бы смысл представить его в качестве всемирно известного феномена и построить фильм как документальное повествование о знаменитости. Так определилась основная идея. Фильм создавался долго и трудно, но работать было весело.

Могу себе представить! А как выстраивалась сама история Зелига? С чего вы начали — с написания комментариев, для которых затем подыскивали документальный материал, пригодный для использования и реконструкции, или сюжет выстраивался постепенно, по мере того, как собирался нужный материал?

Сначала я написал сценарий целиком. Потом просмотрел многие километры хроники и в соответствии с теми открытиями, которые сделал, внес изменения в сценарий. Работа продолжалась года два, мне потребовалось очень много времени, чтобы собрать всё вместе. У меня были люди, которые специально занимались документальными изысканиями. Потом редакторы приносили все, что удавалось найти, и мы часами отсматривали материал.

Насколько я понимаю, вы использовали все мыслимые приемы специальной съемки, чтобы должным образом стилизовать отдельные сцены в фильме.

Технических трюков было не так много, как может показаться. У нас были объективы двадцатых годов, старые камеры и старое звуковое оборудование. В этом смысле мы старались заполучить все, что на тот момент еще можно было найти. И мы старались, чтобы свет был выставлен так же, как его бы поставили тогда. Еще мы озаботились мерцанием и царапинами на негативе. Но мы старались соблюсти меру, нам хотелось, чтобы все это смотрелось по возможности естественно. Комбинированная съемка требовалась, когда меня нужно было имплантировать в старые фильмы. Но таких мест немного — две или три сцены на весь фильм. В основном мы снимали самым обыкновенным образом.

Наибольшую сложность, наверное, представляли сцены, в которых вам нужно было двигаться внутри старых фильмов.

Да, с чисто технической точки зрения это было довольно сложно. Но Гордон в этом смысле гений. Ему достаточно бегло взглянуть на старую хронику, чтобы понять, что там за свет, и выставить соответствующий в студии, чтобы снять меня на голубом фоне, а потом совместить два изображения. Но в любом случае основную часть фильма составляют оригинальные съемки.

Сколько времени заняло производство фильма? Мне представляется, что этот фильм должен был сниматься довольно долго.

Сами съемки никакой особой сложности не представляли. Но монтаж и разного рода доделки потребовали гораздо больше времени, чем обычно. К примеру, попадались такие вещи: мы снимаем сцену, актер заходит в кадр, в это время оператор кричит ему: «Нет, еще не время, давай назад!» — актер не понимает, что происходит, и идет назад. На экране это выглядело неподражаемо. Потому что таким образом удавалось поймать короткий момент замешательства. Мы никого ни о чем не предупреждали, все время приглашали непрофессиональных актеров, потому что их речь звучит гораздо реалистичнее, она не похожа на актерскую. Непрофессионалы в фильме и те, кого интервьюируют, и те, кто напрямую обращается к зрителям с экрана.

К примеру, Юдора в старости?

Да, это непрофессиональная актриса. Она очень похожа на Миа. Какое-то сверхъестественное сходство.

На какой стадии снимались интервью со знаменитыми современными интеллектуалами — Сьюзен Зонтаг, Солом Беллоу, Бруно Беттельхеймом?

По ходу фильма нам нужны были подобного рода интервью. Обычно мы подстраивались под их расписание. Я был очень доволен, что удалось заполучить Сола Беллоу и Сьюзен Зонтаг.

Почему вы решили пригласить именно их?

Они хорошо вписывались в картину. Мне хотелось, чтобы она казалась весомой в интеллектуальном смысле, несла на себе некоторый налет серьезности. Я пригласил несколько людей — кто согласился, тот согласился.

Вы получали отказы? Кого вам так и не удалось заполучить?

Грету Гарбо. Я написал ей короткое письмо, но она мне ничего не ответила. Кроме того, у меня была договоренность с Джеком Демпси[1], но по болезни он не смог принять участие в съемках.

Вы когда-нибудь встречались с Гарбо?

Нет. Я видел ее однажды на улице. Но, собственно, я никогда не был ее поклонником. Я понимаю, она была замечательной актрисой, но повальное увлечение ею прошло мимо меня. Я так и не подпал под влияние ее знаменитой загадочности. Наверное, я был еще слишком маленьким, когда начал интересоваться кино. К тому моменту пик ее популярности уже миновал.

Она была единственной из звезд золотого века немого кинематографа, кого вы приглашали сняться в «Зелиге»?

Нет. Я снял интервью с Лилиан Гиш, но так и не включил его в фильм, потому что мне не понравилось,

---

[1] *Джек Демпси* (1895—1983) — совмещал актерскую карьеру и карьеру боксера-тяжеловеса. Пик его актерской деятельности пришелся на двадцатые годы, в боксерских поединках он продолжал участвовать до 1940 г. В течение пятидесяти лет управлял собственным рестораном на Бродвее.

как оно вышло. Она начала сниматься, как только появилось кино. Ее карьера действительно охватывает всю историю кинематографа.

В начале фильма на экране появляются благодарности доктору Юдоре Флетчер и фотографу Полю Дегеру. Тем самым вы стремились создать бóльшую иллюзию документальности?

Конечно.

Действие фильма начинается в двадцать восьмом году, в «эпоху джаза». Вам не кажется, что в эти годы, в период между двумя войнами, на заре нацистской эры, дилемма Зелига была близка очень и очень многим? Люди стремились смешаться с толпой, не выделяться.

Думаю, это стремление вечное и универсальное. Есть люди целостные и самодостаточные, но куда большему количеству людей этой целостности недостает, и они уподобляются своему окружению. Если окружающие поддерживают какую-то точку зрения, они без дальнейших раздумий соглашаются.

«Танец-хамелеон» — это полностью ваше изобретение?

Да. Почти все в фильме придумано — за исключением совсем уж очевидных вещей, относящихся к тому времени. Все связанное с хамелеоном мы сделали сами от начала до конца.

По сравнению с кадрами реальной кинохроники эти сцены выглядят намного более качественно.

Да, в этих вопросах мы старались проявить максимум сдержанности. Обычно, когда снимают документальный фильм, правдоподобию уделяется слишком большое внимание. Мы старались, чтобы фильм выглядел среднереалистично. Мы просто отказывались от того, что, на наш вкус, выглядело неаутентично.

Были ли у вас проблемы с лабораторией? Сегодня любые черно-белые съемки оборачиваются ворохом технических проблем.

У нас есть собственная лаборатория. Много лет назад, когда я начал работать над «Манхэттеном», мы попросили создать специальную лабораторию для работы с черно-белой пленкой. И ее создали, специально для «Манхэттена». За все годы, что прошли с тех пор, я еще раз пять пользовался этой лабораторией. Так что теперь у меня есть очень хорошее место для работы с ч/б.

Вам очень повезло, потому что во многих других лабораториях специалистов по черно-белой пленке давно нет: люди либо ушли на пенсию, либо ушли из жизни. Опытных специалистов осталось единицы.

Верно, заполучить хороших лаборантов очень трудно. Годы спустя после «Манхэттена» Гордону Уиллису со всех концов мира звонили операторы, чтобы узнать, где ему так хорошо сделали ч/б. Вот в Нью-Йорке есть крошечная лаборатория, где такие вещи делают без проблем.

«Человек, который менялся» — художественный фильм внутри фильма. Когда вы снимали его, ориентировались ли вы на какую-то конкретную картину того времени?

Нет. Мы имели в виду фильмы, типичные для конца тридцатых — начала сороковых. Мы с Гордоном прекрасно понимали, какого рода стиль хотим сымитировать. За свою жизнь мы посмотрели сотни подобных картин.

Для ваших фильмов — не только для «Зелига» — характерен некоторый эклектизм, в каждом из них более или менее очевидно влияние других картин и других режиссеров. Один французский кинокритик даже придумал для обозначения этого феномена специальный термин — «синдром Зелига». Вы слышали об этом?

Нет, но это интересно. Я хорошо понимаю, о чем идет речь.

Интервью со старой миссис Флетчер исполнено невероятной иронии. На все вопросы она отвечает совсем не то, чего ждут от нее репортеры. Следует ли видеть в этом критику, направленную против заносчивости, столь широко распространенной среди телевизионщиков? Собеседника они изначально воспринимают как жертву.

Она была очень забавная дама, и мне показалось, что при таком раскладе ее интервью будет выглядеть еще смешнее. Вы правы, в интервью всегда рассчитываешь, что оно пойдет гладко, что собеседник скажет именно то, чего ты от него ждешь. В данном случае она, конечно же, создала журналистам некоторые проблемы.

Ближе к концу фильма Сол Беллоу высказывает такую мысль: «В Зелиге настойчиво говорило желание слиться с массой, он стремился к анонимности — и фашизм дал ему прекрасную возможность реализовать это желание». Воспринимаете ли вы эту картину как рефлексию на тему фашизма и его влияния на человеческую жизнь?

Конечно, я убежден в том, что отказ от собственной индивидуальности, стремление смешаться с другими ради большей безопасности, затеряться, подобно хамелеону, на их фоне приводит в конечном счете к тому, что ты становишься идеальным объектом для фашистской пропаганды. Собственно, на это они и рассчитывали.

Не находите ли вы похожих тенденций в американской политике, какой она предстает сегодня или какой она была, когда снимался фильм?

Тенденций конформизма? Думаю, это личная черта каждого. У Зелига все началось с того, что он сказал, будто читал «Моби Дика». Типичная ситуация: кто-нибудь спрашивает: «А вы читали то-то и то-то?» — и собеседник отвечает: «Да, конечно же!», хотя и не читал. Потому что человеку хочется понравиться другим, хочется стать частью определенной группы. В фильме я как раз стремился показать, что отказ от собственного «я» таит в себе некоторую опасность: я указываю, к чему приводит стремление понравиться, не создавать лишних проблем, не выделяться — как на личном, так и на политическом уровне. Это ведет к абсолютному конформизму и полному подчинению воле, требованиям и нуждам более сильной личности.

Не кажется ли вам, что в Штатах, при существующей здесь экономической, политической и социальной структуре, обычному человеку довольно трудно свободно выражать свои взгляды?

С точки зрения закона человек здесь абсолютно свободен. Свободы много, и это замечательно. Другое дело, что всегда присутствует социальное давление. Скажем, в пятидесятые годы закон не запрещал придерживаться коммунистических взглядов. Но если человек осмеливался даже самым отдаленным образом намекнуть о своих коммунистических симпатиях, он подвергался тотальному остракизму. Так что, хоть буква закона и соблюдается, нельзя сказать, что здесь царствует дух толерантности.

Музыку к фильму написал Дик Хайман. Ваше сотрудничество не прекращалось и в дальнейшем. Кто он такой и как проходит ваша совместная работа?

Дик Хайман — замечательный джазовый музыкант, композитор, аранжировщик. Он живет здесь, в Нью-Йорке. Кроме того, он блестящий пианист. Я обращаюсь к нему, когда мне требуется что-нибудь особенное. В данном случае мне нужны были песни и аранжировки для «танца-хамелеона», и он все сделал. Он написал музыку. В «Зелиге» требовались довольно специфические композиции, нужно было музыкальное сопровождение для хроники, он и это сделал. В музыкальном отношении мы очень близки. Он занимается в основном джазом. Он знает и любит все то, что люблю я. Когда мне нужна песня в духе Кола Портера или требуется сделать джазовую аранжировку под Пола Уайтмена или Джелли Ролла Мортона — это к Дику Хайману.

А кто написал тексты песен?

Тоже он. Я придумал только названия.

В фильме есть песня «Эра хамелеона». Ее исполнила Мэй Куэстел, которая позже сыграет роль вашей матери в «Новом Эдипе».

В «Зелиге» Мэй Куэстел переозвучивает Хелен Кейн — в двадцатые годы эта певица была известна всем и каждому своим «бу-бупи-ду». Дело в том, что именно Мэй Куэстел озвучивала в тридцатые годы мультфильмы о Бетти Буп, поэтому мы и решили использовать ее голос[1].

Вы пригласили Мэй Куэстел на роль вашей матери в «Нью-йоркских историях», потому что были довольны результатами ее работы в «Зелиге»?

Вовсе нет! На съемках «Зелига» я ее даже не видел — тогда она просто пришла в студию и записала песню. А когда мы проводили кастинг для «Нового Эдипа», она пришла на пробы вместе с массой других старушек. Понятно, что мы сразу же ее взяли, — она смотрелась гениально.

---

[1] *Хелен Кейн* (1903—1966) — обязана своей известностью песне «I Wanna Be Loved by You», в которой и прозвучало ее знаменитое «бу-бупи-ду» (современной аудитории эта песня знакома скорее по фильму Билли Уайлдера «В джазе только девушки», где она звучит в исполнении Мерилин Монро). В 1930 г. продюсер Макс Флейшер начал выпуск серии мультфильмов о Бетти Буп. Прообразом этого персонажа послужила как раз Хелен Кейн. Мэй Куэстел озвучивала Бетти Буп с 1931 г. и до окончания проекта.

Глава 13
«Дэнни Роуз с Бродвея»

Морти, комик: Я думал, ты расскажешь смешную историю, а ты рассказал ужасную!

Сэнди, комик: А что ты предлагаешь мне делать? Не я эту жизнь придумал.

Из фильма «Дэнни Роуз с Бродвея»

На каком этапе работы вы решили построить фильм в виде беседы: люди сидят в баре и обсуждают Дэнни Роуза и его подопечных?

С самого начала. Много лет назад, когда я еще выступал в кабаре, мы каждый вечер ходили в эти кафетерии — на углу Бродвея и Седьмой авеню их много. Мы подолгу там сидели, отдыхали после выступлений, ели, беседовали, часами рассказывали разные истории. Это было любимое времяпрепровождение: слушать чужие истории, рассказывать свои.

В фильме играет ваш продюсер Джек Роллинз. Очевидно, один из собеседников в кафетерии — это он. Который? Один из тех, кто все время что-то говорит?

Нет, он больше молчит. Хотя время от времени он бросает какие-то реплики, что-то добавляет, то есть у него есть слова. В свое время он не вылезал из этих кафетериев. Он мог сидеть там часами, обсуждая со своими подопечными тонкости шоу-бизнеса.

И вы тоже сидели с ним таким образом, когда работали в кабаре?

Да. И вообще вся эта компания, которая сидит за столом в «Дэнни Роуз с Бродвея», — реальные люди, не актеры. Это эстрадные комики или люди, которые работали когда-то на эстраде. Они не в первый раз сидят таким образом в таком месте.

И все они ваши друзья?

Друзья, знакомые. Я всех их знаю: с кем-то мы работали вместе, с кем-то просто разговаривали.

Как зовут человека, который, собственно, и рассказывает историю Дэнни Роуза?

Я думаю, это Сэнди Бэрон — эстрадный комик и очень талантливый актер. Он немного снимался в кино.

У Дэнни Роуза есть формула, которой он обучает всех своих подопечных: «Перед тем как выйти на сцену, произнеси три волшебных „у“: уверенность, улыбка, успех».

Когда-то очень давно я слышал эту фразу у одного комика.

Далее по фильму Дэнни заявляет: «Если любить Дэнни Кэя, Боба Хоупа и Мильтона Берля старомодно, то я старомодный человек». Хоупа и Дэнни Кэя мы уже обсуждали. Что вы скажете о Мильтоне Берле?

На сцене Мильтон мог быть гениален: я наблюдал за тем, что он делал в кабаре, в течение многих лет. На телевидении он был грубоват: все эти мешковатые брюки, клоунские приемы, выпадающие зубы. Слишком грубо, на мой вкус. Но на сцене каким-то странным образом проявлялась его личность; его номера были очень смешными. Он невероятно талантливый человек — вполне понятно, почему он оставался звездой шоу-бизнеса в течение пятидесяти пяти — шестидесяти лет. Он стал звездой, когда был еще очень молод, и только потом он *сделал* американское телевидение.

Вы ведь встречались с Мильтоном Берлем, когда были довольно молоды. Оказал ли он на вас какое-либо влияние?

Нет, никакого. Я воспринимал его как гиганта американской комедии на заре телевизионной эры.

Нью-Йорк в картине «Дэнни Роуз с Бродвея» предстает как безликий, довольно обыкновенный город. Как вы подбирали натуру для съемок?

Это была несложная задача, потому что нам не нужны были какие-то особенно прекрасные или романтичные места. Мы просто взяли аутентичные места, в которых такой человек, как Дэнни Роуз, мог бывать: рестораны, улица и т. д.

Склад с карнавальными персонажами смотрится как идеальная площадка для триллера.

Мы искали подходящее место для погони и подумали, что было бы забавно снять ее на складе, где хранятся карнавальные платформы. Потом мне пришла в голову идея с гелием, и я сразу решил, что сцену имеет смысл снять именно там, что можно будет сделать нам высокие писклявые голоса — так сцена получится гораздо комичнее.

На протяжении всего фильма Миа Фэрроу не снимает солнечных очков. За весь фильм вы даете ее лицо всего один раз: в короткой сцене в ванной мы видим ее отражение в зеркале.

С ее стороны это был очень смелый шаг, потому что ей пришлось отыграть весь фильм, не используя экспрессии взгляда, а это действительно трудно. Тем не менее у нее это замечательно получилось, и вместе с тем ее героиня приобрела превосходную характерную черту.

Когда у персонажа появляется подобного рода характерная черта, кому обычно принадлежит первоначальная идея: вам или актеру, исполняющему эту роль?

Обычно мне. Или идея приходит в голову кому-то другому, а я становлюсь ее адептом, если она мне нравится. Но в данном случае мы делали пробы — снимали в очках и без очков. В очках Миа смотрелась великолепно. Когда она их снимала, терялась какая-то выразительность, образ на экране становился не таким живым.

Расскажите, пожалуйста, о Нике Аполло Форте, изумительном исполнителе роли эстрадного певца Лу Кановы. Кто он такой и как вы его нашли?

Я просмотрел миллион исполнителей — знаменитых и неизвестных, но так и не обнаружил подходящего человека на эту роль. Мы были близки к отчаянию. И тогда Джульет Тейлор пошла в музыкальный магазин и скупила все, что могла. На одном из дисков она увидела фотографию Ника Аполло Форте. Мы разыскали его. Он работал в каком-то маленьком городке в Коннектикуте, пел в небольшом заведении. Он приехал в Нью-Йорк, и мы сняли пробы. Когда я сравнил их с пробами остальных исполнителей, он оказался лучшим.

Как вы делали пробы? Ведь, насколько я понимаю, он не актер.

Он не актер. Но мы все равно сняли с ним небольшую сцену.

Из сценария?

Думаю, да.

Насколько сложно было с ним работать — при полном отсутствии актерского опыта?

С одной стороны, работать было легко, потому что он милый и дружелюбный человек. Но бывали случаи, когда приходилось делать до пятидесяти дублей сцен с его участием, просто потому, что ему было сложно понять, что от него требуется. Но в общем и целом работа оставила приятное впечатление.

Глава 14
«Пурпурная роза Каира»

> Живые жаждут вымышленной жизни, а вымышленные — настоящей.
>
> *Из фильма «Пурпурная роза Каира»*

Вы, конечно же, видели фильм Бастера Китона «Шерлок-младший». Можно ли сказать, что он послужил для вас толчком при создании «Пурпурной розы Каира»?

Пожалуй, мне следует объясниться: этот фильм не имел никакого, даже самого отдаленного отношения к «Пурпурной розе Каира». Я смотрел «Шерлока-младшего» сто лет назад. Мне кажется, я уже излагал вам свое мнение о Бастере Китоне: я понимаю, что его фильмы абсолютно прекрасны, но они не принадлежат к числу моих любимых. Этот прием с попаданием героини на экран возник у меня в последний момент. Изначально история сводилась к следующему: женщина влюбляется в мужчину своей мечты, сошедшего ради нее с экрана, затем появляется реальный актер, и ей приходится выбирать между реальностью и вымыслом. Естественно, в данной ситуации нельзя предпочесть вымысел — иначе сумасшествие неминуемо, но столкновение с реальностью неизбежно причиняет боль. Вот такая простая история. Все остальное появилось уже в процессе работы над сценарием. Я видел фильм Бастера Китона лет двадцать пять назад, и там нет ничего общего с моей историей, там абсолютно противоположный посыл. Идея отправить героиню на экран действительно появилась в самый последний момент. Изначально подобного рода перемещения ограничивались тем, что персонаж фильма, Том Бакстер, сходит с экрана и появляется в ее жизни.

Вы работали над сценарием этого фильма дольше обычного?

Нет. Я написал половину сценария, и работа застопорилась. Тогда я его отложил и занялся другим фильмом. Я вернулся к нему, как только у меня возникла идея ввести в действие реального актера. Только таким образом история получала должное развитие.

Думаю, работа над «Пурпурной розой Каира» — фильмом в фильме — доставила вам особенное удовольствие.

Да. Я снимал нечто подобное тому, что смотрел, когда был ребенком. Я называю такие фильмы «комедиями с шампанским» — в тридцатые—сороковые годы их была масса: романтические герои в смокингах ходят по ночным клубам, живут в пентхаузах и все время пьют шампанское.

То, что вы перенесли действие своего фильма в прошлое, конечно же, не было случайностью?

Конечно нет. Это придало ему некоторую абстрактность. Если бы действие происходило в наше время, я бы не смог создать и малой части этого очарования.

Стефани Фэрроу, которая играет в фильме сестру Миа, — тоже актриса или вы взяли ее на эту роль только потому, что она родная сестра Миа в реальной жизни?

Она часто работала дублершей Миа. Никаких серьезных актерских амбиций у нее не было, но в какой-то мере семейный талант передался и ей.

Шведский писатель, лауреат Нобелевской премии Харри Мартинсон, который время от времени писал и о кино, как-то назвал кинотеатры «храмами для страшащихся жизни». Как бы вы отреагировали на такое определение?

Я бы сказал, что это очень точное определение, указывающее на одну из важнейших функций кинематографа, по крайней мере, важнейшую для меня. Я абсолютно с ним согласен: удовольствие, которое мы получаем от посещения кинотеатра, не в последнюю очередь связано с тем, что мы отвлекаемся от грубости жизненных реалий.

Когда вы росли, это тоже было так?

Абсолютно. Я жил в Бруклине, летом всегда было жарко, все подернуто дымкой, очень влажно; двигаться не хотелось, и делать было совершенно нечего. В округе имелось множество кинотеатров, и входной билет стоил всего двадцать пять центов. Стоит туда войти, как тебя охватывает прохлада, кругом царит полумрак, работает кондиционер, ты покупаешь конфеты и попкорн. Потом садишься и смотришь две картины подряд. Сначала смотришь про пиратов, и как будто сам оказываешься в море. А потом обнаруживаешь себя в пентхаузе где-нибудь на Манхэттене в компании замечательно красивых людей. На следующий день идешь в какой-нибудь другой кинотеатр — и оказываешься в самой гуще битвы, кругом война и немцы, а во втором фильме — в компании братьев Маркс. Абсолютное, стопроцентное счастье! Лучшего бальзама на раны не придумать, лучшего успокоительного не изобрести.

Не кажется ли вам, что утренние и дневные трансляции кинофильмов по телевидению выполняют сегодня сходную функцию?

Лишь отчасти. Это другой опыт — в нем отсутствует момент ритуала. Ведь раньше ты приходил в большое темное помещение с огромными люстрами. В этом было что-то особенное; внешний мир оставался за порогом. А когда сидишь дома и смотришь телевизор, может зазвонить телефон; в комнате светло. Так что это совсем не то же самое, но тоже в своем роде замечательно. У меня бывают дни, когда я сижу дома и мне нечего делать, или я расстроен, или что-то еще — и я включаю телевизор, нахожу интересный фильм. Возможно, я когда-то уже видел этот фильм, но я задерживаюсь у телевизора... и начинаю смотреть.

Как говорит герой вашего фильма Том Бакстер: «В моем мире люди действуют последовательно. На них можно положиться». То, что мы видим на экране, представляет собой очень устойчивый, внутренне непротиворечивый мир.

Верно.

Как получилось, что вы пригласили Вана Джонсона? В фильме внутри фильма он единственный известный актер.

Верно, я не гнался за звездами. Я просто старался найти подходящих исполнителей на эти роли. Кто-то предложил мне попробовать Вана Джонсона, и он мне понравился. На тот момент он уже довольно долго не снимался в кино.

Мне представляется, что «Пурпурная роза Каира» — во многом фильм о невинности.

Действительно, Сесилия ведет абсолютно невинную жизнь, сошедший с экрана персонаж фильма, Том Бакстер, тоже являет собой образец невинности. Даже девушки из борделя тронуты его чистотой. Однако невинность — это фикция. В жизни она невозможна.

На этом фильме вы впервые работали с Дайан Вист. Она играет добрую проститутку Эмму. Почему вы дали ей эту роль и по каким причинам она впоследствии стала членом вашей «актерской группы»?

Она как-то зашла ко мне в монтажную в компании других актрис, и, как только я ее увидел, все вокруг переменилось. В ней сразу же чувствовалось что-то особенное, удивительное. В одну секунду я понял, что она обязательно будет у меня сниматься.

И как бы вы охарактеризовали ее актерские качества?

Я считаю ее одной из величайших американских актрис. Я говорю это не в порядке обобщений или комплиментов. Она действительно великая актриса. В любом жанре: будь то комедия или трагедия. Великая актриса в самом прямом смысле этого слова.

Согласен. Она излучает тепло и душевность, причем это все персонально окрашено, какую бы роль она ни играла, большую или маленькую.

Где бы она ни снималась, она всегда играет блестяще. В последние несколько лет она довольно мало работает: она усыновила двоих детей и теперь проводит бо́льшую часть времени с ними. Но лучше ее все равно никого нет.

Вы видели ее на сцене?

На сцене она тоже великолепна. В любой роли она смотрится очень естественно.

В фильме есть трогательный, пронизанный тоской по прошлому эпизод — ночь в городе...

Да, корни этого эпизода — в фильмах моего детства. Для того времени он довольно типичен. Понимаете, мы с Гордоном выросли на таком кино, это наша плоть и кровь. Чтобы снять подобный эпизод, ни мне, ни оператору не нужно было как-то специально готовиться, смотреть соответствующие фильмы из той эпохи. Достаточно было сесть и пару секунд подумать.

Вуди Аллен в костюме паука играет на кларнете.
Комический номер. 1964 г.

С сестрами-близнецами Лейлой и Валери Крофт на премьере фильма
«Что нового, киска?». Лондон, отель «Дорчестер». 16 августа 1965 г.
© Hulton-Deutsch Collection/CORBIS

Справа вверху: С Урсулой Андресс, Рэкел Уэлч и Елизаветой II
на «королевской премьере» фильма «Рожденная свободной».
Лондон, кинотеатр «Одеон» на Лестер-сквер. 14 марта 1966 г.
© Bettmann/CORBIS

Справа внизу: С Лорен Бэколл на митинге в поддержку выдвижения
Джимми Картера кандидатом в президенты США
от Демократической партии. Нью-Йорк. 1976 г.
© Bettmann/CORBIS

С Луиз Лассер. 2 февраля 1966 г. (?)
© Bettmann/CORBIS

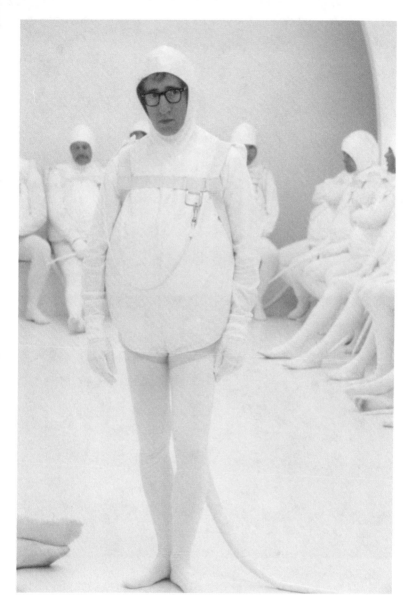

В костюме сперматозоида в фильме
«Все, что вы всегда хотели знать о сексе,
но боялись спросить». 1972 г.

С Миа Фэрроу на баскетбольном матче.
Нью-Йорк, стадион «Мэдисон-Сквер-Гарден». 30 апреля 1983 г.
Фото: Ричард Харбус. © Bettmann/CORBIS

С Миа Фэрроу, Рудольфом Нуриевым, Мартой Грэм и Йоко Оно.
За кулисами «Нью-Йорк-стейт-тиэтр» после балета «Сон Федры».
13 марта 1984 г.
© Bettmann/CORBIS

Прибытие к штутгартскому концертному залу,
где Аллен будет играть на кларнете со своей группой
The New Orleans Jazz Band. 30 июля 2004 г.

Со Скарлетт Йохансон на съемочной площадке фильма
«Викки, Кристина, Барселона». Барселона. 11 июля 2007 г.
© Dusko Despotovic/Corbis

С Донателлой Версаче и Сун-И Превен
на презентации новой линии мужской одежды от Версаче.
Нью-Йорк, Магазин «Барни» на Мэдисон-авеню. 18 марта 2008 г.
Фото: Стив Айхнер. © WWD/Condé Nast/CORBIS

Глава 15
«Ханна и ее сестры»

Нам всем тогда было очень хорошо.

Подзаголовок в фильме «Ханна и ее сестры»

Бессмыслица жизни есть единственное несомненное знание, доступное человеку.

Л. Н. Толстой
Подзаголовок в фильме «Ханна и ее сестры»

Главным оператором фильма «Ханна и ее сестры» стал Карло Ди Пальма, и это была ваша первая совместная работа. Насколько отличалось ваше сотрудничество с этим оператором от работы с Гордоном Уиллисом?

Когда я собрался снимать «Ханну», Гордон был занят на другом фильме, и работа там была в самом разгаре, а мы не могли ждать, нам нужно было начинать немедленно. Мне пришлось искать другого оператора. Я уже говорил, что Карло всегда был одним из моих любимых операторов. В тот момент он был свободен и согласился приехать в Соединенные Штаты. Мы долго обсуждали фильм. Что касается отличий, то сотрудничество с Карло отличалось от работы с Гордоном только в одном отношении. Они оба прекрасные операторы. Гордон работает в техническом смысле более изощренно, зато у Карло более европейский стиль, более подвижная и маневренная камера. Гордон был бы идеальным оператором для Джона Форда, с его специфически американским стилем и стремлением к красоте. А разница, собственно, сводилась к тому, что, когда я начал работать с Гордоном, я был неопытен и почти ничего не знал; Гордон — гений, ему я обязан своим образованием. Поэтому по отношению к нему я всегда испытывал благоговейный трепет. А когда появился Карло, я был уже довольно зрелым режиссером и точно знал, чего я хочу. У меня уже был какой-то стиль. С Гордоном прошли мои ученические годы. Смена оператора была для меня равнозначна уходу из родительского дома: ты уже вырос и покидаешь родные пенаты, чтобы начать что-то свое. В общем, когда мы работали с Карло, я уже точно знал, чего хотел: к тому времени я начал снимать в манере, которая вам должна представляться более европейской. В этом смысле Карло оказался идеальным оператором.

Вы говорили, что вы с Гордоном Уиллисом постоянно сменяете друг друга у камеры: то он смотрит, как выстраивается кадр, то вы. Когда вы работаете с Карло Ди Пальмой, вы так же часто смотрите в камеру?

Да, это неизбежно: я не знаю, как снимать по-другому. Я всегда смотрю в камеру.

Почему вы решили разбить фильм на главы и снабдить каждую отдельным подзаголовком?

Я давно хотел использовать этот прием и на этом фильме решил попробовать. С заголовками он стал смотреться гораздо интереснее, и я подумал, что на этом варианте и остановлюсь.

Мне эти подзаголовки напоминают английский роман — Филдинга или Диккенса.

Верно. К такому эффекту я и стремился.

Кроме того, каждая глава сосредоточена на одном из основных персонажей.

Да, более или менее. Изначально я этого не планировал, такая структура сложилась уже в процессе съемок.

Начало фильма, сцена семейного обеда в День благодарения, производит впечатление легкой импровизации. Со-

здание такой непринужденной атмосферы входило в ваши планы?

Да, только это не было импровизацией, все снималось строго по сценарию. Но, когда я ставил сцену, мне действительно хотелось добиться ощущения непосредственности, создать иллюзию присутствия. И потом, сестры — очень хорошие актрисы, они знают, как достичь этого эффекта.

Сколько дней заняла у вас работа над этой сценой? Я имею в виду первый эпизод целиком.

Не помню. Несколько дней. Должно быть, дня три или четыре.

Я думал, что столь массовая сцена требует более длительной подготовки.

Я страшно не люблю ставить массовки. Мне быстро надоедает. Хотя многим режиссерам такая работа нравится. Но я их не выношу. Просто потому, что их гораздо сложнее поставить. Нужно следить сразу за многими людьми. Каждый должен играть, и играть как положено. Со стороны режиссера это требует огромной работы. А я ленивый.

В этом фильме вы впервые создаете коллективный портрет, здесь нельзя выделить основной персонаж.

Верно, это ансамбль. Мне нравятся романы, нравятся такие книги, как «Анна Каренина»: сначала рассказывается об одном герое, потом о другом, потом о третьем, затем повествование возвращается к первому, далее снова появляется второй и так далее. Я очень люблю этот ансамблевый формат, и мне всегда хотелось с ним поэкспериментировать. С тех пор я повторил этот эксперимент еще несколько раз.

«Ханна», по существу своему, городская история, но вместе с тем в ней есть что-то чеховское... Не толь-

ко потому, что в фильме рассказывается о судьбе трех сестер.

Конечно, я люблю Чехова, это не вопрос. Конечно, он принадлежит к числу моих любимых авторов. Я фанат Чехова. По правде говоря, я еще не встречал человека, который не был бы его фанатом. Можно не любить Толстого. Среди моих знакомых есть люди, которым не нравится Достоевский, не нравятся Пруст, Кафка, Джойс или Т. С. Элиот. Но я еще ни разу не встречал человека, который не любил бы Чехова.

В фильме есть цитата из Толстого, она вынесена в подзаголовок одной из частей: «Бессмыслица жизни есть единственное несомненное знание, доступное человеку». Была ли эта фраза отправной точкой при создании фильма? Как вам кажется, фильм подтверждает или скорее опровергает ее?

Отправной точкой для «Ханны» эта цитата не была, однако основной мотив фильма она отражает. Мне представляется, что, если бы я проявил чуть больше мужества и настойчивости, эта цитата нашла бы в фильме более яркое подтверждение. Но я дал слабину и отклонился от первоначальной линии.

В чем это проявилось?

Я сгладил концовку. Финал картины получился неоправданно оптимистичным.

Вы полагаете, что вам следовало оставить больше неопределенности относительно дальнейших судеб ваших персонажей?

Да, какие-то линии следовало оставить незавершенными, не нужно было разрешать всех конфликтов. Здесь сказалось влияние американского кинематографа, на котором я вырос: стремление найти удовлетворительное разрешение любой ситуации. Концовка не обязательно должна быть счастливой, но она должна приносить какое-то удовлетворение. В дальнейшем я старался отойти от этого требования и оставлять больше неопределенности.

Микки, персонаж, которого вы играете в этом фильме, — ипохондрик. Присуща ли эта черта лично вам или это исключительная принадлежность вашего героя?

В жизни я скорее паникер, чем ипохондрик. Я не зациклен на болезнях, но если я действительно заболеваю, я всегда думаю, что болен смертельно. Меня легко привести в состояние паники.

Роль ассистентки вашего героя исполняет Джули Кавнер. Как вы нашли эту актрису? Позже она тоже стала членом вашей актерской группы.

Я когда-то видел ее по телевизору, и она показалась мне очень комичной. Потом я совершенно о ней забыл, пока кто-то не предложил попробовать ее на эту роль. Я моментально согласился, сказал, что она должна подойти, что она всегда мне нравилась. В итоге она сыграла эту роль, и сыграла замечательно.

Сэм Уотерстон тоже регулярно появляется в ваших фильмах.

Да, он мне очень нравится. Потому что он обычный человек — не герой, не мачо и не супермен. Просто человек.

В фильме он играет архитектора. Помните эпизод, когда он показывает Дайан Вист и Кэрри Фишер свои любимые здания в Нью-Йорке? Вы разделяете его архитектурные пристрастия?

Да, я тоже люблю эти дома. Я довольно хорошо знаю нью-йоркскую архитектуру, и меня всегда раздражают новые постройки, абсолютно выпадающие из ее контекста.

Глава 16
«Дни радио»

Насколько близка история, рассказанная в «Днях радио», к вашему собственному детству?

Какие-то вещи очень близки, какие-то нет. В основных чертах эта история — несколько преувеличенный отчет о моем детстве. Я действительно рос в большой семье, в доме всегда было много народу: дедушка, бабушка, тети, дяди, родители. И одно время мы действительно жили у самой воды. На Лонг-Бич. Но мне не хотелось снимать так далеко, поэтому в данном случае пришлось отойти от автобиографизма. Многое из того, о чем идет речь в фильме, действительно имело место. У меня были похожие отношения со школьными учителями. Похожее отношение к радио. Похожая история с еврейской школой. Мы действительно все время ходили на пляж искать немецкие самолеты и подводные лодки. И у меня на самом деле была тетя, которая заводила бессмысленные романы и никак не могла выйти замуж. Так в результате и не вышла. Соседи-коммунисты тоже были на самом деле. То есть довольно многое я взял из жизни. Меня брали в Нью-Йорк и водили в рестораны-автоматы[1] и на радиопредставления. С нами жил мой двоюрод-

---

[1] *Рестораны-автоматы* — фастфуд-рестораны, в которых еда продается в автоматах. В США первый такой ресторан был открыт фирмой «Horn & Hardart» в 1902 г. в Филадельфии. В 1912 г. фирма пришла на нью-йоркский рынок и впоследствии образовала наиболее крупную в стране сеть. Первоначально автоматы принимали только монеты, поэтому в центре ресторана всегда располагалась касса, в которой разменивали купюры. Еда в автоматы загружалась прямо с кухни. В отличие от современных фастфудов, в старых ресторанах-автоматах еда подавалась в обычной фарфоровой посуде, напитки раз-

ный брат. У нас действительно была телефонная линия, с помощью которой можно было подслушивать, о чем говорят соседи. Все это было.

Как долго вы задумывали этот фильм?

Первоначально идея состояла в том, чтобы собрать в одном фильме все значимые для меня песни и попытаться воссоздать воспоминания, которые каждая из этих песен во мне будит. Потом идея стала развиваться: я стал думать о том, какое огромное значение радио имело для меня в детстве, каким важным и гламурным оно всем тогда казалось.

Значит, вы отобрали песни еще до того, как начали работать над сценарием?

Да, бо́льшую часть.

Вы обсуждали свой выбор с Диком Хайманом, композитором фильма?

Нет. Все, что требовалось от Дика, — это сделать аранжировки некоторых песен, сочинить музыку для рекламных роликов, о которых идет речь в фильме, и тому подобные вещи. В основе фильма лежали песни моего детства, песни, которые что-то для меня значат.

Одна из таких песен, «September Song»[1], повторяется всякий раз, когда действие происходит на побережье.

_____

ливали в стаканы. Большинство заведений этого формата прекратили свое существование в 60—70-е годы в связи с инфляцией: монеты обесценились, а принимающие банкноты автоматы тогда еще не производились. В 2006 г. в Нью-Йорке вновь открылся ресторан-автомат «Нью-Йорк-Сити», но в данном случае расчет делался уже на воссоздание атмосферы ушедшего двадцатого века и ностальгические сантименты публики.

[1] «Сентябрьская песня» *(англ.)* — песня Курта Вайля на стихи Максвелла Андерсона из мюзикла «День отдыха Никербокера» (1938).

Она становится одной из основных музыкальных тем фильма.

Верно. Это величайшая песня. Многие думают, что это лучшая американская популярная песня всех времен. Возможно, так оно и есть.

Вы обратились к этой песне главным образом из-за музыки или из-за слов?

Из-за того и другого вместе. Когда я рос, она была невероятно популярной, ее постоянно исполняли самые разные люди.

Вы взяли на себя роль рассказчика по той причине, что история, которая излагается в «Днях радио», очень близка к вашей собственной и строится на ваших воспоминаниях?

Да, мне казалось, что говорить в этом фильме должен именно я.

Это обстоятельство давало вам огромную свободу при написании сценария.

Практически абсолютную.

Это довольно сложный сценарий, если принять во внимание все составляющие его элементы: семья, школа, события, связанные с радио, с ведущими радиопрограмм...

Фильм такого типа ставит перед автором особую задачу. Когда нет четко выстроенного сюжета, когда имеешь дело исключительно с анекдотами, работа заключается в том, чтобы представить каждый отдельный эпизод во всем его совершенстве, выдержать его ритмически и стилистически. Сделать такой фильм действительно очень и очень трудно, потому что ты должен быть уверен, что анекдоты, которые ты вот уже час или полтора рассказываешь публике, не утомляют, что каждый из них выглядит свежо, что над ними можно смеяться. Бессюжетный фильм или фильм с нетрадиционным сюжетом действительно сложно сделать.

Вероятно, вы и писали его иначе, чем прочие ваши сценарии? Скажем, сначала подбирали анекдоты и только потом продумывали общую композицию и структуру?

Нет, в основных чертах он сразу писался как есть. Хотя кое-что я действительно поменял. Например, первый эпизод, когда грабители врываются в дом, стоял дальше по ходу фильма. Но потом я подумал, что в качестве начальной сцены эти фонарики, прочесывающие комнату, сразу же привлекут внимание зрителей. И я передвинул его в начало.

Вы приняли это решение в процессе монтажа?

Да. У меня всегда было чувство, что фильм пишется непрерывно. Сначала ты пишешь сценарий, потом переписываешь и вносишь какие-то изменения, пока идет подбор актеров, потом переписываешь и вносишь изменения, пока ищешь натуру, — и так далее. Классический пример — «Энни Холл»: изначально отец моего героя был таксистом в районе Флэтбуш в Бруклине, но когда мы начали ездить по Бруклину в поисках натуры, мы обнаружили этот аттракцион и стоящий прямо под ним дом. И я тут же сменил место действия. Получается, что я меняю сценарий по ходу кастинга, меняю, пока мы подыскиваем натуру, и меняю, если мне неожиданно приходит в голову что-то новое. Бывает, что продюсер говорит, что у нас не хватает денег, чтобы снять ту или иную сцену так, как я ее себе представляю. Кроме того, я могу изменить сценарий прямо на съемочной площадке, и я часто меняю его в процессе монтажа. Я не делаю из этого проблемы. Мне ничего не стоит взять сцену, которая стоит в сценарии под номером двадцать, и поставить ее в самое начало. Фильм находится в процессе непрерывного развития.

Ваш отец действительно работал таксистом? В «Днях радио» ведь тоже обнаруживается, что отец главного героя — таксист.

Да, работал.

Как вы нашли свое альтер эго, Сета Грина, — мальчика, который играет в фильме главного героя? Кого вы пробовали на эту роль: детей-актеров или просто детей без всякого опыта? Много ли их было?

Джульет Тейлор очень хорошо знает все, что касается актеров, — будь то на Бродвее, в кино, на радио или на телевидении. Обычно она сразу же предлагает довольно большой список имен на каждую роль — кого-то из них я знаю, кого-то нет. Сет был в предложенном ею списке детей-исполнителей, и, когда он пришел к нам на студию, сразу стало понятно, что он прирожденный актер.

И вы сняли с ним какой-то эпизод на пробу?

Нет. Я вообще довольно редко снимаю пробы, потому что чаще всего и без них понятно, подходит актер или не подходит. Сет очевидно подходил, пробы не потребовались. Это был замечательный ребенок, очень сообразительный.

Вы согласитесь с тем, что работать с детьми сложнее, чем с реальными, взрослыми актерами?

В каком-то смысле да, потому что хороших детей-актеров найти гораздо труднее.

Как вы работаете с детьми? Есть ли у вас какой-то особый метод?

Нет, я использую обычные свои приемы, чтобы заставить их делать то, что мне от них нужно. Бывали удачи, и мне попадались очень способные дети, но был и другого рода опыт. Однажды мне пришлось снимать ребенка, который в итоге так и не сделал того, что мне было нужно, и замечательную детскую роль пришлось сильно урезать. На экране осталась лишь половина того, что было в сценарии. Мне не хотелось бы называть фильм и роль, о которых идет речь, я не хочу обижать ребенка, который у меня снимался, однако такого рода опыт у меня тоже был.

За исключением «Дней радио», ваши картины стро- ятся все же на взрослых ролях, и это вполне естественно. Дети появляются, но в основном в эпизодах: небольшие детские роли есть в «Ханне и ее сестрах», в «Алисе», в «Мужьях и женах». Вы стараетесь не помещать детей в центр истории из чисто практических соображений или вы просто не видите в этом никакой необходимости?

Дети появляются там, где они должны появляться. Но поскольку в развитии сюжета они особой роли не играют, я обычно не вдаюсь в подробности. Главное, что они есть, что зритель понимает, что у Алисы, например, есть дети, периодически мы видим их на экране: она укладывает их спать, забирает из школы. Но сюжет в «Алисе» строится не на детях.

В «Днях радио» заняты одновременно очень извест- ные и совсем неизвестные актеры, что, на мой взгляд, придает фильму особый дух живости и непосредствен- ности. Чем вы руководствовались при кастинге?

Я воспринимаю этот фильм как своего рода шарж, стилизацию, соответственно, и актеры подбирались по внешним данным. Большинство героев фильма: дядя Эйб, мать главного героя, школьная учительница, де- душка и бабушка — представляют собой более или ме- нее утрированные отображения своих реальных прото- типов.

Когда ставится подобного рода задача, искать подхо- дящих актеров можно долго.

Да. Каждый раз, когда мы сталкиваемся с необходимостью шаржевого кастинга, как я его называю, мы тратим невероятно много времени — что здесь, что в «Воспоминаниях о звездной пыли». Порой ты видишь абсолютное попадание по внешности, но тут же обнаруживаешь, что этот человек не может ничего сыграть. Отказаться от такого актера сложно, ты начинаешь придумывать, как под него подстроиться, на это уходит время. С обычным кастингом проще: когда мы имеем дело с фильмом типа «Мужей и жен», я захожу к Джульет Тейлор, отдаю ей сценарий и говорю, что там буду я и будет Миа и что хотелось бы на другую женскую роль пригласить Джуди Дэвис или Дайан Вист. Кастинг занимает считаные минуты. Разве что попадется какой-нибудь особый персонаж — вроде той девицы, с которой спал Сидни Поллак. Подходящую актрису на эту роль мы искали довольно долго. Но в остальном никаких проблем, как правило, не возникает. Сложности начинаются, когда появляется потребность в шаржевом кастинге.

Кстати, я довольно долго не знал, что Лизетт Энтони, которая исполняет эту роль, — британская актриса.

Да, у нее сильный британский акцент.

Насколько сложно управлять такой массой разнородных людей? Чем отличается работа с целым конгломератом исполнителей, состоящим из непрофессионалов, малоизвестных актеров и знаменитостей, как в «Днях радио», от работы над фильмом, в котором заняты исключительно профессионалы?

Порой непрофессионалы или даже люди, никогда в жизни не игравшие в кино, смотрятся гораздо лучше профессиональных актеров. Мне случалось работать с актерами, не способными убедительно выстроить сцену, несмотря на то что они всю жизнь только и делали, что играли небольшие роли. А потом появляется человек, который ничего никогда не играл, но стоит ему открыть рот, как ты понимаешь, что он сделает эту роль гораздо лучше.

Например, кто?

Например, Ник Аполло Форте, который играл певца в «Дэнни Роуз с Бродвея». Он никогда в жизни не снимался, только выступал по ночным клубам. Но при этом он смотрелся лучше, чем все профессиональные актеры, которых я на эту роль пробовал. И это стало понятно, как только я его увидел. Играть в кино и играть на сцене — две разные вещи. В кино важно естественно выглядеть, естественно разговаривать — больше, пожалуй, ничего и не нужно.

Но ведь в плане режиссуры вы общаетесь с ними иначе, чем с профессиональными актерами?

Отнюдь. Чаще всего режиссерское вмешательство ограничивается тем, что я не даю им переигрывать. На девяносто процентов моя работа сводится именно к этому. Их просто нужно немного успокоить.

Вернемся к первоначальному сценарию «Дней радио». Содержал ли он материал, не вошедший в финальную версию фильма?

Да. Какие-то сцены мне не удалось снять, какие-то я снял, но не использовал. Там был самый разнообразный материал, были материалы, напрямую относящиеся к радио. Я снял краткую историю радио, с первыми радиоприемниками, первыми антеннами. Но в конечном счете мне не удалось должным образом подать этот материал, я не мог избавиться от чувства, что излишне перегружаю фильм.

Я видел сделанные на съемках фотографии, где Салли на вокзале прощается с разными молодыми людьми в военной форме. Насколько я понимаю, это был еще один эпизод ее матримониальной саги, который вы не стали включать в фильм.

Верно. Эту сцену я так и не использовал. Но ничего исключительного в этом нет, я довольно часто снимаю сцены, а потом не включаю их в фильм, потому что в конечном счете понимаю, что они мне не нужны. Довольно трудно предвидеть, как сложится фильм в процессе монтажа. А когда нет четкого сюжета, выстроить фильм еще труднее. Кстати, один из моих любимых фильмов, «Амаркорд», является как раз бессюжетным.

В самом деле, в «Днях радио» чувствуются феллиниевские нотки. Не был ли этот фильм в какой-то мере инспирирован его творчеством?

Нет. Движущей причиной этого фильма было желание проиллюстрировать важнейшие песни моего детства житейскими воспоминаниями. Все началось именно с песен. И как только я начал оформлять воспоминания, стали появляться эпизоды, необходимые для их встраивания в общую канву фильма. Если бы мне удалось снять «Дни радио» в полном соответствии с моим замыслом, я бы сделал около двадцати пяти песен и показал, что приходит мне на ум, когда я их слышу.

Вы не могли бы пояснить на примере, каким образом какая-то отдельная песня привела к появлению в фильме определенных сцен или эпизодов?

Например, я думал о песнях, которые были популярны в годы моего детства, — скажем, о песне Кармен Миранды, — и тут же вспомнил, как моя двоюродная сестра все время танцевала и кривлялась под эту музыку и надевала какие-то дурацкие шляпы. Так что в каком-то смысле я занимался реконструкцией собственных воспоминаний и сантиментов. За этими песнями действительно стоят воспоминания, за каждой скрывается отдельная реальность. Не знаю, насколько точно мне удалось их передать в связи с каждой песней, но все это реальные воспоминания, порой очень точно воспроизведенные.

В «Днях радио» довольно много музыки Гленна Миллера.

Естественно. Во время моего детства Гленн Миллер был очень крупной фигурой.

В фильме есть очень трогательный эпизод: фоном идет песня Гленна Миллера «In the Mood»[1], и тетя Беа возвращается домой со своим молодым человеком, гомосексуалистом.

Вы имеете в виду сцену на кухне? Насколько я помню, фоном там звучит песня Томми Дорси «I'm Getting Sentimental Over You»[2] — одна из важнейших песен моего детства. Воспоминание тоже детское: у моей тетки действительно был какое-то время молодой человек, который казался ей совершенно замечательным, приятным, нежным, — и это действительно было так, только ко всему прочему он был еще и геем.

Когда мы в первый раз видим ее с одним из ухажеров, они отправляются кататься на роликах и на обратном пути попадают в туман. Они останавливают машину и слушают по радио «Войну миров» в знаменитой постановке Орсона Уэллса[3]. Как вам пришла в голову эта идея?

---

[1] «В настроении» *(англ.)*.

[2] «Ты пробуждаешь во мне чувства» *(англ.)*.

[3] В 1938 г. Орсон Уэллс осуществил на канале Си-би-эс радиопостановку по роману Герберта Уэллса, сделав пародию на радиорепортаж с места событий. Действие было перенесено в «настоящий момент», в 30 октября 1938 г. (канун Дня Всех Святых, когда принято пугать и разыгрывать окружающих) в штат Нью-Джерси. Из шести миллионов человек, слушавших трансляцию, один миллион поверил в реальность происходящего. Возникла массовая паника, десятки тысяч людей бросали свои дома (особенно после якобы призыва якобы президента Рузвельта сохранять спокойствие), дороги были забиты беженцами, американцы устремились как можно дальше от Нью-Джерси, а моторизованная полиция, напротив, была направлена в Нью-Джерси. Телефонные линии были парализованы: тысячи людей сообщали властям о якобы увиденных марсианских кораблях. На флоте были отменены увольнения на берег. Властям потребовалось шесть недель на то, чтобы убедить население, что нападения не происходило. Орсон Уэллс был уволен.

Я был еще очень маленьким, когда эту постановку транслировали по радио, но родители так много мне о ней рассказывали, что я чувствовал себя обязанным уделить ей какое-то внимание в этом фильме. И я придумал такой эпизод, но при этом все время не мог избавиться от чувства, что, возможно, что-то подобное действительно имело место. И мне хотелось создать для этой сцены соответствующую атмосферу страха, чтобы кругом ничего не было видно. Кроме того, при студийных съемках туман только облегчает задачу. Как в «Тенях и тумане». С туманом натурные сцены легко снимать в студии.

Человек, который играет другого ухажера вашей тетушки — того, с которым она и маленький Джо идут в Радио-сити-мюзик-холл, — на самом деле один из членов вашей съемочной группы, звукорежиссер. Как вышло, что вы взяли его на эту роль?

Да, это Джимми Сабат, он и сейчас у меня работает. Насколько я помню, мы с Томом Рейли, помощником режиссера, пошли обедать, и я пожаловался, что никак не могу найти какого-нибудь забавного молодого человека на роль ухажера, с которым Дайан Вист идет в Радио-сити-мюзик-холл. И Том предложил попробовать Джимми. Идея мне показалась замечательной, я спросил Джимми, не хочет ли он поучаствовать, и Джимми сразу же согласился.

В результате получился очень красивый эпизод.

Да, прекрасный. Не в последнюю очередь благодаря самому мюзик-холлу. Все-таки там очень красиво.

Насколько я помню, рассказчик говорит по поводу этой сцены: «Я как будто попал на небо. Я никогда не видел ничего более прекрасного». Эта сцена тоже напрямую связана с вашими детскими воспоминаниями?

Разумеется.

Действительно ли история Салли была вплетена в фильм единственно для того, чтобы дать Миа Фэрроу какую-нибудь роль?

Да, изначально этого персонажа в фильме не было. Когда Миа пришла на съемочную площадку, мы сделали какие-то пробы — или, скорее, попытались снять несколько сцен, попробовали разные голоса, разную стилистику. Я выбрал то, что показалось мне наиболее забавным, и потом на этой основе мы выстроили ее историю.

В фильме есть короткая сцена: Салли приходит на урок актерского мастерства. Она сидит на последнем ряду, у самого окна, и в окне у нее за спиной светится неоновая вывеска. Мне кажется, вывеску придумали вы.

Да, это мы ее туда повесили. В те времена такие вывески были в большой моде. Мне показалось, что пустое окно смотрелось бы хуже. Кроме того, появлялся очень определенный знак времени.

«Дни радио» частично снимались в павильонах и частично на натуре. Каковы, на ваш взгляд, преимущества съемки в павильоне? И каковы недостатки?

Работать на студии гораздо приятнее. В павильоне можно все проконтролировать. В павильоне тихо. Не надо никуда ехать. На студии есть гримерные, можно обосноваться в каком-то определенном месте. Единственный недостаток — дороговизна. И есть, пожалуй, еще один: для определенного рода фильмов в павильонах трудно создать пространство, которое смотрелось бы естественно.

Но ведь в этом и состоит одно из преимуществ студийной работы: в павильоне всегда можно создать именно тот мир, который требуется.

Да, ты располагаешь всеми возможностями. И это замечательно.

Не кажется ли вам, что при работе в павильоне между режиссером и съемочной группой складывается совершенно особая близость?

Близость со съемочной группой складывается в любом случае. Так что на этот вопрос приходится отвечать отрицательно, даже если принимать в расчет актеров. Просто на студии работать удобнее, проще и надежнее. Для определенного рода картин студия — идеальный вариант.

В наших беседах мы почти не затрагиваем вашу семью. Я знаю, у вас есть сестра. Это важный человек в вашей жизни?

Да, мы с ней очень близки. Она на восемь лет моложе. Мы дружим по сей день, и она всегда была замечательным человеком.

Вы завершаете «Дни радио» довольно трагическим происшествием — случаем с маленькой девочкой, которая упала в колодец.

Да, это происшествие на самом деле имело место. О нем знали по всей стране. Этот трагический случай сплотил семьи, все собирались вокруг радио, чтобы узнать, что случилось с несчастным ребенком. Девочка погибла. Но это не последний эпизод. Фильм заканчивается на оптимистической ноте.

Верно, но об этом происшествии рассказывается ближе к концу фильма. Почему вы вообще решили включить его в картину?

По целому ряду причин. Во-первых, мне нужно было показать мои отношения с родителями. Кроме того, нужно было показать типичную ситуацию, напрямую связанную с радио: по радио можно было услышать не только набор шуток и тривиальностей, не только спортивные репортажи и викторины. По радио рассказывали и о трагических событиях. И это тоже было частью жизни. Я был подростком, когда услышал репортаж об этом трагическом происшествии.

«Дни радио» завершаются новогодней вечеринкой, встречей нового тысяча девятьсот сорок четвертого года. В этом эпизоде Дайан Китон исполняет в ночном клубе песню Кола Портера «You'd Be So Nice to Come Home»[1].

Да, это тоже одна из важнейших песен моего детства. Она была очень популярна во время войны. А поскольку Дайан появляется в фильме всего один раз, мне хотелось, чтобы она исполнила что-нибудь сильное, и я выбрал эту песню.

---

[1] «Будет очень мило, если ты вернешься домой» *(англ.)*.

Глава 17
«Сентябрь»

«Сентябрь» можно охарактеризовать как Kammerspiel, камерную пьесу. Чем заинтересовала вас эта форма? Вы воспринимали ее как внутреннюю необходимость, обусловленную сюжетными особенностями фильма, или вас занимала сама возможность создать фильм в строгих рамках чисто театрального канона?

Я часто бывал у Миа в ее загородном доме, и мне всегда хотелось снять там фильм. Я попытался придумать сюжет, который мог бы развернуться в этом пространстве, но, пока я придумывал и писал, лето закончилось, все возвращались в город, а в самом доме нельзя было снимать, потому что наступила зима. Но я подумал, что в этом фильме все сцены до одной могут происходить в помещении, поэтому ничто не мешает нам снять его в студии в специально созданных декорациях. Что мы и сделали.

То есть декорации фильма воспроизводят интерьеры загородного дома Миа Фэрроу?

Некоторое сходство есть, но точным воспроизведением это назвать нельзя: ее дом гораздо просторнее, там больше открытых пространств. Но сходство есть. Санто Локуасто, художник-постановщик, специально ездил туда, чтобы понять, какого рода декорации мне нужны. Мне всегда хотелось сделать пьесу или фильм, в котором фигурировали бы мать и дочь: мать-авантюристка связывается с гангстером, которого в итоге убивает, а чувство вины за этот поступок испытывает дочь. Так сформировался сюжет.

*Насколько я понимаю, драматическая сторона филь-
ма, история убийства, основана на реальных событиях.
Должно быть, вы имели в виду давнюю, но в свое время очень нашумевшую историю Ланы Тернер и Черил
Крейн?[1]*

Фильм не основывается на этих событиях, хотя в каком-то смысле я имел в виду эту историю. Слишком
давно все это произошло, чтобы были возможны прямые
аллюзии, но какие-то элементы этой истории, по всей
вероятности, действительно проникли в фильм. На самом деле я разрабатывал собственный сюжет. Мне было
важно придумать историю, которая могла бы развернуться в этом загородном доме.

Как вы подбирали название? Почему «Сентябрь»?

С названием были трудности, мы долго над ним думали, а потом нам показалось, что «Сентябрь» передает
нужный смысл: действие происходит в начале сентября и в жизни героев фильма тоже наступает сентябрьская пора. В общем, мы просто сочли это название под-
ходящим.

---

[1] *Лана Тернер* (1921—1995) — одна из самых гламурных и чувст-
венных звезд старого Голливуда. В Штатах особую известность ей
принесла роль в фильме «Почтальон всегда звонит дважды» (1946).
Российскому зрителю должна быть знакома ее роль в картине Виктора Флеминга «Доктор Джекилл и мистер Хайд» (1941). Личная
жизнь актрисы была не менее бурной, чем экранная жизнь ее героинь:
при восьми браках у Тернер было семь мужей (за отцом своей дочери,
Джозефом Крейном, Тернер была замужем дважды). Внебрачные связи не считала, похоже, даже сама Тернер: в ответ на расспросы жур-
налистов она любила повторять одну и ту же фразу: «Мне нравились
мальчики, я нравилась мальчикам». Одному из таких «мальчиков»,
мафиозо Джонни Стомпанато, не повезло: во время очередной ссоры
его убила четырнадцатилетняя дочь Тернер, Черил Крейн. Событие
имело огромный резонанс. Многие полагали, что убийство совершила
сама Тернер, а ее малолетняя дочь приняла вину на себя, чтобы осво-
бодить мать от возможной ответственности. В результате девочка не
понесла уголовного наказания, поскольку суд признал, что убийство
было совершено в порядке самозащиты.

Но где-то ближе к концу фильма один из героев говорит: «Скоро уже конец августа». Поэтому я думал, что в названии подразумевается будущее.

Нет-нет. Они движутся к сентябрю, входят в него, но здесь нет положительного смысла, обычно сопряженного с будущим. Они вступают не в зимнюю, а в осеннюю часть своего существования.

Совсем как в «Сентябрьской песне», которую вы время от времени используете в своих картинах.

Да, в ней тоже есть эта печаль. Но нужно сказать, что «Сентябрь» здесь не имел ни малейшего успеха. Фильм не приняли, смотреть не стали, сборы были минимальные.

Странно. Мне кажется, это один из лучших ваших фильмов. Позавчера мы беседовали с Карло Ди Пальмой, и он признался, что считает «Сентябрь» лучшей картиной из тех, что вы сняли вместе.

Конечно, с точки зрения операторской работы фильм сделан безукоризненно.

Я знаю, что съемки «Сентября» проходили не вполне обычным образом. Не могли бы вы рассказать подробнее историю с двумя версиями фильма? Насколько я понимаю, вы полностью отсняли фильм, причем некоторые роли исполняли совсем другие актеры, но этот вариант вас не удовлетворил, и вы сняли вторую версию, и именно ее крутили потом в кинотеатрах.

Все верно. Я закончил первую версию, смонтировал ее целиком. Знаете же, я всегда что-то переснимаю. Иногда какие-то мелочи. Скажем, на «Мужьях и женах» было всего два дня дополнительных съемок. Но иногда такие съемки могут продолжаться месяц, пять недель — порой пересниматьприходится огромное количество материала. Когда я закончил монтировать «Сентябрь», я понял, что потребуется доснять и переснять очень и очень многое.

По каким причинам?

Первоначально роль матери играла Морин О'Салливан, мать Миа Фэрроу. И я был недоволен ее работой. А роль соседа исполнял Чарльз Дьюринг, которого я считаю прекрасным актером, но которому эта роль совершенно не подходила. Мне показалось, что Дэнхолм Эллиот будет смотреться в этой роли гораздо лучше. И тогда я подумал, что раз уж у меня все равно запланировано четыре недели дополнительных съемок, то почему бы мне не переснять все заново и не избавиться таким образом сразу от всех недостатков. Декорации были на месте, никаких натурных съемок в двадцати пяти разных местах не требовалось, актеров немного, потому что фильм камерный. Я решил, что лучше сделаю все как следует: приглашу правильных актеров, возьму другую актрису на роль матери, переставлю Дэнхолма Эллиота и так далее. С самого начала у меня никак не складывалась главная мужская роль — я имею в виду молодого квартиранта. Первым, кого я пригласил, был Кристофер Уокен, актер, которого я очень люблю, актер замечательный. Но роль была не для него. Трудно объяснить, что именно меня не удовлетворяло. Он смотрелся излишне сексуально; не по-мачистски, конечно, но все равно слишком мужественно. Тогда я пригласил Сэма Шепарда. Он мне страшно нравится как актер, но его самого актерская работа не слишком интересует, он воспринимает ее лишь как источник доходов, опираясь на который он может посвящать больше времени работе над своими пьесами. Так что особого интереса к этой роли он не проявил, но мне все равно понравился результат. Он очень хороший человек. И все же, когда я решил переснять фильм, у меня не хватило отваги просить его сыграть все заново, потому что я знал, что ему не захочется этим заниматься.

Вы начали фильм с Кристофером Уокеном, а потом пригласили на эту же роль Сэма Шепарда. Правильно ли я понимаю, что они оба участвовали в съемках первой версии?

Да, они оба снимались для первой версии. Для второй версии я пригласил на эту роль Сэма Уотерстона. И Сэм вписался гораздо лучше. Он был занят в другом проекте, когда снималась первая версия, — в каком-то коротком телесериале или что-то в этом роде.

Но изначально роль писалась именно под него?

Да, под актера этого типа. Я не имел в виду лично Сэма, но он идеально вписался в роль.

Вторая версия снималась точно таким же образом, что и первая?

Да, разве что я старался исправить ошибки, которые обнаружил в первой версии. И в итоге я был доволен тем, что у нас получилось во втором варианте. Я не ждал, что фильм станет популярным. Я понимал, что это кино не для всех. Но в итоге какой-то позитивный отклик все же был. В журнале «Тайм» появилась сочувственная рецензия Ричарда Шикеля. Не знаю, какая реакция была в Европе, но Америка к таким вещам равнодушна. Фильм может быть сколь угодно хорошим или сколь угодно плохим, но он все равно не вызовет ни малейшего интереса, потому что здесь не интересуются такого рода кинематографом. Взять для сравнения русского «Дядю Ваню» в постановке Андрея Кончаловского, то есть не для сравнения, потому что я не хочу сравнивать свою работу с фильмом Кончаловского, сравнение в данном случае будет явно не в мою пользу: это лучший «Дядя Ваня» из всех мною виденных. Не думаю, что можно снять эту пьесу лучше. Роль доктора исполнял Сергей Бондарчук. Фильм абсолютно безупречный. Он прошел здесь в кинотеатрах при пустых залах. В буквальном смысле пустых. Мы с Дайан Китон смотрели его вдвоем в пустом кинотеатре. Фильм шел не больше недели. Я знал, что «Сентябрь» принадлежит к тому же типу кинематографа, — говорить о качестве не будем, потому что затмить эту работу Кончаловского невозможно. Просто потому, что «Дядя Ваня» — это бессмертная пьеса и Кончаловский умело ее поставил. И я понимал, что если «Дядя Ваня» находится где-то здесь, если судить по меркам данного жанра, то моя работа будет где-то здесь. *(Вуди показывает, на каком уровне качества стоят, по его мнению, два этих фильма.)* То есть я заранее знал, что публика не пойдет на эту картину.

В вашей картине тоже чувствуется сильнейшее влияние Чехова.

Естественно, это чеховский фильм по типу. Я пытался создать похожую атмосферу. У меня есть несколько фильмов, которые я делал, заранее зная, что здесь они обречены на провал. Я мог надеяться, что они найдут понимание у критиков, но был абсолютно уверен, что широкую аудиторию они не заинтересуют. К этим фильмам относятся «Воспоминания о звездной пыли», «Сентябрь», «Тени и туман». Я знал, что здесь их смотреть не будут. В кинотеатре «Париж» «Сентябрь» шел несколько месяцев, кое-кому он понравился. Но за пределами Нью-Йорка... Его смотрели в нескольких университетских городках, кое-где в крупных городах, но таких городов было очень мало! В большинстве американских городов его не показали ни разу.

Что произошло с первой версией фильма? Она сохранилась?

Нет.

Я вижу довольно много параллелей между «Сентябрем» и «Интерьерами». Даже начинаются эти фильмы практически одинаково: в обоих случаях мы видим череду пустых комнат, хотя операторский подход в «Сентябре» едва ли не противоположен тому, что было в «Интерьерах». В раннем фильме начало воспринимается как последовательность фотонатюрмортов, в «Сентябре» же камера движется, активно вторгаясь в пространство.

«Интерьеры» снимались с Гордоном Уиллисом, и мы постоянно спорили по поводу построения кадра, по поводу композиции, вернее, такие вещи всегда становились предметом обсуждения. Гордон объяснял, как ему хотелось бы снять ту или иную сцену, все время убеждал меня встать на его сторону. Он говорил: «Поверь, так будет смотреться гораздо лучше». Порой я протестовал, но, несмотря на все мои протесты, убеждения не прекращались. И я действительно подчинялся ему во многих довольно важных ситуациях. Потом, когда наше сотрудничество прекратилось, я стал работать абсолютно по-другому. Теперь у меня всегда, во всех фильмах доминируют очень долгие планы. Мне так проще работать. Короткие сцены меня никогда не устраивали.

Мне очень нравятся первые кадры фильма, когда камера медленно продвигается вглубь дома, а мы прислушиваемся к доносящемуся до нас разговору, который ведут между собой по-французски Дайан Вист и Дэнхолм Эллиот. Эта сцена задает настроение и темп всего фильма.

Да, здесь задается настроение, но здесь же в игру вступает и дом. Как и в «Интерьерах», дом в этом фильме — отдельный персонаж. Сам фильм начался для меня с дома, поэтому он очень важен. Как и в «Интерьерах», мне хотелось показать дом во всех подробностях. В «Интерьерах» главная героиня, мать, занимается дизайном интерьеров, отчего дом приобретал еще большую значимость. В «Сентябре» активно обсуждается продажа дома. То есть и здесь я воспринимал дом как самостоятельный персонаж.

Как строилась работа над декорациями? Вы каким-то специальным образом обсуждали их с художником-постановщиком, Санто Локуасто?

Поскольку фильм целиком разворачивался в доме, мне было важно, чтобы декорации давали максимальное количество интересных перспектив с разных точек зрения. Мне хотелось, чтобы отовсюду открывался вид вглубь дома, чтобы комнаты не были наглухо отделены друг от друга. И я просил выкрасить все в теплые тона. Это мне представлялось чрезвычайно важным: чтобы в доме была теплая, уютная атмосфера. Но принципиальный момент был, собственно, только один: я просил Санто сделать достаточное число интересных точек для съемки, чтобы на протяжении всего фильма зрителю не было скучно и чтобы не возникало ощущения клаустрофобии. Поначалу мы пытались подсветить декорации таким образом, чтобы было видно, что происходит за окном. Для этой цели были заготовлены задники. Но мне они не понравились, и мы решили не выходить за пределы дома.

Мне кажется, в этом не было никакой необходимости. Вспомните, например, сцену, которая идет сразу после разговора Дайан Вист с мужем. Она кладет трубку, идет в прихожую и стоит какое-то время на пороге. И мы чувствуем, что за дверью, на крыльце кто-то есть. Там ее ждет Сэм Уотерстон. Сцена прекрасно сбалансирована и абсолютно прозрачна, хотя мы и не видим, что происходит снаружи.

Да, вы правы. Мы заказали для съемок кусты и деревья, но в итоге они нам не понравились. Все это совершенно не смотрелось на пленке.

Вы уделили куда большее внимание звуку: именно звук создает эту возвышенную атмосферу.

Это было нетрудно сделать. Мы действительно добавили кое-где сверчков, звуки ветра...

...лягушек, птиц.

Да.

Когда я говорил о схожести между «Сентябрем» и «Интерьерами», я имел в виду еще и схожесть главных героинь. Лейн (Миа Фэрроу) из «Сентября» по характе-

ру напоминает Джоуи (Мэри Бет Херт) из «Интерьеров». Обе раздумывают, не заняться ли им фотографией, обе не прочь завести ребенка.

Верно. Мне всегда казалось, что самое трагичное, самое печальное в жизни — это человек, глубоко чувствующий жизнь, понимающий какие-то важные вещи касательно собственного существования, касательно религии, любви и т. д., но не имеющий достаточного дарования, чтобы выразить то, что он чувствует. По-моему, это самое страшное. Поэт может испытывать невыносимые страдания, но у поэта по крайней мере есть возможность перенести это в стихи. А есть умные и тонкие люди, лишенные подобного таланта, и они сами понимают, что таланта у них нет, они обречены держать все страдания в себе, выразить их они не способны. Это очень и очень печально.

На ваш взгляд, для таких людей дети выступают как суррогат творчества? Ведь обе героини стремятся либо к самореализации в искусстве, либо к материнству.

Ребенок — это своего рода компенсация. Порой ребенок может наполнить смыслом жизнь своих родителей или привнести хоть какую-то осмысленность, достаточную для того, чтобы жить и терпеть дальше. Вспомните «Трамвай „Желание"»: Бланш испытывает настоящие муки, когда узнает, что у Стеллы будет ребенок, потому что рождение ребенка — очень позитивное событие, которое помогает в какой-то степени (порой весьма серьезно) преодолеть страдания родителей.

В связи с вашим «Сентябрем» всегда вспоминается другой фильм — «Осенняя соната» Бергмана. Что вы о нем думаете?

Эта картина не принадлежит к числу моих любимых у Бергмана. Я настолько люблю все его творчество, что в каком-то смысле и «Осеннюю сонату» ставлю выше всех прочих картин других режиссеров. Но я не думаю, что это лучший его фильм.

Он тоже так не думает.

Разумеется. Но в этом фильме есть гениальные моменты — например, сцена у пианино между Ингрид Бергман и Лив Ульман. Очень прочувствованная, невероятно впечатляющая сцена. В остальном мне очень нравятся его камерные фильмы.

Недавно мы с Бергманом как раз обсуждали «Осеннюю сонату», и он сказал, что снял этот фильм абсолютно не в том ключе. Изначально он хотел сделать его более поэтическим, в некотором смысле похожим на «Персону». Потом он отказался от этой идеи в пользу более реалистического подхода, о чем сейчас очень сожалеет. Ему хотелось выстроить фильм как сонату — со всей переменчивостью настроений, присущих этой музыкальной форме. Но эта идея так и осталась нереализованной, так что теперь он оценивает результат весьма критически. Но я лично нахожу в этих двух фильмах несколько поразительно схожих моментов. И в «Сентябре», и в «Осенней сонате» присутствуют сильные матери, обе очень открытые, если не сказать авантюрные, обе не лишенные определенного величия, grandezza. Обе натуры художественные: одна — актриса, другая — известная пианистка. И далее, в обоих фильмах присутствуют дочери, не способные справиться с трудностями, которые ставит перед ними жизнь.

Интересные вещи вы говорите. Я всегда чувствовал какую-то близость между «Осенней сонатой» и «Интерьерами», потому что эти фильмы вышли примерно в одно время. Там много перекличек — вплоть до того, что Ингрид Бергман появляется в красном платье. И там и там анализируются отношения между матерью и дочерью. И там и там присутствует безучастная, равнодушная мать с творческими амбициями.

Но в вашем фильме совсем другая мать. Она, конечно, очень эгоистична, но в ее отношении к дочери все же проглядывает какая-то теплота и понимание.

Да, она не безучастна — она всего лишь эгоистка.

Почему вы решили пригласить на эту роль Элейн Стритч? На мой взгляд, она смотрится в ней блестяще.

Да, мне тоже кажется, что она великолепна. Сначала я остановил свой выбор на матери Миа, потому что Миа говорила мне, что у нее была точно такая мать — веселая, авантюрная. Я тоже знал ее, и мне казалось, что Миа права. Однако на экране образ получился недостаточно сильным. Когда я решил, что буду пересшимать фильм и приглашу других актеров, я стал искать исполнительницу, которая наглядно воплотила бы эти качества. Я посмотрел кое-какие работы Элейн Стритч на телевидении и решил, что она идеально подходит.

В последние годы она очень мало снимается в кино. Не думаю, что видел ее где-либо после «Провидения» Алена Рене. Хотя в этом фильме она сыграла впечатляюще.

Действительно. Она много играет в театре, делает кое-что для телевидения. Элейн замечательная актриса, и я с радостью предложу ей роль, как только у меня появится что-нибудь подходящее.

Мы немного поговорили о структуре фильма. А теперь мне хотелось бы взять отдельную сцену, довольно типичную, и обсудить ее подробнее. Вспомните разговор, который ведут между собой Дайан Вист и Дэнхолм Эллиот у бильярдного стола: очень длинная, прекрасно выполненная сцена. Вы не могли бы рассказать, как она ставилась.

Все проблемы по большей части сводились — и во многих фильмах до сих пор сводятся — к тому, чтобы сцена смотрелась интересно вне традиционной схемы монтажа. (*Вуди показывает на пальцах «восьмерку» — тра-*

диционную схему перехода от сцены к сцене.) В фильмах, придерживающихся более реалистической манеры, движение камеры не позволяет актерам перемещаться так же свободно, как в жизни: двигаться приходится в определенном темпе, появиться перед камерой следует в нужный момент. Чтобы наделить смыслом и актерскую игру, и работу камеры, сцену приходится продумывать заранее. Камера не должна противоречить тому, что делают актеры: если они играют поэтически, камера не должна быть слишком подвижной или, наоборот, равнодушной. Нужно добиться взаимодействия и соответствия. Я обычно прорабатываю сцену с оператором — это долгий и довольно сложный процесс. Но зато, когда начинаются съемки, мы снимаем сцену целиком, так что подготовительная работа того стоит. Потом нам не приходится возвращаться, не приходится доснимать дополнительный материал, отдельные крупные планы. Здесь важно, чтобы при полном сохранении естественности актеры по ходу развития сцены смогли оказаться в разных позициях по отношению к камере: чтобы в разных частях длинной сцены естественным образом образовались средние, крупные и общие планы, тогда не потребуется искусственно вводить перебивки и крупные планы. Нужно, чтобы актер сам по ходу действия подошел к камере, чтобы смена планов смотрелась естественно. Готовить такие сцены довольно муторно. В данном случае мы репетировали все вместе: Дайан Вист и Дэнхолм Эллиот сидели у бильярдного стола, я пытался выяснить, как их разместить, как синхронизировать их перемещения с перемещениями камеры и т.д. Сразу же становились очевидными какие-то ошибки, ошибки исправлялись, тут же возникали новые проблемы — и так постепенно вырисовывалась хореография всей сцены.

Как долго вы работаете над такого рода планами?

На постановку уходит часа два, но зато сами съемки — благодаря профессионализму актеров — уже не составляют особого труда. Дэнхолм Эллиот и Дайан Вист в данном случае сработали безупречно.

Работая над структурой фильма, вы стремились к тому, чтобы форма в какой-то мере тоже стала носителем содержания?

Я всегда стремлюсь к тому, чтобы форма отражала содержание. Здесь действует простая закономерность: когда пишешь рассказ или роман, всегда тратишь много времени на первое предложение. Но как только верная формулировка находится, из нее с легкостью вытягивается все остальное. Второе предложение отражает первое — либо по ритму, либо по каким-то другим параметрам. То же самое происходит и в кино. «Сентябрь» начинается со сцены, в которой камера медленно движется к людям, — тем самым я задаю ритм и стиль всего фильма. И если дальше по ходу работы я что-то делаю неправильно, ошибка обнаруживает себя моментально, потому что в неверно снятых сценах очевидно несоответствие изначально избранному пути.

Это очень точное наблюдение. То же самое происходит и в «Интерьерах», которые начинаются с серии «натюрмортных» планов, в «Мужьях и женах», где камера отрывается от экрана телевизора и пытается поймать героев, мечущихся по квартире.

Да, и в этой погоне уже создается ощущение нервозности. Это своего рода стилевая заявка, которую необходимо реализовать в дальнейшем. Как только ты от нее отступаешь, сразу начинаешь чувствовать, что сцены не складываются, что ты делаешь ошибку.

В «Сентябре» камера очень разборчива в своем отношении к героям фильма, не ко всем она приближается. Столь же разборчивы в сближениях и сами герои — разборчивы, потому что каждый влюблен не в того, в кого нужно, и это тоже очень чеховская черта.

Действительно, сходства с Чеховым было не избежать, поскольку в этом фильме мы имеем дело с группой людей среднего возраста, собравшихся в загородном доме. Каждого тяготят несбывшиеся мечты, невысказанные страсти, будущее каждого печально.

Что мне особенно нравится в этом фильме, это присутствие немолодых влюбленных. Такие вещи редко увидишь в кино, особенно в американском: после сорока любовь воспринимается как нечто не вполне приличное, как то, о чем не следует говорить и уж точно не следует показывать. В «Сентябре», напротив, сцены между Элейн Стритч и Джеком Уорденом полны нежности и веселья. Кроме того, они довольно откровенны. Она открыто заявляет, что они довольны своей сексуальной жизнью. То же самое можно сказать и о прочих немолодых парах, представленных в ваших фильмах: об Э.Дж.Маршалле и Морин Стэплтон в «Интерьерах» или о Морин О'Салливан и Ллойде Нолане в «Ханне и ее сестрах».

Да, и в «Другой женщине». Как раз именно за это меня ругали — не критики, конечно, а рядовые зрители. Им кажется, что эти герои слишком стары для подобных проблем. А мне так не кажется, просто потому, что я знаю людей, у которых именно в этом возрасте именно такие проблемы. Мне хотелось, чтобы мать в «Сентябре» была легковесной и очень эгоистичной. Но даже в ее возрасте она кажется себе красивой, женственной и сексуальной. И наряды себе она подбирает в соответствии с этим представлением. Ее дочь раздражает, что мать привлекает к себе серьезных мужчин. Ее бойфренд не гангстер, не мошенник и даже не актер. Лейн никак не может понять, почему этот умный и образованный человек, физик, не может распознать истинного лица матери. С первого взгляда ему должно быть понятно, что она пустой, тщеславный человек, что она озабочена исключительно собой и собственной наружностью. Но даже серьезные мужчины тянутся к ней.

*И вы вложили в ее уста соответствующие реплики. На-
пример, в конце фильма она говорит: «Старость — очень
неприятная вещь, особенно когда по внутренним ощущениям тебе все еще двадцать один!» Или другая, очень точная
реплика: «Чего-то все время не хватает, и в какой-то момент ты понимаешь, что не хватает будущего».*

Верно. В этом вся горечь.

*В «Интерьерах» жизненные трудности, которые испы-
тывает Джоуи, ее неспособность чувствовать себя счастливой можно объяснить тем, что у нее суровая, равнодушная мать. У Лейн совсем другая мать: она поддерживает
дочь, заботится о ней, проявляет к ней интерес. Но Лейн
все равно остается несчастным, нереализованным человеком. Возникает вопрос: есть ли хоть какое-нибудь лекар-
ство от родителей?*

Все дело в том, что Лейн страдала от матери долгие
годы. Она любила своего отца, но мать это нисколько не
заботило. У нее было несчастное детство. Потом ей пришлось взять на себя непреднамеренное убийство ради того, чтобы выгородить мать, — и это тоже ее гнетет. При
этом мать ни на минуту не задумалась, сможет ли ребенок
справиться с таким гнетом. В общем, мать у нее была не
самая замечательная. Но она не могла вести себя лучше,
она неглубокий человек. В общем, такие матери, сколь бы
талантливы и прекрасны они ни были, губят своих дочерей, те терпят поражения на всех фронтах. За матерями
ухаживают настоящие мужчины, они в центре внимания,
и, несмотря ни на что, они жестоки, безучастны и лишены
великодушия.

*Однако в «Сентябре» вы очевидно испытываете неко-
торую симпатию и по отношению к матери.*

Да, потому что сама она всего этого не понимает. Она
действует не по злому умыслу. Она делает то, что она
делает, потому что не знает, как поступить иначе. В дан-

ном случае, конечно же, очень помогает актерская манера Элейн Стритч, она остроумная женщина.

Нужно отметить, что в фильмах такого рода вы питаете особенное пристрастие к неловким ситуациям. Я имею в виду сцену, в которой Миа Фэрроу случайно застает Дайан Вист и Сэма Уотерстона целующимися в кладовке.

Это старый драматический прием, не утративший с годами своей действенности. В картине есть и другая неловкая ситуация: когда Лейн показывает дом потенциальным покупателям. Пожалуй, это самый неприятный из всех возможных способов узнать правду или, скорее, убедиться, что дела обстоят так, как они обстоят. Стандартный драматический ход.

Дайан Вист уже могла считаться членом вашей актерской группы. Когда вы писали сценарий, вы уже знали, что она будет играть эту роль?

Дайан одна из лучших наших актрис. Вполне возможно, я думал о ней, когда писал «Сентябрь». Сейчас я уже не вспомню точно, но я мог писать сразу под нее. Первым делом я всегда даю сценарий Миа, чтобы она могла выбрать роль для себя. Но Дайан Вист и, конечно же, Дайан Китон имеют едва ли не те же права. Они могут в любой момент позвонить мне и сказать: «Хочу у тебя сниматься», и я буду только рад поменять сценарий или внести какие-то коррективы, чтобы дать им такую возможность. Они обе абсолютно гениальные актрисы.

У вас были случаи, когда особо любимые вами актеры выражали желание сниматься в вашем новом фильме, а вы не могли найти для них роль и переписывали ради этого сценарий?

Обычно о таких желаниях сообщают заранее, поэтому подобных случаев не бывало. Я бы хотел снять фильм с Дайан Вист, Дайан Китон и Джуди Дэвис, чтобы там были все трое. Мне кажется, Джуди будет не прочь присоединиться. Тогда у меня появится шанс собрать в одном фильме трех самых замечательных актрис. Вот это было бы гениально.

И вы способны придумать сценарий только на этой основе?

Да, а почему нет? Вполне возможно, я так и сделаю.

Я читал интервью с Джуди Дэвис в «Cahiers du Cinéma»[1]. Она говорит, что считает роль Салли в «Мужьях и женах» своей лучшей и важнейшей ролью из тех, что она играла в американских фильмах.

Она удивительный, гениальный человек. Минуты достаточно, чтобы это понять. И я со всеми моими сценариями здесь совершенно ни при чем. Она великолепна, где бы она ни играла — в «Бартоне Финке» или в каком-нибудь австралийском фильме. И то же самое можно сказать о Дайан Вист. Если она снимается в каком-нибудь легковесном фильме типа «Родителей», фильм приобретает особое достоинство. Или Дайан Китон. Она снимается в чисто коммерческом фильме — «Бум вокруг младенца», к примеру, — и затмевает собой сам фильм. Конечно же, режиссеры от этого выигрывают. С таким оружием победит любой.

Говард — сосед, роль которого исполняет Дэнхолм Эллиот, — принадлежит к числу несчастных, чья любовь никогда не найдет ответа (в данном случае — его любовь к Лейн). Ближе к концу фильма Лейн спрашивает его: «Как вы доберетесь до дому?» — и он отвечает: «Как всегда. Буду думать о вас». В первой версии фильма эту роль ис-

---

[1] «Кинозаписки» — один из наиболее влиятельных французских журналов о кино. Основан Андре Базеном в 1951 г. В настоящее время принадлежит издательскому дому «Le Monde».

полнял Чарльз Дьюринг, однако в дальнейшем вы перепоручили ее Эллиоту. Что привлекает вас в этом актере?

Сразу отмечу, что Дьюринг играл прекрасно. Я был доволен его работой, только не мог избавиться от ощущения, что он играет не свою роль. Роль ему не подходила, но работал он над ней восхитительно. В то же время Дэнхолм Эллиот играл физика, любовника матери. Но как только я увидел его в этой роли, я понял, что совершил ошибку: он куда лучше смотрелся бы в роли соседа, а физика мог бы сыграть кто-нибудь другой. Желание поработать с Эллиотом появилось у меня давно. Он замечательный актер. Я хотел пригласить его на роль отца в «Интерьеры». Но меня смущал его британский акцент: отец в фильме должен был быть американцем. Агент Эллиота сказал мне, что он с легкостью переключается на американское произношение. В то время с Эллиотом можно было связаться только одним способом: нужно было в определенное время позвонить в один из баров на Ибице и попросить его к телефону. Я позвонил туда — это было очень давно, — попросил Эллиота, и его действительно позвали к телефону. Мы стали разговаривать, и мне было ясно, что я говорю с британцем. Тогда я спросил, может ли он изобразить американский акцент. Он сказал: «Конечно», и я тут же захотел услышать, как у него это получается. Он сказал, что прочитает детский стишок: «Вышли мыши как-то раз // Поглядеть, который час»[1]. Я сидел у телефона в этой самой комнате, а Эллиот — в баре на Ибице и читал мне стишок про мышей: «Раз-два-три-четыре. Мыши дернули за гири». Он изо всех сил старался изобразить американский акцент: «Вдруг раздался страшный звон // Убежали мышки вон», — но я слышал чистое британское про-

---

[1] Эллиот прочитал стишок из сборника «Сказки матушки Гусыни». Русскому читателю известен вольный перевод С. Я. Маршака. В оригинале стишок имеет более сложную фонетику: Hickory Dickory Dock //The mouse ran up the clock //The clock struck one //The mouse ran down //Hickory Dickory Dock.

изношение. В итоге я сказал, что должен подумать. Я не стал приглашать его тогда именно из-за британского акцента. Но у меня осталось чувство, что когда-нибудь у нас появится возможность поработать вместе, — и она представилась. Я был доволен его игрой. Он прекрасный, очень тонкий актер.

Эпизод, в котором гаснет свет, кажется мне одним из самых убедительных и удивительных во всем фильме.

Безусловно. В этом эпизоде Карло превзошел самого себя. Я тоже всегда восхищался этими сценами.

Они снимались при естественном освещении? Я имею в виду — при свечах?

Дополнительная подсветка была, но минимальная.

Эта сцена разворачивается на фоне урагана и ливня. Благодаря ливню или по его вине герои, собственно, и попадают в ситуацию, которая для каждого из них открывает нечто очень важное. Центральные сцены в других ваших фильмах тоже нередко происходят на фоне дождя. Вам нравится дождливая погода?

Я обожаю дождь!

Во многих ваших фильмах дождь играет довольно важную роль.

Бывает, что мы осматриваем натуру и мне говорят: «Смотри, дождь можно устроить, но при этих пространствах на установку дождевых машин уйдет полдня, а между тем в кадре ты произносишь всего несколько слов. Стоит ли овчинка выделки?» И мне приходится согласиться с этими аргументами и отказаться от дождя. В самом начале «Дней радио» я показываю места, где я вырос, берег океана и пляж. Погода ужасная. Волна набегает на берег с диким ревом. И повествователь сообщает — я произношу это с самой невинной интонацией: «Я рос в красивейших местах». Аудитория смеется. Но это не шутка. Мне эти места действительно кажутся прекрасными. Поэтому натуру я всегда снимаю в плохую погоду. Если вы посмотрите то, что я снимал на протяжении многих лет, вам покажется, что солнца здесь не бывает, что здесь всегда пасмурно. Что в Нью-Йорке так же дождливо, как и в Лондоне, так же серо и мрачно. Мне нравится дождь как таковой. Дождь — это всегда очень красиво. Естественно, снимать все эти дождливые сцены невероятно утомительно, неудобно и долго. Но я все равно пытаюсь создать это дождливое настроение в своих картинах. Дождь идет в «Ханне», в «Днях радио», в «Преступлениях и проступках», в «Загадочном убийстве в Манхэттене». Дождь кажется мне прекрасным. В «Мужьях и женах» я назвал одну из героинь Рейн[1] — даже в качестве имени дождь кажется мне прекрасным.

Вы когда-нибудь встречали человека с таким именем?

Один раз в жизни. Очень давно, лет тридцать назад, в Нью-Йорке была певица, которую звали Рейн.

В «Алисе» тоже есть целый ряд сцен, где дождь играет немаловажную роль. Скажем, сцена, которая происходит в квартире джазового музыканта, когда они с Алисой в первый раз занимаются любовью. На улице льет как из ведра, огромные потоки обрушиваются на стеклянную крышу над их головами.

Верно. Скажу больше: мне бы хотелось снять фильм, в котором дождь сопровождал бы всю жизнь влюбленных. Они знакомятся под дождем, дождь идет, когда они собираются пойти куда-то вместе, дождь льет, когда они впервые остаются одни, и так далее. Что бы они ни делали вместе, всегда идет дождь.

Вы считаете, что дождь оказывает на людей особое психологическое воздействие?

---

[1] Rain *(англ.)* — дождь.

Разумеется! Если я просыпаюсь, смотрю в окно и вижу примерно такую картину, как сейчас, я понимаю, что у меня все хорошо. *(За огромными окнами гостиной в тот момент было облачно и серо.)* Чем хуже, тем лучше. Если идет дождь и все небо затянуто тучами — все хорошо. Если на небе ни облачка и все вокруг залито солнцем, я заранее знаю, что у меня в этот день будут какие-нибудь неприятности. Личного характера. То есть мои ощущения диаметрально противоположны тем, которые считаются естественными.

В солнечные дни вам не работается, не пишется?

Дело не в том, пишется мне или не пишется. Дело в том, что в такие дни я не чувствую себя счастливым. Если мне пишется, я пишу. Но если бы я мог распоряжаться погодой, я бы сделал пять-шесть ненастных дней на один солнечный. Ну может быть, два. Хотя один все же предпочтительнее. Оставил бы один солнечный день в неделю, просто для разнообразия. Поэтому в кино для меня не может быть романтической атмосферы без дождя. А настроение — вещь очень важная.

Возможно, ваше пристрастие к дождю объясняется тем, что дождь создает ощущение спешки. В дождливую погоду люди двигаются гораздо быстрее, — возможно, и решения в такую погоду принимаются более поспешные.

Не знаю. Лично мне дождь всегда давал ощущение близости. Люди вынуждены сидеть дома. Люди ищут прибежища, спасаются у себя в домах. Те, кого дождь застал на улице, стараются куда-нибудь спрятаться. Все движения направлены вовнутрь. Кроме того, это чувство связано у меня с океаном, с океанской водой. Океан многое для меня значит, сцены у океана есть во многих моих картинах: в «Энни Холл», в «Интерьерах», в «Преступлениях и проступках». Океан мрачен и безотраден. Я никогда не снимаю его в солнечную погоду. Если мне потребуется сцена, в которой нужно будет совместить океан и солнце, я буду снимать закат: солнце склоняется к горизонту, и от него остается лишь красный диск на небе. Дождь, как мне кажется, способствует сближению. В «Сентябре» показана эта ситуация: идет дождь, все вынуждены сидеть дома, герои собираются вместе, атмосфера становится более интимной. Дождь способствует зарождению интимности — будь то влюбленность или иные формы общности. Он создает соответствующее настроение. Мы чувствуем его, например, когда занимаемся любовью: если включить весь свет в спальне, сложится какая-то атмосфера, но, если приглушить все лампы, дать более мягкое освещение, она станет более нежной и романтичной. Подозреваю, что тот же закон работает и в отношении солнечного света. Стоит его приглушить, и создается печальный, исповедальный настрой. Появляется желание выговориться, выразить свои самые глубокие чувства.

В этом отношении дождь, несомненно, помог Алисе. Если бы не дождь, они с Джо вряд ли стали бы любовниками.

Верно. В «Алисе» есть два таких момента. Дождь идет, когда она видит его в первый раз. Они идут в школу, раскрывают зонты — в этом есть что-то трогательное. И второй момент — когда они лежат в постели у него в квартире и потоки дождя стекают по окнам. Такие вещи обладают для меня особой важностью. Как я уже говорил, несмотря на все трудности такой работы, мне хотелось бы снять фильм, в котором было бы двое влюбленных и всякий раз, когда они оказывались вместе, шел бы дождь.

Вам, должно быть, нравится «Поющие под дождем».

Конечно! Замечательный фильм. Я очень люблю начало «Расёмона»: начинается сильный дождь, путники собираются под навесом...

...и начинают рассказывать историю.

Замечательно использован дождь в «Сладкой жизни». Он начинается неожиданно, пока все полностью поглощены чудом. Невероятно поэтично.

Глава 18

«Другая женщина»

М э р и о н: Пятьдесят. Когда мне исполнилось тридцать, я абсолютно ничего не почувствовала. Хотя все предсказывали обратное. Потом все говорили, что кризиса следует ожидать после сорока. Неправда: никаких серьезных перемен я не заметила. Потом все стали говорить, что пятидесятилетие принесет с собой душевную травму. Так оно и вышло. Не стану скрывать: с тех пор как мне исполнилось пятьдесят, я не могу восстановить душевное равновесие.

Х о у п: Пятьдесят — не так уж и много.

М э р и о н: Я знаю... Но ты вдруг оглядываешься и начинаешь понимать, где находишься...

Из фильма «Другая женщина»

«Другая женщина» — первый результат вашего сотрудничества с оператором Свеном Нюквистом. Как бы вы охарактеризовали его основные профессиональные качества?

Я считаю Свена одним из немногих великих кинооператоров, и величие его состоит в том, что его работы пронизаны особым чувством. Всегда можно попытаться проанализировать достоинства операторской работы. Один склонен подсвечивать, как Карло Ди Пальма, то есть выставлять много света. Другой дает меньше света, как Гордон Уиллис. У каждого на этот счет собственная философия. Один предпочитает подвижную камеру, другой неподвижную. Но в конечном счете значение имеет исключительно это чувство. И Свен умеет сообщить своим работам это чувство. Все, что он снимал с Бергманом, превосходно. «Персона» — выдающееся произведение искусства, необычно поэтичное в том, что касается операторской работы. «Шепоты и крики» — очень красивый фильм, «Фанни и Александр» — ничуть не менее красивый. Все их совместные фильмы прекрасны, но эти три особенно выдающиеся.

Что конкретно нравится вам в его операторской работе?

Эстетика съемки. Работу любого кинооператора можно подвергнуть разбору: отдельно поговорить об освещении, отдельно — о композиции, отдельно — о движении камеры. Но дело, как ни крути, совсем не в этом. Суть операторской гениальности ускользает от определения. Строить композицию и выставлять свет умеют многие, тогда как эти неопределимые вещи доступны далеко не всем. Это все равно что спросить, почему у Чарли Чаплина всегда получается смешно, а у какого-нибудь другого комика — не всегда. У Свена есть этот дар. Думаю, Свен может все, что угодно, снять красиво. То же самое и Карло. Это какая-то неуловимая способность. И у Свена она есть.

Свен, безусловно, был одним из важнейших участников этого проекта. Другим таким участником — и, может быть, даже более важным — была Джина Роулендс. Для меня она практически синонимична фильму. Мне трудно представить в этой роли другую актрису. Скажите, эта роль писалась специально для нее?

Я не имел ее в виду, когда писал сценарий, но первой, кому я предложил эту роль, была она. До этого я предлагал ей сыграть мать в картине «Сентябрь», но она сказала, что не сможет. Ей казалось, что она начисто лишена яркой авантюрности, присущей героине этого фильма. И потом она очень переживала, что я больше никогда не предложу ей роли, потому что от одной она уже отказалась. Актеры нередко думают, что режиссеры страшно обижаются, когда получают от них отказ. Что, конечно же, глупость. В итоге я предложил ей главную роль в «Другой женщине», и она согласилась. Джина одна из наших величайших актрис. Она очень талантлива и невероятно профессиональна.

Как родился сюжет этого фильма?

Это интересная история. За много лет до того, как написать этот сценарий, я думал сделать комедию, которая строилась бы на том, что, сидя у себя в квартире, я слышу через вентиляционное отверстие, что происходит в квартире этажом ниже. А там приемная психоаналитика. И в какой-то момент он начинает работать с женщиной, которая рассказывает ему о самых интимных вещах. Я слушаю, что она говорит, а потом выглядываю в окно, чтобы посмотреть, как она выглядит. Выясняется, что она очень красива. Я бегу вниз и подстраиваю встречу. А поскольку я точно знаю, о каком мужчине она мечтает и чего конкретно хочет, я мгновенно превращаюсь в мужчину ее мечты. Какое-то время я раздумывал над этой идеей, потом оставил ее про запас. И как-то потом я подумал: «А нельзя ли использовать эту идею в драме? И так, чтобы разговор в соседней квартире подслушивала женщина? Тогда что это должна быть за женщина?» И я решил, что это должна быть женщина очень умная, но абсолютно закрытая эмоционально. И вдруг она понимает, что муж ей изменяет, что брат на самом деле ее не любит, что друзьям она на самом деле тоже неприятна. Я решил сделать ее преподавателем философии. Все эмоции она многие годы держала под спудом, но тут наступает момент, когда она больше не может этого делать. Эмоции, отголоски ее собственных метаний начинают возвращаться к ней в буквальном смысле сквозь стены, чтобы она могла их наконец услышать. Так и сложился этот сюжет.

И вы так и не написали комедии, основанной на первоначальной идее?

Нет[1].

---

[1] Через несколько лет Вуди Аллен снимет по этому сюжету мюзикл «Все говорят, что я люблю тебя» (см. гл. 27).

Как рождаются ваши сюжеты? Вам не случалось пе-рехватить чей-то разговор или приметить каких-то осо-бенных людей и потом придумать о них историю?

Нет, сюжеты либо придумываются сами собой, совершенно спонтанно, либо я сажусь и начинаю придумывать историю. Как раз собираюсь этим заняться в ближайший вторник. Просто сядем в какой-нибудь комнате — в этот раз я пригласил соавтора, чтоб было не так скучно. Чаще всего я пишу один, но время от времени появляется желание с кем-нибудь посотрудничать. Ради разнообразия. В общем, мы собираемся сесть где-нибудь — может, прямо здесь — и начать придумывать что-нибудь интересное. Попытаемся придумать идею с нуля.

И что в таких случаях происходит? Герои начинают появляться в этой комнате или в вашем воображении сами собой? Или сначала придумывается ситуация, на основании которой выстраивается общая идея фильма?

Бывает по-разному. Скажем, когда я писал «Дэнни Роуз с Бродвея», я шел от роли, которую, как я знал, очень хотела сыграть Миа. И от этого женского типажа постепенно выстроился сюжет. В «Днях радио» основой послужили песни, которые мне хотелось как-нибудь использовать. В «Другой женщине» толчком стали разговоры, доносящиеся из-за стены. Здесь нет никакого постоянства, бывает по-разному.

Вы не могли бы вспомнить других персонажей — помимо Тины Витале из «Дэнни Роуз с Бродвея», — которые похожим образом завладели вашим воображением, привлекли ваше внимание, потребовали более серьезного к себе отношения, разработки сюжета?

Разумеется. Например, Зелиг. «Зелиг» начался с главного героя. Я часто замечал, что есть люди, склонные меняться, менять свои вкусы и пристрастия в зависимости от того, с кем они в данный момент находятся. Самый простой пример. Вы разговариваете с таким человеком и говорите: «Я посмотрел этот фильм, и он мне страшно не понравился. А у вас какие впечатления?» — и он обязательно скажет: «Вы правы, ничего интересного». Через час он будет разговаривать с другим, и тот выразит противоположное мнение: «Мне очень понравился этот фильм. По-моему, очень смешной», и такой человек обязательно ответит: «Вы правы. У меня были кое-какие претензии, но фильм действительно очень смешной». Он все время подстраивается. Иногда это касается мелочей, но порой доходит до серьезных вопросов и становится опасным. То есть в данном случае сюжет и фильм целиком выросли из персонажа.

В «Другой женщине», в самом начале фильма, Мэрион (Джина Роулендс) говорит: «Если бы в пятьдесят меня попросили оглянуться назад и оценить свою жизнь, я бы скорее всего стала настаивать, что мне удалось реализовать себя как в профессиональном, так и в личном плане. Я не стала бы вдаваться в подробности. Не потому, что я боюсь выставить напоказ не лучшие свои качества. У меня всегда было чувство, что не следует вмешиваться в то, что давно сложилось и само собой продолжается». Когда вы снимали этот фильм, вам тоже было около пятидесяти. Была ли у вас потребность «оглянуться назад и оценить свою жизнь»?

Я никогда не оценивал свою жизнь! Я всегда работал не покладая рук. Ничем, кроме работы, я не занимался, и вся моя философия сводится к тому, что, если я буду продолжать работать, постараюсь сосредоточиться на работе, остальное станет на свои места само собой. Меня не волнует, сколько я зарабатываю, не волнует, насколько успешны мои фильмы. Все это не имеет ни малейшего смысла, все это лишние и абсолютно поверхностные вещи. Если обращать внимание исключительно на работу, стараться работать без остановок, ставить перед собой сложные, смелые задачи, другие вопросы утрачивают всякую важность. Когда работаешь, все образуется само собой. Поэтому, кстати, мне так трудно было снимать «Загадочное убийство в Манхэттене»: я чувствовал, что для меня это слишком просто. Это была поблажка, своего рода развлечение.

И вы испытывали чувство вины?

Да. Двенадцать лет я откладывал этот фильм.

Какого рода вину вы чувствовали? По отношению к себе, к зрителям, к критике?

Ко всем сразу. Я чувствовал, что виноват перед самим собой, потому что потратил почти целый год на приятную работу, которая, однако, не имела особого смысла. Я не хочу сказать, что я всегда создаю значительные вещи, но я всегда стремлюсь к этому. Возможно, мне не всегда это удается, но попытка, по крайней мере, присутствует. Я не впадаю в отчаяние, если у меня что-то не получается. Это другое. Если я знаю, что сделал все, что мог, что я ставил перед собой достойные цели, что я попытался их достичь, но у меня ничего не вышло, — я без труда с этим примиряюсь. Но когда я чувствую, что цели были заведомо ниже меня, никакого прощения быть не может, даже если потом фильм имеет успех.

Но ведь вы стремились снять чисто развлекательный фильм.

Да, эскапистский фильм. И как таковой он, на мой взгляд, удался. Но мне не следовало заниматься такими вещами. Как режиссер я был тогда в отпуске. Я отдыхал.

Когда смотришь «Другую женщину», естественным образом вспоминаешь «Земляничную поляну» Бергмана. В этом фильме Бергман тоже исследует одинокое, но гораздо более черствое, закосневшее существо. Вы никогда не думали, что между этими фильмами есть некоторая связь?

Нет, но после того, как вы об этом сказали, она для меня очевидна. Однако «Земляничная поляна» — великая картина, настолько гениальная, что какие-либо сравнения здесь неуместны.

Существует жанр «роуд-муви» — фильм-путешествие, фильм о пути. В каком-то смысле «Земляничную поляну» можно назвать бергмановским вариантом роуд-муви. «Другая женщина» тоже подходит под это определение, поскольку в этой картине, как и в «Земляничной поляне», совершается путешествие во внутренний мир, исследование души.

Это интересное замечание. Конечно, в этом фильме совершается путешествие во внутренний мир. Собственно, в этом и состоял мой замысел.

Этот фильм тоже имеет свободную структуру. Вы часто уводите повествование в неожиданных направлениях, включаете в него воспоминания Мэрион, ее сны, эпизоды из ее прошлого. Насколько спонтанными были такие отступления? Возможно, часть отступлений были придуманы по ходу съемок или даже в процессе монтажа?

Нет, все было заранее прописано, потому что в фильме есть четкий сюжет. Но эта картина не имела особого успеха. Зрителям она показалась слишком сухой.

Наверное, потому, что главная героиня тоже довольно суха и равнодушна?

Возможно. Но, думаю, в этом была и моя вина.

Это довольно интересный феномен. Когда в качестве главного героя в фильме выступает сухой, несимпатичный или даже отрицательный персонаж, публика часто реагирует именно на него. Зрители склонны идентифицировать себя с главным героем, особенно когда герой — сильная, выдающаяся личность, как Мэрион. Вся картина строится, по сути дела, на ней. И если такой персонаж не является положительным, публике зачастую трудно следить за развитием событий, потому что процесс идентификации оказывается нарушенным.

Да, конечно это так. Таким рассудочным, излишне интеллектуализированным персонажам, какие представлены у меня в «Интерьерах» и в «Сентябре», трудно симпатизировать. В «Преступлениях и проступках» или в «Мужьях и женах» встречаются персонажи куда более жестокие, но за их судьбами следить интереснее, потому что они сердечнее, эмоциональнее.

Один из моих любимейших фильмов Хичкока, «Головокружение», не имел успеха у публики сразу после выхода на экраны. Думаю, одна из причин этого неуспеха состояла в том, что персонаж Джеймса Стюарта был не вполне положительным героем. Хичкок ведь многое строил на идентификации с главными героями.

Забавно, потому что в целом зрители очень любят его картины и главных героев.

Верно, однако в данном случае герой Джеймса Стюарта — человек с определенной патологией, он болен. Никому не хотелось идентифицировать себя с больным полицейским, которого он играет. Таким образом, на момент выхода «Головокружение» стало одним из немногих коммерческих провалов Хичкока.

Забавно, потому что теперь этот фильм очень нравится публике.

А вам?

Вполне. Но этот фильм не принадлежит к моим любимым картинам Хичкока. Я куда больше предпочитаю «Тень сомнения», «Дурную славу», «Незнакомцев в поезде». Но я не согласен с Трюффо, что эти фильмы преисполнены смысла и в них есть какая-то особая значимость. Это всего лишь прекрасные развлекательные картины. И в каждой замысел режиссера реализован на сто процентов.

Я заметил похожую реакцию на собственный фильм «За жалюзи» [1]. *Мой главный герой тоже не вызывает особых симпатий, хотя фигурой для идентификации является именно он.*

Возможно, хотя Эрланд Юсефсон все же очень эмоциональный актер. И Джину я тоже считаю страстной, эмоциональной актрисой. Думаю, «Другая женщина» принадлежит к тому роду картин, которые просто не могут быть популярными в Штатах. Все мои драматические фильмы с гораздо большим успехом шли в Европе. Не знаю, в чем причина, — вероятно, средний европейский зритель воспитан таким образом, что подобного рода литература и кино интересуют его гораздо больше.

Да, я тоже так думаю. Большинство американцев не слишком начитанны. По моим наблюдениям, средний американец не слишком интересуется даже современной американской литературой. Притом что в этой стране масса очень интересных авторов — Раймонд Карвер, Пол Остер, Ричард Форд, Тобиас Вульф, Энн Битти и другие.

Да, но у них немного приверженцев. Я читал кое-что из современной художественной литературы, хотя вообще я читаю довольно мало. Но ведь то же самое происходит и с классическим кино. Мне приходилось общаться со студентами, которые никогда не видели «Гражда-

---

[1] *«За жалюзи»* (Bakom jalusin, 1984) — четвертый художественный фильм Стига Бьоркмана, в котором рассказывается о преуспевающем писателе (Эрланд Юсефсон), убегающем от своих семейных проблем и жизненной рутины в Северную Африку, где он надеется найти материал для нового романа. Бьоркман (р. 1938), архитектор по образованию, вступил в сферу кинематографа сначала как кинокритик и киновед, а затем как режиссер и сценарист художественных и документальных фильмов.

нина Кейна». Или ранних фильмов Бергмана. Они вообще не знают «Седьмой печати», «Земляничной поляны», «Персоны». Они никогда не слышали таких названий, как «Сквозь тусклое стекло» или «Причастие»[1]. И то же самое с картинами Феллини, Трюффо или Годара. Особое влияние в США получила школа популистской кинокритики. И ничего хорошего в этом нет. Есть целый ряд критиков, интеллектуалов, очень скептически настроенных по отношению к тонкому европейскому кино, да и к тонкому кино вообще. Зато они поднимают невероятный шум по поводу разного «общедоступного» хлама. Не буду называть имен, но есть целый ряд режиссеров, снимающих предельно простые, хотя и приятные картины. Но превозносить этих людей так, как их здесь превозносят, и находить в их творениях какой-то глубокий смысл тоже неправильно. Я знаю одного кинокритика, который был невероятно суров к Бергману. Не всегда его рецензии были негативными, но Бергману действительно доставалось. То же самое и с Феллини. Тогда как некоторым американским режиссерам, снимающим абсолютно бессмысленную ерунду, разве что не поклоняются.

Вы сказали, что не чувствуете потребности оглянуться назад и оценить свою жизнь, — в отличие от Мэрион в «Другой женщине». Так было всегда?

Да. Мне не было и двадцати, когда я понял, что какие-то вещи всегда будут отвлекать. И я решил, что все, что отвлекает от работы или позволяет работать не в полную силу, — плод самообмана и последствия могут быть самыми пагубными. Чтобы не попасть в сети писательских ритуалов и бессмысленного времяпрепровождения, нужно просто сесть и начать работать. В искусстве вообще и в шоу-бизнесе особенно есть масса людей, которые говорят, говорят, говорят. Пока их слушаешь,

---

[1] Для тех, кто тоже не слышал: Аллен называет картины Бергмана, вышедшие на экраны соответственно в 1961 и 1962 гг.

они кажутся виртуозами: о чем бы они ни говорили, они высказывают абсолютно правильные суждения и оценки, но в конце концов все сводится к вопросу, кто готов это сделать. Только это и имеет значение. Остальное лишено смысла.

В «Другой женщине» Мэрион все время переходит от реальности к воспоминаниям и сновидениям. Не могли бы вы прокомментировать сцены, воссоздающие ее сны, — сцены очень образные и экспрессивные?

Мне казалось, что, раз уж я нахожусь внутри сознания персонажа, мне позволено все. А поскольку в начале фильма я уже показал доносящиеся из-за стены звуки и тем самым дал понять, что картина будет не вполне реалистической, я чувствовал полную свободу действий. Ключевым моментом было для меня то, что Миа всякий раз подводила Джину к очередному открытию. В каком-то смысле Миа была воплощением ее внутреннего «я».

Действительно, между двумя этими героинями очень часто устанавливаются прямые связи. Скажем, на одном из сеансов Хоуп (Миа Фэрроу) говорит психоаналитику: «Бывают моменты, когда я спрашиваю себя, правильно ли я поступала в жизни», после чего следует резкий переход, мы видим сцену на вечеринке между Джиной Роулендс и Джином Хэкменом — сцену очень сильную и по репликам, и по исполнению.

Да, потому что Мэрион никогда не поступала правильно. В своем выборе она всегда руководствовалась рассудком, искала гарантий. Она не думала, правильно ли она поступает.

Вам не кажется, что в ситуациях выбора она руководствовалась абстракциями?

Нет, ею руководили осторожность и осмотрительность, а не абстракции. Если бы она руководствовалась абстракциями, она бы не знала, к чему на самом деле приведут ее поступки. А ею руководила осторожность: Ян Хольм в качестве супруга — выбор очень осторожный. Он врач, человек устроенный, благоразумный и уравновешенный, как она сама. Другое дело Джин Хэкмен — эмоциональный, грубоватый, очень сексуальный мужчина. И Хоуп подталкивает ее к встречам с другими людьми и в конечном итоге к встрече с самой собой. Мэрион кажется, что она заметила Хоуп среди прохожих, она идет за ней и встречает человека из собственного прошлого. Героиня Миа всегда приводит ее туда, где Мэрион может что-то понять.

Вы не помните, как выстраивались сцены сновидений, откуда появлялись задействованные в них элементы: сцены в театре, расспросы, препирательство с мужем по поводу возможности завести ребенка?

В точности я, конечно, уже ничего не вспомню. Я использовал то, что приходило мне в голову, когда я писал сценарий. Например, я знал, что сновидения часто бывают связаны с театром. Тем более что ее подруга — актриса. И мне захотелось придумать театральную подачу этих сведений. Она казалась мне эстетически более выгодным, чем естественный ход воспоминаний.

Когда мы видим Мэрион в квартире, которую она сняла для работы, средние и общие планы несколько раз довольно неожиданно сменяются крупными планами главной героини, прислушивающейся к звукам, доносящимся из вентиляции. Крупные планы — нетипичный для вас прием. Каково ваше общее отношение к крупным планам? Как и когда их следует использовать?

В драматических картинах я даю их чаще. В комедиях, в легких фильмах стараюсь по возможности обходиться без них, потому что ничего смешного в них нет. В драмах крупные планы привносят некоторую тяжесть, они очень массивны. Часто именно такой эффект и требуется. Но в фильмах, где много движения, — скажем, в «Энни Холл», в «Пурпурной розе Каира» или в «Мужьях и женах», — нет никакой нужды в крупных планах. Они почти противоестественны. Бергман дает крупные планы с некоторой нарочитостью, и в его контексте они смотрятся блестяще, потому что ему удалось найти особый язык, способный донести до публики внутренние психологические состояния. Я писал об этом в рецензии на его книгу «Laterna Magica»[1]: когда сфера его интересов переместилась с внешнего мира на внутренний, он разработал специфическую грамматику и лексикон, прекрасно выражающие эти конфликты. И частью его грамматики были по-новому понятые крупные планы. Раньше их практически не использовали подобным образом: он дает лицо очень близко в статичном и очень долгом кадре. Эффект, которого он таким образом достигает, отнюдь не статичен. Эффект невероятно волнующий, в нем воплощается весь его гений. Так что крупные планы — часть его техники. Я в этом отношении чувствую куда меньшую свободу. Мне кажется, что порой крупные планы дают совершенно ненужное ощущение: зритель вдруг понимает, что он смотрит кино. Я использую их в драмах — преимущественно в поэтичных, напряженных ситуациях. Но использую крайне редко. Забавная вещь: в одном из интервью Бергман говорит, что на определенном этапе использование музыки в кино стало казаться ему варварством. Он использовал именно это слово. У меня нет такого ощущения. Мне музыка представляется очень важным рабочим инструментом наряду со светом и звуком. Я как раз думаю, что варварством является злоупотребление крупными планами. Не у Бергмана, конечно. У Бергмана они смотрятся гениально. Другим режиссерам, в том числе и мне (мне далеко до бергмановского мастерства), с крупными планами приходится трудно. Режиссерам, которые мало что смыслят в своем деле, невежественным режиссерам, крупные планы представ-

---

[1] *Laterna Magica (лат.)* — волшебный фонарь. Книга воспоминаний Ингмара Бергмана, опубликованная в 1987 г.

ляются удачным выходом из многих ситуаций. И ничего у них не получается, так как только таким режиссерам кажется, что этак можно поступать с крупными планами. Они думают, крупный план полон эмоций. Это как если бы писатель взял да и заставил героя покончить с собой ради достижения особого драматизма или заставил бы его произнести непристойный монолог ради вящей убедительности. Или поведал бы о луже кровищи, чтобы его роман показался «сильным». Все это кондовые приемы. Насколько я помню, в «Загадочном убийстве в Манхэттене» у меня вообще нет крупных планов. Не думаю, что они были в «Мужьях и женах» или в «Ханне и ее сестрах». Я знаю, что Майкл Кейн, после того как снялся в «Ханне и ее сестрах», говорил Джине Роулендс, что я не снимаю крупных планов. Так что она очень удивилась, когда мы сделали-таки несколько крупных планов в «Другой женщине» — в том числе и потому, что у Джины такое прекрасное выразительное лицо.

В этом фильме, с этим персонажем и с тем, что вы хотите донести до зрителя, предъявляя ему героиню Джины Роулендс, крупные планы действительно работают.

Раз уж я решил их использовать, они должны работать — если б я не был уверен в результате, я не стал бы их снимать. С крупными планами я всегда осторожничаю. В ранних фильмах я их не избегал, потому что тогда я мало смыслил в режиссуре, и я допустил все ошибки, какие только может допустить неопытный режиссер.

Пожалуй, самые поразительные сцены в «Другой женщине» — это встречи между Джиной Роулендс и Сэнди Деннис, между Мэрион и Клер — актрисой, которая в детстве была ее лучшей подругой.

Сэнди Деннис — актриса большого стиля. Она принадлежит к числу людей, способных создавать по-настоящему великие вещи. Не всегда она их создавала, но у нее всегда был этот потенциал. В данном случае ее героиня разыгрывает перед глазами Мэрион всю ее жизнь.

И в какой-то степени открывает для нее смысл происходившего. Помните, когда они встречаются в баре и Мэрион обращает все свое внимание на мужа (или любовника) Клер и, кажется, совершенно не замечает свою подругу, Клер взрывается и говорит: «Если из нас двоих кто-то и должен был стать актрисой, так это ты!»

Верно.

В этом фильме у вас заняты совершенно разные актеры: такие звезды, как Джина Роулендс, Миа Фэрроу, Джин Хэкмен, Сэнди Деннис, Джон Хаусман, но в то же время и не очень известные личности — например, Харрис Юлин. Обычно он играет крепких, очень мужественных персонажей в приключенческих фильмах.

Я познакомился с ним на съемках «Интерьеров». Он должен был играть мужа одной из сестер — сейчас уже не помню, которой. На репетициях он понял, что роль ему не подходит, и решил уйти. Я не возражал, он ушел из фильма, а я подыскал замену. Но желание поработать с ним у меня осталось, поэтому после стольких лет я пригласил его сниматься в «Другой женщине». Он был очень рад приглашению и сыграл, по-моему, прекрасно. Замечательный актер.

Роль отца Мэрион исполняет Джон Хаусман — легенда американского театра и кино, продюсер «Гражданина Кейна» и театра «Меркьюри», которым руководил Орсон Уэллс. Видимо, это была его последняя роль.

Да. С ним было необыкновенно приятно работать, он был очень дружелюбен. Странно, что уже несколько актеров умерли сразу после того, как снялись в одном из моих фильмов: Хаусман, Ллойд Нолан, исполнявший роль отца в «Ханне и ее сестрах».

Во время своего визита к отцу Мэрион обнаруживает любимую книгу своей матери. Это сборник поэзии Рильке. Она цитирует несколько строк из стихотворения «Пантера»: «Теперь тебя он видит каждой складкой. Сумей себя пересоздать и ты»[1]. Рильке цитируется у вас и в других фильмах. Он ваш любимый поэт?

Да, я очень люблю Рильке. Мне нравится, как он мыслит.

Что именно вам нравится?

Его интересовали те же экзистенциальные проблемы, что и меня. Это философская поэзия, именно это меня и привлекает. Нельзя сказать, что Рильке — мой самый любимый поэт, но он, безусловно, принадлежит к числу тех, чью поэзию я высоко ценю. Важнейшим поэтом для меня был и остается Йейтс. Он и по сей день ошеломляет меня. И конечно же, Т. С. Элиот — мне нравится, о чем он пишет и как он пишет. Я люблю Эмили Дикинсон. Она была первым поэтом, чьи стихи мне по-настоящему понравились.

Вы читали ее еще в детстве?

Да, и она была первым поэтом, которого я действительно понял и полюбил. Ну и потом, нельзя не любить э. э. каммингса — он невероятно остроумен. И Уильяма Карлоса Уильямса тоже. Рильке, естественно, принадлежит к числу моих любимых поэтов, но он доступен мне лишь в переводах. Однако первый поэт для меня — Йейтс. Не знаю, был ли после Шекспира и Мильтона автор, который писал по-английски лучше Йейтса. Вместе с ними он принадлежит английскому поэтическому пантеону.

---

[1] С. Бьоркман допустил неточность: Мэрион цитирует последние строки стихотворения «Архаический торс Аполлона» из сборника «Новых стихотворений вторая часть» (1908), хотя до этого действительно упоминает «Пантеру». Здесь цитируется перевод В. Летучего.

В одном из снов Мэрион звучит музыка Эрика Сати. Вам нравится этот композитор?

Да. Опять же, он не является моим самым любимым композитором, но я очень ценю его. К тому же я использовал вполне безобидную вещь, одну из его «Гимнопедий», потому что она идеально подходила. Я слушаю его музыку, но довольно редко. В классической музыке у меня множество любимых фигур и помимо Сати. Естественно, я люблю композиторов, которых все любят: Моцарта, Бетховена и т. д. Мне очень нравится Малер, а еще больше Сибелиус, — вне круга старых мастеров они мои любимые композиторы. Кроме того, я большой поклонник Стравинского.

В фильме имеется и картина, наделенная особой важностью: полотно Густава Климта «Надежда». По каким причинам вы остановились именно на этой картине? Это была случайность или вам нравится творчество этого художника?

Картина просто показалась мне подходящей, соответствующей фильму по духу. Потом выяснилось, что это тоже было совпадением, потому что название полотна совпадает с именем героини[1], которую играла Миа. В фильме об этом не говорится, но в титрах это обозначено. Картина просто показалась мне подходящей. Поскольку Джина по фильму специализируется на немецкой философии, я старался подыскать для нее подходящего художника.

Но даже визуально картина отсылает к героине Миа Фэрроу, поскольку изображенная на ней женщина беременна.

Да, верно.

---

[1] Хоуп (от *англ.* hope) — надежда.

Глава 19
«Нью-йоркские истории»

«Новый Эдип», ваш эпизод из «Нью-йоркских историй», — чистая комедия. Этот короткий фарс был снят сразу по завершении «Другой женщины». Это был ваш сознательный выбор — снять что-нибудь легкое после серьезного драматического фильма? Вам просто хотелось отвлечься?

Обычно когда долго над чем-то работаешь, возникает желание заняться совершенно другим, сменить тему. Чаще всего так и бывает.

Я слышал или читал где-то, что идея «Нью-йоркских историй» исходила от вас.

Лишь частично. Я действительно обсуждал что-то такое с моим продюсером Робертом Гринхатом и согласился, что было бы интересно собрать троих режиссеров и дать каждому по эпизоду. Изначально он хотел пригласить меня, Мартина Скорсезе, опыт работы с которым у него был, и Стивена Спилберга. Он собрал нас, и все трое согласились поучаствовать, всем эта идея понравилась. Но потом выяснилось, что Спилберг участвовать не сможет, и продюсеры заменили его Фрэнсисом Копполой. Для меня этот проект не был сложным, потому что идея была сама по себе смешная. Проблем не возникало.

Почему пригласили именно Копполу — человека, с Нью-Йорком не связанного? Мне казалось, что первоначальная идея заключалась в том, чтобы показать работы нью-йоркских режиссеров?

Нет. На самом деле название проекта, «Нью-йоркские истории», исходило не от нас. Оно родилось как рабочее название, когда проект предлагали компании «Дисней». Оно им понравилось, и они решили его оставить. Как раз мне оно хорошим не казалось, в нем заложено слишком много ограничений. Но в целом — название как название, не хуже других.

У Копполы тоже речь не идет исключительно о Нью-Йорке. Его история завершается в Афинах.

Честно говоря, я так и не видел этой картины целиком. Поскольку я никогда не смотрю свои фильмы после завершения работы, я лишил себя удовольствия посмотреть эпизоды Скорсезе и Копполы. Хотя все остальные их фильмы я смотрел и знаю, что они замечательные режиссеры. Я не пошел смотреть их эпизоды, потому что не хотел смотреть свой.

Теперь можно посмотреть их на видео, а свой пропустить.

С легкостью. Тем более что мой — последний.

Персонажей, которых играете вы и Миа Фэрроу, зовут Шелдон и Лиза. Те же имена были у героев эпизода, не вошедшего в фильм «Все, что вы всегда хотели знать о сексе...». Я даже не уверен, был ли снят этот эпизод.

Да... верно! Мы его сняли — там играл я и моя бывшая жена Луиз Лассер. Мы сидели вдвоем на огромной паутине, она была «черной вдовой», я изображал самца. Сначала мы занимались любовью, а потом она меня съедала — или убивала каким-то другим способом. Идея мне нравилась, но я не смог достойно ее реализовать, и этот эпизод не вошел в картину.

Вы не помните, почему решили передать имена пауков героям «Нового Эдипа»?

Нет. Но мне важно, чтобы все имена были по возможности короткими, чтобы не тратить время на лишние удары по клавишам.

В каком-то смысле «Нового Эдипа» можно рассматривать как дань вашему детскому увлечению магией и волшебством.

Есть замечательный американский кинокритик Дайан Джейкобс, недавно вышла ее книга о Престоне Стерджесе. У нее есть книга и обо мне — «...Но нам нужны яйца»[1]. Так вот она большинство моих картин связывает именно с магией. Естественно, она отмечает роль волшебства в «Новом Эдипе», но она обнаруживает его и в «Другой женщине», и в «Зелиге», и в моей пьесе «Парящая лампочка» — в ней рассказывается о волшебнике. И конечно же, в «Пурпурной розе Каира». Дайан Джейкобс отмечает, что магия и волшебство постоянно появляются в моих картинах. В «Алисе» главная героиня ходит на прием к врачу-китайцу, и тот дает ей волшебное зелье. Почти во всех моих фильмах присутствует волшебство. Она выдвинула этот тезис, и она абсолютно права. Ей удалось показать, что я постоянно возвращаюсь к теме волшебства. В «Новом Эдипе» она заявлена напрямую.

Вы ведь с детства увлекались разного рода фокусами?

Я все время тренировался, читал какие-то пособия, показывал фокусы в семье, в кругу друзей.

---

[1] В названии обыгрывается последняя реплика рассказчика в фильме «Энни Холл»: «Было уже довольно поздно, и нам обоим пора было идти, но я был счастлив, что повидался с Энни. Я с новой силой почувствовал, какая она замечательная и каким счастьем было просто ее знать. Мне вспомнился старый анекдот. Человек приходит к психиатру и жалуется: „Доктор, мой брат сошел с ума: ему кажется, что он курица". И доктор спрашивает: „Почему бы вам не отправить его в психушку?" — „Я бы отправил, но мне нужны яйца". Примерно так и я представляю себе отношения с женщинами: они абсолютно иррациональны, ненормальны, абсурдны, но мы не в силах от них отказаться, потому что чаще всего... нам нужны яйца».

И получалось?

Да, и до сих пор получается. Я тренировался часами, в течение многих лет я целые дни проводил за этим занятием. Я и теперь знаю множество карточных фокусов, фокусов с монетами и тому подобных вещей.

Я видел фотографии со съемок, на которых вы с Миа Фэрроу играете в перерыве в шахматы. Шахматами вы тоже увлекаетесь?

В некотором роде да. Хотя играю я не очень хорошо. Но мне нравится сама игра, я люблю смотреть, как играют другие. У меня недостаточно практики, поэтому я часто теряю нить игры. Лет восемь-десять назад я играл довольно много, и результаты были неплохие. В последние несколько лет я совсем забросил шахматы, а такие вещи быстро забываются. Но игра сама по себе мне по-прежнему нравится.

В своих предыдущих фильмах вы часто обращались к фигуре матери. Следует ли воспринимать «Новый Эдип» как попытку навсегда покончить с этой темой посредством комедии?

На самом деле все было проще: как-то я сидел в этой комнате, слушал запись Сидни Беше и смотрел в окно. Передо мной расстилалось небо, и я почувствовал, как мне его не хватает, стал думать, как замечательно было бы увидеть его фигуру прямо на небе — в этом было бы столько драматизма и фантастики! Представить только: его огромное коричневое лицо, сопрано-саксофон... Я так долго об этом думал, что почти увидел его на небе. Этот образ меня зацепил, и я стал думать, что забавно поместить туда мать, которая вечно недовольна своим сыном. Надо было только придумать, как она туда попала. Я решил, что мы могли бы пойти с ней на выступление волшебника, там бы она исчезла, а потом появилась бы на небе. В первой версии сценария она не давала покоя всему Нью-Йорку. Сначала народ только посмеивался, но потом они на себе почувствовали, что мне приходилось выдерживать все эти годы. Затем, в ходе работы, сюжет изменился, и во второй версии мать беспокоила уже только меня и мою подругу, так что мне приходится обратиться за помощью к колдунье, в которую я потом и влюбляюсь.

Насколько серьезным нарушением еврейских семейных норм является брак с неевреем, «гоем»?

Жениться можно только на еврейке. С течением времени все эти требования стали, конечно, мягче. Но это одна из многих малопривлекательных черт, присущих любой религии, — тупейший в своей безусловности запрет вступать в браки с представителями других религий. По-моему, это чудовищно. В этом смысле иудейская религия ничуть не лучше всех остальных.

То есть, когда вы в юности начали ухаживать за девушками, ваши домашние рассчитывали, что вы будете ухаживать за еврейкой?

Да, но для меня эти ожидания не составляли проблемы по двум причинам. Во-первых, меня совершенно не заботило, на что они рассчитывали, я бы не воспринял их требования всерьез. А во-вторых, я вырос в таком районе, где жили только евреи. Поэтому ты автоматически начинал ухаживать за еврейскими девушками. Но если бы я влюбился в неееврейку: в негритянку, в китаянку, у меня бы даже мысли не возникло, что я поступаю неправильно. Религиозные запреты в моем восприятии распределялись в диапазоне от смешного до оскорбительного.

Не было ли у вас проблем с тем, чтобы спроецировать изображение матери на небо?

Были ли у меня проблемы! Конечно были. Даже не столько у Свена Нюквиста, сколько у меня. Мы пригласили эксперта, который должен был разъяснить нам механику процесса. И мы следовали его советам. Было довольно интересно, и Свен не допустил ни одного промаха, но нам потребовалось очень много времени, чтобы придать ей законченный вид, правильно вписать ее в небо. С этим была большая проблема. Со спецэффектами всегда тяжело, просто потому, что бюджет не позволяет снимать их должным образом. Проблемы были, когда нужно было снять полет Миа с Алеком Болдуином в «Алисе», спроецировать мать на небо в этом фильме, показать маленького духа в конце «Сексуальной комедии в летнюю ночь». Когда такими вещами занимаются профессионалы — скажем, Стивен Спилберг или Джордж Лукас,— они располагают достаточными средствами, чтобы делать пробы. В таких случаях на пробы, позволяющие корректно отобразить то, что они хотят, тратится больше, чем у меня на половину фильма. Поэтому у них подобные вещи смотрятся прекрасно. А у меня все время не хватает денег, и я снимаю удешевленную версию. Взять, к примеру, сцену полета в «Алисе»: если бы у нас были деньги, чтобы взять лучшее на тот момент оборудование и новейшие компьютеризированные камеры, сцена бы выглядела не хуже, чем в «Супермене», все было бы безупречно. В общем, этот полет стал для нас тяжелым испытанием. Я думал, съемки никогда не кончатся. В итоге мне пришлось выкинуть три или четыре кадра, на съемку которых потребовался бы целый день.

Кроме того, вам, судя по всему, скучно вдаваться в технические тонкости этого трудоемкого процесса.

Мне невероятно скучно! Наверное, если бы этот фильм снимал Гордон Уиллис, трудностей было бы меньше, потому что Гордон не только художник, но и технический гений. Хотя тоже не факт, потому что «Сексуальную комедию в летнюю ночь» снимал Гордон. Каждый раз, когда приходится рассчитывать на помощь сторонних специалистов, приходится трудно.

Но в «Алисе» спецэффекты смотрятся очень хорошо.

Вы видели конечный результат. Наши мучения закончились тем, что мы все-таки взяли камеру с компьютером. Весь этот процесс был сопряжен с большими сложностями.

Были ли в «Алисе» другие сцены, которые вам хотелось снять, но от которых по техническим причинам пришлось отказаться?

Были. И в других фильмах тоже. К примеру, когда мы снимали сцены с немецкой подводной лодкой в «Днях радио», сама подводная лодка была меньше метра в длину. Оказалось, что снять эту сцену не так просто, мы очень долго над ней работали, но в конце концов мне пришлось ее переснять из-за того, что кадры с лодкой можно было давать только с виньетированием, как если бы герой смотрел в бинокль. Но первоначальная идея была другая, я не хотел, чтобы герой смотрел в бинокль. Он должен был просто посмотреть на море — и увидеть там лодку. В итоге мне пришлось ехать обратно на место, давать мальчику бинокль и переснимать сцену. Только таким образом мне удалось скрыть недостатки этой специальной съемки. Ненавижу спецэффекты!

Мне бы хотелось поговорить о двух милейших старушках, Мэй Куэстел и Джесси Кеосян — о матери и тетушке Шелдона. Мы уже знаем, что Мэй Куэстел озвучивала мультфильмы о Бетти Буп и что она исполняла одну из песен в картине «Зелиг». Как родилась идея дать им роли в вашем «Эдипе»?

Джульет Тейлор попробовала на эту роль едва ли не всех еврейских старушек в городе. Она ходила в дома престарелых, ходила в театральные кружки. И в конце концов, когда я уже просмотрел около тридцати актрис, пришла по объявлению Мэй Куэстел. *(Вуди щелкает пальцами.)* Стоило мне ее увидеть, стоило ей начать читать, и я понял, что мать у нас есть. Лучшей актрисы нельзя было придумать. Она даже внешне напоминает мою мать. С Джесси Кеосян была другая история. Когда-то давно, когда мне было лет четырнадцать-пятнадцать, она преподавала у нас биологию! Это была миниатюрная, очень невысокая женщина, мы постоянно над ней подшучивали. Ее было практически не видно из-за учительского стола, такая у нас была крошечная учительница биологии. Она преподавала у нас всего один семестр, и я не помню, чтобы мы хоть раз с ней разговаривали. Потом я закончил школу и за... тридцать пять лет ни разу ее не встретил. И вот через тридцать пять лет ко мне заходит Джульет Тейлор и говорит, что она развесила объявления в домах для пенсионеров и после этого к ней пришла замечательная миниатюрная старушка, выглядит гениально и при этом говорит, что знает меня еще со школы, что она преподавала у меня биологию. И я спрашиваю: «Неужели миссис Кеосян?» — и миссис Кеосян получает роль. На съемочной площадке все звали ее Джесси, но для меня она так и осталась миссис Кеосян.

У нее был актерский опыт?

Нет, ни малейшего.

Тогда как она нашла Джульет Тейлор?

Джесси Кеосян — женщина культурная и образованная. Она все время ходит по выставкам, часто бывает на концертах и т. д. Она давно на пенсии, и вот в одном из домов для пенсионеров увидела объявление, что кинокомпания приглашает пожилых женщин попробоваться на эпизодические роли в кинофильме. И она пришла по объявлению просто ради интереса. После этого она снялась еще в одном фильме и в нескольких рекламных роликах.

Как она относилась к вам в процессе съемок? Вы так и остались для нее школьником?

Нет. Она проявляла невероятные способности. Притом что у нее не было никакого актерского опыта, она довольно часто спрашивала, каким образом этот персонаж станет совершать то или иное действие: должен он действовать так или, скорее, иначе. Она тщательно анализировала свою роль. У меня остались самые приятные впечатления.

Глава 20
«Преступления и проступки»

Отец Иуды: Очи Господни всегда обращены на нас.

Из фильма «Преступления и проступки»

Насколько я понимаю, сценарий «Преступлений и проступков» создавался во время вашего турне по Европе. Это правда?

Да, только следует помнить, и, мне кажется, я уже говорил об этом, что основные трудности связаны с подготовкой к работе. Как только она завершена, остальное идет само собой. Писать я могу где угодно. Я поселяюсь в гостинице и пишу несколько страниц прямо на гостиничной бумаге, потом мы едем дальше, приезжаем в следующий город, я снова беру бумагу в отеле и пишу дальше. Собственно, так я и написал этот сценарий. Но вся предварительная работа была сделана заранее.

На мой взгляд, «Преступления и проступки» — во многих отношениях богатый и разнообразный фильм. В каком-то смысле он напоминает литературу эпохи романтизма, с ее стремлением к слому установившейся иерархии жанров. В «Преступлениях и проступках» чувствуются похожие стремления. Эта картина является одновременно драмой, комедией, комедией положений.

Верно. У меня есть фильмы, которые я называю романами на пленке, и «Преступления и проступки» принадлежит к их числу. Здесь анализируются сразу несколько героев, одновременно развивается сразу несколько сюжетов. Какие-то из этих историй могут быть смешными, какие-то могут носить философский характер. Как режиссеру, мне важно добиться того, чтобы все эти истории находились в постоянном развитии и чтобы зрителю было интересно следить за каждой из них на протяжении всего фильма.

И это именно то, чего вы ждете от литературы и что вам в ней нравится?

Да, конечно. Возьмите любой роман Толстого — у него мы находим, пожалуй, самую яркую иллюстрацию этого принципа. Хотя интересно структурированных и замечательно написанных романов, конечно же, масса.

Кто-то из исследователей описал романтическую литературу как смесь хаоса и эроса, и такая характеристика тоже в некотором смысле приложима к вашему фильму.

Да, я понимаю, что имеется в виду. Хаос и эрос... «Ханна и ее сестры», «Преступления и проступки» действительно строятся на этом смешении. Но в то же время можно сказать, что смешение хаоса и эроса является стандартным драматическим приемом. Хаос смешит или развлекает, эрос разжигает подлинный интерес. Здесь проявляется сила этого смешения. Думаю, чистый хаос дает на выходе фарс. Не знаю, что может дать чистый эрос, но комбинация хаоса и эроса всегда работает эффективно.

«Преступления и проступки» можно определить и как экзистенциалистский проект, поскольку в фильме подхвачены универсальные экзистенциальные проблемы, связанные с жизнью человека и его положением в мире.

Верно, только эти темы меня и интересуют. Современная философия вряд ли может заинтересовать драматурга. Был период, когда экзистенциальные темы возникли у Кьеркегора и Достоевского и в то же время были естественным материалом для драматурга. И эта экзистенциальная литература и драматургия вызывают во мне интерес и восхищение. Не думаю, что драма, отражающая проблемы лингвистической философии, может оказаться хоть сколько-нибудь интересной.

Был ли у действующего в вашем фильме философа, Луиса Леви, реальный прототип?

В этой связи меня всегда спрашивают о Примо Леви[1], потому что совпадает даже фамилия. Но, как ни странно, Примо Леви не имеет к моему герою ни малейшего отношения. Хотя задолго до этого фильма у меня было намерение сделать экзистенциальный детектив, где университетский профессор кончает жизнь самоубийством, а я доказываю, что, принимая во внимание философию, которую он всю жизнь исповедовал, самоубийство не могло иметь места. Вся его интеллектуальная деятельность свидетельствует о том, что он не мог совершить такой поступок. И, отталкиваясь от этого постулата, я с фак-

---

[1] *Примо Леви* (1919—1987) — итальянский писатель еврейского происхождения, узник Освенцима. Наибольшую известность приобрели его мемуары «Человек ли это?», основанные на лагерном опыте. Книга была впервые опубликована в Италии в 1947 г. и к настоящему моменту переведена на все европейские языки. В дальнейшем Леви стал автором многих книг, его наследие включает в себя рассказы, эссе, романы и поэтические сборники. Всю жизнь Примо Леви вел активную деятельность, направленную против забвения холокоста, посещал собрания узников лагерей, выступал в школах и общественных собраниях. Отдельная загадка связана с обстоятельствами его смерти. Леви упал с верхней площадки внутренней лестницы, связывавшей три уровня его квартиры. Полиция (и вслед за ней большинство биографов) расценили это происшествие как самоубийство. Однако целый ряд исследователей ставят этот факт под сомнение: Леви не оставил предсмертной записки, ничто в его жизни не предвещало близкой катастрофы. В момент предполагаемого самоубийства он находился в процессе написания нового романа, оставшиеся после него документы свидетельствуют, что у него были далеко идущие творческие планы. Загадка его смерти имеет принципиальное значение для оценки его литературного наследия, проникнутого утверждением человеческой жизни перед лицом машины государственного уничтожения. Если бы самоубийство было доказано, его следовало бы воспринимать как печальное авторское «нет» всему написанному ранее.

тами в руках доказываю, что имело место убийство. Меня заинтересовала сама идея поразмышлять о человеке, чья жизнь начисто отвергала возможность самоубийства.

После первого просмотра у меня сложилось впечатление, что эпизод с философом и в самом деле был документальным фильмом и что Луис Леви существовал на самом деле.

В каком-то смысле он действительно существует на самом деле. Человек, который его играет, — психоаналитик.

На днях вы упоминали значимую для вас книгу — «Отрицание смерти» Эрнста Беккера. Складывается впечатление, что тема смерти представляет для вас интерес и огромную важность.

Так и есть.

Особенно очевидно это становится в «Преступлениях и проступках», где тема смерти постоянно находится в центре внимания.

Да, смерть и положение человека в мире. И связанные с этим моральные проблемы.

Вы и раньше обращались к этой теме — в частности, в очень короткой пьесе «Смерть стучится» и в одноактной пьесе «Смерть», из которой в дальнейшем вырос сценарий фильма «Тени и туман».

Да, это ключевая для меня тема. Бергман сказал свое решающее слово в «Седьмой печати». Мне тоже всегда хотелось найти верную метафору, выражающую мое ощущение и видение этой темы. Но я так и не нашел ничего, что могло бы сравниться с бергмановской по силе воздействия. Не думаю, что это вообще возможно. Он нашел определяющее, драматическое решение этой темы.

Лучшее, что я смог сделать в этом отношении, — «Тени и туман», но метафора Бергмана куда сильнее. Потому что точнее. Словом, она безупречна.

Но почему вы считаете, что вам нужна метафора? В данном случае, в «Преступлениях и проступках», вы очень серьезно разрабатываете эту тему, и никакой нужды в метафорах при этом не возникает.

Верно, это реалистическая история, но мне бы очень хотелось дать этой теме поэтическую трактовку. Мне бы хотелось донести до зрителя смысл этой проблемы поэтическими, а не прозаическими средствами. Ведь в кино тоже присутствует разница между поэзией и прозой, причем очень четкая разница. «Персона» и «Седьмая печать» — картины поэтические, тогда как фильмы Джона Хьюстона — чаще всего проза, хоть и замечательного качества. Иногда, правда, встречаются фильмы, которые по всей видимости должны быть прозой, но совершенно неожиданно оказываются поэзией, например «Похитители велосипедов». Фильм кажется абсолютно реалистичным, но он очевидно перерастает собственный жанр. Не думаю, что картины Жана Ренуара подпадают под это описание: я не нахожу поэзии ни в «Великой иллюзии», ни в «Правилах игры». При всех своих достоинствах это реалистичные картины. Как и Хьюстон, Ренуар был великим прозаиком. Но Бергман так часто прибегает к поэзии, что мне трудно припомнить хоть один его фильм, который не был бы поэтичным. Не знаю, есть ли у него такие картины.

«Сцены из супружеской жизни», например.

Да, это мысль. И целый ряд ранних фильмов. Его ранние фильмы ничем не отличаются от хороших голливудских картин. Примерно такой же была тогда стандартная голливудская продукция — те же комедии и любовные истории. Я, конечно, имею в виду ее лучшие образцы.

Верно, ранние фильмы Бергмана можно определить как прозу, но тогда довольно проблематично найти прозаические работы в его более позднем творчестве.

После того, как он снял фильм с Харриет Андерсон.

Да, «Лето с Моникой» — еще проза, но год спустя он снимает «Вечер шутов», и это уже поэзия.

Даже «Лето с Моникой» — фильм в чем-то поэтичный. Собственно, в том, как он начинает и заканчивает картину. Там нет реализма. Он уже выходит на несколько иной уровень. И сразу после этого фильма он начинает снимать свои поэтические шедевры.

Итак, вам хотелось бы вернуться к теме смерти и дать ее поэтическую трактовку?

Я уже предпринял такую попытку в картине «Тени и туман», но... мне все равно хотелось бы вернуться. Во-первых, потому, что так называемые экзистенциальные темы (раз уж этой навязшей в зубах формулировки все равно не избежать) остаются для меня единственно интересными. Обращаясь к другим предметам, человек теряет устремленность к высшему предназначению. Можно обращаться к самым интересным вещам, но им всегда будет недоставать глубины — на мой взгляд. Не думаю, что есть темы более глубокие, чем так называемые экзистенциальные, духовные темы. Наверное, поэтому русские романисты представляются мне величайшими в мире. Несмотря на то что Флобер, например, обладал куда большим писательским мастерством, чем Достоевский или Толстой, — по крайней мере Достоевский уж точно уступает ему в техническом смысле, — для меня его романы никогда не будут иметь той притягательности, какую имеют работы этих двух русских романистов. Чаще всего оценочных суждений стараются избегать, но я придерживаюсь противоположного мнения. Мне как раз представляется важным, едва ли не обязательным, выносить такие суждения. Можно сказать: «Флобера я ценю больше, чем Кафку или Стендаля, больше, чем Толстого». Но я лично так не думаю. Мне как раз кажется, что человек должен стремиться к самому высокому, максимально задействовать все данные ему способности. И для меня этим высоким являются экзистенциальные проблемы, в какой бы манере они ни обсуждались — в реалистической или в поэтической. Хотя меня лично больше интригует поэтическая трактовка. Возьмите, к примеру, такой фильм, как «Хладнокровно»[1]. Он полон экзистенциальных проблем, возникающих совершенно естественно по ходу развития сюжета: в маленьком городке внезапно начинают происходить жесточайшие убийства. Жизнь каждого героя радикально меняется. Это реалистичный фильм, но сама история поразительна. Она поражала в романе, и она осталась поразительной на экране. Но лично мне поэтическая трактовка подобных тем нравится больше. Мне было бы интересно экранизировать «Процесс», поскольку в данном случае ты имеешь дело с самыми существенными и глубокими чувствами, идеями и прозрениями и при этом разворачиваешь их поэтически. Необычайно соблазнительный проект.

Я уже упоминал романтическую литературу в связи с «Преступлениями и проступками». Героя пьесы Вордсворта «Жители пограничья» можно определить как первого экзистенциалиста: сквозь его поступки проступает автономная и совершенно уникальная личность, руководствующаяся при этом собственной системой ценностей. В этом отношении он напоминает героя вашего фильма, Иуду.

Абсолютно. Он руководствуется какими-то ценностями, но это его собственные ценности. А в нашем мире тебя никто не накажет, если ты сам себя не накажешь. Иуда, когда ему нужно, поступает в соответствии с соб-

---

[1] In Cold Blood (1967) — картина Ричарда Брукса по документальному роману Трумена Капоте, известному в русском переводе как «Хладнокровное убийство».

ственными представлениями о целесообразности. И ему все сходит с рук! И после этого он, по-видимому, будет жить счастливо. Если не решит сам себя наказать.

Это как разговор, который мы слышим за обедом в доме его родителей. Они обсуждают нацистов. Мы выиграли войну. Если бы мы ее проиграли, история писалась бы иначе.

Почему вы назвали главного героя Иудой?

Потому что это имя имеет сильные библейские коннотации, в нем заключена какая-то мудрость. Это весомое имя. С таким именем герой приобретал черты патриарха, — собственно, этого эффекта я и добивался.

В «Преступлениях и проступках» атмосфера «еврейства» дана более явно, чем в других ваших фильмах.

В данном случае большое значение имела связь переживаний Иуды с религиозными учениями, а единственная религия, о которой я могу писать, не допуская серьезных искажений, — это иудаизм. Я не силен в христианских тонкостях.

Меня очень поразил разговор, который Иуда ведет с раввином: фактически он размышляет о возможном убийстве Долорес. Чем объясняется столь мягкая реакция раввина?

Вы имеете в виду сцену в кабинете, во время грозы?

Да.

Тем, что на самом деле раввина там нет. Иуда разыгрывает эту сцену в собственном воображении. Раввин для него — не более чем повод, чтобы начать внутренний диалог с самим собой.

Зрение и видение — одна из центральных тем фильма. Слепнет не только раввин — мы видим, как Долорес ос-

лепляют посредством убийства. Когда Иуда приходит к ней в квартиру, чтобы обнаружить ее мертвой, вы даете невероятно напряженный крупный план: мы видим ее лицо, видим, как Иуда закрывает ей глаза. Глаза и зрение обсуждаются на протяжении всего фильма. Вам самому эта тема тоже представлялась важной?

Конечно, глаза — основная метафора этой истории. Иуда — глазной врач. Одной рукой он лечит людей, а другой готов убивать. Он и сам не очень хорошо видит. То есть зрение-то у него в порядке, но хорошим душевным, моральным зрением он не отличается. Раввин слепнет, перестает воспринимать жизненные реалии. Но, с другой стороны, сохраняет возможность преодолеть собственную слепоту благодаря своей духовной твердости. «Преступления и проступки» — картина о людях незрячих. Они не способны видеть себя так, как их видят другие. Они не видят, что хорошо, а что плохо. Это одна из важнейших метафор в фильме.

Да, и помимо перечисленных вами персонажей в фильме есть ваш герой, Клифф, режиссер-документалист, и он видит мир исключительно через объектив собственной камеры. То же самое можно сказать и о его шурине Лестере, хотя мы ни разу не видим его за работой.

Верно. И до самого конца картины Лестер понятия не имеет, как я, то есть мой герой Клифф, его воспринимает. Он думает, что я вижу его совсем по-другому. А я все время смотрю на него через свою камеру.

Кроме того, тема зрения постоянно всплывает в фильме как предмет разговоров. Скажем, сразу после сцены убийства вы даете флэшбэк, и мы видим Иуду и Долорес. Она говорит ему: «Моя мать любила повторять, что глаза — зеркало души. Что скажешь?» И он отвечает, что не верит этим глупостям.

Верно.

Когда в фильме появляется столь важная, постоянно всплывающая тема, насколько сознательно вы работаете с ней при создании сценария? Вы специально следите за тем, чтобы она появлялась от сцены к сцене, или тема развивается сама собой в процессе письма?

Я действую чисто инстинктивно. Скажем, я не веду никаких специальных записей, не помечаю себе, где и что нужно вставить. Когда пишешь сценарий, просто чувствуешь, когда тема в очередной раз должна появиться. И как только появляется подходящий эпизод, тема всплывает сама собой.

Но когда вы начали работу над сценарием, вы уже знали, что зрение станет важнейшей темой фильма?

Я знал, что важнейшим элементом станут глаза. Это точно. С самого начала Иуда был у меня окулистом. До этого я тоже думал о метафоре глаза. Собственно, здесь была первая интуиция. И потом, когда я писал сцену, в которой он принимает награду в начале фильма, я решил, что хорошо было бы дать эту метафору уже в его речи. Что я и постарался сделать.

На роль Иуды вы пригласили Мартина Ландау, и я думаю, вы сделали блестящий выбор. Хотя по голливудским стандартам он не считается ведущим актером, при всем его таланте и профессионализме. При этом он снялся в целом ряде значительных и довольно крупных второстепенных ролей, у него были важные характерные роли, — скажем, незадолго до «Преступлений и проступков» он сыграл у Фрэнсиса Копполы в фильме «Такер: Человек и его мечта». Почему вы остановили свой выбор именно на нем?

У меня не было своих кандидатов. Находить таких исполнителей очень сложно. Среди британских театральных актеров подобных много, а в Америке с ними проблема. На роль Иуды никто не годился. Мартина Ландау я видел у Копполы, и мне понравилась его роль. Коппола в значительной степени способствовал его известности — в этом смысле талантливый режиссер сыграл ничуть не хуже, чем сам Ландау. Мартин — талантливый актер, и Фрэнсис первым это обнаружил. На самом деле Фрэнсис открыл перед ним новые перспективы. Моей заслуги в этом не было. Я просто увидел Мартина у Копполы, он мне понравился, произвел на меня впечатление. Посмотреть этот фильм мне порекомендовала Джульет Тейлор. И потом мы с Джульет пригласили его в Нью-Йорк с тем, чтобы предложить ему роль брата, которую в конечном счете сыграл Джерри Орбах. Он прочел сценарий и принял наше предложение. И только потом нам пришло в голову, что, раз уж он все равно в Нью-Йорке, можно попробовать его и на другую роль. Тем более что других кандидатов у нас на тот момент не было. Мы попросили Мартина попробовать другую роль. Он страшно обрадовался, сказал, что именно эту роль ему и хотелось бы сыграть: «В ней есть размах». Он начал читать реплики Иуды, и в его устах они прозвучали абсолютно естественно. Интересная вещь: из всех актеров, с которыми я когда-либо работал, только Мартин озвучивает реплики так, как я их слышу. Все разговорные обороты, языковые особенности, интонации воспроизводятся абсолютно точно. Из всех людей, которые читали мои диалоги, только он один *(Вуди щелкает пальцами)* не ошибся ни разу. Все, что он произносит, произносится правильно. Мне приходилось работать с самыми замечательными актерами, но он один читает диалог так, как был написан. Вероятно, это объясняется тем, что Мартин Ландау вырос в том же районе Бруклина, что и я, — всего в нескольких кварталах от моего дома. Мы росли в одной среде, он жил среди людей, которые так говорят. Он понимает эту речь на уровне инстинкта, все нюансы у него в крови. В этом смысле мне было легко с ним работать.

А что вы скажете об Анжелике Хьюстон? Если считать «Загадочное убийство в Манхэттене», она сыграла у вас дважды, но роль в «Преступлениях и проступках» стала для нее первым опытом сотрудничества с вами.

Мне хотелось, чтобы у Иуды была интересная, сильная, внушающая уважение подруга. И конечно же, Анжелика, одна из лучших американских актрис, подходит на эту роль как нельзя лучше. Но я не думал, что она согласится на эту роль: роль недостаточно для нее значительная и героиню в конце концов убивают. Но она согласилась и сыграла, конечно же, прекрасно. Она создала в сто раз более интересную героиню, чем сделала бы на ее месте любая другая актриса. Кроме того, ее внешность идеально подходит героине; достаточно увидеть, как она возвращается домой с сумками, забитыми продуктами, волосы убраны вверх. Сразу понятно ее отношение к Иуде, ее гнев; понятно, что она способна на многое. В ней достаточно решимости, ее ослепляет ярость. Лучше сыграть эту роль невозможно.

На мой взгляд, сцены, которые разворачиваются между Мартином Ландау и Анжеликой Хьюстон в квартире Долорес, принадлежат к числу лучших в фильме. Кроме всего прочего, они очень умело поставлены. Квартира очень маленькая, и вам приходится сводить перемещения актеров к минимуму. Вы снимали в настоящей квартире? Помните ли вы, как готовились эти сцены, как вы их ставили?

Да, это реальная квартира.

Я уже много лет снимаю эти длинные общие планы, и я просто по опыту знаю, как их ставить, о чем при этом нужно думать, а на что можно не обращать внимания. Самое важное — следить за действием и соотносить его с перемещениями актеров. Камера и актеры должны двигаться так, чтобы в нужный момент можно было правильно показать одного или сразу нескольких персонажей. Есть множество ситуаций, когда актер совершенно не обязательно должен быть виден, и на это не стоит обращать внимания. Но об этом нужно знать. Нужно чувствовать, насколько необходимо присутствие актера в кадре. Бывает, что сцена, в которой произносятся ключевые реплики и проговаривается самое важное, смотрится гораздо эффектнее, если говорящих не видно. На что следует обращать внимание, так это на общую хореографию сцены: актеры должны двигаться так, чтобы крупные и средние планы получались по ходу их движения сами собой и всегда в нужный момент. Собственно, поэтому постановка таких сцен занимает достаточно много времени. Но так уж я снимаю. Утром я прихожу на площадку один, без актеров, начинаю планировать сцену, советуюсь с Карло, и мы вырабатываем общий план. Потом он выставляет свет, и только затем я приглашаю актеров и объясняю им, в какой части площадки и как они должны двигаться. Актеров, не готовых работать в таких условиях, я попросту не приглашаю в картину. Конечно, какие-то изменения приходится вносить уже в ходе репетиции, в каких-то вещах мы ошибаемся. Но в конечном счете после длительной работы сцена определяется полностью, и когда начинаем снимать, мы снимаем все сразу. То есть если смотреть по конечному результату, вся эта процедура вовсе не является пустой тратой времени. Бывало, что мы со Свеном, или с Карло, или с Гордоном Уиллисом работали весь день и приступали к съемкам не раньше пяти вечера. На планирование сцены уходил весь день. Но зато в пять мы начинали снимать и за десять минут делали семь страниц сценария. С точки зрения производительности можно считать такой день вполне продуктивным.

Складывается впечатление, что вам нравится ставить сцены в тесных пространствах наподобие этого. Я наблюдал, как вы работаете с Анжеликой Хьюстон в похожей, тоже очень маленькой квартире. На самом деле для стороннего наблюдателя там места не было, настолько она была тесной. Вы воспринимаете подобные пространства как тест на профессионализм, как задачу, решение которой приносит вам удовлетворение?

Нет. Мне важно, чтобы квартиры были настоящие, от них должно веять подлинностью. Поэтому, если персонаж живет по сценарию в маленькой квартирке, я стараюсь подыскать для съемок маленькую квартирку. Я ищу ровно такое жилье, которое они могли бы иметь в реальности. Конечно, Карло жалуется. Но что я могу сделать? Бывает, правда, что я останавливаюсь на каком-то объекте, а потом приходит Карло и говорит, что снимать там невозможно и что за качество он не ручается, и мне приходится отказаться от этой квартиры. В таких случаях мы начинаем искать другую квартиру — тоже маленькую, но с какой-нибудь террасой или балкончиком, где он мог бы расставить свои фонари. Но если говорить в общем, все операторы, с которыми я работал: и Гордон, и Свен, и Карло, — умеют снимать в тесных помещениях.

Едва ли не самыми захватывающими в фильме я считаю сцены, которые идут сразу после убийства Долорес. Вы даете несколько планов, сосредоточенных исключительно на Иуде: он сидит в одиночестве у себя дома в ванной, потом рассматривает свое слегка расплывшееся изображение в зеркале, тоже в ванной. Вы помните, какую цель вы преследовали, монтируя этот кусок?

Моя идея состояла в том, что как только Иуда получает от брата подтверждение, что дело сделано, в его жизни совершается нечто необратимое, он переступает определенный порог. И он вдруг начинает это понимать. Его охватывают смешанные чувства: он одновременно испытывает и облегчение, и страх. Когда он сидит в холле со своими гостями, они вдруг кажутся ему инопланетянами. Они обсуждают какие-то светские новости, а он в это время думает, что ему нужно вернуться в квартиру любовницы. Внезапно его охватывает беспокойство, он понимает, что боится. Только у нее в квартире ему удается с этим волнением справиться. Меня интересовало, о чем он в это время думает. Я был занят исключительно состоянием его сознания.

Да, и здесь вы даете себе, своему герою и зрителям достаточно времени, чтобы пережить этот опыт, примерить его на себя. Как и в большинстве ваших фильмов, в «Преступлениях и проступках» сюжет разворачивается довольно стремительно, но в этом месте вы делаете паузу, повествование на какое-то время задерживается.

Верно. Потому что это очень значительный момент. Важно приостановить стремительный поток повествования и оглядеться. Внутренний конфликт героя в этот момент гораздо важнее, потому что на него только что легла ответственность за ужаснейшее деяние.

Мы уже обсуждали крупные планы в связи с «Другой женщиной»: там вы используете их, чтобы дать нам представление о внутреннем состоянии героини Джины Роулендс. Здесь вы похожим образом показываете героя Мартина Ландау.

Да, потому что в обоих фильмах мы имеем внутренний конфликт героя. И лучшее, что можно в такой ситуации сделать с камерой, — это максимально приблизить ее к герою: возможно, в его лице обнаружится какой-нибудь ключ к пониманию происходящего. Внутрь ведь проникнуть невозможно.

Вы помните, как вы ставили сцену, в которой Иуда обнаруживает лежащее на полу тело Долорес? Сцена невероятно красноречива: сначала вы даете его лицо крупным планом, затем камера плавно спускается, мы видим его ботинки, камера следит за тем, как они проходят по полу, затем дает крупный план на ее лицо, после чего он, судя по всему, садится, потому что камера возвращается к нему и мы снова видим его лицо.

Очень хорошо помню. В этой сцене мне хотелось добиться особой плавности, потому что по моему замыслу этот момент должен был быть поэтичным, исполненным особой задумчивости. Поэтому всю сцену нужно было снять *legato*, чтобы сохранить настроение, не разрушить эти чары. Мне нужно было ввести его в состояние транса и продержать некоторое время в этом состоянии. Камера движется так, чтобы не сломать ритм, не оборвать его. Любой монтажный ход тут же вернул бы нас к реальности, поэтому здесь камера убаюкивает, и мы все дальше и дальше погружаемся в состояние его сознания.

Как вы подбирали музыку для сцены убийства? У вас звучит квартет Шуберта.

Собственно, так же, как я подбирал музыку к «Манхэттену». Мне давно нравился этот квартет. Задолго до того, как я занялся этим фильмом, я слушал его и думал: «Какая сильная музыка, сколько в ней напряженности и дурных знамений!» И когда пришло время решать, какой звук поставить в этом месте, шубертовский квартет вспомнился сам собой. Оказалось, что и здесь он создает нужное впечатление. Я вернулся к сценарию и поменял несколько реплик в разговоре между Иудой и Долорес, чтобы вставить туда Шуберта и таким образом предвосхитить сцену убийства.

Музыка достигает наивысшего напряжения, когда Долорес открывает дверь парадного и входит в дом.

Верно, кажется, что струнные издают не звук, а тревогу в чистом виде. Прекрасная музыка!

В фильме есть еще одна постоянно возвращающаяся тема: деньги. От Долорес исходит угроза шантажа, Иуда спрашивает, сколько нужно заплатить киллеру. Ваш герой, Клифф, — человек необеспеченный, а его шурин и соперник Лестер, наоборот, очень богат. И так далее. Каково ваше отношение к деньгам? Вы щедрый человек или вы не любите с ними расставаться?

О деньгах я никогда не думал. Я человек щедрый, о деньгах я не думаю. Я думаю только о работе. Если бы вы меня спросили, хотел бы я быть очень и очень богатым или нет, я бы ответил утвердительно. Мне бы хотелось быть баснословно богатым, но я палец о палец не ударю, чтобы приблизиться к этому состоянию. То есть я никогда не стану с этой целью снимать фильм или писать сценарий. Если ко мне придет человек, предложит огромные деньги за роль в каком-нибудь фильме, а фильм при этом окажется абсолютно идиотским, я приму его предложение. Такие вещи меня не смущают. Но в собственной работе я никогда не руководствуюсь финансовыми соображениями. В этой картине мне действительно хотелось выказать иронию по отношению к успеху, выражающемуся в деньгах, славе, материальных благах. Недостаточно иметь доброе сердце и преследовать благие цели. Общество ценит успех. То, что Лестер дурак, не имеет никакого значения. Ему сопутствует успех. И только потому, что ему сопутствует успех, его приглашают с лекциями в университеты, ему присуждают награды. И даже такая женщина, как Хэлли (Миа Фэрроу), в конечном итоге предпочитает именно его. А в случае Клиффа людям безразлично, что у него благие намерения. В реальной жизни, когда я заканчиваю кино, я готов бросаться людям на грудь и убеждать: «Посмотрите, у меня была такая замечательная идея!» Но им абсолютно все равно. Их интересуют победители. Победители — это слава, деньги, материальный успех.

Сначала мы смотрим на Лестера исключительно глазами Клиффа; он кажется нам клоуном (собственно, он и есть клоун), выскочкой, карьеристом. Потом вы пытаетесь изменить наши представления о нем, показать его с другой стороны. Например, за обедом Клифф начинает цитировать Эмили Дикинсон, и Лестер подхватывает цитату.

Да, потому что он не идиот. Эти Лестеры, с которыми нам то и дело приходится встречаться в жизни, не пещерные люди, не выигравшие в лотерею отморозки. Это умные и образованные люди, только очень пустые. Они невероятно серьезно к себе относятся. И самое печальное в фильме то, что все остальные тоже относятся к Лестеру серьезно. Хотя нельзя сказать, что он плохой человек.

Стихотворение Эмили Дикинсон, которое они цитируют, тоже посвящено смерти. Полагаю, оно не случайно там появилось?

Они цитируют «Я не остановилась — нет — //Остановилась Смерть — // И нам с Бессмертием вдвоём // Дала в карету сесть»[1], верно? Это замечательное стихотворение. Я использовал его в «Сентябре», но потом мне пришлось вырезать сцену, где его читают. Там его цитировал герой Сэма Уотерстона. То есть собственно Сэм его не цитировал — его цитировал Кристофер Уокен, это было в первой версии фильма, до того как я пригласил на эту роль Сэма.

В «Преступлениях и проступках» вы создаете более явную, чем в других ваших фильмах, перекличку между основным сюжетом и отрывками из старых картин, которые смотрят ваши герои. Скажем, сцена ссоры между Кэрол Ломбард и Робертом Монтгомери из «Мистера и миссис Смит» Хичкока, где она говорит, что отдала ему лучшие годы своей жизни, следует сразу после ссоры между Мартином Ландау и Анжеликой Хьюстон. И чуть позже вы даете отрывок из фильма «Он сказал „Убийство“»[2].

Да, я выстраиваю прямые соответствия, потому что одной из тем этой картины является разница между ре-

---

[1] «Because I could not stop for Death — // He kindly stopped for me — // The Carriage held but just Ourselves — // And Immortality». Цитируется в переводе Бориса Львова.

[2] Небольшая неточность С. Бьоркмана: в «Преступлениях и проступках» Аллен цитирует не картину Джорджа Маршалла «Он сказал „Убийство“» (1945), а песню с тем же названием из фильма «Куда кривая вывезет» (Happy Go Lucky, 1943, реж. Кертис Бернхардт), где ее исполняет Бетти Хаттон.

альностью и вымыслом. Можно жить реальной жизнью, можно существовать исключительно в кино, можно жить вымыслом. Кино равносильно вымыслу. В реальной жизни благие побуждения ничего не значат — значение имеет только успех. Люди совершают убийства, и это сходит им с рук, никто их не наказывает. А хорошие люди слепнут. Но можно жить вымыслом, уходить от реальности, противопоставлять вымысел реальности реальной жизни. На экране Бетти Хаттон может сколько угодно распевать «Он сказал „Убийство"», но в итоге убийство совершается в реальности. К сожалению, между реальной жизнью и вымыслом пролегает четкая граница.

Собственно, фильм и заканчивается размышлением над этой проблемой: к ней отсылает разговор между вами и Мартином Ландау на свадьбе. Он рассказывает вам о человеке, спланировавшем идеальное убийство, вы спрашиваете: «Это сюжет для фильма?» — и он отвечает, что нет, что это произошло с его приятелем в реальной жизни. В итоге дискуссия, разворачиванием которой и был весь фильм, завершается ретроспективной нарезкой кадров.

Потому что он прав. Мой герой склонен размышлять об убийстве, как если бы оно имело место в мире вымысла, тогда как на самом деле оно совершается в реальном мире. Он может рассуждать о нем исключительно с точки зрения кинематографа. Для него такие вещи в реальной жизни невозможны. Тогда как именно в реальной жизни они и происходят.

Ваш герой, Клифф, все время водит свою племянницу в кинотеатр «Бликер-стрит». К сожалению, этого кинотеатра больше нет. Вы тоже любили туда ходить?

Да, по двум причинам. Во-первых, потому, что сам кинотеатр был невероятно кинематографичен. Он выглядел так, как должен выглядеть настоящий кинотеатр, в нем чувствовалась подлинность. И во-вторых, потому, что на протяжении многих лет там шли замечательные программы. Я ходил туда довольно регулярно, потому что «Бликер-стрит» был одним из немногих мест в городе, где всегда можно было посмотреть Антониони, Трюффо, Орсона Уэллса и других режиссеров такого ранга.

В фильме Клифф говорит, что на нем лежит определенная ответственность за воспитание племянницы: перед смертью он обещал ее отцу, что обеспечит ей лучшее образование, какое только возможно. То есть, по-вашему, водить ребенка на дневные сеансы означает давать ему хорошее образование?

Да, потому что образование не сводится к чисто академическим занятиям. Всему остальному тоже нужно учиться. В том числе осваиваться в культуре, осваиваться в мире кино. И еще учиться ценить рыбалку, ценить бейсбол.

Еще Клифф советует своей племяннице не слушать, что говорят школьные учителя, а смотреть, как они при этом выглядят.

Конечно, потому что говорить они могут до бесконечности, но когда ты на них смотришь — по крайней мере, на тех, что были у меня в школе, — ты видишь озлобленных, жалких, унылых, ожесточенных людей. Стоило к ним приглядеться, и ты сразу понимал, что у них за жизнь и к чему они стремятся. Такого рода сократическое познание давало куда больше, чем традиционное обучение.

Любовные отношения между мужчиной и женщиной — еще одна сквозная тема фильма. В какой-то момент ваш персонаж, Клифф, показывает Хэлли (Миа Фэрроу) фрагмент интервью с героем его документального проекта, философом Луисом Леви. Леви, в частности, говорит: «Влюбляясь, мы преследуем странную, парадоксальную цель. Парадокс состоит в том, что влюбленный стремится найти в предмете своей влюбленности всю целокупность или отдельные черты тех, к кому он был привязан, будучи ре-

бенком, и тем самым пытается вернуть прошлое, но в то же время и аннулировать его». Вы тоже так считаете?

Думаю, это правда. Вся наша жизнь уходит на это. Мы пытаемся вернуться в прошлое и тем самым разрешить свои нынешние проблемы.

Еще одним важным героем фильма является, конечно же, раввин Бен. В какой-то момент он говорит: «Я не смог бы жить дальше, если бы не чувствовал всей душой смысла, стоящего за нравственным учением, всепрощения, которым оно пронизано, и некой высшей силы, всех нас направляющей».

Верно. Для меня самого Бен остается неоднозначной фигурой. С одной стороны, он слеп, даже не утратив зрения. Он слеп, потому что не видит жизненных реалий. Но, с другой стороны, он принадлежит к числу счастливых и блаженных, потому что у него есть то наиважнейшее, чем мог бы обладать каждый из нас, счастливейший из человеческих талантов — дар подлинной веры. Его вера в Бога неподдельна. Он действительно верит в то, что он говорит. И поэтому его не способна сломить даже самая страшная беда. Он слепнет. Но он все равно любит всех и каждого, любит этот мир, любит жизнь, любит свою дочь. Вера была у отца Иуды. У Бена тоже есть эта вера в Бога, подлинная вера, которая помогает им пережить любые несчастья. С верой можно преодолеть даже самые страшные напасти. Но как автор я полагаю, что Бен был слеп, еще не утратив зрения, потому что он не видит, что в этом мире реально, а что нет. Но именно благодаря этой своей наивности он счастлив.

Все, что вы описали, Сэм Уотерстон доводит до зрителя с филигранной точностью.

Да, потому что Сэм замечательный актер и ему присуща эта мягкость.

Должно быть, поэтому вы и решили посвятить финал картины именно ему: в завершающей сцене Бен танцует на свадьбе со своей дочерью.

Да, поскольку я полагаю, что в контексте этой истории он принадлежит к числу торжествующих. Клифф терпит поражение, Лестер остается напыщенным болваном, Иуда совершает безнаказанное убийство, а доктор Леви — самоубийство. У всех жизнь несладкая, всем приходится трудно. Но Бен одержал над всем этим победу, потому что единственное, или вернейшее, средство, которое, на мой взгляд, дает человеку возможность одержать победу в жизни, — это вера в Бога. Вера в Бога сильнее земной любви, любви между мужчиной и женщиной. Потому что даже самая верная, самая глубокая любовь обречена на потерю: в какой-то момент один из влюбленных умирает. И тогда все, что тебе остается, — это религиозность. И если религиозности нет, если нет веры, жить дальше очень тяжело. Бен — единственный в фильме, кто способен с этим справиться, несмотря на то что не понимает жизненных реалий. Можно, конечно, утверждать, что он понимает их глубже, чем все остальные. Но я лично так не думаю, я думаю, что он меньше всех понимает в жизни, поэтому я и сделал его слепым. Его вера слепа. Она помогает жить, но для этого нужно закрыть глаза и прекратить воспринимать окружающую тебя действительность.

Каковы ваши собственные религиозные убеждения? Те же, что у всех?

Гораздо хуже! Я думаю, что в лучшем случае мир абсолютно равнодушен. Это в лучшем случае! Ханна Арендт говорила о банальности зла[1]. Но мир тоже банален. И по-

---

[1] В работе «Эйхман в Иерусалиме», составленной из репортажей о судебном процессе над оберштурмбанфюрером СС Отто Адольфом Эйхманом. Эйхману, непосредственно ответственному за уничтожение миллионов европейских евреев, после войны удалось бежать и скрыться в Латинской Америке. В 1960 г. он был схвачен в Буэнос-Айресе агентами МОССАДа и тайно вывезен в Израиль. Суд над

скольку он банален, он преисполнен зла. Зло проистекает не от дьявола — оно коренится в банальности. Зло состоит в том, что мир равнодушен. Ты идешь по улице, видишь бездомных, умирающих от голода людей — и тебе все равно. В каком-то смысле ты становишься носителем зла. С моей точки зрения, равнодушие эквивалентно злу.

Ваш Луис Леви тоже говорит: «Мир — место довольно неприютное. Мы наделяем его собственными чувствами».

Да, и таким образом создаем для самих себя поддельный мир. Мы существуем в поддельном мире. В чуть более мелком масштабе то же самое можно наблюдать в спорте. Существует, например, мир футбола. Ты погружаешься в этот мир, и тебя начинают заботить какие-то совершенно бессмысленные вещи: у кого больше очков и т. д. Люди попадаются на эту удочку, а другие люди делают на этом деньги. Тысячи людей смотрят футбол, для тысяч людей очень важно, кто победит. Хотя на самом деле стоит на секунду отстраниться от этого, и станет очевидным, что совершенно не важно, кто победит. Это ничего не значит. Точно так же мы создаем для себя мир, который теряет всякий смысл, стоит только от него отстраниться. Никакого смысла в нем нет. Важно самим создавать это чувство осмысленности, потому что смысла самого по себе просто не существует.

Эйхманом длился более полугода. Философ Ханна Арендт (немецкая еврейка, вынужденная в тридцатые годы бежать из Германии в США) присутствовала на процессе в Иерусалиме и регулярно печатала свои репортажи в журнале «Нью-Йоркер». Отдельной книгой они вышли в 1963 г. В основе рассуждений Арендт лежит тезис о банальности зла. Она показывает, что нацисты не были ни психопатами, ни садистами. Зло, которое они совершали, совершалось не по злому умыслу, а в порядке выполнения приказов, проистекало из нежелания людей задумываться над тем, что они делают, было банальным. Банальная жизненная рутина обернулась величайшим из преступлений двадцатого века. Избежать его, по мнению Арендт, можно было лишь посредством небанального отказа каждого гражданина от выполнения преступных предписаний.

Вы заговорили о бездомных. Когда гуляешь по Нью-Йорку, сталкиваешься с невероятным количеством бедных. Создается ощущение, что ты приехал в страну третьего мира. Вам не кажется, что Соединенные Штаты и американцы стали намного равнодушнее к вопросам социальной политики и гуманистическим ценностям?

Не буду утверждать, что Америка равнодушнее, чем все остальные. Равнодушие не является национальным признаком. В Америке масса равнодушных людей, но в то же время и масса людей, чувствующих свою ответственность перед бездомными, людей, у которых сердце разрывается, когда они думают о положении народа в Сомали. Если взвесить все плюсы и минусы, Америка предстанет как довольно щедрая держава, поддерживавшая на протяжении многих лет массу прекрасных начинаний. Были, конечно, и случаи проявления тотального равнодушия. Совершались ужасные вещи. Но в итоге одно не перевешивает другого. Каждая страна, каждое национальное образование творит как добро, так и зло. Не думаю, что здесь есть лучшие и худшие. Если не принимать в расчет фашизма, который был скорее болезнью, чем политическим движением.

Как вам кажется, удалось ли Иуде в конечном счете разрешить свою моральную дилемму?

Разрешить? Конечно нет! Он вообще не воспринимает все это как моральную дилемму. Когда его брат предлагает убить Долорес, он выдает стандартную реакцию, обусловленную его социальным положением, но буквально через несколько минут, раньше, чем его брат успевает уехать, он начинает склоняться к тому, что это предложение нелишне было бы обдумать. И единственное, о чем он думает с этого момента, — это как оправдать для себя то, что он собирается сделать. Никаких особенных трудностей Иуда так и не встречает. Он способен найти выход из любого затруднительного положения, он сделает то, что ему нужно, и обязательно найдет себе оправдание. Он совершает убийство и остается безнаказанным. Потом он переживает несколько неприятных моментов, в течение некоторого времени ему действительно тяжело, но это проходит. Он уходит со свадьбы с женой-красавицей. Вскоре его дочь выйдет замуж. У него все хорошо. Если он сам не решит наказать себя, его никто не накажет. Зло бывает наказанным, только когда удается поймать преступника. Иуда страшный человек, но у него самого в жизни все хорошо.

Как вы сами оцениваете «Преступления и проступки» в сравнении с остальными вашими фильмами?

Думаю, он принадлежит к числу моих удач. Думаю, это неплохой фильм, потому что здесь у меня было над чем поразмышлять и при этом интересовавшие меня интеллектуальные и философские вопросы удалось представить в довольно занимательной форме. Там есть смешные моменты, и там есть напряженные моменты. В общем, я оцениваю этот фильм весьма позитивно.

Глава 21
«Алиса»

Доктор Янг: Страшит даже мысль о свободе.

Из фильма «Алиса»

*Полагаю, вы не случайно назвали главную героиню филь-
ма — а в честь нее и сам фильм — Алисой?*

В каком-то смысле не случайно. Но это не имеет никакого отношения к «Алисе в Стране чудес». У этого
имени чисто социальные коннотации: оно ассоциируется
с классом богатых и привилегированных[1]. Это не еврей-
ское имя, не итальянское имя, у него нет этнических
коннотаций. По моему замыслу Алиса Тейт должна была
быть богатой, очень благопристойной блондинкой. С тем
же успехом мне могло прийти в голову и другое имя,
например Лесли. Тогда бы я назвал фильм «Лесли».

*Насколько хорошо вы знаете класс, к которому при-
надлежат главные герои фильма — семья Тейт и их друзья? Ведь картина, очевидно, представляет собой сатирическое изображение богатых и среды, в которой они
вращаются.*

Я сам живу в этой среде. Я живу в пентхаусе на Пятой
авеню. Нью-Йорк, Верхний Ист-Сайд — это дорогой, очень
престижный район. Был период, когда я отводил детей в
школу или забирал их оттуда: зима, раннее утро, я прихожу
с детьми в школу и вижу, как другие мамаши приводят
своих детей. И каждое утро там было человек по пятнадцать мамаш в огромных норковых шубах и соболиных

---

[1] В оригинале используется разговорная аббревиатура WASP
(white Anglo-Saxon protestant) — белый англосакс-протестант.

манто. У них очень спокойная, обеспеченная жизнь, дом в Коннектикуте или в одном из Хэмптонов[1], дизайнерская квартира на Парк-авеню или на Пятой авеню. Все свободное время они посвящают шопингу и совместным обедам и время от времени участвуют в каких-нибудь проектах с художниками, писателями или политиками. То есть ведут довольно легкомысленную жизнь. Нельзя сказать, что мне не нравятся эти люди. Я не считаю их дурными. У них есть свой стиль жизни, который я нахожу довольно забавным. Но мне кажется, им было бы лучше, если бы они тратили свое время на что-нибудь более серьезное. Иногда они сами к этому приходят. Среди них довольно много видных персон, которые массу времени уделяют сбору пожертвований. То есть нельзя сказать, что они мне не нравятся. Я нахожу их забавными. Они богаты. Иногда они делают добрые дела, иногда совершают глупости.

Но вам ведь хотелось каким-то образом разбудить, растормошить Алису?

Да. Я думал, что вокруг такого типа женщины можно построить забавную историю. Потому что все женщины этого круга помешаны на акупунктуре, правильном питании, массаже, косметике, подтяжках и тому подобном. И я подумал, что было бы забавно отправить ее к специалисту по иглоукалыванию, который на самом деле является волшебником. И чтобы он полностью изменил ее жизнь. Потому что ее проблемы никак не связаны со здоровьем, она ничем не болеет. То, что ее беспокоит, имеет психическую, эмоциональную природу.

И вы хотите разбудить ее посредством снов и фантастических путешествий?

Да, я хочу, чтобы она по-другому взглянула на жизнь. И чтобы она сама начала жить по-другому.

---

[1] Городки Ист-Хэмптон и Саутхэмптон на восточной оконечности Лонг-Айленда, традиционное место отдыха богатых нью-йоркских семей.

*В последнее время в американском кинематографе про-
слеживается растущий интерес к сверхъестественным яв-
лениям — к духам, призракам, то и дело попадаются персонажи, которые получают возможность заново прожить
свою жизнь, вернуть молодость и т. д.*

Это естественно. По-настоящему верующих людей
практически не осталось, и стремление к чему-то духов-
ному не получает удовлетворения. Люди пытаются реализовать свои духовные запросы посредством психоана-
литиков, посредством акупунктуры, диет, здорового пи-
тания. Людям нужна какая-то внутренняя жизнь, нужно
во что-то верить. На это работает масса вещей. И это
находит свое отражение в кинематографе.

*Наблюдается, однако, и возрождение целого жанра —
жанра, который был невероятно популярным во время
Второй мировой войны, в конце тридцатых — начале сороковых. Достаточно назвать такие фильмы, как «Я же-
нился на ведьме» или «Небеса могут подождать»*[1]. *В конце
восьмидесятых стали появляться похожие фильмы. Видите ли вы какую-либо связь — социальную или полити-
ческую — между двумя этими эпохами?*

Связь можно усмотреть разве что в эскапизме, одинаково присущем обеим эпохам. В тридцатые—сороковые
годы люди стремились ускользнуть от ужасов войны, теперь они бегут от собственной душевной пустоты. Но
когда я снимал «Алису», меня такие вопросы не занима-
ли. Меня интересовала конкретная женщина, и я хотел
произвести переворот в ее жизни. «Алиса» — комедийная версия «Другой женщины». В «Другой женщине»
главная героиня, Мэрион, благодаря какому-то волшеб-
ству слышит разговоры за стенкой, и эти разговоры по-
буждают ее изменить свою жизнь. Здесь мы видим то же
самое, только в комическом переложении. Женщина

---

[1] Бьоркман ссылается на фильмы Рене Клера и Эрнста Любича,
вышедшие на экраны соответственно в 1942 и 1943 гг.

примерно того же типа приходит к переоценке собственной жизни — немного по-другому, но примерно с той же целью.

Как вы думаете, была ли эта роль особенно сложной для Миа Фэрроу?

Нет, ей очень нравилось работать, и она прекрасно справилась с ролью. С ее стороны все было сделано безупречно. На самом деле она похожа на свою героиню. По внешним данным лучшей актрисы было не найти. Эта была абсолютно ее роль.

А как попал в картину Уильям Херт?

Мне нужен был типичный обеспеченный муж — банкир и блондин. Я не особенно рассчитывал на Уильяма Херта. Я думал, он согласится прочесть сценарий и скажет, что играть не будет, потому что герой не самый приятный человек и что роль слишком маленькая. Но нет, он прочитал, согласился и сыграл великолепно. С ним было очень приятно работать, его роль достойна самых высоких похвал.

Я тоже так думаю. В фильме есть гениальная сцена в спальне: Алиса спрашивает мужа, изменял ли он ей когда-нибудь, он отвечает, что нет, но чувствует, что должен задать ей тот же самый вопрос. И он его задает — с легкой иронической улыбкой, с самодовольной усмешкой, и эта усмешка говорит о его персонаже больше, чем все реплики, вместе взятые.

Верно. Как актер, он очень внимателен к такого рода тонкостям.

«Алиса» — фильм о свободе, об освобождении женщины. Но как говорит врач-китаец, «страшит даже сама мысль о свободе».

Это старая аксиома экзистенциалистов: ты свободен — и тебе страшно. По-другому не бывает.

В связи с этой максимой мне пришла на ум фраза Гейба из «Мужей и жен»: он объясняет своей жене, что «перемена равносильна смерти».

Да, перемена равносильна смерти. Это мое убеждение. Я против перемен. Потому что перемены — это старение, перемены — это ход времени, слом старого порядка. Вы, конечно, скажете, что в жизни бывают ситуации, когда человек не хочет ничего, кроме перемен, потому что ему как раз нужно сломать старый порядок. Но все равно, в конечном счете, перемены — плохой союзник. Как в природе. Перемены могут принести временное облегчение. Бедные и несчастные, конечно же, жаждут перемен, и когда что-то меняется, они испытывают временное облегчение. Но помимо этого временного облегчения, перемены — плохой союзник, друг до первой беды.

Но ведь для Алисы перемены равносильны жизни, не так ли?

Да, перемены ненадолго, перемены с маленькой буквы могут принести ей счастье. Но Перемены с большой буквы, перемены как таковые не принесут ей счастья. Пройдет время, дети вырастут, разъедутся, она постареет. Она не будет счастлива только потому, что она изменилась. Если бы у нее была возможность загадать желание и тем самым определить свою жизнь, она бы захотела остановить время, застыть, как фигуры в «Оде греческой вазе»[1].

---

[1] Аллен имеет в виду стихотворение Джона Китса «Ода греческой вазе» (1819), прославляющее нетленность фигур, неподвижную «свежесть старины», которую доносит до нас роспись на вазе. В стихотворении есть, в частности, такие строки:

О, не тужи, любовник молодой,
Что замер ты у счастья на пороге,
Тебе ее вовек не целовать,
Но ей не скрыться прочь с твоей дороги,
Она не разлучится с красотой,
И вечно будешь ты ее желать.

(Перевод Ивана Лихачева)

Она бы захотела остаться такой, какая она есть, застыть в определенном возрасте.

Но в какой момент она пожелала бы застыть? Мне кажется, ей бы не захотелось навсегда остаться в том положении, в котором она находится в начале фильма.

Нет, конечно, не в этом положении, но в конце концов ей бы все равно захотелось на чем-нибудь остановиться. Верно, она не хочет оставаться такой, как в начале фильма, ей хочется перемен. После того как она изменилась, ей, как мне кажется, удастся лучше реализовать свои возможности. Но и это пройдет. И когда это пройдет, она обнаружит, что ее ждет очень незавидный конец. И вот тогда она скажет себе: «Теперь я готова на все. Я буду счастлива вернуться к своему мужу (Уилья-му Херту). Я согласна на любой исход, потому что мне не нравится последняя из ожидающих меня перемен».

Очень забавно наблюдать, как меняется Алиса после первой чашки чая, который предложил ей доктор Янг. Она начинает соблазнять Джо Мантенью в детском садике.

Да, в этой сцене Миа сыграла отлично.

Почему вы пригласили Джо Мантенью на роль любовника? Вы видели его роли в пьесах и картинах Дэвида Мамета?

Да, я видел его в театральной постановке «Американцев» и в первом фильме Мамета «Игорный дом». Мне очень понравились его актерские работы.

Вчера я посмотрел «Олеанну» Мамета. Мне кажется, что на сегодняшний день он является одним из лучших американских драматургов. Как режиссер он мне тоже нравится. Вы следите за его творчеством?

Я видел не все его работы, но от того, что видел, получил огромное удовольствие. Мне нравится то, что он делает, нравятся его фильмы. «Игорный дом» — замечательное кино. «Все меняется» с Доном Амиче, экранизация «Американцев»[1] тоже прекрасные фильмы. В общем, я отношусь к нему с большим уважением.

Он пишет в совершенно другой манере, чем вы. Его диалоги представляют собой набор коротких реплик, даже когда герои на самом деле произносят целые речи: короткое предложение, пауза, еще одно короткое предложение, пауза и так далее.

Верно, у него очень музыкальная манера, очень поэтичная. Для него огромное значение имеет ритм.

Мы уже говорили о технических моментах, связанных со сценами сновидений, когда обсуждали «Нью-йоркские истории». Теперь мне бы хотелось затронуть музыку, которую вы используете в этих сценах. Например, музыку, которой сопровождается появление первого возлюбленного Алисы, Эдди. Невероятно красивая мелодия. Что это? «Alice Blue Gown»[2]?

Нет, это «I Remember You»[3] в переложении для струнных. Очень трогательная, красивая мелодия. Пожалуй, наиболее романтичная в фильме. «Alice Blue Gown» — тоже красивая мелодия, это вальс. Он звучит, когда Алиса вспоминает свою сестру (Блайт Дэннер). Очень ностальгическая музыка.

---

[1] Под таким названием у нас известен фильм Джеймса Фоули «Гленгарри-Глен-Росс» (1992).

[2] «Синее платье Алисы» — песня из мюзикла Гарри Тирни и Джозефа Маккарти «Айрин» (1919), экранизированного в 1940 г.

[3] «Я помню тебя» *(англ.)* — песня Виктора Шерцингера и Джонни Мерсера из фильма «Пришел флот» (1942).

Глава 22
«Тени и туман»

> Клоун: Мы не похожи на других людей. Мы артисты. Вместе с талантом приходит ответственность.
>
> *Из фильма «Тени и туман»*

Как и всякий ваш новый фильм, «Тени и туман» оказался довольно неожиданным.

Неожиданным, да. Но делать его было весело. Я получил большое удовольствие от съемок.

Когда и при каких обстоятельствах вам пришла в голову идея этого фильма?

Много лет назад я написал небольшую одноактную пьесу с похожим сюжетом. И все это время я говорил себе, что из нее может получиться интересный фильм, но он должен быть черно-белым. И я спрашивал себя, где же его можно сделать? Мне, вероятно, придется ехать в Европу. А потом меня осенило, что все можно сделать в студии. И тогда идея стала принимать более отчетливые формы.

Как называлась пьеса?

Она называлась «Смерть». Я написал три одноактные пьесы — «Секс», «Бог» и «Смерть».

Ее ставили?

Да, но я не смотрел постановок.

Что общего между пьесой и фильмом «Тени и туман»?

Основной сюжет: героя будят посреди ночи и посылают на улицу; он вынужден стать членом команды по охране порядка или поимке убийцы и в течение ночи все больше и больше впутывается в эту историю. Эта тема присутствовала в пьесе.

Сюжет фильма, а точнее, ваш персонаж, Кляйнман, напомнил мне о романе Ганса Фаллады «Kleiner Mann, was nun?»[1]. *Там описывается типичный немецкий обыватель в типично немецком окружении в то самое время.*

Я не знаю этого романа. Мне просто показалось, что это хорошая метафора — человек, которого будят среди ночи и посылают на улицу, где он вынужден столкнуться с драматическими событиями. Я почувствовал, что если мне удастся на этом сюжете сделать фильм, который бы привлек внимание зрителя, показался бы ему одновременно веселым и страшным, то это даст возможность коснуться многих вопросов — психологических, философских, социальных. Так всегда происходит с метафорами.

Помимо прочего, фильм привлекает меня мастерским смешением трагедии и комедии.

---

[1] «Маленький человек, что же дальше?» (1932). Ганс Фаллада (наст. имя Рудольф Децен, 1893—1947) был одним из самых известных немецких писателей первой половины XX века. Роман «Маленький человек, что же дальше?» считается лучшим произведением Фаллады. Вот как характеризовал этот роман современник, эстетик марксистского толка Дьердь Лукач: «Здесь Фаллада изображает процесс пролетаризации мелких служащих. С одной стороны, он дает художественные картины частной жизни мелких служащих, находящихся под угрозой гибели, с другой — показ капиталистической рационализации универмагов. Он изображает не только экономическую гибель, но и моральную деградацию, которую вызывает процесс капиталистической рационализации (конкуренция между служащими, уничтожение солидарности и т. д.). Реализм разработки темы ограничен здесь тем, что Фаллада видит лишь гибель «маленького человека», но совершенно не замечает пробуждающихся антикапиталистических сил. Прежде всего он совершенно не понимает роли пролетариата» (Литературная энциклопедия: В 11 т. [М.], 1929—1939. Т. 11).

С этим я экспериментирую уже довольно долго, пытаясь сообщить комедиям серьезное или трагическое измерение. И это не так легко сделать.

Почему, как вы думаете?

Почему нелегко? Потому что очень трудно достичь нужного баланса — чтобы сюжет, оставаясь забавным, нес в то же время трагический пафос. Для этого требуется большое мастерство; все время пытаешься, все время боишься, что ничего не получится, — нужно какое-то везение, чтобы такой фильм получился.

Я думаю, в этом фильме вам удалось этого добиться: с самого начала возникает чувство беспокойства, мы недоумеваем, куда может завести нас эта история. И только минут через двадцать мы начинаем улавливать композиционную структуру, которой подчинены происходящие на экране события. Похожую структуру вам удалось воспроизвести и в манере съемки, в решении каждой конкретной сцены. И этот прием, как мне кажется, был придуман заранее, задолго до того, как вы начали снимать.

Да, мы решили, что форма каждой отдельной сцены будет определяться ее содержанием. Объединяющим стилистическим элементом были тени и туман — они держатся всю ночь и проходят через все сцены. Кроме того, от случая к случаю появляются сцены в борделе — как короткая передышка перед тем, как снова выйти на улицу.

Возьмем для примера сцену с Кейт Неллиган, которая играет невесту Кляйнмана. Мы видим ее исключительно на расстоянии, она показывается в окне наверху. Вся сцена снята одним круговым планом, который начинается с ее фигуры в окне и заканчивается внизу на улице, где стоите вы и героиня Миа Фэрроу.

Собственно, ее роль к этому и сводится: она не более чем неясная фигура, еще одна характеристика буржуазного существования этого безобидного клерка. Он пытается жениться на женщине, которая его не любит и которая готова обратить на него внимание, только если он получит повышение по службе. Для него она всего лишь голос свыше, голос из темноты.

Однако точно так же построены и другие сцены. Все они очень цельные, будто высечены из одного куска, монтажа нет вообще.

Я вообще стараюсь свести его к минимуму. Если вы посмотрите «Алису» или «Преступления и проступки», то обнаружите, что со временем монтажа становится все меньше и меньше. В последних пяти-шести фильмах его почти нет. Мне очень сложно заставить себя разбить сцену. Не знаю, чем это вызвано, но в процессе съемок я почти совсем не могу думать в терминах монтажа. Возможно, когда-нибудь мне придет в голову идея фильма, в котором монтаж будет абсолютно значимым композиционным элементом. Но если говорить в целом, это просто не мой ритм.

Стоит ли за вашим отношением к монтажным стыкам какая-то специфическая причина? Например, морального свойства? Скажем, актерам при таком подходе должно быть гораздо проще играть.

Да, актерам так гораздо удобнее, потому что им не приходится по многу раз повторять одно и то же: чтобы сняли сначала в одном ракурсе, потом в другом, потом еще раз в третьем.

И они чувствуют себя увереннее, поскольку знают, что на экране потом появится ровно то, что они сейчас сыграют.

Верно, они знают, что никакой монтаж потом не испортит то, что они сыграли. Правда, они жалуются, что приходится запоминать сразу много текста. Это им не нравится. Но зато им нравится, что если сцена снята, то она снята — будь это хоть семь страниц сценария, хоть десять, но если снято, то снято. Когда актеры подписывают контракты на участие в моем фильме, им всегда говорят, что обязательно будут пересъемки и что они должны заранее планировать свое время. Пересъемки — это мое. Я могу снимать одно и то же два-три раза, могу переснимать по пять раз, могу заново отснять всю картину. И все актеры обычно соглашаются. Это если говорить об отрицательных моментах. А если говорить о положительных, то актерам не приходится специально приезжать в тон-ателье записывать реплики. Никогда.

Можно ли считать, что именно такого рода соображения подтолкнули вас к тому, чтобы снимать исключительно сложные, тщательно проработанные долгие планы? Или были другие аргументы — скажем, технического характера?

Мне так удобнее. Я просто не вижу никакой необходимости давать разные планы. Время от времени бывают, конечно, ситуации, когда я понимаю, что какой-то особый нюанс иначе, чем сменой плана, не донести. Но такая необходимость возникает крайне редко.

«Тени и туман» во многом напоминает мне работы режиссера немого кино, которого я очень люблю, — Фридриха Вильгельма Мурнау.

Да, Мурнау был великим мастером. Когда собираешься снимать такого рода историю, моментально приходит на ум немецкий экспрессионизм, потому что снимать ее в современном антураже было бы неправильно. Такая история может происходить только в какой-нибудь европейской деревушке. Это не американская история — у нее другой ритм, другой темп. В Америке ничего подобного произойти не могло. То есть подобная история приобрела бы в Америке совершенно другой оборот. Поэтому, когда я думаю о тенях, о тумане, о каких-то грозных фигурах, о человеке, которому всю ночь приходится бродить по улицам, я сразу же вспоминаю немецких мастеров, которые часто работали именно в этой атмосфере. И которые все свои фильмы делали в студии.

И все же атмосфера вашего фильма больше ассоциируется с Мурнау, а не с Фрицем Лангом, хотя критики сравнивали вашу работу именно с его картинами.

Пожалуй. Видимо, моя картина чуть более поэтична. Фриц Ланг работал жестче. Мурнау склонялся к *legato*.

В этом отношении все время вспоминается его «Восход солнца».

Да, это потрясающий фильм.

«Тени и туман» — картина очень атмосферная, стиль и композиция играют в ней немаловажную роль. Композиционно фильм строится как последовательность долгих, тщательно продуманных планов. Когда вы снимаете подобного рода сцены, насколько подробно вы обсуждаете их с Карло Ди Пальмой? Рассчитываете ли вы на его предложения или предпочитаете следовать собственному, заранее сложившемуся видению каждой отдельной сцены?

Мы начинаем с обсуждений — довольно подробно оговаривается, какой эффект должна производить каждая конкретная сцена. Скажем, в «Тенях и тумане» есть эпизод, который разворачивается между фургонами циркачей. Здесь мы четко определили, что свет будет снизу, хотя это и выглядит нереалистично. Но мы договорились, что нас это не волнует и что, если вместо лица будет виден только силуэт, нас это устроит. То есть каждая сцена разрабатывается заранее во всех деталях.

В «Тенях и тумане» довольно много контрового света.

Да, потому что в тумане контровой свет дает абсолютно нереалистичную, но очень поэтическую картинку.

От кого исходила эта идея — от вас или от Карло Ди Пальмы?

Перед началом съемок мы полдня потратили на кинопробы. Мы приехали на площадку и стали пробовать разные типы освещения. Пробовали работать с естественным светом, пробовали разные типы пленки, пробовали контровой свет, пробовали ставить в отдельных местах максимально низкий свет. Потом мы посмотрели, что у нас получилось, и пришли к выводу, что в этом фильме лучше всего будет работать нереалистическая картинка в драматичном контровом свете.

Я сразу же вспоминаю одну из самых драматичных сцен фильма, когда вы убегаете от преследователей вдоль длинной ограды...

Именно. Мы могли поставить реалистичный свет, но в драматическом освещении она смотрится гораздо убедительнее. А поскольку все снималось на студии и ничего реального вокруг не было, мы чувствовали полную свободу и распоряжались светом как хотели.

Натурных съемок не было вообще?

Нет, это все декорации. Мы ни разу не вышли на улицу, все было снято в павильонах. Художник-постановщик Санто Локуасто сработал блестяще. И конечно, задача облегчалась тем, что фильм черно-белый и все окутано туманом. Когда он закончил работу над декорациями, у меня не было уверенности, что их будет достаточно для съемок. Я был готов к тому, что через неделю все декорации будут задействованы и мы не сможем продолжать, пока он не изготовит в десять раз больше. Но потом выяснилось, что, если распоряжаться ими с умом и постоянно что-нибудь передвигать и менять местами, можно обойтись тем, что мы имели.

На какой студии вы снимали? На «Кауфман-Астории»?

Да, это довольно большая студия.

Мне бы хотелось поговорить об актерах. Мне кажется, вы относитесь к ним с особым любопытством. У вас очень часто снимаются абсолютно новые для вас люди. В «Тенях и тумане» мы видим Джона Малковича и Джоди Фостер, Кэти Бейтс и Лили Томлин, Кейт Неллиган и Джона Кьюсака. Здесь сказывается ваша потребность время от времени менять команду, чтобы иметь возможность поработать с новыми талантами, новыми творческими характерами?

Нет, никаких сознательных действий в этом направлении я не предпринимаю. Мы просто пытаемся понять, кто будет лучше всего смотреться в той или иной роли. И когда мы приходим к определенному мнению, пытаемся пригласить именно этого человека. Нас не волнует статус этого актера, нас не заботит, знаменит он или вообще неизвестен. Мы смотрим исключительно на то, насколько он соответствует данной роли. Иногда, правда, актеры мне звонят — скажем, Джоди Фостер звонила именно с таким предложением — и говорят, что хотели бы сыграть в одном из моих фильмов. Когда позвонила Джоди, я просмотрел сценарий и понял, что единственная роль, которую я могу ей предложить, — это роль проститутки в борделе. Я позвонил ей и сказал, что съемки займут всего три или четыре дня, и она ответила, что это ее совершенно устраивает, потому что ничего большего она и не хотела. То есть бывает так, что мне звонят и спрашивают, нет ли подходящей роли, но чаще всего мы просто подбираем лучшего, на наш взгляд, актера, не обращая внимания ни на какие другие моменты.

Сцены в борделе вышли замечательно. Мне особенно нравится сцена за столом, когда вы одним планом, простым поворотом камеры даете всех персонажей, безотносительно к тому, говорят они что-нибудь в данный момент или нет.

Потому что это не имеет значения. Здесь важен сам факт разговора и ощущение, которое должно создаваться, когда ты попадаешь в бордель. Никто не спит, все полны энергии, люди разговаривают, закусывают, а на улице в это время холодно, темно и страшно.

Вы уже рассказывали, как работаете с актерами. Однако мне все равно любопытно: неужели вы никогда не встречаетесь с ними до начала съемок, скажем, чтобы вместе пообедать и обсудить с ними роль?

Нет, никогда. В этом смысле я абсолютно несветский человек.

Но можно же встретиться прямо здесь, в офисе, или...

Я стараюсь этого не делать. Если я предлагаю одну из основных ролей, я даю полную версию сценария, они читают и потом звонят сказать, что сценарий их устраивает и что они согласны. Я говорю: «Отлично!» Бывает, что актер сразу же задает мне несколько вопросов, но обычно этого не случается. Я говорю: «Увидимся на съемках!» — и на этом наше общение заканчивается. До начала съемок я никаких репетиций не устраиваю. Собственно, первый съемочный день начинается с разбора сцены, которую мы собираемся снимать. Первые раз или два они играют самостоятельно, и только потом я начинаю вносить какие-то поправки. Но мне нравится, когда на самой первой репетиции я вижу их собственные идеи, когда я ничего им не запрещаю и ни к чему конкретному не подталкиваю.

То есть когда вы репетируете перед камерой, от актеров не требуется точного попадания в настроение, не требуется иметь какое-то определенное выражение лица?

Нет, я прошу их не делать ничего особенного. Я стараюсь предоставить им максимальную свободу, не требую от них какой-то особенной точности. Я вообще не люблю репетиций. Кадр определяется до того, как они появляются на площадке. Пока они одеваются и гримируются, мы с Карло и статистами расставляем все в кадре, и когда они появляются на площадке, я просто говорю: «Начинаете отсюда, потом идете туда, потом переходите на это место, здесь пьете и далее уходите туда». Собственно, к этому все и сводится, это и называется репетицией. Реплики я слышу, только когда мы начинаем снимать первый дубль. И довольно часто первый дубль оказывается лучшим.

А что если актеру не удается сделать какую-то конкретную вещь, прописанную в сценарии?

Я не заставляю. Я всегда говорю актерам, что сценарий — вещь не абсолютная. Если что-то сделать не удается, придумайте сами, чем это заменить.

Но если речь идет о чисто комедийном проекте, где реплики имеют особую важность, вы вряд ли разрешаете актерам вносить что-то свое?

Конечно, но тогда они и не пытаются. Хороший комедийный актер всегда понимает, в чем заключается шутка, и старается ее сохранить. Но в комедиях чаще всего играю я сам, и большинство шуток достается мне. В комедиях вообще ситуация немного другая, там актеры стараются вообще не отступать от сценария.

В «Тенях и тумане» ваш персонаж не многим отличается от героев, которых вы играете в фильмах, где действие разворачивается в наше время. Несмотря на то что Кляйнман живет в тысяча девятьсот двадцатом году или около того, у него примерно те же черты, что и у других ваших киногероев.

Верно, потому что ничего другого мне просто не сыграть. Я не считаю себя актером в собственном смысле этого слова. Все, на что я способен, — это комедийные роли определенного типа, и, собственно, их я и играю.

Но вы снимались и в других ролях, у других режиссеров, например в фильме Мартина Ритта «Фронт».

Да, но все они тоже не слишком отличались от того, что я обычно делаю.

В начале фильма клоун (Джон Малкович) говорит: «Мы не похожи на других людей. Мы артисты. Вместе с талантом приходит ответственность». Вы с ним согласны?

Думаю, что в этом есть доля тщеславия — считать, что художник чем-то отличается от других людей, втайне думать, что в чем-то ты выше, чем все остальные. Я не согласен с тем, что художник в чем-то превосходит других людей, я не верю в особое предназначение художника. Не думаю, что талант сам по себе является каким-то достижением. Талант — это дар Божий или вроде того. Но я действительно считаю, что если уж тебе посчастливилось иметь талант, ты несешь за него определенную ответственность. В том же смысле, в каком богатый наследник отвечает за вверенное ему состояние.

В фильме есть и другие слова, они принадлежат вашему герою: «Ночь дает ощущение свободы». Вы считаете эту фразу ключевой для понимания фильма?

Да, это часть метафоры, на которой построен фильм: когда посреди ночи ты оказываешься на улице, возникает ощущение, что цивилизация исчезла. Магазины закрыты, кругом темно — сразу чувствуешь себя совершенно иначе. Начинаешь понимать, что город — всего лишь навязанная тебе условность, он создан такими же людьми, как ты сам, и что на самом деле ты живешь не в городе, а на планете. Природа дика, а цивилизация, которая тебя защищает, цивилизация, благодаря которой ты можешь создавать для себя превратное представление о жизни, создана такими же людьми, как ты, и просто тебе навязана.

Город, в котором разворачиваются события фильма, и декорации в целом можно рассматривать как проекцию внутреннего разлада и закрепощенности главного героя. Возьмите, к примеру, сцену, в которой Ирми и Кляйнман сталкиваются с его начальником. Все трое оказываются в буквальном смысле запертыми в узеньком тупичке, которым заканчивается улица. Здесь декорации сами становятся средством описания ситуации.

Конечно, они отражают эмоции героев. Я всегда считал, что в кино необычайно важны обстановка и атмосфера. В «Воспоминаниях о звездной пыли» всякий раз, когда мой герой оказывается в своей нью-йоркской квартире, мы видим новые обои на стене. Предполагается, что квартира является выражением его душевного состояния. Для меня это очень важный аспект: по отношению к внутреннему состоянию внешний мир воспринимается исключительно как функция.

В «Тенях и тумане» эта идея абсолютно очевидна, и понятно, что вам удалось добиться ее полной реализации, поскольку весь антураж и все декорации создавались в павильоне. Как разрабатывалась концепция декораций, идея создания внутренней архитектуры? Как строилась ваша работа с художником-постановщиком Санто Локуасто?

Мы садились и обсуждали каждую сцену в отдельности: сначала речь шла об общем подходе, потом делались рисунки и модели. Если бы фильм снимался не на студии, мы бы обсудили, что нам нужно, и отправились бы смотреть и выбирать натуру. Но в данном случае требовалось как раз проектирование.

Карло Ди Пальма принимал участие в процессе уже на этом этапе?

Да, он присутствовал на всех наших встречах, начиная со второй. И он все время говорил: «Давайте мы не будем строить вот это, потому что здесь мне будет некуда поставить свет». Комментарии у него были примерно такие.

Когда вы начинаете работу над новым фильмом, его обычно обозначают как «проект без названия». Бывали ли случаи, когда название для фильма рождалось у вас до того, как начинались съемки?

Да, и не раз. Например, название «Ханна и ее сестры» уже было у меня к началу съемок. Хотя обычно названий действительно нет. И никаких других причин, кроме того, что мне просто ничего не приходит в голову, здесь тоже нет. Потом, когда у меня появляется возможность посмотреть фильм, я начинаю думать, как его назвать. И часто спрашиваю совета у коллег — у режиссера монтажа, у оператора-постановщика, у художника по костюмам... Мы садимся все вместе, выслушиваем все предложения, какие-то отвергаем как неблагозвучные, какие-то как слишком драматичные, какие-то как чрезмерно фривольные — и в конце концов приходим к единому мнению. Обычно это происходит, когда фильм уже смонтирован и у нас есть возможность его посмотреть.

Музыка — очень важная для вас вещь, и ваш выбор всегда отличается необыкновенной точностью. Как вы подбирали музыку для этого фильма?

В данном случае у меня не было никаких идей. Я попробовал классику, но это звучало очень тяжеловесно. В какой-то момент я даже пробовал что-то из Грига, однако мне не удалось получить разрешение на те вещи, которые я хотел. Потом, когда фильм был уже закончен, я поставил какую-то мелодию Курта Вайля, она показалась мне очень уместной, я поставил еще одну, потом еще одну. В конце концов выработалась какая-то концепция, и мы озвучили его музыкой весь фильм. У нас сложилось впечатление, что ничего более подходящего и быть не может.

Раньше я никогда не слышал его мелодии в таких записях. Очень атмосферная оркестровка.

Мы старались использовать записи того времени. Мы нашли огромное количество старых записей. У нас даже был специальный человек, который занимался их поиском.

Глава 23
«Мужья и жены»

> Я пишу свои фильмы, а не снимаю.
>
> *Вуди Аллен*

«Мужья и жены» — довольно смелый проект, причем сразу в нескольких отношениях. Я люблю его как раз за эту смелость, прямоту, за его сыроватость и неприглаженность. Как вы пришли к этому стилю? На какой стадии работ вы решили снимать фильм так, как он в итоге был снят?

Я всегда удивлялся, сколько усилий и как много времени тратится на приглаживание фильмов, на изысканность и точность картинки. И я подумал, почему бы не начать снимать фильмы, в которых ценностью обладало бы исключительно содержание. Взять камеру и снять все с рук. Никаких тележек — что получится, то получится. И потом не заморачиваться цветокоррекцией, ничего особенно не микшировать, не придавать значения всей этой точности и просто посмотреть, что получится. Хочется сделать смену планов — делай и не переживай при этом, что получится слишком резкий переход. Делай все, что хочешь, забудь обо всем, кроме содержания фильма. Так я и поступил.

Но не кажется ли вам, что нужно достичь определенной ступени профессионализма, нужно иметь опыт, который вы сами обрели после более чем двадцати художественных фильмов, для того чтобы работать таким образом? Чтобы достало смелости пренебречь общепринятыми «правилами» режиссуры? Чтобы иметь уверенность, что такой способ работы не только возможен, но и эффективен?

Определенная уверенность в себе, конечно, нужна. Уверенность, которая приходит с опытом, дает возможность делать вещи, которые ты бы никогда не сделал в ранних фильмах. Становишься смелее, потому что с годами начинаешь куда лучше справляться с тем, что делаешь. На первых фильмах всегда стремишься (не только я стремился, у массы других режиссеров было то же самое) подстраховаться, наснимать побольше про запас — об этом мы уже говорили. Но с течением времени растут знания, появляется опыт, и ты просто перестаешь обращать на все это внимание, начинаешь в большей мере руководствоваться собственными инстинктами и проявляешь куда меньшую щепетильность в мелочах.

Какова была первая реакция вашего главного оператора, Карло Ди Пальмы. Стали обсуждать с ним этот новый стиль?

Он сразу же заинтересовался, потому что он ценит любую возможность создать что-то интересное и необычное с точки зрения операторской работы.

Наверное, в каком-то смысле его работа на этом фильме была чуть менее сложной, чем на всех остальных? Скажем, он мог тратить не так много времени на расстановку света для каждой сцены или он подходил к делу с той же тщательностью, что и всегда?

Ему действительно было проще — он выставлял только общий свет. И потом, я сказал актерам, что двигаться можно как угодно, в любом направлении, вне зависимости от освещения, лишь бы сыграли сцену, как находят нужным. Сказал, что во втором дубле можно играть по-другому, чем в первом, — главное, чтобы это было интересно. Второму оператору я сказал, чтобы снимал, что может снять: не попал — возвращайся и снимай заново, еще раз не попал — снова возвращайся, действуй по собственному разумению. Мы не репетировали перед камерой, ничего этого не было. Мы приходили на площадку, брали камеру и снимали сцену. Каждый при этом старался как мог. После этого фильма я стал сомневаться, стоит ли продолжать напрягаться и снимать старым добрым способом, если так получается быстрее, а в расчет принимается только конечный результат. Так что возможно, что я еще буду снимать таким образом. Это быстро, недорого и эффективно.

Съемки, вероятно, тоже заняли меньше времени, если сравнивать с другими вашими фильмами?

Гораздо меньше. И в первый раз за много лет — *на самом деле десятилетий* — я не исчерпал бюджет. Получилось и быстрее, и дешевле.

А досъемки на этом фильме были? Сколько на них ушло времени?

Три дня. Тогда как обычно я трачу на это недели. Часто доснимаю по целому месяцу. Я известный любитель доделок и переделок. А здесь на это ушло всего три дня.

Почему вы решили попробовать новый стиль именно на этом фильме? В каком-то смысле он конгениален теме и сюжету фильма. «Мужья и жены» — картина о треснувших отношениях и расколотых жизнях, и в этом смысле формальная сторона фильма...

...продолжает сюжетную линию. Но мне кажется, то же самое можно сказать и о массе других сюжетов. Этот стиль подошел бы огромному количеству историй. Постфактум он кажется созданным именно для этого сюжета. Но он точно так же хорошо смотрелся бы и во множестве других моих картин.

В каких, например?

Если бы я захотел, похожим образом можно было снять «Тени и туман». Или «Алису». Да любой из моих фильмов, все по порядку. Потому что для зрителей эмоциональную и духовную ценность представляет содержание фильма. Персонажи, основное существо фильма. Форма — вещь довольно простая, функциональная. Стиль может меняться — как барокко или готика в архитектуре. Важно одно: чтобы картина публику тронула, позабавила, заставила о чем-то подумать. А этого можно добиться и таким способом.

Сценарий «Мужей и жен» тоже был рассчитан на свободную импровизацию актеров или он ничем не отличался от сценариев других ваших фильмов?

Сценарий был такой же, как всегда, и актеры от него практически не отступали.

Картина представляет собой расследование внутренней жизни персонажей. Это тоже закладывалось на уровне сценария?

Да. Замысел состоял в том, что все эти люди живут своей обычной жизнью, но при них находится камера, которой позволено все; когда мне было нужно, чтобы герои дали понять, что они думают по какому-то конкретному поводу, они просто начинали об этом разговаривать. Я мог делать все, что мне вздумается, никаких уступок, никакого следования формальностям от меня не требовалось.

Кто, по-вашему, проводит расследование? Кто выступает в роли интервьюера?

Никогда об этом не думал. Видимо, зрители. Это был просто удобный способ заставить героев рассказывать о себе.

И все эти признания и свидетельства героев фильма были прописаны в сценарии? Актеры ничего не придумывали от себя?

Нет, все было написано заранее. То есть актеры могли, конечно, добавлять какие-то слова, приводить фразы к более разговорному виду, но не более того. Все было написано.

В «Мужьях и женах» вы даете куда более резкую картину человеческих взаимоотношений, чем в других ваших фильмах. Не последнюю роль в этом играют актеры, и в первую очередь Джуди Дэвис и Сидни Поллак.

Верно, здесь отношения куда более изменчивые и бурные.

Одна из самых драматичных сцен в фильме — телефонный разговор, который Салли приходится вести с мужем в квартире своего любовника, любителя оперы. Он оставляет чувство страшной неловкости, он поражает; он трагичен, но в то же время насквозь пронизан черным юмором. Джуди Дэвис сыграла эту сцену с большой бравадой.

Конечно. Мне хорошо знакомы такого рода ситуации, потому что мне самому приходилось в них бывать, то есть звонить, имея твердое намерение высказать какие-то претензии. А Джуди Дэвис, пожалуй, лучшая из современных киноактрис.

Лайама Нисона, который играет ее любовника, я впервые увидел именно в этом фильме.

Это ирландский актер. Он довольно много снимается — например, он снимался с дуэте с Дайан Китон в фильме «Добрая мама». Он сочетает в себе мужественность и интеллигентность, прекрасный актер, способный сыграть «обыкновенного человека». В нем нет ничего наигранного: каждое слово, каждый жест выглядят абсолютно естественно.

Почему на роль мужа вы пригласили Сидни Поллака?

Мы с Джульет Тейлор пытались понять, кто из актеров этого возраста мог бы сыграть эту роль, и оба остановились на нем. Потом мы встретились, он был очень заинтересован, предложил почитать из роли. И я тогда подумал: «Не дай бог он прочитает плохо — мне будет страшно неудобно ему отказывать!» Он начал читать, и сразу же стало понятно, что в этой роли он будет смотреться хорошо и естественно. Сыграл он замечательно.

Раньше, когда я видел вас в качестве актера в других ваших фильмах, этот вопрос у меня не возникал, — возможно, определенную роль здесь сыграл невидимый интервьюер, но в этой картине как-то особенно ясно, что вы постоянно выполняете двойную функцию: оставаясь режиссером, вы являетесь еще и актером. Что вы чувствуете, когда вам приходится режиссировать самого себя? У вас никогда не было сложностей в этом отношении?

Нет, в этом нет ничего особенного. Думаю, это просто неверное словоупотребление: мне не приходится режиссировать самого себя. Я автор сценария, я прекрасно знаю, что требуется от актера в каждом конкретном месте, и я просто делаю то, что требуется. Мне никогда не приходилось выступать в качестве режиссера по отношению к самому себе.

То есть вы руководствуетесь собственными внутренними ощущениями? Вы интуитивно понимаете, когда нужно сделать еще один дубль, и знаете, когда вы сыграли безупречно?

Да, это внутреннее ощущение. Если я не чувствую никакого дискомфорта, это почти всегда значит, что все получилось нормально. В этом отношении я очень редко ошибался. Чаще бывает наоборот: мне кажется, что что-то получилось не так, а потом оказывается, что сцена вышла куда лучше, чем я ожидал. Такое бывает.

Вспомните сцену, в которой ваш герой и молодая девушка, Рейн, которую играет Джульетт Льюис, гуляют в Центральном парке и обсуждают русских писателей.

Вы говорите о Толстом и Тургеневе, а потом предлагаете очень живое описание Достоевского: Достоевский, по-вашему, это «полноценное питание, с добавлением витаминов и экстрактом пшеничных зерен». Имя Достоевского то и дело всплывает в ваших картинах, а в некоторых из них присутствует специфическая «достоевщинка», своеобразная романная аура — я имею в виду такие картины, как «Мужья и жены», «Манхэттен», «Ханна и ее сестры», «Преступления и проступки». Между этими фильмами прослеживается определенная связь.

Думаю, «Манхэттен» выпадает из перечисленного вами ряда. Это романтическая история. В каком-то смысле «Манхэттен» одной ногой стоит на романтике и ностальгии, тогда как «Ханна», «Преступления и проступки» и этот фильм — вещи куда более мрачные. Гораздо более мрачные. В целом мне нравится эта романная идея, она всегда меня очень привлекала. Сама идея кинематографа как романа, действие которого разворачивается на экране, мне чрезвычайно близка. Меня не оставляет ощущение, что я пишу свои фильмы, а не снимаю. Что-то я нахожу в этом романном подходе. И хотя я то и дело ему изменяю, в таких картинах, как «Алиса», я, похоже, обречен к нему возвращаться. Меня привлекают реальные люди, реальные ситуации и жизненные коллизии. В романе можно сделать то же самое, что и в фильме, и наоборот. Как выразительные средства, роман и кинематограф на самом деле довольно близки. С театром не сравнить. Театр — совершенно другая вещь.

Когда вы работаете над сценарием такого фильма, как «Мужья и жены», или «Преступления и проступки», или «Ханна», у вас заранее есть четкое представление о каждом конкретном персонаже или их драмы развиваются по ходу дела, в зависимости от того, в какие отношения они вступают с другими персонажами и т.д.?

У меня все это складывается на интуитивном уровне. Я какое-то время размышляю над сюжетом, у меня складывается примерное представление, к чему все это может привести. Мне важно быть уверенным, что, когда я начну работать над этой историей в полную силу, мне не придется забросить ее на десятой странице. Когда я понимаю, что пространство для развития имеется, я пишу первый пробный вариант. Я пишу, смотрю, куда может завести сюжет. Иногда я понятия не имею, куда он может завести, и мне приходится специально придумывать концовки. Когда эта работа закончена, я вношу какие-то изменения и сразу же отдаю сценарий продюсеру, чтобы он начинал готовить бюджет и запускал фильм в производство.

Обратимся к сцене в такси: вы и Джульетт Льюис, которая играет молоденькую девушку, Рейн, сидите на заднем сиденье, и она рассуждает о романе, который написал ваш герой, Гейб. Она высказывает свое мнение уже не так открыто, как раньше, ее восторг уже не столь очевиден, суждения становятся все более и более критичными. Считаете ли вы такое отношение типичным для критиков, высказывающих свои суждения об искусстве, или для друзей автора? Они всегда начинают с похвалы, а затем постепенно отказываются от своей первоначальной точки зрения.

Да, отношение к каким-то вещам может меняться, и не всегда люди находят в себе силы быть до конца откровенными. У меня бывали случаи, когда человек, которому страшно нравился какой-нибудь мой фильм, терял уверенность в собственных оценках и начинал относиться к нему гораздо критичнее, побеседовав с людьми, которым этот фильм не слишком нравится.

В сцене в такси основное внимание уделяется Джульетт Льюис, а когда возникает необходимость показать другого персонажа — в данном случае вашего героя, — вы предпочитаете обычной «восьмерке» резкие монтажные переходы. У меня сложилось впечатление, что при мон-

таже из этого диалога часть реплик была просто вы-
кинута.

Да, кое-что мы действительно убрали. Это была самая трудная сцена во всем фильме. В такси нас нельзя было давать одним кадром, потому что объектив искажал лица. В профиль она смотрелась лучше, чем анфас. Меня же вообще так нельзя было показывать — при такой съемке у меня появлялся абсолютно уродливый нос. Тогда я стал пробовать снимать каждого по отдельности, мы попробовали все, что только можно, но сцена все равно не получалась. И тогда я решил, что раз уж Рейн смотрится нормально, можно оставить в кадре ее одну. Мои реплики никуда не денутся, зрители все равно их услышат, это не проблема. В итоге получилось даже интереснее...

Да, мне тоже так кажется. Определенно интереснее. Зритель как бы ставит себя на ваше место, мы воспринимаем все, что она говорит, с вашей точки зрения.

Джульетт Льюис — замечательная актриса.

Принадлежит ли она к числу актрис, сотрудничество с которыми вам хотелось бы продолжить? В том же смысле, в каком вы говорили о Дайан Китон, Дайан Вист и Джуди Дэвис?

Конечно. Безусловно. Она прекрасная актриса.

Вы используете технику резких монтажных переходов на протяжении всего фильма. Можно даже сказать, вы ею злоупотребляете: порой вы лишь мельком захватываете какую-то сцену и тут же переходите к следующей ситуации. Скажем, в самом начале «Мужей и жен» мы едва успеваем заметить в квартире Миа Фэрроу: кадр длится всего несколько секунд, и вы тут же даете резкий переход на разговор, причем в этой сцене она стоит примерно там же, где и в предыдущей. Это делалось намеренно? Вам хотелось, чтобы у зрителя на протяже-

нии всего фильма сохранялось какое-то постоянное ощущение?

Да, ощущение неудобства, тревоги. Мы как-то уже говорили об этом: ощущение диссонанса, которое получаешь, когда слушаешь Стравинского, и которого не возникает, когда слушаешь Прокофьева. Мне хотелось специально создать этот диссонанс, потому что внутреннее состояние героев, их эмоции, их умонастроения не согласуются друг с другом. Мне хотелось, чтобы зрители почувствовали эту шероховатость, эту нервозность. Невротическое ощущение постоянного беспокойства.

Как вы думаете, насколько возможность такого рода съемок обусловлена вашим знакомством с ранними фильмами Годара?

Годар создал массу замечательных кинематографических приемов. Теперь уже трудно сказать, сам я это придумал или взял этот прием из сокровищницы, унаследованной нами от великих режиссеров, которые занимались в свое время разработкой киноязыка. Бывает, делаешь что-нибудь свое, получается замечательно, ты доволен, но на самом деле этот прием только потому и появился, что ты знаком с некоторым объемом кинолитературы и разбираешься в семантике кинематографа. Здесь я могу говорить только за себя, но порой я делаю что-то абсолютно несводимое к каким-либо источникам, что-то, что никто и никогда не делал до меня, а иногда опираюсь на традицию киноязыка, созданного другими режиссерами. Так что в данном случае я не могу сказать ничего определенного. Но я с огромной любовью отношусь к вкладу, который сделал Годар в мировой кинематограф.

Я разделяю вашу позицию. Я всего лишь имел в виду, что Годар в какой-то момент просто взял и начал снимать по-своему, то есть имел достаточно мужества заявить, что с этого дня, с этого фильма можно снимать в том числе и таким образом.

Возможно, Годар действительно был первым, для кого значение имело исключительно содержание фильма, кто снимал как хотел и делал с фильмом все, что ему представлялось нужным. В этом состоит его вклад в кинематограф, и я ни в коей мере не отрицаю его важности.

Когда я посмотрел «Мужей и жен», мне вспомнился один из бергмановских фильмов. Единственное, что связывает вашу работу с этим фильмом, — это присущий обеим лентам элемент расследования и некоторые наступательные приемы в отношении публики. Я имею в виду картину «Из жизни марионеток», это мой любимый фильм из немецкого периода его творчества. Этот фильм тоже производит впечатление тщательного расследования, глубокого погружения в жизнь неизвестных тебе людей.

Да, это очень интересная картина. Я давно ее не пересматривал. Я видел ее, когда она вышла на экраны. Здесь у нее был довольно ограниченный прокат, никакого коммерческого успеха она не имела. Нужно посмотреть этот фильм еще раз, он замечательный.

Семейные неурядицы, дилеммы супружеской жизни, с которыми сталкиваются и о которых постоянно говорят герои вашего фильма, разделяют сегодня множество других пар. В том, что вы рассказываете о Джуди и Гейбе, о Салли и Джеке, многие узнают свои собственные истории.

Да, речь идет об очень распространенных проблемах. Мне приходилось сталкиваться с подобными сюжетами довольно часто.

Между «Ханной и ее сестрами» и «Мужьями и женами» есть еще одна забавная параллель: отношения героинь Дайан Вист и Кэрри Фишер к предмету их совместных воздыханий — архитектору, которого играет Сэм Уотерстон, практически совпадает с отношением геро-

инь Миа Фэрроу и Джуди Дэвис к редактору, которого играет Лайам Нисон.

Да, этот феномен мне кажется очень распространенным. Женщине нравится какой-нибудь мужчина, и она начинает его обхаживать вдвоем с подругой. С мужчинами такое тоже бывает. Не знаю, правда, на что они рассчитывают при таком раскладе.

Это своего рода проверка. В «Мужьях и женах» Джуди просит свою подругу Салли проверить, действительно ли она может рассчитывать на роман с Майклом или ей только так кажется.

Скорее, ей самой хочется завести этот роман, но у нее не хватает решимости. Она препоручает все дело своей подруге и таким образом сублимирует свое желание.

Не кажется ли вам, что скрытность, которую проявляют по отношению друг к другу Гейб и Джуди, — вещь очень распространенная среди супружеских пар? Я имею в виду, что они скрывают друг от друга свои произведения. Она не хочет показывать ему свои стихи, а он отдает свой роман на прочтение другой женщине.

Такое бывает. Есть какие-то тайны, какие-то очень личные вещи, с которыми связано ощущение стыда, или какая-то агрессия, или чувство вины. И люди стремятся не делиться этим даже с самым близким человеком. И это всегда становится проблемой. Со временем.

Почему вы решили разыграть прямо в фильме избранные места из романа Гейба, представить их экранизацию? Ведь он мог бы просто прочитать какие-то кусочки.

Мне хотелось, чтобы у публики сложилось очень четкое представление о том, как он воспринимает отношения между мужчиной и женщиной. И мне казалось, что будет лучше представить их именно таким образом — лучше, чем если он будет просто зачитывать отрывки.

Экранизацию смотреть интереснее. Кроме того, в структуре фильма они смотрятся как короткие интерлюдии, в которых проясняется, что думает Гейб по тем или иным проблемам человеческих взаимоотношений.

Когда дело дошло до монтажа этой картины, пришлось ли вам специально обсуждать новую технику, новый стиль съемки с режиссером монтажа Сьюзен Морс?

Все было прописано в сценарии. Там содержались специальные пояснения, что мы будем делать любые переходы, какие нам нужно, просто перескакивать с одного на другое и не обращать ни на что внимания.

И как она отнеслась к столь нетрадиционному подходу? Ей понравился новый стиль работы?

Очень. Нам обоим было весело. Для всех этот фильм стал развлечением. Группе было легко физически и технически. А актеры вообще были в восторге. Им не нужно было себя ограничивать, не нужно было просчитывать каждое движение. Можно было делать все, что угодно. В этом смысле было хорошо. Всем без исключения.

Глава 24
«Загадочное убийство в Манхэттене»

> Л а р р и: Беру назад свои слова о том, что жизнь
> подражает искусству.
>
> *Из фильма «Загадочное убийство в Манхэттене»*

*«Загадочное убийство в Манхэттене» — детективная
история...*

...которая была сделана исключительно ради развлечения. Режиссерские каникулы. Идея снять детектив появилась у меня много лет назад. На самом деле фильм «Энни Холл» изначально задумывался как детектив, но по ходу переработки сценария детективная часть исчезла. Я очень люблю такого рода истории, со всеми присущими им жанровыми условностями. И это мой первый фильм, целиком на них построенный.

Близок ли сюжет «Загадочного убийства в Манхэттене» к первоначальному замыслу «Энни Холл»?

Да, и мне кажется, что все это предприятие было достаточно бессмысленным с режиссерской точки зрения. Это абсолютно тривиальная картина, хотя мне было весело над ней работать. В некотором роде это был подарок самому себе. Некоторое потворство собственным желаниям. Мне всегда хотелось снять такой фильм. И я подумал, что после того, как я снял — не знаю, двадцать две или двадцать три картины, я могу позволить себе уделить какую-то часть года этой безделице. В качестве десерта, потому что этот фильм ни в коем случае нельзя считать полноценным обедом. Но я рад, что снял его, потому что съемки доставили мне огромное удовольствие.

Вы рассматриваете этот фильм как стилизацию и пародию на жанр?

Вовсе нет! Это обычная детективная история, идею которой придумал я и которую мы написали вместе с Маршаллом Брикманом. И мне хотелось, чтобы помимо собственно детектива в ней присутствовал элемент комедии. Я не собирался снимать серьезный детектив. Мне кажется, получилась приятная, чисто развлекательная лента.

Насколько вам интересен сам жанр детектива в кино и литературе?

Мне кажется, здесь нужно сразу выделить два типа. Есть детективные истории, в которых убийство используется лишь как трамплин или метафора более глубоких событий, — здесь можно вспомнить «Макбета», «Преступление и наказание». В этих произведениях убийство — лишь средство, позволяющее автору приступить к исследованию глубоких философских материй. И есть просто приятные, тривиальные, ничем не отягченные детективы; они могут быть серьезными, могут быть комичными, но в них нет никакой претензии на глубину и величие. Естественно, всем нравятся детективы первого типа, потому что именно к нему принадлежат важнейшие и величайшие произведения, в которых авторское видение мира и людей выражено с помощью убийства. К этому типу стремится, хотя, очевидно, не достигает высочайшего уровня, фильм «Преступления и проступки», где убийство является поводом для рассуждений морального толка. «Загадочное убийство в Манхэттене» к этому типу не относится вовсе. Здесь детективный сюжет использован в строго развлекательных целях; ни на какую глубину этот фильм не претендует. Но тем самым я не хочу принизить статус развлекательной культуры. У нее своя роль и свои шедевры. Возьмите, к примеру, сюиту «Щелкунчик» Баланчина. Это совершенно развлекательная вещь, но она прекрасная. Такого рода произведения занимают довольно важное место в культуре. Мне просто не хочется культивировать какие-либо иллюзии по поводу этого фильма. Знаете, в картинах Альфреда Хичкока часто видят массу всего. Я к этой школе не принадлежу. Я уверен, что сам Хичкок ничего значительного снимать не собирался и фильмы его начисто лишены какой бы то ни было значительности. Это прекрасные, но абсолютно незначительные картины. И я с этим фильмом как раз хотел пойти в этом направлении. Я хотел снять исключительно развлекательное кино.

Вы читаете детективы?

Хорошие детективы — большая редкость. Пожалуй, за всю свою жизнь я прочитал всего один по-настоящему хороший детектив — «Поцелуй перед смертью» Айры Левина. Его дважды экранизировали, но ни одна из экранизаций не получилась, притом что книга великолепна. Больше ничего по-настоящему замечательного мне читать не приходилось. Этот роман остается лучшим. Если говорить о кино, то «Двойная страховка» [1] вне конкуренции — этот фильм принадлежит к золотому фонду американской классики. «Хладнокровное убийство», роман Трумена Капоте, своего рода журналистский отчет, тоже замечательная, захватывающая история. Мне, как правило, нравятся детективные фильмы, но хороших среди них, опять же, очень мало. «Мальтийский сокол» — отличный фильм. «Двойная страховка» — неоспоримо лучший. Лучше просто не бывает. Мне нравилась картина Коста-Гавраса «Убийцы в спальных вагонах». Это хорошее кино. И конечно же, фильмы Хичкока. Некоторые из них, на мой взгляд, по-настоящему прекрасны.

Во время одной из наших встреч, которая состоялась до съемок «Загадочного убийства в Манхэттене», вы зака-

---

[1] Double Indemnity (1944) — фильм Билли Уайлдера по одноименному роману Джеймса Кейна. Считается первым фильмом-нуар в истории Голливуда.

зывали две ленты, чтобы посмотреть у себя в проекционной, — «Китайский квартал» и «Большая жара»[1]. Вы собирались посмотреть их в порядке подготовки к съемкам собственного фильма или вами руководил чистый интерес?

Я смотрел оба этих фильма и раньше, и, кстати, «Большую жару» мне так и не принесли — не смогли найти копию. А «Китайский квартал» я посмотрел еще раз. Это очень интересная работа, интересный сценарий, и, конечно же, Роман Полански — замечательный режиссер, а Джек Николсон — гениальный актер.

Вы никогда не интересовались классическими детективами Раймонда Чандлера, Дэшила Хэммета, Джеймса Кейна?

Нет. Я не хочу сказать, что они не умеют писать или что они плохо это делают, — я просто не люблю их читать. Пожалуй, ни одного из перечисленных вами. Но у меня всегда была слабость к таким вещам, как «Худой человек»[2]. Мне самому эта картина не кажется особенно хорошей, но в целом я способен смотреть такого рода ерунду. Есть еще фильм «Великий любовник» с Бобом Хоупом, Роланом Янгом и Рондой Флеминг — это комедия с детективным сюжетом. Замечательный фильм. Это моя слабость.

В новом фильме Дайан Китон вновь получила большую роль. Каковы ваши впечатления от этого этапа сотрудничества?

Дайан ни в чем не уступает величайшим комедийным актрисам Америки, она профессионал экстра-класса. Ду-

---

[1] Chinatown (1974) — картина Романа Полански с Джеком Николсоном в главной роли. The Big Heat (1953) — триллер Фрица Ланга с Ли Марвином в роли главного гангстера-садиста.

[2] The Thin Man (1934) — комедийный детектив В. С. ван Дайка по одноименному роману Дэшила Хэммета, история бывшего детектива и его богатой жены, которым шутки ради приходится раскрыть убийство.

маю, если выбирать двух лучших комедийных актрис, ими будут Дайан Китон и Джуди Холидей. С Дайан всегда приятно работать. Мы с ней хорошие друзья, и вообще в любом человеке она выявляет лучшие качества. Всех вокруг она заражает своей позитивной энергией, проект в целом начинает смотреться еще более привлекательно.

Думаете ли вы, что ее роль в «Загадочном убийстве в Манхэттене» дала ей больше возможностей проявить свои комедийные таланты, чем роли в предыдущих ваших фильмах?

Нет, потому что эта роль изначально писалась для Миа и я старался наделить ее чертами, которые ей нравятся. Миа любит комические сцены, просто у нее не столь широкое комедийное амплуа, как у Дайан. Поэтому Дайан сыграла эту роль смешнее, чем я предполагал, когда писал сценарий.

Но вы же могли переписать роль, чтобы она в большей степени соответствовала ее характеру.

В данном случае у меня было не так много пространства для маневра. С обычным сценарием я сделал бы это сразу же, как только получил от нее согласие сниматься. Но в данном случае почти ничего нельзя было исправить, потому что это детектив, здесь все держится на сюжете, какие-то серьезные изменения внести невозможно.

Когда я следил за работой по отбору натуры для этого фильма, меня поразила легкость процесса. Если принять во внимание, что произошло с вами в личном плане с августа девяносто второго года по январь девяносто третьего, то есть по сегодняшний день, нельзя не восхититься вашим умением разделять рабочий процесс и личную жизнь. Насколько это для вас сложно?

Забавно, что наше общение полностью совпало по времени с этим процессом. Но для меня это совершенно разные вещи. Я думал, что для того, чтобы выдержать этот стресс, нужно работать, что будет полезнее полностью сосредоточиться на работе. Я просто хороший, дисциплинированный работник.

В эпизоде, который разворачивается в театре, в одном из помещений за сценой, где Дайан Китон держат в качестве заложницы, ваш герой говорит, как только становится очевидно, что она спасена: «Беру назад свои слова о том, что жизнь подражает искусству». Мне эта фраза показалось ключевой для фильма в целом.

Так оно и есть. Ранее по фильму героиня Дайан обращает мое внимание на то, что жизнь подражает искусству, а я отвечал ей, что жизнь, к сожалению, подражает жизни, что искусство здесь ни при чем. Мы с ней постоянно возвращались к этому спору. И концовка картины в итоге свидетельствует, что жизнь действительно подражает искусству.

Это напомнило мне реплику из картины «Мужья и жены»: там молодая девушка, Рейн, говорит: «Жизнь подражает не искусству, а дешевому телевидению».

Это тоже правда.

На протяжении многих лет вы сотрудничаете с одними и теми же людьми. Скажем, Кей Чепин, помреж, работает с вами со времен «Энни Холл». Как и большинство основных членов съемочной группы: художник-постановщик Санто Локуасто, режиссер монтажа Сьюзен Морс, продюсер Роберт Гринхат, Томас Рейли, художник по костюмам Джеффри Керланд; почти у всех как минимум десяти- или пятнадцатилетний стаж работы на ваших проектах. Не могли бы вы рассказать, как они пришли к вам и почему ваше сотрудничество не прекращается до сих пор?

Постоянная съемочная группа — вещь очень важная для любого режиссера, не только для меня. Если бы на каждую картину приходилось подыскивать новых людей, пришлось бы выполнять в два раза больше работы. Люди, с которыми я работаю, появились в моей команде абсолютно случайно. Джимми Сабат, звукорежиссер, работал у меня уже на «Бананах», Кей Чепин появилась на «Энни Холл», тогда же к нам присоединился Джефф Курланд — он какое-то время был помощником Санто Локуасто. И у меня никогда не было повода отказывать этим людям и подыскивать им замену. Если люди уже работают у меня в группе и работают хорошо, я автоматически приглашаю их в следующую картину. То же самое нужно сказать о Сэнди Морс, которая работает со мной уже много лет. Нашим первым совместным фильмом был «Манхэттен», и я не вижу причин прекращать наше сотрудничество. С некоторыми из членов группы мы стали за эти годы друзьями, — естественно, я бы не стал продолжать работать с людьми, которые мне лично неприятны. Но в общем и целом у нас рабочие отношения. Мы совсем недавно это обсуждали! За все годы, пока мы снимаем эти фильмы, люди успели нарожать детей, жениться, развестись, кто-то умер. Забавно, сколько всего было пережито за это время!

Я полагаю, некоторые из членов вашей съемочной группы в каком-то смысле должны были стать для вас почти что членами семьи.

В каком-то смысле да. Пока снимается фильм, мне приходится проводить с группой огромное количество времени и мы очень тесно общаемся. Дело даже не в том, что во время съемок я провожу в тесном общении с группой каждый божий день с раннего утра до позднего вечера несколько месяцев кряду. Когда работаешь в офисе или в каком-нибудь похожем заведении, ты тоже видишь коллег каждый день, но в этом случае от слаженности работы не так много зависит, а в нашем деле эта слаженность требуется ежесекундно.

Вам не кажется, что, будучи режиссером и в этом смысле главным организатором работ, на психологичес-

*ком уровне вы замещаете для членов группы фигуру от-
ца? И если это так, то насколько сложно вам самому
приходится в этой ситуации?*

Скорее, у меня двойственная позиция. С одной стороны, я действительно в каком-то смысле для них отец,
но, с другой стороны, как мне кажется, они считают, что
я даже шнурки завязать не смогу, если они не будут мне
помогать. В общем, и то и другое правда. Однажды мой
отец заболел, семья тогда была во Флориде, и я тоже
туда полетел, чтобы побыть с родителями. Когда я вернулся, съемочная группа пребывала в несказанном изум-
лении по поводу того, что я смог сам туда слетать: «То
есть вы сами доехали до аэропорта?» Я им сказал, что я
весь мир облетел абсолютно самостоятельно. Но они не
могли в это поверить. Для них это было что-то невероятное. Они воспринимают меня как «ученого идиота»[1],
который способен снимать кино, но абсолютно несведущ
во всем остальном.

*Отмечалось, что профессию кинорежиссера следу-
ет считать одной из самых сложных, поскольку режиссеру приходится в течение одного дня принимать
гораздо больше самых разнообразных решений, чем человеку любой другой профессии. Считается, что в среднем человек за один рабочий день принимает от пяти до десяти важных решений. У режиссера их гораздо
больше.*

Это бесспорно. Фильм Трюффо «Американская ночь»
может служить прекрасной иллюстрацией. У всех к тебе
вопросы: у актеров, у рабочих, которые строят декорации,
у костюмеров, у оператора. И нужно без конца эти вопросы решать.

---

[1] *Ученый идиот* (idiot savant) — психиатрический термин, приме-
няемый к индивидуумам, которые могут демонстрировать отдельные
выдающиеся интеллектуальные достижения на уровне, далеко превос-
ходящем возможности среднего нормального человека, обладая при
этом очень низким общим уровнем интеллекта.

И этот процесс кажется вам утомительным, изматывающим?

Нет, я воспринимаю это как должное. Об этом просто не думаешь. Когда снимаешь фильм, тебе не приходит в голову сокрушаться: «О, эти решения, опять нужно принимать решения!» По-другому кино не снять. Принятие решений неотделимо от самого процесса.

Чувствуете ли вы облегчение, когда съемки окончены и монтаж идет полным ходом? Или вам грустно оставлять съемочную площадку, прощаться с актерами и членами команды?

Нет, но какой-то момент расставания все же присутствует, потому что ты многие месяцы проработал с этими людьми в самом тесном сотрудничестве и тут вдруг *(Вуди щелкает пальцами)* обнаруживается, что теперь еще долго их не увидишь.

Но в то же время вы понимаете, что большинство этих людей вернутся назад примерно через шесть месяцев, когда начнется работа над новым фильмом?

Конечно.

Сколько времени Карло Ди Пальма проводит в Нью-Йорке? Когда вы завершаете работу над новым сценарием, он сразу же прилетает в Нью-Йорк, чтобы начать обсуждение нового проекта?

По-разному бывает. Чаще всего он просто едет отдыхать, промежуток между фильмами — это его отпуск. Но время от времени, раз в несколько лет, он снимает в промежутке какой-нибудь другой фильм.

Вы уже упоминали, что во вторник начинаете работу над новым сценарием. Как это происходит? Вы просто садитесь и работаете в течение нескольких часов, как в офисе?

Да. Я встаю рано утром, потому что я всегда рано встаю, спускаюсь сюда, завтракаю. Потом работаю. Чаще всего я работаю один, но время от времени приглашаю кого-нибудь в соавторы. Я иду в заднюю комнату или сажусь прямо здесь [в гостиной] и начинаю думать. В процессе я обычно хожу туда-сюда, поднимаюсь наверх, спускаюсь обратно, гуляю на террасе, иногда выхожу на улицу, чтобы пройтись по кварталу. Потом поднимаюсь, принимаю душ, затем спускаюсь сюда и снова думаю. Все время думаю. И в какой-то момент после долгих мучений что-то приходит в голову. Люди, с которыми такого не бывает — то есть большинство людей, — не могут понять акт воображения. Поэтому им кажется, что все мои фильмы имеют биографическую подоплеку. Люди просто не могут этого понять — я не собираюсь их за это критиковать, просто говорю, что им этого не понять, они всегда будут думать, что мои сюжеты в той или иной мере воспроизводят реальные события. Поэтому мне приходится объяснять, что картина «Энни Холл» не основана на реальных событиях, что «Манхэттен» никак не связан с моей биографией и что в «Мужьях и женах» нет реальных прототипов. Сценарий «Мужей и жен» — целиком и полностью плод моего воображения. Он был закончен задолго до того, как со мной начало происходить то, о чем пишут в газетах. Ничего общего между этими историями нет и быть не может. Когда сценарий был готов, я отдал его Миа и спросил, какую из героинь она хочет играть — Джуди или Салли. Она сказала, что должна подумать. В итоге она выбрала ту, которая была ей больше по душе. Но она вполне могла остановить свой выбор и на другой героине. Я всегда давал ей возможность выбрать. Ничего автобиографического в сценарии не было. Я не был знаком с персонажем Сидни Поллака или с героиней Джуди Дэвис — я их выдумывал по ходу дела. У меня никогда не было знакомой молодой девушки, которая была бы похожа на героиню Джульетт Льюис, я никогда такой не встречал. То есть я встречался, конечно, с молодыми жен-

326

щинами, но ни одна не была на нее похожа. На самом деле я даже не знаю, бывают ли такие. Нам трудно было найти подходящую актрису на эту роль — возможно, потому, что в жизни таких девушек просто не бывает. Я ее придумал. И наши отношения с Миа ничего общего не имели с тем, что происходит в фильме. Даже близко. Все было придумано в этой комнате или на этой террасе. Чистый вымысел. «Энни Холл» и «Манхэттен» все время воспринимают как автобиографические ленты, притом что оба сценария я писал вместе с Маршаллом Брикманом и масса вещей исходила как раз от него. Чья это тогда биография — моя или Маршалла Брикмана? Словом, все это глупость невероятная.

Когда вы приступаете к написанию нового сценария, ваша работа начинает напоминать офисную, то есть каждый день в определенное время вы садитесь за стол и пишете?

Да, я работаю каждый день. И даже когда я сам об этом не думаю, а сценарий еще окончательно не определился, подсознание продолжает над этим работать, потому что процесс уже запущен. Иногда я говорю себе: «Все, я устал, нужно отложить это на время и отдохнуть». И я иду наверх, играю на кларнете, смотрю какое-нибудь кино или пытаюсь еще чем-нибудь заняться, но даже когда я сознательно стараюсь не думать, подсознание продолжает фильтровать все относящееся к сценарию.

А когда вы пишете, вы тоже работаете день и ночь или стараетесь придерживаться какого-то графика?

Когда я приступаю к написанию, все сложности уже преодолены. Для меня это праздник — проснуться утром и вспомнить, что сегодня я должен начать писать. Потому что с этого дня можно считать, что работа уже закончена. Если перо уже потянулось к бумаге, значит, процесс завершен, потому что вся мучительная работа осталась позади. Записывать уже придуманное — чистое удовольствие. Кроме того, это быстро. Собственно, написание сценария занимает столько же, сколько нужно, чтобы физически написать все эти буквы, потому что вся работа уже сделана. Я могу, конечно, на чем-то застопориться, но это редко. Я могу писать где угодно и в любых условиях. Я писал в отелях, писал, сидя на тротуаре, на поребрике. Помню, однажды я написал целую сцену на обратной стороне конвертов. Я не испытываю ни малейшей нужды в мишуре, без которой не могут работать люди, считающие себя писателями, — им все время требуется хорошая белая бумага, остро отточенные карандаши. У меня ничего этого нет, но и потребности такой тоже нет. Я могу записать что-то от руки, потом отпечатать несколько страниц на машинке, а следующую сцену писать на обратной стороне счета из прачечной. Сценарий в итоге может представлять собой груду бумажек, меня это не заботит. Важно, что как только я начинаю писать, для меня наступает пора блаженства. Для меня писать — значит получать наслаждение. Я обожаю писать. Это физическое и умственное удовольствие; кроме того, мне интересно. Зато обдумывать сценарий, планировать, делать раскадровки — это мучение. Для меня это тяжело.

Начало любого проекта одинаково мучительно для вас или бывает по-разному?

Практически одинаково, разве что иногда у меня бывают идеи, с которыми я не могу справиться. В таких случаях я после некоторого количества попыток просто откладываю идею в сторону, чтобы вернуться к ней через пару лет или когда-нибудь потом, и начинаю делать другой фильм. Так что в этом смысле процесс обдумывания растягивается во времени. Но чаще всего это не так долго.

Тогда сколько? Пару недель или больше?

Примерно пару недель. Следующий сценарий я собираюсь писать в соавторстве, так что вполне возможно, что первую пару недель мы посвятим «свободной болтовне в любых ее проявлениях», как я это обычно называю. Мы будем обсуждать все, что придет в голову: не сделать ли нам фильм о каннибалах, не посвятить ли картину самолетам. Никаких ограничений не будет. Черно-белый фильм, немой фильм. Все, что угодно. В процессе должна появиться какая-то идея, которая покажется нам чуть более интересной, чем остальные, что-нибудь, за что сразу же цепляется воображение. Она будет всплывать в разговоре чаще остальных, потому что о ней приятно думать. С ней мы и будем работать.

На этот раз у вас будет соавтор. Это новый для вас человек?

Это Дуг Макграт, он писатель. Я видел несколько его работ, они мне понравились, очень занятные. Я читал кое-что из его прозы. И наконец, я видел его самого, он артист. Мы беседовали с ним несколько раз, и он показался мне очень остроумным и толковым человеком. Я подумал, что уже столько сценариев написал в одиночку, что было бы интересно пригласить нового соавтора — просто ради разнообразия. То есть если бы он позвонил мне и сказал, что ему зачем-то нужно срочно ехать в Европу и что он не может участвовать, я бы ничуть не расстроился и начал работать самостоятельно. Но я подумал, что было бы приятно посмотреть, не выйдет ли из этого сотрудничества что-нибудь оригинальное или просто отличное от того, что я обычно делаю. Я ведь писал вместе с Микки Роузом. Мы вместе выросли, он был моим школьным приятелем, мы всю жизнь дружим. Мы до сих пор друзья, просто он живет в Калифорнии. Теперь мы редко видимся, но по телефону говорим регулярно. Мы написали с ним «Хватай деньги и беги» и «Бананы». Потом я сделал несколько сценариев в соавторстве с Маршаллом Брикманом — он живет сразу за парком, в том большом здании с двумя высокими башенками. *(Вуди указывает на здание.)* Мы с ним дружим еще со времен клубной работы — мне было лет двадцать пять, когда мы с ним познакомились. Время от времени мне хочется работать именно с ним, потому что он отличный писатель, очень забавный человек, нам хорошо вместе. Мне нравится, как мы работаем, — все проходит в совместных прогулках, обедах, разговорах. И вот теперь появился еще один человек, с которым мы недавно познакомились и провели в общении несколько приятных часов. Он только что закончил переработку «Рожденной вчера»[1] по заказу «Диснея». Эта работа его очень увлекла, он трясся над этим заказом, хотя я лично не считаю, что делать римейк этого фильма — хорошая идея. Просто потому, что «Рожденная вчера» — это лучшая комедия, написанная для американской сцены, а экранизация с Джуди Холидей в главной роли тоже была лучшим комическим фильмом.

Мне очень нравится версия с Джуди Холидей, но Мелани Гриффит тоже, по-моему, неплохая комическая актриса.

Не спорю, она хорошая, замечательная актриса. Просто есть несколько картин — к ним относятся «Унесенные ветром», «Трамвай „Желание"» и «Рожденная вчера», — представление о которых неотделимо от сыгравших там актеров. Никакое чудо не поможет найти исполнителей, способных превзойти Джуди Холидей и Бродерика Кроуфорда в «Рожденной вчера», можно обыскать весь мир и заставить выдающихся актеров со всех концов света играть Стэнли Ковальски, но они никогда не превзойдут Марлона Брандо в этой роли. Потому что Марлон полностью слился для нас с этим поляком. Эту роль когда-

---

[1] Пьеса Гарсона Канина, сначала поставленная им на Бродвее, а затем переработанная в киносценарий, одноименный фильм по которому вышел на экраны в 1950 г. Джуди Холидей, исполнившая главную роль в этом фильме, получила «Оскар» за лучшую женскую роль. В римейке 1993 г., сценарий для которого и написал Макграт, главную роль сыграла Мелани Гриффит (после чего была номинирована на премию «Золотая малина» за худшую женскую роль).

то играл Энтони Куинн: он прекрасный актер, он замечательно сыграл, но до исполнения Брандо он все равно недотянул. И точно так же нельзя найти других Скарлет и Ретта Батлера, потому что ими навсегда останутся Вивьен Ли и Кларк Гейбл. Нельзя сделать римейк, заменив Кларка Гейбла более талантливым актером, — а я лично не считаю, что Кларк Гейбл был великим актером, — потому что этот римейк никогда не сравнится по прелести с оригинальным фильмом. «Рожденная вчера» принадлежит к числу проектов, которые, на мой взгляд, заслуживают того, чтобы их оставили без римейков. Я не хочу сказать, что оригинальная версия представляет собой режиссерский шедевр; это не так, потому что это экранизация пьесы. Но это не имеет значения: пьеса абсолютно замечательна в своей комичности, и невозможно достичь того же напряжения, той чистоты электрических или даже химических взаимодействий, какая возникает между Джуди Холидей, Бродериком Кроуфордом и Уильямом Холденом.

Вы говорите, что иногда пишете карандашом, а иногда печатаете на машинке. Вы еще не перешли на текст-процессор или на компьютер?

Нет, и не знаю, сделаю ли я это когда-нибудь. Я до сих пор работаю на маленькой пишущей машинке, которую купил, когда мне было шестнадцать лет. Я купил ее за сорок долларов, это машинка немецкой марки «Олимпия». И она сделана в типично немецкой манере — очень похожа на танк. Когда я ее покупал, я сказал продавцу, что сорок долларов для меня большие деньги, так что мне хотелось бы, чтобы она была максимально надежной. И он мне ответил: «Даю тебе слово, что эта пишущая машинка нас переживет». И он был прав — я уже сорок лет на ней работаю, с тех пор как мне исполнилось шестнадцать. Все без исключения мои вещи были напечатаны на ней. Это замечательный механизм. Я видел текст-процессоры, но вряд ли когда-нибудь на них перейду.

*Когда вы заканчиваете сценарий, вы даете ему неко-
торое время отлежаться, а потом переписываете начисто или вы работаете в другом порядке?*

Я сразу же переписываю. Заканчиваю сценарий и тут
же сажусь перепечатывать, потому что потом в этих бу-
мажках будет уже не разобраться. Перепечатываю текст
начисто и потом быстро прохожусь по нему карандашом.
Это занимает пару дней, правки я вношу очень быстро.
Потом еще раз перепечатываю готовый текст и отдаю его
машинисткам. И дело у меня всегда было поставлено так,
что фильм сразу же запускается в производство. Мне
никогда не приходилось тратить ни минуты на поиск
финансирования и прочие вещи. Я вынимаю последнюю
страницу из машинки *(Вуди щелкает пальцами)* — и можно считать, что фильм запущен. Сценарий уходит к Боб-
би Гринхату, продюсеру. Конечно, он может потом пере-
звонить и сказать: «То, что ты написал, стоит двадцать
миллионов, а у нас только двенадцать-тринадцать», но
в этом смысле я стараюсь быть осторожным и не до-
пускать такой большой разницы. Он, правда, может сказать: «Нужно удешевить фильм на полмиллиона, давай искать, где-то урезать расходы. Давай вместо десяти
сцен под дождем сделаем пять — переживешь?» В таких случаях мне, конечно, приходится идти на компро-
миссы.

*Значит, вы переписываете сценарий только один раз,
собственно когда печатаете чистовую версию?*

Да. И больше в него не заглядываю.

*И вы никогда не показываете его никому, кроме про-
дюсера Роберта Гринхата? Вас не интересует, что скажут другие?*

(очень долгая пауза) Нет. Раньше я давал сценарий
Миа, или Дайан Китон, или какому-то другому предпо-
лагаемому участнику проекта. Но сейчас нет: с годами

я стал гораздо больше полагаться на собственное чутье. Когда я снимал первые фильмы, я устраивал массу пред-просмотров. Я приходил в кинотеатр, незаметно усаживался где-нибудь в заднем ряду, следил за реакцией публики и потом в соответствии с этим вносил изменения и перемонтировал фильм. Позже я от этой практики отказался, предпросмотров становилось все меньше, я стал ограничиваться двумя. Теперь я устраиваю просмотры прямо у себя в проекционной и больше не делаю практически ничего. Я заканчиваю фильм и организую пять-шесть просмотров у себя в проекционной: приглашаю свою сестру, кого-то из друзей. После фильма я спрашиваю, есть ли какие-то комментарии, было ли что-то непонятно, должен ли я, по их мнению, уделить чему-то особое внимание. Они обычно говорят, что фильм им понравился или не понравился, иногда им кажется, что отдельные сцены непонятны или могут быть неправильно истолкованы. Если такие замечания имеются, я стараюсь принять их во внимание, но в целом, когда я показываю им фильм, я считаю, что он на девяносто девять процентов готов.

У вас как режиссера довольно уникальное положение в отношении производства картин. Вам предоставлена абсолютная свобода в выборе тем и сюжетов, все, что вы пишете, сразу же запускается в производство — как минимум один фильм в год запускается всегда. Единственное ограничение, с которым вам приходится сталкиваться, носит чисто экономический характер. Не кажется ли вам, что и оно некоторым образом ограничивает вашу фантазию, что есть проекты, за которые вы не беретесь именно по этой причине?

В некотором смысле так и есть. Скажем, я всегда хотел снять фильм о джазе. И мне кажется, у меня бы неплохо получилось. Но этот фильм, как я его вижу, должен получиться очень и очень дорогим. Поэтому я просто отложил этот проект на неопределенное время. Потому что на это требуются деньги, и много денег: фильм должен начинаться в раннюю эпоху джаза в Новом Орлеане, потом действие перекочевывает в Чикаго, потом в Нью-Йорк и Париж. Это дорогой проект. Нужны костюмы, нужно воссоздавать обстановку. Результат мог бы получиться замечательный, но без больших денег этого не сделать.

И этот сценарий у вас написан?

Нет, я ничего не писал, потому что нет смысла впустую тратить время. Если бы я взялся за эту работу, мне пришлось бы самому искать финансирование. Возможно, когда-нибудь в будущем представится случай и я смогу получить деньги. Тогда я и напишу сценарий[1].

Какой этап работы над фильмом приносит вам наибольшее удовлетворение?

Самый первый, когда оформляется основная идея картины. Дальше, по мере того как мы переходим от кастинга к съемкам и от съемок к монтажу, фильм постепенно теряет для меня всякую привлекательность, потому что в нем теряется совершенство первоначальной идеи. Когда я смотрю на готовый фильм, я чувствую страшное разочарование, он мне активно не нравится, я всегда думаю, что год назад, когда я сидел у себя в спальне и мне пришла в голову эта идея, это была гениальная идея, прекрасная во всех отношениях, а потом я ее только портил: когда писал сценарий, когда снимал, когда монтировал, когда сводил звук. В конце концов у меня остается одно желание — избавиться от всего этого как можно быстрее. Поэтому я никогда не пересматриваю свои фильмы. Удовлетворение приносит только первый этап, когда появляется идея, когда фильм только начинается: здесь всегда присутствуют грандиозные планы,

---

[1] Эта идея была реализована в картине «Сладкий и гадкий» (1999), см. главу 28.

дерзновенные цели, высокие стремления. А когда дело доходит до монтажа, остается только надежда, что все это удастся собрать вместе и вдохнуть в картину хоть какую-то жизнь. Надеешься уже только на то, что картина получится живой. Съемки фильма — это всегда борьба. Но, собственно, необходимость бороться мне и помогает. Уж лучше я буду бороться с фильмами, чем с какими-то посторонними вещами.

Глава 25
Интерлюдия

Наши беседы, вошедшие в первое издание этой книги, совпали с одним из самых непростых периодов вашей жизни: мы записывали эти интервью как раз после вашего разрыва с Миа Фэрроу, за которым последовал грандиозный скандал. Я помню, что известия о разрыве появились в газетах в четверг утром, и как раз на следующий день у нас была назначена встреча. Тут же, в четверг, ваша помощница Лорен Гибсон позвонила мне, чтобы отменить встречу, — признаюсь, я ожидал этого звонка. Но в тот же день ближе к вечеру она перезвонила, чтобы узнать, смогу ли я встретиться с вами в субботу, причем не в офисе, где мы обычно встречались, а прямо у вас дома. И действительно, в субботу утром мы продолжили наши беседы, и мне показалось, что скандал практически не повлиял на обычное течение вашей жизни. В тот момент я был поражен тем, как вам удается четко разделять профессиональную и частную жизнь.

Конечно, одно с другим не имеет ничего общего. Все, что касается частной жизни, свелось к чисто правовым вопросам, заботу о которых я полностью переложил на своих адвокатов, потому что я сам недостаточно компетентен, чтобы решать что-либо в таких делах. Естественно, они все время мне звонили, чтобы выяснить какие-то детали, но в остальном я был абсолютно свободен и мог работать. То есть вся эта история не затронула меня настолько, чтобы я не мог продолжать работу над фильмом. И пока газеты занимались раздуванием скандала, я довольно много успел сделать. Я завершил несколько фильмов, написал одноактную пьесу для экспериментального театра, снял телевизионный фильм, и, кроме того, я каждый понедельник играл со своим джаз-бандом.

Но ведь то, что писали тогда о вас и ваших отношениях с Миа Фэрроу, должно было хоть как-то вас затронуть?

Я никогда не читаю, что обо мне пишут. Давно, много лет назад, я понял, что, если хочешь продуктивно работать, не надо читать, что о тебе пишут, и не надо смотреть себя по телевизору. И я так построил свою жизнь, чтобы можно было не обращать внимания на то, что происходит вокруг. Я никогда не читаю рецензий на свои фильмы, никогда не читаю статей, посвященных моему творчеству. Естественно, если вы попросите меня прочитать эту вашу книгу и подтвердить, что вы правильно записали наши беседы, я отказывать не буду. Но в течение всего того периода я продолжал работать. Я ни разу не видел себя по телевизору, ни разу не видел газетных публикаций, потому что все это не имело для меня ни малейшего значения. Знаете, когда я начинал как режиссер, обо мне все время писали. Кому-то нравились мои фильмы, кому-то нет. Но меня это никогда не волновало. Это ничего не добавляло к моей жизни. Если бы мои фильмы нравились всем без исключения, из этого не следовало бы, что фильмы сами по себе хороши, и, естественно, не увеличило бы сборы. Если бы они никому не нравились, это бы тоже не значило, что фильмы сами по себе никуда не годятся, хотя на это как раз зрители обычно реагируют и смотреть новую картину не идут. Так что я много лет назад отказался от чтения того, что обо мне пишут, — тридцать лет назад или даже больше.

Итак, в личном плане этот раздутый прессой скандал вас никак не затронул. Повлиял ли он на вашу профессиональную жизнь?

Нет, я снимал точно так же, как раньше. Я сделал «Загадочное убийство в Манхэттене», мы снимали здесь, на улицах Нью-Йорка, потом я сразу же снял «Пули над Бродвеем» — тоже в Нью-Йорке. Меня этот скандал никак не затронул. Никому из группы он не создал ни малейших трудностей. Наверное, в кинокомпаниях или среди дистрибьюторов велись разговоры об осуществимости моих дальнейших проектов, там могли рассуждать, стоит ли со мной связываться, но мне об этом ничего не известно. Наверное, кто-нибудь хватался за голову с восклицанием: «Боже, что же нам теперь делать!» — но никаких действий не последовало. Мне никто не звонил с отказом от сотрудничества, никто не предлагал отложить следующий фильм и подождать, пока скандал уляжется, ничего этого не было. На улице мне тоже не задавали вопросов о том, что же все-таки произошло. Это был чисто медийный скандал, который в жизни не имел для меня никаких последствий. Конечно, меня очень расстроило, что я не смог оставить детей на своем попечении, но таково было решение суда, и с этим ничего не поделаешь.

В первом издании этой книги мы разбирали ваши фильмы в хронологическом порядке. Благодаря странному совпадению в то самое субботнее утро, когда наши беседы возобновились, мы как раз должны были обсуждать «Сексуальную комедию в летнюю ночь», первый фильм с участием Миа Фэрроу. И вы говорили об ее актерской работе, отзывались о ее талантах и способностях абсолютно в том же тоне, в каком упоминали актеров, работавших с вами раньше. Я тогда подумал, что ваше поведение достойно восхищения.

Она действительно хорошая актриса, с моей точки зрения сильно недооцененная в Голливуде. Думаю, причиной тому то, что она в Голливуде и выросла, то, что ее мать была знаменитой актрисой, а отец — известным голливудским режиссером. Мне всегда казалось, что она сама как актриса не получила должного признания. С профессиональной стороны у меня к ней никогда не было претензий. Все наши проблемы имели чисто личный характер. В профессиональном плане с ней было очень легко работать. Она творчески подходит к делу, у нее широкий актерский диапазон, она может играть как комические роли, так и очень серьезные. В этом смысле ничего, кроме хорошего, я о ней сказать не могу. Мне всегда казалось, что ее слишком мало хвалили. Думаю, это было предопределено ее происхождением, тем, что она очень рано получила широкую известность, но не как актриса, а как общественный деятель, как дочь «королевы» Голливуда и, естественно, как жена Фрэнка Синатры. А она тогда была очень и очень молода. И ее стали воспринимать как часть голливудской тусовки, несколько фривольной и абсолютно несерьезной. Возможно, ей помешало и то, что она была слишком хорошенькая. Ее просто не воспринимали всерьез — как не воспринимали Тьюздэй Уэлд[1], которой пришлось завоевывать свое положение. Действительно, Тьюздэй Уэлд — еще одна актриса, не получившая заслуженного признания. Люди страдают по совершенно дурацким причинам: подумаешь, у кого-то ее имя вызывало не слишком серьезные ассоциации. Ну и что? Или другой пример — замечательный американский актер Рип Торн. Он всегда играл великолепно — и в театре, и в кино. Но ему не повезло с фамилией. И ему все время приходилось с ней бороться, приходилось доказывать, что он не принадлежит к гол-

---

[1] *Тьюздэй Уэлд* (р. 1943) — американская актриса, происходящая из очень непростой семьи: со стороны папы она приходится родственницей многим влиятельным политикам (включая кандидата в президенты Джона Керри и нескольких губернаторов), знаменитым актерам (таким как Клинт Иствуд и Энтони Перкинс) и британским аристократам, а со стороны мамы является внучкой знаменитого иллюстратора журнала «Лайф» Уильяма Балфура Керра и внучатой племянницей изобретателя телефона Александра Белла. Под давлением матери Тьюздэй Уэлд очень рано начала актерскую карьеру, что в итоге привело к многочисленным нервным срывам, раннему алкоголизму и суицидальным попыткам. Карьера Уэлд в зрелом возрасте сильно страдала от многочисленных скандальных историй, относящихся к ее тинейджерским выходкам.

ливудским мальчикам, которые берут себе идиотские голливудские псевдонимы такого типа. В конце концов к нему стали относиться серьезно, он завоевал себе это право исключительно собственным талантом. Талант требовал признания. Но досталось ему это признание нелегко: людей отпугивало одно только имя, им дела не было до того, что он гениальный и очень разносторонний актер. На восприятие публики порой оказывают влияние самые странные вещи.

В то время вы как раз планировали съемки «Загадочного убийства в Манхэттене», и, насколько я понимаю, главная женская роль в этом фильме предназначалась для Миа Фэрроу.

Да, она должна была сниматься в этой картине, но тут-то все и рухнуло. Поэтому я позвонил Дайан Китон и спросил, не возьмется ли она за эту роль. И она сказала: «Конечно!»

Ходили слухи, что Миа Фэрроу все равно стремилась получить эту роль...

Это делалось исключительно в суде, это была поза. На самом деле она была счастлива, что ей не придется участвовать в моем фильме в разгар этого скандала. В тот момент мы вряд ли бы смогли работать вместе — трудно это представить. Хотя я бы, наверное, справился. Несколько лет спустя, когда мы подбирали актеров для «Великой Афродиты», мы сидели в этой комнате с Джульет Тейлор, которая отвечает у меня за кастинг, обсуждали роль, которую в результате сыграла Хелена Бонэм-Картер, и я предложил пригласить Миа, потому что ей эта роль подходила абсолютно. Но все, кто здесь был, ответили жестким отказом: «Ты приглашаешь ее — и мы увольняемся. Даже не думай об этом! Это чистое безумие! После всех этих судов приглашать ее сниматься!» Я пытался возражать, говорить, что это ее роль и что ей, вероятно, нужна работа, что мое режиссерское вмешательство будет минимальным, что она большой профессионал и что после съемок мы будем возвращаться каждый к себе домой, что совсем не обязательно устраивать совместные обеды — можно просто работать вместе. Но меня никто не слушал. В общем, я бы мог снять ее и в «Загадочном убийстве в Манхэттене», хотя с правовой точки зрения мне это было бы невыгодно, это изменило бы юридическую ситуацию в ее пользу. Ее адвокаты пытались доказать, что она хочет сыграть эту роль, что нужно соблюдать контракты и выполнять связанные с ними денежные обязательства. Но у нее самой, конечно же, никакого желания играть эту роль не было.

Если бы ваше предложение не вызвало такого серьезного противостояния со стороны группы и роль в «Великой Афродите» все-таки предложили Миа Фэрроу, какова была бы ее реакция? Как вы думаете, приняла бы она это предложение?

Не знаю. Я к таким вещам отношусь иначе, чем другие. В моей жизни бывали случаи, когда я предлагал роли людям, настроенным откровенно против меня. А для меня это не имело никакого значения. Я думал только о том, насколько актер соответствует своей роли, меня не заботят его религиозные и политические убеждения, меня совершенно не волнует, как он относится ко мне лично. Мне кажется, это не важно. Главное, чтоб играл. Если человек хорошо работает, у меня к нему нет и не может быть никаких претензий. Не знаю, разделяет ли Миа подобное отношение к работе. Хотя почему нет. У нее есть эта драматическая жилка, так что она могла решить: почему бы и нет, почему бы не сыграть роль, которая мне подходит. Это вполне законная работа, за нее платят деньги. Можно прийти, поздороваться, сыграть, вечером попрощаться, ничего страшного в этом нет. Но с той же вероятностью она могла подумать, что я ненормальный и что после всего, что между нами произошло, она ко мне на сто метров не подойдет. Но если бы Джульет

Тейлор тогда сказала, что мое предложение ей нравится и что Миа очевидно годится на эту роль, ей сразу же позвонили бы.

Вы говорите, что вам случалось работать с актерами, настроенными по отношению к вам критически. Насколько это затрудняло рабочий процесс? Отличалось ли ваше взаимодействие с ними от работы с актерами, которых вы знаете и любите?

Нет. С кем бы я ни работал, я веду себя довольно отчужденно. Я стараюсь быть вежливым со всеми без исключения, но при этом избегать какой бы то ни было фамильярности. Один актер, когда его спросили в интервью, какие у него впечатления от работы со мной, сказал: «Да он со мной даже не разговаривал! Единственное, что я от него слышал, было „Доброе утро! Вам дали кофе?“ — и больше ни слова!» И это правда. Так я общаюсь со всеми без исключения. Утром я со всеми здороваюсь, потом мы работаем, вечером я прощаюсь. Ничего больше. У меня нет привычки обедать или ужинать с актерами. Если у них есть вопросы, я отвечаю, если им требуется что-то разъяснить, я разъясняю.

Я присутствовал на съемках двух ваших картин — «Загадочное убийство в Манхэттене» и «Пули над Бродвеем». Меня тоже поразило, как мало вы общаетесь с актерами между дублями. Я хорошо помню, как снималась сцена в квартире главного бандита в «Пулях над Бродвеем»: там участвовали Джон Кьюсак, Джек Уорден, Дженнифер Тилли и Джо Витерелли. Сцена очень живая, они спорят, перекрикивают друг друга. Но между дублями вы оставляли актеров одних, уходили в противоположный угол комнаты и сидели там в одиночку или с помрежем Кей Чепин. К актерам вы возвращались лишь непосредственно перед следующим дублем и давали им какие-то инструкции, которые сводились в основном к тому, что второй раз нужно сыграть то же самое, толь-

ко гораздо быстрее. Потом снимался следующий дубль, и вы опять уходили.

Верно. Мне просто нечего сказать актерам — ну разве что внести какие-то незначительные поправки. Большинство актеров, с которыми я работаю, сами по себе сильные профессионалы, они и без меня прекрасно играют. Мне просто не хочется их беспокоить. Если какая-то проблема возникает, если сцена идет слишком медленно или они демонстрируют слишком много эмоций, мне приходится их поправлять, но это случается довольно редко, в основном они справляются сами — просто потому, что хорошие актеры, а я в основном приглашаю только таких, сами видят все свои недостатки.

Возьмите для сравнения Бергмана. Вы наверняка видели фотографии со съемок его фильмов. Очень часто встречаются снимки, где он сидит на диване — примерно на таком же, как у вас, — в обнимку с актером или актрисой.

Я знаю, что он очень сердечный человек.

У него, очевидно, есть потребность поддержать актеров, ему важна близость с ними.

Я слышал от людей, которые видели, как он работает, что он любит взять актера под руку, что с каждым у него устанавливаются очень близкие отношения. И это замечательная черта! Я уверен, что актеры отвечают ему взаимностью. Собственно, в этом нельзя сомневаться — достаточно посмотреть, какой работы он от них добивается. Такое отношение вдохновляет актеров, они начинают гораздо больше вкладывать в роль.

Возможно, ему самому важно испытать по отношению к ним какие-то отеческие чувства.

Да, потому что он по-настоящему их любит, по-настоящему им сопереживает.

Глава 26

«Пули над Бродвеем», «Великая Афродита», работы на телевидении и в театре

«Пули над Бродвеем»

> Д э в и д: Я художник, и я не позволю изменить ни слова в моей пьесе!
>
> *Из фильма «Пули над Бродвеем»*

В предыдущем издании этой книги мы обсуждали проект, к которому вы собирались приступить после завершения «Загадочного убийства в Манхэттене», и вы говорили тогда, что собираетесь писать сценарий в соавторстве с Дугласом Макгратом. В тот момент у вас еще не было никакого сюжета, но вы знали при этом, что не хотите писать следующий сценарий самостоятельно. Почему вы решили пригласить соавтора? И почему вы остановили свой выбор на Макграте?

Мы дружим, так же как мы дружим с Маршаллом Брикманом. И время от времени, на каждой шестой или седьмой картине, у меня появляется ощущение, что писать в одиночку будет грустно. Когда пишешь сценарии год за годом на протяжении многих лет и понимаешь, что сейчас тебе снова предстоит это делать, возникает мысль, что, может быть, стоит сделать себе небольшой подарок — позвать одного из друзей, с которыми мне приятно проводить время, и попробовать написать сценарий в соавторстве. Тогда процесс становится гораздо приятнее. Мы сидим в этой комнате, мы гуляем, ходим обедать, все время обсуждаем проект — я не чувствую себя таким одиноким. Поэтому время от времени я действительно делаю себе такой подарок, и это как раз тот самый случай.

Когда вы выбирали, о чем будет следующий фильм, вы обсуждали только «Пули над Бродвеем» или у вас были альтернативные идеи?

Я дал Дугу целый список идей — мне хотелось понять, что именно его заинтересует. Больше всего ему понравилась та, из которой и получились в итоге «Пули над Бродвеем». Мне лично она нравилась меньше других, но я не стал ему возражать и почти всецело положился на его энтузиазм. Сам я выбрал бы другой сюжет, но Дуг сказал, что все прочие идеи были того же типа, что и раньше, а эта отличалась, и что он как зритель хотел бы посмотреть именно этот фильм. Я решил с ним не спорить, мы начали обсуждать возможные ходы, и в процессе разговоров сформировался сюжет.

Почему идея картины «Пули над Бродвеем» казалась вам не слишком интересной?

Потому что изначальная ситуация, когда крупный бандит хочет пристроить свою любовницу играть в каком-нибудь спектакле, сама по себе не слишком оригинальна. Что мне казалось действительно оригинальным, так это то, что правая рука босса, молодой гангстер, оказывается более талантливым писателем, чем мой драматург. И когда появилась идея, что этот гангстер становится настолько одержим своим сценарием, что решается убить любовницу, которая все портит, я понял, что в этом что-то есть, и стал работать в полную силу. Потому что тогда я почувствовал, что у этой истории есть смысл: здесь нельзя сказать, кто из двоих героев настоящий художник, отношения между драматургом и гангстером построены на страсти, которую они оба разделяют, — на страсти к искусству. Вот это меня подкупило.

Вы говорили, что предлагали Макграту четыре или пять других проектов. Работали ли вы с ними впоследствии? Стал ли какой-то из них сценарием фильма?

Да, я предлагал «Мелких мошенников» и «Проклятие нефритового скорпиона»; ему они показались забавными, и мы решили тогда, что оба этих проекта заслуживают дальнейшего развития.

Чазз Палминтери, который исполняет роль Чича, молодого гангстера, в реальной жизни тоже является писателем. Вы не были знакомы с его работами?

Нет, его фильм к тому моменту еще не вышел, и я ничего о нем не слышал. Джульет Тейлор просто сказала, что хочет познакомить меня с Палминтери, потому что, по ее мнению, он годится на эту роль. Я сказал, что с удовольствием, и он тут же вошел — вон в ту дверь. Как только я его увидел, то понял, что, когда писал роль, представлял себе именно его. Более подходящего актера найти было невозможно.

Фильм начинается со слов драматурга Дэвида Шейна: он говорит своему агенту, что не изменит в своем сценарии ни единой строчки. Потом, мало-помалу, ему приходится уступать: бандиту, продюсеру, знаменитым актерам и т. д. Приходилось ли вам самому выслушивать комментарии по поводу ваших сценариев от людей, связанных с производством ваших картин? Пытаются ли эти люди как-то повлиять на то, что вы делаете?

И да и нет. Нет — в том смысле, что я никому не показываю сценария. Я не даю его на прочтение с тем, чтобы услышать чье-то мнение. Я заканчиваю сценарий и сразу же начинаю производство фильма. Я пишу то, что мне нравится, и никто не пытается заранее направить мою работу в нужное русло: ни продюсер, ни режиссер по кастингу, ни оператор — никто. Но уже на площадке, когда вовсю идет съемка, все без исключения начинают подсказывать, что я должен делать: помреж, второй режиссер, ассистент оператора — никто не воздерживается от замечаний. «Та шутка не смешная, поставьте лучше эту». Или: «Никто этому не поверит, это абсолютно нереально!» У каждого есть мнение. Я все это выслушиваю. Порой попадаются действительно дельные предложения, порой — нет. Но с серьезными намерениями по поводу изменения сценария ко мне никто не подходит. Люди понимают, что я снял достаточно фильмов и знаю, что делаю.

Отношения между Дэвидом и Чичем представляются мне наиболее важными в этом фильме. В них прослеживается непрерывное положительное развитие: от первоначальной подозрительности и соперничества к чувству товарищества и взаимному уважению.

Естественно, это ядро всей истории — то, что происходит с Чичем по ходу создания пьесы. Сначала он предлагает какие-то незначительные изменения, а потом полностью берет на себя написание пьесы. Сначала он начинает называть ее «наша пьеса», потом «моя пьеса», и в конце он уже готов идти и убивать во благо этой пьесы.

Дэвид, которого играет Джон Кьюсак, сильно напоминает героев, которых вы сами играли в ваших ранних фильмах.

Будь я моложе, я бы сам сыграл эту роль. Действительно, такого рода персонажей я и играю, но в данном случае Кьюсак был намного уместнее. Он великолепный актер, и у него очень натурально получаются интеллектуалы. Я снимал его уже несколько раз и в дальнейшем не упущу возможность пригласить его в один из следующих фильмов. Где бы он ни снимался, в хорошем фильме или в плохом, он везде смотрится замечательно — это его особое качество.

Один из героев, марксист Шелдон Флендер, высказывает по ходу фильма следующее соображение: «У художника своя мораль». Насколько далеко вы сами способны пойти в защите своих идей от вмешательства продюсеров и финансистов?

Когда я был молод, мне приходилось защищаться довольно решительно. Порой совершенно безнадежно, так как я ничего не мог сделать, я был просто наемным работником, и такая позиция мне, конечно же, не нравилась. Когда я снимал свой первый фильм «Что нового, киска?», я только и делал, что защищался, но у меня ничего не вышло: я был недостаточно сильным, моя защита не имела никаких последствий и ни к чему не привела.

В «Пулях над Бродвеем» все без исключения персонажи одержимы какими-то амбициями, все о чем-то мечтают. Дэвид стремится к писательскому признанию, хочет успеха. Актриса Хелен Синклер хочет вернуться на сцену. Но в фильме присутствуют и менее значительные, но куда более неожиданные мечты: например, Чич признается Дэвиду, когда они сидят в бильярдной, что ему всегда хотелось танцевать: «Ты когда-нибудь видел, как танцует Джордж Рафт[1]?» Создается впечатление, что именно мечты связывают между собой героев этой картины.

Естественно. О преисполненных амбициями персонажах интереснее писать, они придают фильму живость.

Действие этой картины происходит в конце двадцатых годов. Вам нравится снимать об этом времени?

Да. Никому больше не нравится, потому что это дорого. Но мне исторические фильмы приносят особое удо-

---

[1] *Джордж Рафт* (1895—1980) — американский киноактер, игравший в основном гангстеров в голливудских мелодрамах тридцатых—сороковых годов. Начинал свою карьеру как танцор в ночных клубах и кордебалетах. Особую, ироническую славу принесли Рафту его отказы от ролей, которые приносили исполнителям мировую известность: так, он отклонил главную роль в «Мальтийском соколе» (в итоге она досталась Хамфри Богарту), главную роль в «Двойной страховке» (благодаря ей знаменитостью стал Фред Макмюррей) и т. д. Существует легенда, что Рафт отказался от главной роли в легендарной «Касабланке».

вольствие: в Нью-Йорке лучшими были три десятилетия — двадцатые, тридцатые и сороковые. В это время создавалась великая музыка, люди ездили на красивых машинах, ходили в прекрасные клубы. Тогда все было замечательно: театры, мода, гангстеры, солдаты, матросы. Прекрасное, яркое время. Везде царила роскошь, все курили сигареты, одевались к обеду, ходили в ночные клубы. Утонченность присутствовала во всем. Мне нравится делать фильмы, относящиеся к этому времени, потому что я испытываю к нему особый интерес.

Но была и другая сторона. Тридцатые годы отмечены Великой депрессией, и вы показываете это в «Пурпурной розе Каира».

Да, тридцатые стали в этом смысле особым временем, но в двадцатые уровень жизни все еще оставался довольно высоким, да и в сороковые, несмотря на войну, люди жили неплохо. В годы Депрессии не было работы, денег не хватало, страна переживала тяжелые времена. И люди искали волшебства и забвения. Тогда любили смотреть кино, слушать истории, ходили в театр на пьесы о богачах с Бродвея, которые жили в Нью-Йорке в роскошных пентхаусах. Именно на тридцатые приходится расцвет нью-йоркского театра. Каждый вечер шло около сотни спектаклей, и все можно было посмотреть — можно было пройти весь Нью-Йорк, переходя из театра в театр. Все важнейшие драматурги были тогда в Нью-Йорке: О'Нил, Торнтон Уайлдер, Клиффорд Одетс и так далее.

Вам хотелось бы, чтобы ваши зрелые годы пришлись именно на это время?

Нет, потому что тогда не было пенициллина и множества прочих вещей, от которых я стал зависеть. Но мне нравится снимать фильмы об этой эпохе, и мне бы действительно хотелось, чтобы Нью-Йорк снова стал более церемонным, более элегантным городом. Как тот город, в котором Кэтрин Хепберн и Спенсер Трейси, два адвоката из «Ребра Адама», возвращаются домой обедать, и Трейси поднимается к себе, чтобы надеть фрак. Когда я был ребенком и на Бродвее была премьера, все знали, что имеет смысл поехать и посмотреть: можно было увидеть, как к театру подъезжают лимузины, оттуда выходят нью-йоркские театральные шишки, все во фраках. Потом устраивали вечеринку. Это было настоящее событие. В этом было что-то по-настоящему праздничное, царило особенное настроение. Сейчас ничего подобного не осталось. Теперь все делается очень небрежно: после премьеры устраивается какая-нибудь дурацкая вечеринка в дорогом ресторане, люди приходят в джинсах и в футболках, и в этом нет никакого великолепия. И хотя во всех этих нарядах нет никакого смысла, жаль, что этой роскоши уже не существует.

Это настроение присутствует и в «Днях радио»...

Я принадлежу к числу людей, для которых формальности мало что значат. Но тем не менее я думаю, что было бы замечательно, если бы люди одевались к обеду и если бы спектакли в театрах не начинались в девятнадцать тридцать. Раньше театры начинали в двадцать сорок, то есть перед этим можно было перекусить, потом посмотреть спектакль, примерно в двадцать три пятнадцать все заканчивалось, и можно было еще пойти в хороший ночной клуб поужинать и, может быть, попутно посмотреть еще какое-нибудь представление. Только после этого расходились по домам, и это было замечательно. А потом город захлестнула волна преступности, появились наркотики, и люди стали бояться выходить по вечерам. Все стали уезжать из Нью-Йорка, театральная публика стала жить в Коннектикуте, на Лонг-Айленде, в пригородах. Двадцать три пятнадцать для них было уже слишком поздно, потому что им нужно было успеть на поезд. Им хотелось заканчивать пораньше — дорога-то долгая. Спектакли стали начинать раньше, все расписание поехало, исчез весь шик.

Вы редко снимаете в студии, предпочитаете искать подходящую натуру. Подозреваю, что исторические картины создают в этом смысле большие проблемы — может быть, не для вас лично, но для членов вашей съемочной группы наверняка.

Эти проблемы приходится решать Санто Локуасто, художнику-постановщику. Он знает, что большим бюджетом мы не располагаем. Мы не можем себе позволить строить ночные клубы, театры и квартиры. Он идет и находит более или менее подходящие места, а потом дополняет их недостающими деталями. Где-то приходится просто поставить фонари, где-то еще что-то добавить — и в итоге место смотрится вполне аутентично. Нью-Йорк полон неожиданностей. Я снял больше тридцати фильмов, но, когда мы едем искать натуру, я до сих пор не устаю поражаться, сколько необычных мест самого разного свойства можно найти в одном городе. Когда мы снимали «Сладкий и гадкий», действие перемещалось из Чикаго в Нью-Йорк, потом в Калифорнию, герой изъездил всю страну. А съемки при этом происходили в радиусе тридцати кварталов от моего дома.

Случалось ли, что какие-то места в городе служили для вас источником вдохновения, подталкивали вас к тому, чтобы добавить в фильм какую-то особую сцену: я имею в виду все ваши фильмы, не только исторические?

Да, иногда я вижу какое-то место, и у меня рождается связанная с ним идея. Помню, когда мы работали с Дугом Макгратом, он показал мне здание, в подвале которого располагалась винокурня. Раньше там делали виски, и большие бочки, куда его разливали, так там и остались. И я подумал, что надо будет когда-нибудь написать сцену, происходящую в этом месте. Очень часто бывает, что я вижу какую-нибудь красивую улицу и потом, уже дома, когда пишу сценарий, специально отправляю туда героев, — в этом смысле натура на меня, несомненно, влияет и в каком-то смысле вдохновляет.

То есть вы прямо в сценарии прописываете, на какой улице или в каком из увиденных вами кварталов происходит действие?

Я пишу название улицы и даю описание, а потом Санто едет туда и смотрит, что можно из этого сделать.

Стараетесь ли вы запоминать такие места, с тем чтобы использовать их в будущих проектах, если к текущему они не подходят?

Конечно. Иногда предложения исходят от Санто: он говорит, что видел замечательное здание, что сейчас оно нам не подходит, но что он советует мне на него взглянуть, когда буду проходить мимо. «Может подойти для сцены в „Пулях над Бродвеем“, сразу перед тем, как герои входят в квартиру Валенти. Это на Бродвее, здание отеля „Эдисон“, второй этаж. Можно добавить пару-тройку светильников». И я подумал, почему бы нет. В итоге получилась довольно красивая сцена. И такое бывает почти все время. Нам не пришлось строить декорации для «Пуль над Бродвеем». Мы нашли все, что нам было нужно, и просто добавили недостающие детали: достраивали стену, добавляли куда-нибудь окно и т. д.

Игру Дайан Вист в этом фильме можно охарактеризовать как своеобразный подвиг.

Она великая актриса.

Вы имели ее в виду, когда писали эту роль, или она получила ее, когда сценарий был уже завершен?

Мы дружим. Она позвонила мне, когда я работал над сценарием, и сказала, что очень хочет играть в моем следующем фильме, что у нее нет никаких театральных контрактов и что она не собирается уезжать в Калифорнию. Я сказал, что очень рад. Потом, когда я дал ей сценарий и предложил эту роль, она сказала, что это роль не для нее, что она ее не сыграет. Я стал с ней спорить, ее непросто было переубедить. Когда начались съемки, на репетициях я показывал ей, что она должна сыграть, чего я практически никогда не делаю. Но в данном случае мне пришлось спуститься на площадку и произнести за нее пару реплик, чтобы она поняла, какой игры я от нее жду. И когда она поняла, все пошло как по маслу.

Конечно, эта роль сильно отличается от того, что она играла раньше.

Да, но Дайан — очень разносторонняя актриса. Она может сыграть все, что угодно. Я хорошо знаю ее лично, поэтому представляю себе ее актерские возможности. Другой режиссер, возможно, взял бы на эту роль другую актрису — больше похожую на диву, на первый взгляд более жесткую. Но масса замечательных актеров и актрис не имеют шанса сыграть какие-то роли только потому, что продюсеры и режиссеры не всегда видят всю полноту их таланта.

Типажность в американском кинематографе часто оборачивается проблемой — и не в последнюю очередь для актеров, которым трудно сменить амплуа, потому что им всегда предлагают роли того же типа, что они все время играют.

Это так, потому что американское кино мифологизировано. Продюсер даст роль, например, Джону Уэйну, потому что Джон Уэйн будет играть ровно то, что он обычно играет. Уэйн был мифологическим героем, он раз за разом играл одно и то же. Он снялся, наверное, в сотне фильмов, но публика так и не устала по сто раз выслушивать от него одни и те же реплики и видеть одни и те же приемы. В этом и состоит существо американского кинематографа — в воссоздании мифов. Поэтому кинозвезды и имеют мифологический статус. Их можно приравнять к греческим богам. Вот Бетт Дэвис, она такая. А вот Хамфри Богарт, он другой. Вот Кларк Гейбл. С их готовностью вечно воспроизводить миф о себе самих они все могли бы жить на Олимпе. Притом что такой актер, как Дастин Хоффман, совсем не мифологичен. Он просто великий актер. Редко встретишь человека, способного сыграть такое множество столь разных ролей, и сыграть их все одинаково прекрасно. Обыкновенно статус мифологического героя приносит куда больше денег и всеобщего поклонения.

Быть может, мифологические актеры просто не решаются отказаться от своего статуса, потому что боятся потерять популярность?

И так и так. Кто-то и хотел бы попробовать себя в ином амплуа, но не может найти людей, готовых дать им такую возможность. А кто-то просто боится пробовать себя в другом жанре, потому что уже сорвал свой куш. Такие могут говорить, что им хотелось бы изменить направление, но на деле они к этому совсем не стремятся.

«Великая Афродита»

Г р е ч е с к и й х о р: Из всех человеческих слабостей самая опасная — одержимость.

Из фильма «Великая Афродита»

К л о у н: Я точно знаю, что я об этом думаю, но мне никак не найти слова, чтобы это выразить. Если я напьюсь, я попытаюсь это станцевать.

Из фильма «Тени и туман»

В американском кинематографе была еще одна мифологическая актриса — Мерилин Монро. Что она для вас значила во времена вашего детства, когда вы начали ходить в кино?

Я был еще слишком молод, когда она начала блистать; ее сексуальность ошеломляла, в этом было что-то магическое. В ней было это неопределимое качество — оно или есть, или его нет — мощнейшая сексуальность.

Как актрису, мне кажется, ее даже никто не пробовал. У нее было несколько неплохо сыгранных ролей, которые можно воспринять как неплохую актерскую заявку, но их было недостаточно, чтобы сделать какие-то выводы. Я не принадлежу к числу людей, которых ее роли сводили с ума. Я видел ее в комедиях, и там действительно был какой-то потенциал. Может быть, даже не потенциал, а нечто большее. Было несколько очень удачных моментов. Очевидно, однако, что личные проблемы не способствовали процветанию ее актерской карьеры. Будь она человеком более стабильным, возможно, годы серьезной работы — а она явно была к такой работе готова — принесли бы свои плоды и полностью раскрыли ее талант. Но этого мы от нее так и не дождались. Все, что у нас есть, — лишь несколько ярких вспышек, которых недостаточно, чтобы понять, насколько хорошей актрисой она была. Хотя в паре фильмов она мне очень и очень нравилась.

В каких?

В «Автобусной остановке» по замечательной пьесе Уильяма Инджа, там она неподражаема. Довольно смешно она сыграла у Билли Уайлдера в картине «В джазе только девушки».

Конечно же, она в буквальном смысле застряла в студийной структуре пятидесятых. Она сидела на зарплате и не так уж много зарабатывала, пока не добилась независимости и не начала сама подбирать себе роли. Но это случилось довольно поздно.

Мне было трудно увидеть в ней что-либо помимо сексуальности. Потому что, когда идет подбор актеров и одна из претенденток на роль — Мерилин Монро, режиссер оказывается перед непростым решением. Особенно если речь идет о фильме, в котором действие происходит в наше время. В исторической ленте эту перехлестывающую через край сексуальность можно спрятать —

и тогда это совсем другое дело, но если собираешься снимать реалистичный фильм, то Мерилин Монро на роль обычной девушки не годится. Она была убийственно красива — настолько, что выдвинуть ее на роль, в которой ее сексуальность не имела бы решающего значения, было непросто. Думаю, что, если бы нашлись люди, убежденные в ее актерском даровании, можно было бы сбросить со счетов всю эту сексуальность, написать для нее сложную, требующую огромного мастерства роль и дать ей шанс сыграть эту роль. Вполне возможно, она бы с этим справилась, если бы не страдала так сильно от постоянной неуверенности в себе. Но ей столько пришлось преодолеть в юности и ранней молодости, она настолько вызывающе вела себя с мужчинами, что так и осталась несостоявшейся актрисой, пытавшейся проявить себя в системе, не дающей особых возможностей для маневра. Когда появляется фигура такого рода, она моментально становится сенсацией просто благодаря своей внешности и влиянию, которое оказывает на мужчин. Здесь все довольно жестко.

Но все же, как вы говорите, какие-то попытки она предпринимала. Она год жила в Нью-Йорке, училась у Ли Страсберга. У нее, несомненно, были амбиции.

У нее были правильные стремления. Проблема была в ее крайней эмоциональной неуравновешенности и в том, что ей так и не представился случай показать, что она на самом деле может. В ее положении более уравновешенному человеку удалось бы сделать гораздо больше. Были случаи, когда актеры становились известными по одной причине, а потом — благодаря своему труду, таланту, амбициям и упорству — добивались возможности доказать, что они стоят гораздо большего. Возьмите, к примеру, Клинта Иствуда. Все думали, что он просто красивый парень, который замечательно играет ковбоев, но нет, он доказал, что способен на большее, и добился того, что все это признали.

*Я немного отклонился в сторону с вопросами о Мери-
лин Монро, но я сделал это по той причине, что мы собираемся перейти к обсуждению «Великой Афродиты».
Как вам кажется, если бы Мерилин Монро была жива,
смогла бы она сыграть роль, которая досталась в этой
картине Мире Сорвино?*

Конечно, если бы она была достаточно молодой. Это
не вопрос. Если представить ее проституткой, то, с ее
внешностью и обезоруживающей сексуальностью, она,
конечно, была бы богатой проституткой, то есть это был
бы экстра-класс. Но эту роль она бы сыграла: в ней была
эта наивность, эти большие глаза — такого рода юмора
для этой роли бы хватило. Это за свою недолгую карьеру
она успела показать. Должен сказать, что мне очень повезло получить на эту роль Миру. Как выяснилось, эту
роль не так просто было сыграть.

*Как вы ее нашли? Ведь это была ее первая большая
роль, верно?*

Да, это была ее первая крупная роль. До этого я просмотрел массу актрис — американских, европейских, —
но так никого и не нашел. И вдруг всплыло это имя.
Джульет Тейлор считала, что она хорошая актриса. Мы
уже встречали ее — она приходила пробоваться в какой-
то другой фильм, но тогда нам не подошла, хотя по тому,
как она читала, можно было решить, что актриса она
действительно неплохая. Поэтому когда мы оказались в
Лондоне (мы остановились в отеле «Дорчестер»), Джульет позвонила ей и пригласила попробоваться на роль.
Мира принадлежит к числу актеров, которые живут своей ролью даже в реальной жизни. Она оделась как улич-
ная проститутка и пришла к нам в отель — не знаю уж,
как они ее пропустили. Она зашла в комнату — и это
сразу было то, что мне нужно. Она выглядела точно как
моя героиня: она была правильно одета, правильно держала себя, правильно жестикулировала. Читала она тоже
замечательно.

Она сразу стала читать этим диким писклявым голосом, как в фильме?

Не помню. Но этот голос она сама придумала, — во всяком случае, это было сделано до съемок. Насчет голоса я не давал ей никаких указаний. Она дала своей героине все, что считала нужным, а я, как обычно, видел свою роль лишь в том, чтобы предостеречь ее от совсем уж непростительных ошибок. А голос мне показался вполне уместным. Она очень яркая, очень серьезная и талантливая актриса, поэтому я пытался ей не мешать. Она тоже высказала целый ряд пожеланий: ей не хотелось, чтобы ее снимали с каких-то определенных ракурсов или каким-то определенным образом. Мне повезло, что я смог удовлетворить все ее пожелания: она была очень довольна. Я не считался с тем, что это создавало какие-то дополнительные трудности при съемках. Она это заслужила. Из всех ее требований самым смешным были диетические батончики. Так трогательно! Иногда, прямо перед съемками, когда мы ждали, пока приведут статистов или подготовят камеру, секунд за двадцать-тридцать до команды «мотор!», она начинала общаться со мной, будучи уже в образе, — она придумывала, какие реплики могли теоретически предшествовать тем, которые мы должны будем произносить в этой сцене. Я смотрел на нее как на ненормальную, а она только спрашивала: «Чего?» — и продолжала говорить от имени своей героини, обрисовывая проблему. Такие у нее методы — а результаты сами за себя говорят.

А вы просто стояли и думали, что она произносит совсем не ваш текст?

Я думал: «Надеюсь, она не ждет, что я стану ей отвечать от имени своего персонажа». Я страшно смущался. Но она замечательно с этим справлялась: просто продолжала разыгрывать свою ситуацию, пока я глазел на нее в недоумении. Кстати, она играла Мерилин Монро в какой-то телепостановке. Так что, действительно, Мерилин

Монро могла бы сыграть эту роль. Мне очень нравилось работать с Мирой, и мне кажется, ее вклад в этот фильм трудно переоценить.

Вчера вы упомянули, что когда Чазз Палминтери вошел в эту комнату, вашей первой мыслью было: «Это же мой персонаж!» Когда вы пробуете актеров на роль, они всегда читают отрывки из сценария, по которому вы собираетесь снимать?

Да.

Вы снимаете пробы на видео?

Нет. Они просто приходят сюда, а я прячусь где-нибудь в углу. Потом Джульет Тейлор просит их прочитать какой-нибудь отрывок, и я просто смотрю. Мне нужно почувствовать, как они собираются произносить текст. Я прекрасно знаю, что законченного понимания роли или даже просто хорошей игры я от них не увижу, — я просто хочу посмотреть, насколько реалистично смотрится их чисто инстинктивное понимание. Это важно. Часто бывает, что актеры заходят ко мне, мы сидим в этой комнате и разговариваем — как мы сейчас с вами разговариваем, но как только я даю им текст, они вдруг начинают чувствовать себя актерами и в результате произносят его так, как ни один нормальный человек на земле не разговаривает. И мне хочется им сказать, чтобы они читали так же, как мы с ними только что разговаривали, чтобы они говорили по-человечески. И если мне не удается донести до них эту мысль, они не получают роли, потому что даже на инстинктивном уровне они понимают свою задачу неправильно. Когда актер читает прилично и реалистично, это сразу видно. А больше мне ничего и не нужно. Пробы у нас всегда очень короткие — читается не больше страницы, просто чтобы получить общее впечатление.

Они заранее готовятся или вы даете им текст прямо здесь, непосредственно перед прослушиванием?

Прямо здесь. Когда я вижу, что по внешним данным актер мне подходит, я спрашиваю, не откажется ли он прочесть страничку из сценария, и почти все с энтузиазмом соглашаются. Им выдают эту страничку и провожают в соседнюю комнату, чтобы они могли ознакомиться с текстом и подготовиться. Обычно на это требуется пара минут, пять минут, иногда десять. Бывает, что актеры пытаются зачем-то выучить текст наизусть, хотя в этом нет никакой необходимости, и как раз это запоминание часто служит причиной провала. Мы не требуем от них безупречного исполнения — нам нужно просто почувствовать их игру, но актеры об этом не знают. Эти бедняги просто ищут работу, им всем очень нужна работа, и я стараюсь быть с ними максимально предупредительным, потому что я знаю, что никогда не смог бы делать то, что они делают. Это же натуральный кошмар: прийти в комнату, где сидят сплошь незнакомые люди и предлагают тебе прямо на месте прочитать страницу текста. Но им нужна работа, и я знаю, как это все ужасно. Я делаю все возможное, чтобы не устраивать проб, когда они не нужны, но в ряде случаев это необходимо.

Вы упомянули, что познакомились с Мирой Сорвино в Лондоне. Насколько мне известно, ваша поездка была связана с продвижением «Загадочного убийства в Манхэттене» — ход для вас довольно неожиданный, потому что вы крайне редко ездите за рубеж для поддержки своих проектов. Была ли эта поездка выдвинута в качестве условия вашей новой продюсерской компанией?

Нет-нет. Мотивы были не столь благородные. Меня часто просили совершить турне по Европе, но я всегда отказывался, потому что не люблю путешествовать, не люблю жить в отелях и не люблю летать. Зато Сун-И все это нравится, и мне хочется доставить ей удовольствие. Поэтому мы иногда ненадолго ездим в Париж, Лондон, Италию, Испанию, чему она неизменно радуется. Она ходит по городу и развлекается, а я в это время даю интервью. Фактически, все это делается ради нее. Потому что ей нравится время от времени ездить в Европу и посещать разные страны. Если б не это обстоятельство, я бы просил прислать журналиста в Нью-Йорк или давал бы интервью по телефону. Потому что я не люблю нарушать установившийся распорядок жизни. Каждый понедельник я играю джаз в кафе «Карлейль», и мне не хочется ломать расписание наших концертов.

Но насколько я понимаю, после поездки в Лондон вы отправились в Ирландию повидаться с сыном?

Это было лет семь назад. Он был тогда в Ирландии, а я поехал в Европу и немного отклонился от намеченного маршрута, чтобы с ним повидаться. Я очень люблю Ирландию, это красивейшая страна. Но я такой путешественник, что пары дней во всех этих местах мне вполне хватает. Мне было трудно жить в этих местах. Я могу пожить какое-то время в Париже, потому что Париж похож на Нью-Йорк: там есть все, к чему я привык — шум, постоянный поток машин на улицах, рестораны, художественные галереи, магазины, театры, спортивные соревнования... Еще мне очень нравится Венеция, но жить там мне было бы трудно, слишком не похож этот город на то, к чему я привык. Венеция действует на меня расслабляюще, и я действительно люблю этот город. Каждый раз, когда мы едем в Европу, я слежу за тем, чтобы в программе стояло хотя бы двухдневное пребывание в Венеции, — это удивительное место.

Съемки «Великой Афродиты» частично проходили на Сицилии, в Сиракузах: амфитеатр снимался именно там. Вы посещали это место раньше?

Очень давно, после выхода «Бананов». Меня послали продвигать этот фильм в Европе, и в числе прочих мест я должен был посетить кинофестиваль в Таормине. Я навсегда запомнил невероятную красоту этих мест. Когда мы планировали съемки «Великой Афродиты», Санто

Локуасто поехал в Европу искать натуру, и одним из мест, которые ему очень понравились, была как раз Таормина. На ней мы и остановились: там действительно очень красиво. Кроме того, это Италия, а я люблю Италию.

Как появилась идея ввести в фильм греческий хор, который открывал бы картину и затем оттенял определенные моменты и отмечал повороты действия?

Мне всегда хотелось использовать греческий хор и отдельные приемы греческого театра в фильме из современной жизни. Я часто размышлял, о чем должен быть этот фильм, придумывал какие-то сюжеты. Но когда мне пришла в голову идея этого фильма, история с приемным ребенком, с двумя детьми, которые не знают своих родителей: мой герой — приемный отец ребенка, о котором его собственная мать ничего не знает, а она при этом — мать моего собственного ребенка, о чем я сам даже не подозреваю, — я подумал, что во всем этом есть какая-то греческая ирония. И тогда я решил, что именно эту историю и следует снять в форме древнегреческой притчи. Я просто сложил эти два элемента и пригласил хореографа, чтобы поставить греческую часть. Это Грациела Даниэле, она ставила музыкальные номера в «Пулях над Бродвеем» и потом работала над танцевальными вставками для мюзикла «Все говорят, что я люблю тебя». С ней очень приятно сотрудничать.

Судьба — непременный элемент греческих драм, но в то же время к ней сводится и мораль этой комедии.

Судьба, или рок, не в нашей власти. Мы думаем, что распоряжаемся своей жизнью, что все в наших руках, а на самом деле происходит совсем другое. Мы распоряжаемся своей жизнью лишь в самой ничтожной степени. По большому счету в каком-то более важном смысле все в руках судьбы. В этом фильме я думаю, что я слежу за ее жизнью, принимаю все решения, расследую истинное положение дел, но в итоге я теряюсь и не могу следить даже за самим собой. Она родила моего ребенка, а я даже не подозреваю об этом. Над судьбой на самом деле никто не властен. Мы склонны этим хвалиться, но в реальности этого даже близко нет.

Музыка — важнейшая составляющая ваших фильмов, к подбору мелодий вы относитесь самым тщательным образом. «Великую Афродиту» открывает не американская композиция — греческая песня «Неоминория». Как долго вы искали эту мелодию, почему вы остановили свой выбор именно на ней?

Она давала нужное звучание, создавала нужное настроение, нужную атмосферу. Фильм начинается в Греции, но потом быстро переключается на нью-йоркский ресторан (он находится в квартале отсюда, на Лексингтон-авеню) — и там я ставлю композицию Роджерса и Харта «Манхэттен». Но вначале мне хотелось создать греческую атмосферу, хотелось показать амфитеатр, показать, как хор занимает отведенное ему место. Мне не хотелось раскрывать перед публикой свои карты, я хотел создать неопределенность, чтобы зритель не знал, что произойдет в ближайшие секунды.

После пролога с греческим хором вы сразу же даете сцену в ресторане, и первое, что мы слышим от Хелены Бонэм-Картер, это фраза «Ленни, я хочу ребенка». Собственно, на этом мотиве и построен весь фильм: действие разворачивается вокруг ребенка, усыновленного ребенка. И суть истории задается в первой же реплике фильма.

Я люблю так начинать. В «Пулях над Бродвеем» похожее начало — в первой же реплике Джон Кьюсак говорит: «Я художник». В «Голливудском финале» я тоже начинаю сразу с сути дела. Потому что мне хочется обозначить тему и тут же начать ее развивать, особенно когда речь идет о комедии. Важно обозначить и сразу же идти дальше.

Мне очень нравится эта прямота: так много фильмов, где персонажей специальным образом вводят в действие, сообщают нам, как их зовут, где они живут. Порой режиссер или сценарист находит нужным рассказать, чем они занимаются, а история все это время так и не может начаться.

Где они работают, как их зовут — обо всем этом можно сообщить уже по ходу дела. Важно сразу же настроить зрителя на суть фильма, дать понять, к чему все это рассказывается.

Чуть позже вы даете сцену, где ваш герой говорит по телефону с женой; мы слышим его реплику «я против» и прекрасно понимаем, о чем речь, какой вопрос она ему задавала. Но уже в следующей сцене мы видим вашего героя с ребенком на руках. Это еще один пример прямого и действенного монтажа.

Очень часто в жизни все так и происходит: мы настраиваем себя на что-то одно, принимаем твердое решение действовать так, а не иначе, но в дело вмешивается случай или судьба. Как, помните, в «Ханне и ее сестрах» есть сцена, в которой персонаж Майкла Кейна говорит себе: «Сейчас ничего не нужно предпринимать, нужно подождать до понедельника, в понедельник будет правильнее. Не надо ее сейчас целовать. Расслабься и подожди до понедельника. В понедельник это будет уместнее». И в ту же минуту в комнату входит женщина, в которую он влюблен, и он тут же сжимает ее в объятиях. Потому что то, что мы думаем,— это одно, а то, что мы чувствуем, — совсем другое.

Наряду с «Днями радио» и более поздней картиной «Разбирая Гарри», «Великая Афродита» — один из немногих ваших фильмов, где одну из главных ролей исполняет маленький ребенок. В других ваших фильмах тоже встречаются дети, но чаще всего они так и остаются на втором плане.

Да, никакой особо важной роли они не играют.

Мы слышим их голоса в детской, видим, что ими занимается няня. Однако в трех фильмах, которые я упомянул, ребенок как раз фигура очень важная, и от его игры довольно много зависит.

Верно.

Насколько я понимаю, идея этого фильма не в последнюю очередь связана с тем, что у вас тоже есть приемные дети?

Нет, идея пришла мне в голову много лет назад, когда я наблюдал, как Миа усыновляет детей. Она их много усыновила, как все мы знаем. Глядя на этих детей, я всегда думал: «Кто мать этого ребенка? Кто отец этого ребенка?» — и передо мной возникали разные истории, комические ситуации, связанные с усыновлением, просто потому, что этот процесс играл в ее жизни не последнюю роль. Я все время думал: «Вот она усыновляет или удочеряет младенца, и ребенок совершенно замечательный, очаровательный и прекрасный, но должны же у этого ребенка быть родители, мать и отец. Так кто же мать? И кто отец?» Я всегда думал, что это замечательный материал для комедии. И когда я много лет спустя решил реализовать эту идею, фильм не имел ничего общего с моим собственным участием в усыновлении. Скорее, я воплощал свои наблюдения над Миа, которая была абсолютно захвачена этим процессом.

Не кажется ли вам, что работать с детьми-актерами гораздо сложнее, чем со взрослыми? Или вы считаете, что с ними просто нужно работать по-другому?

Да, с детьми гораздо сложнее, и мне даже трудно описать эту работу. Есть режиссеры, которым удается творить настоящие чудеса с детьми. Я к их числу не принадлежу. Для меня это каждый раз проблема — добиться от ребенка должного уровня игры. Мне очень сложно это сделать, я всегда сталкиваюсь с невероятными трудностями. И в «Днях радио» эти трудности тоже были. Дети, которых я снимал, не были плохими актерами. Как раз наоборот. Но добиться от них нужных мне оттенков было очень и очень сложно, и в результате мне каждый раз приходилось выбрасывать массу интереснейших сцен, которые должны были присутствовать в фильме, просто потому, что дети не могли с ними справиться. Та же история была и с другими моими фильмами, даже когда дети играли самые незначительные роли. Мне приходилось вырезать невероятно смешные сцены — дети с ними не справлялись. Я пытался переснимать, я пробовал все, что только может прийти в голову, чтобы заставить их сыграть должным образом. Но ничего не выходило. Да, есть режиссеры, которые умеют добиваться от детей того же, чего и от взрослых. Не знаю, как им это удается. Я с этим никогда не мог справиться.

А вы не пытались хитрить с ними, обманом заставлять сыграть то, что вам нужно?

Я пробовал все возможные способы: пытался разговаривать с ними на их языке, давал им возможность импровизировать, пытался как-то направить их игру, привести пример, сам показывал, чего я от них хочу. Я делал все, что только может сделать человек, находящийся в здравом уме и твердой памяти, все, что можно сделать с актером, который не понимает, чего от него хотят. Я испробовал все методы, которые только можно вообразить. И в конце концов мне все равно приходилось урезать сцену до нескольких реплик, которые они в состоянии должным образом произнести.

Иногда в таких ситуациях можно попытаться заменить актера. Но с детьми, надо думать, это не так просто сделать?

С детьми это гораздо сложнее, но даже детей я менял. Возьмите школьные сцены из любого фильма — из «Энни Холл» или из «Дней радио» — там всегда есть двое-трое детей-актеров. И если после того, как испробованы все доступные в этом мире способы, им так и не удается сделать то, что от них требуется, я оставляю попытки их исправить и беру другого ребенка. Пусть этот ребенок не актер — главное, чтобы он смотрелся лучше.

Как вы выбираете детей? Вы просите их прочитать текст пробы или вам достаточно просто с ними побеседовать?

Они приходят сюда. Обычно это дети, которые уже что-то где-то играли. Я прошу их прочитать роль. Чаще всего оказывается, что они с родителями уже все выучили — все до последней интонации. Поэтому когда нужно сказать: «Ах, боже мой!» — они говорят «АХ, БОЖЕ МОЙ!» — и это всегда перебор, переигрывание и передержка. Я стараюсь добиться от них большей естественности, но это сложно, мне редко удается что-либо исправить.

Насколько я понимаю, у Джульет Тейлор должен быть некий список профессиональных детей-актеров?

Естественно. Собственно, этим списком мы и руководствуемся. Разумеется, в этом возрасте разница между профессионалом и непрофессионалом не так велика. Здесь не может быть профессионала, который двадцать лет кряду занимается исключительно актерской работой. Дети из этого списка сыграли одну-две роли. Время от времени попадаются очень талантливые дети, но даже от самых талантливых трудно добиться осмысленной игры в комедии.

Могу себе представить. Большинство детей не понимают иронии. Они просто не знают, что с этим делать.

Конечно, смысл шутки до них не доходит, и это понятно, потому что вся шутка — в интонации. В лучшем случае они могут сымитировать меня, от них самих этого требовать нельзя. То есть никогда не возникает чувства, что ребенок выдает правильную интонацию, потому что понимает, в чем смысл фразы. Они просто делают, что я говорю, поэтому шутки никогда не звучат полновесно.

Одна из сильных сторон этого фильма состоит, на мой взгляд, в том, как вы показываете семейную жизнь в первой части фильма. Создается ощущение какой-то интимности и непосредственности, что и создает необходимый для комедии базис.

Как раз этого было совсем несложно добиться. Хелена — прекрасная актриса, поэтому показать наши отношения и вывести из них ее желание иметь ребенка было очень просто. Здесь имелся небольшой конфликт, некоторое недоразумение. Хелена играла с американским акцентом. Не знаю, как британским актерам это удается, но она смогла не только сымитировать акцент, но и сыграть безупречно.

К британским актерам у вас, похоже, особое пристрастие?

У них прекрасная традиция. Они могут играть обыкновенных людей. Большинство американских актеров гонятся за красотой и гламуром. Они скорее сыграют ковбоя, гангстера или красивого молодого человека. Им трудно изобразить обыкновенного человека, какого-нибудь офисного работника. В шведском кинематографе все не так: ты видишь на экране, скажем, Эрланда Юсефсона и понимаешь, что это совершенно обычный человек. Он мог бы работать бухгалтером или адвокатом. Это не человек с ружьем, не крутой парень, в нем нет ни тени гламура. Он мог бы сыграть моего отца, вашего отца — как раз актеров этого типа у нас нет. Мы никогда не ценили такие таланты, потому что для нас кино — это миф, нам все время нужны герои, мачо, исполины. А в Англии есть актеры, которых на экране можно принять за нормальных людей: Альберт Финни, Майкл Кейн, Ян Хольм, Энтони Хопкинс. Поэтому мне очень часто приходится прибегать к помощи англичан. Трейси Ульман — еще один пример. Величайшая комедийная актриса, которая играет все эти американские роли без видимого усилия, с филигранным американским акцентом. Не знаю, как ей это удается.

Было очень забавно наблюдать, как Хелена Бонэм-Картер попадает в американскую повседневность прямо из фильмов Джеймса Айвори[1].

Ее лучшая роль — в «Бойцовском клубе». Там она великолепна, абсолютно неподражаема. В этом фильме она в полной мере продемонстрировала свой талант, показала самые неожиданные стороны своей натуры.

Раз уж мы завели разговор об актерах, способных сыграть обычных, ничем не примечательных людей, я должен отметить, что вам удалось найти одного такого актера в следующем фильме, «Все говорят, что я люблю тебя». Это Эдвард Нортон. Он сыграл у вас одну из первых своих ролей, но ему в полной мере удалось продемонстрировать это особенное качество.

Он старается избегать героических ролей и поэтому не стал коммерческой суперзвездой, как его партнер по «Бойцовскому клубу» Брэд Питт. Однако он очень тонкий актер, и меня восхищает, что он избрал именно такое направление. Он предпочел художественный путь. Я ничего не слышал о нем, пока он не вошел в эту комнату и не прочитал свою роль. Я был изумлен — настолько гениально он смотрелся. Я тут же пригласил его на роль, даже не спросив, поет ли он. В тот момент меня это не заботило — я хотел, чтобы этот актер у меня сни-

---

[1] Свои первые значительные роли Хелена Бонэм-Картер (а сама актриса происходит из влиятельной английской семьи, имеющей широкие связи в политике и шоу-бизнесе) сыграла в экранизациях британских романов. В 1986 г. она исполнила главную роль в фильме Джеймса Айвори «Комната с видом» по роману Э. М. Форстера и затем на протяжении почти десяти лет играла исключительно высокородных англичанок в экранизациях классических британских романов.

мался. Я бы взял его, даже если бы он пел так же плохо, как я сам. Но он и пел хорошо, не говоря уже об актерском масштабе.

Вернемся к «Великой Афродите» и к атмосфере, которую вы старались создать в начале фильма. На стене в квартире супругов висит очень красивая, в чем-то торжественная картина: мы видим комнату, наполовину погруженную в тень, большое, залитое светом окно. В самой комнате видны лишь два деревянных стула и кусочек стола. Этот интерьер несколько противоречит элегантному оформлению квартиры, которую занимают супруги. Часто ли вы сами занимаетесь подбором декораций к фильмам — скажем, подбором картин?

Иногда занимаюсь, смотря по обстоятельствам. Бывает, что Санто Локуасто сам знает, что повесить на стену, а иногда он спрашивает меня, что, по моим представлениям, должно висеть у моих героев на стене. И тут же сам отвечает: «Мне кажется, репродукции Матисса», а я могу согласиться или предложить свой вариант — скажем, фотографии. Когда мы делали «Проклятие нефритового скорпиона», Санто предложил украсить стены в офисе головами лосей и оленьими рогами, потому что герой мог увлекаться охотой. Мне самому такое никогда бы в голову не пришло, но идея показалась мне интересной, мы сделали, как он предложил, но ничего особенно гениального так и не получилось. В общем, ситуации бывают разные: иногда он просто оформляет комнату, потому что обсуждать нечего, потому что и так понятно, что там должно висеть: какой-нибудь дорогой и очень солидный принт Франца Клайна. Или просто плакат. Он всегда идет от персонажей.

Каково ваше отношение к искусству? Ходите ли вы на выставки? Есть ли у вас любимые художники?

Конечно, масса любимых художников. В современном искусстве я всегда предпочитал минималистов. Я очень люблю Сая Твомбли и Ричарда Серра. Если взять более ранний пласт, то я не буду оригинален: мне нравятся художники, которых любят все без исключения, — Марк Ротко, Джексон Поллок. Если обратиться к еще более раннему пласту, то мне опять придется называть художников, которые всем нравятся. Наибольшую радость в том, что касается изобразительного искусства, мне доставляют три школы: немецкие экспрессионисты, потом то, что мы называем «школой мусорщиков»[1] (сюда относятся американские художники двадцатого века, изображавшие сцены из повседневности: метро, задние дворы, самые прозаические виды). И конечно же, как и все, я очень люблю французских импрессионистов: их работы представляются мне наивысшим выражением чистой, ничем не замутненной радости. Импрессионистов я люблю всех без исключения, но особенно мне нравится Писарро: его парижские зарисовки настолько мне близки, что я могу только сожалеть, что у нас не было художника, который похожим образом изобразил бы Нью-Йорк. Именно так я и представляю себе Париж во всей его красоте: серый, невзрачный, дождливый, со всеми этими бульварами, лошадьми и экипажами. Мне нравится и масса других художников, в том числе и современных. Я большой поклонник Джима Дайна и Эда

---

[1] «Ash-can school» или «ash-can painters» — первоначально термин относился к группе из восьми художников, в начале XX в. бросивших вызов общественному вкусу. Членами этой группы были Роберт Хенри (1865—1929), У. Дж. Глэкенс (1870—1938), Джон Слоун (1871—1951), Дж. Б. Лакс (1867—1933), Эверетт Шинн (1876—1953), А. Б. Дэвис (1862—1928), Морис Прендергаст (1859—1924) и Эрнест Лоусон (1873—1939). Критики окрестили их «школой мусорщиков» (досл. «мусорных баков») за пристрастие к изображению трущоб и других прозаических предметов. В дальнейшем термин распространился и на более молодое поколение художников-реалистов, наиболее известными из которого стали ученик Роберта Хенри Эдвард Хоппер (1882—1967), Фэрфилд Портер (1907—1975), Эндрю Уайет (р. 1917). Работы Хоппера, изображавшие пронзительно безжизненные интерьеры и пейзажи, железные дороги, по которым никуда не уехать, ночные кафе, в которых не укрыться от одиночества, стали эмблематичными для школы в целом.

Руши[1], это очень остроумные, занятные художники. Если говорить о том, чьи работы я бы хотел иметь дома, я бы отдал предпочтение Писарро, какому-нибудь парижскому виду, сцене из городской жизни. Но я бы не отказался и от Сезанна или Боннара.

Но вы тем не менее не покупаете предметы искусства, вы не коллекционер?

Кое-что у меня есть. У меня есть очень симпатичная акварель Нольде и замечательный Оскар Кокошка[2], рисунок чернилами. Кроме того, у меня есть несколько принтов, в том числе замечательная работа Элсворта Келли[3], прекрасные принты Раушенберга и Эда Руши. Но если говорить о серьезном коллекционировании, то должен признаться, что коллекция, которая бы меня удовлетворила, стоит слишком дорого. Если я откупорю эту бутылку и выпущу джинна наружу, мне самому это не понравится. Мой дом моментально наполнится картинами, а я разорюсь. Чего мне очень не хочется.

Продолжая наш разговор о декорациях и об искусстве, давайте перейдем к квартире, в которой живет Джуди,

---

[1] *Джим Дайн* (р. 1935) — американский художник, первую известность которому принесли хеппенинги — представления, созданные в сотрудничестве с Клэсом Ольденбургом, Аланом Капроу и композитором Джоном Кейджем. Позднейшее творчество Дайна относят к поп-арту. *Эдвард Руша* (р. 1937) — еще один представитель американского поп-арта, живописец, график, фотограф.

[2] *Эмиль Нольде* (1867—1956) — немецкий художник, принадлежавший к первому поколению экспрессионистов, член художественного объединения «Мост», один из величайших акварелистов XX в. *Оскар Кокошка* (1886—1980) — еще один экспрессионист, знаменитый своими портретами и ландшафтами. Определить его национальную принадлежность сложнее: чех по происхождению, он наиболее интенсивно работал в довоенной Австрии, откуда вынужден был вернуться в Чехию, а затем бежать в Великобританию; вторую половину жизни провел в Швейцарии.

[3] *Элсворт Келли* (р. 1923) — известный нью-йоркский художник-абстракционист, работающий в основном с простейшими геометрическими формами.

или Люси, или как она еще себя называет, — одним словом, к героине Миры Сорвино. Потому что у нее в квартире тоже собрана своего рода арт-коллекция.

Да. Конечно, мы позволили себе некоторое преувеличение. Думаю, в реальной жизни люди такого сорта из кожи вон лезут, чтобы казаться консервативными, но если бы погнались за реализмом, получилось бы не так смешно. Санто отыскал все эти штучки, показал их группе, и мы сошлись на том, что эта коллекция произведет самый неожиданный эффект. Можно было пойти по другому пути, подпустить более тонкую шутку — например, показать, насколько она на самом деле консервативна, повесить на стене фотографии Джона Кеннеди или Мадонны. Но мы решили, что эффектнее будет показать ее в этом пошлом безумном антураже, — нам показалось, так будет смешнее.

Из того, что мы видим, следовало бы списать ее со счетов как еще одну безмозглую блондинку. Но благодаря актерской работе Миры Сорвино эта роль становится едва ли не основной в фильме. Полагаю, в этом и состояла ваша идея, когда вы задумывали эту героиню?

Да. В начале она полное ничтожество, но к концу обнаруживается, что она поддается перевоспитанию, если кто-то уделит ей некоторое внимание. Моему герою не удается ее перевоспитать. Я предпринимаю бесчисленные попытки в этом направлении, но она так и остается бессмысленным и безмозглым товаром сексуального ширпотреба. Перемена свершается по законам греческого театра — *deus ex machina*[1]. Эту девицу можно спасти только так. Для этого действительно нужна какая-то сила небесная. И в данном случае эта сила спустилась к ней в буквальном смысле с неба, в полном соответствии с основной темой фильма: наша судьба не в нашей власти. Это чистое везение: она едет по дороге, и внезапно рядом с ней приземляется вертолет — у пилота какие-то про-

---

[1] Бог из машины *(лат.)*.

блемы с двигателем. Собственно, это и есть *deus ex machina* в чистом виде. Она влюбляется в пилота, и ее жизнь радикально меняется. Мой герой все время пытается ей что-то объяснить, читает ей нотации, но в конечном счете все это не имеет ни малейшего значения. Если тебе суждено спастись, скорее всего это произойдет благодаря чистой случайности.

В каком-то смысле она оттеняет собой буржуазную семью, жизнь которой вы представляете в фильме. Буржуа у вас очень умные и ироничные, они постоянно друг над другом иронизируют. Джуди не понимает иронии; когда она слышит иронические замечания по отношению к себе, она просто пропускает их мимо ушей.

Верно, но в конце концов она со своим мужем сама начинает вести вполне буржуазную жизнь, и эта жизнь окажется гораздо лучше той, что она вела раньше. Наверное, это не лучший из возможных вариантов, но он уж точно лучше того, что у нее было. Между прочим, по отношению к буржуазной жизни я настроен вовсе не так критически, как большинство моих друзей. Как и Толстой, я чувствую, что за средним классом стоит что-то такое, что сообщает жизнь всему окружающему. Именно они заставляют этот мир вертеться; как и во всех других классах, там есть хорошие и плохие люди. Есть приятные и достойные уважения буржуазные семьи, но есть также жадные и абсолютно пустые. Но в целом я глубоко уважаю средний класс. Гораздо хуже я переношу как раз художнический темперамент. На мой взгляд, он совершенно незаслуженно присваивает себе привилегии лишь на основании собственной одаренности. В отношении низших классов я тоже реалист: чаще всего эти люди преисполнены невежества и предрассудков. Тогда как средний класс все время испытывает себя и старается чего-то добиться. У них нет таланта, необходимого для громкого успеха, они не деловые гении, но чаще всего это очень милые люди. Критичнее всего по отношению к ним настроены художники, однако эта критика всегда осуществляется с позиций превосходства, причем совершенно незаслуженного. Будучи талантливыми от рождения, они презирают тех, кто выполняет обыкновенную повседневную работу. Но это глупость. Они думают, что снизойдут до этого мира и спасут его своим искусством.

А что вы скажете об американских высших классах?

Мы никогда не были подчеркнуто классовым обществом, потому что Америка — это демократия, основанная на сильном среднем классе. Американские высшие слои сильно дифференцированы внутри себя; довольно часто они становятся объектами незаслуженной ненависти — просто потому, что являются высшими классами, хотя они ничуть не хуже всех остальных. Среди представителей высших классов есть свой процент благонамеренных добропорядочных граждан, но есть и отъявленные мерзавцы, попавшие в высшую среду благодаря преступным махинациям. Однако их всех принято автоматически ненавидеть — просто потому, что они богаты. Я не думаю, что это правильно. Вспомните: на тонущем «Титанике» именно богачи вели себя очень достойно. Они показали собранность, порядочность, храбрость. Их умение держаться достойно всяческого восхищения. В конечном счете ни о классах, ни о профессиях нельзя сделать хоть сколько-нибудь удовлетворительного обобщения. Хороших людей можно обнаружить среди представителей всех классов: бывают милые кинорежиссеры, замечательные полицейские и добрые зубные врачи. Нечто экстраординарное везде встречается одинаково редко. И конечно же, везде можно встретить мерзавцев. Но в конечном счете никакое высказывание, сделанное о классе в целом, нельзя считать верным или хотя бы отчасти удовлетворительным. Истина банальна: добро и зло присутствуют везде в равной мере.

Одержимость героев — один из самых эффективных комедийных приемов. И Ленни, ваш герой в «Великой Аф-

родите», — человек в высшей степени одержимый. «Из всех человеческих слабостей самая опасная — одержимость», — предупреждает его предводитель греческого хора.

Да, одержимость опасна, но на ней держится комедия. Комический герой всегда одержим. Он одержим любовью к девушке, одержим своими страхами, одержим своим проектом — собственно, поэтому он и вызывает у нас смех. Одержимость настолько преувеличивает все естественное, что нам становится смешно. Это есть даже у Чехова — его нельзя назвать весельчаком, но он человек с юмором. Весь юмор «Дяди Вани» как раз в одержимости. Герои до такой степени захвачены своими навязчивыми идеями, что становятся смешны. Они страдают, а мы смеемся, потому что их наваждения кажутся нам чрезмерно раздутыми. В Швеции вы вряд ли видели телевизионный проект Джеки Глисона «Новобрачные». Сам Глисон уже умер, но когда-то он еженедельно предъявлял публике какую-нибудь навязчивую идею своего персонажа. Идеи у него были сплошь гениальные: грандиозные схемы обогащения, способы изменения собственной жизни. Все это было невероятно смешно, и его жена — существо гораздо более основательное — неизменно отвечала на все его идеи: «Это бред. Ты погубишь всю семью». Но каждую неделю у него появлялась новая идея фикс.

Одержимость отличает и многих героев ваших предыдущих фильмов.

Так и есть: в «Пулях над Бродвеем» драматург одержим своей самопрезентацией в качестве художника, в то время как гангстер-драматург становится настолько одержимым пьесой, что решается на убийство актерствующей девицы. Как только удается правдоподобным образом довести персонажей до состояния преувеличенной одержимости, комедия начинает разворачиваться сама собой. Потому что наблюдать за действиями этих персонажей смешно, но при всем при этом мы их хорошо понимаем. Зритель думает: «Сам бы я никогда этого не сделал, но я прекрасно понимаю, что он чувствует, когда доводит ситуацию до крайности».

В «Великой Афродите» вы играете спортивного обозревателя. Я знаю, что вы любите смотреть спортивные состязания, особенно бейсбол. Какую команду вы предпочитаете — «Нью-Йорк Метс» или «Янкиз»?

Мои пристрастия меняются от сезона к сезону. В этом году мне больше нравятся «Янкиз». «Метс» очень скучно играют. Этот сезон был для них неудачным, и смотреть их неинтересно. С «Янкиз» как раз наоборот.

Телевидение, театр и другая деятельность

На протяжении всего этого периода вы были необычайно продуктивны. Вы осуществили телепостановку своей пьесы «Не пей воды», сыграли в телевизионном фильме Нила Саймона «Солнечные мальчики», написали пьесу «Сентрал-Парк-Уэст». Чем объясняется ваша необычайная активность в это время?

Просто именно в этот момент образовалось сразу много возможностей для работы. Благодаря чистой случайности меня пригласили сыграть с Питером Фальком в «Солнечных мальчиках» и тут же предложили сделать телепостановку пьесы «Не пей воды». Для театра я стараюсь писать всегда, когда у меня есть свободное время, и, если что-то получается, я обычно способствую постановке. Мне казалось, что «Сентрал-Парк-Уэст» — неплохая одноактная пьеса, мне было приятно над ней работать. Не сказал бы, что в данный момент я менее продуктивен, чем тогда: я только что закончил два фильма (ни один из них еще не вышел на экраны), написал две короткие одноактные пьесы и одну длинную. Через несколько дней я приступаю к написанию еще одной пьесы. Я практически не прекращаю писать. Не знаю, кто будет ставить то, что я пишу. С одноактными пьесами я обычно жду предложений со стороны: ко мне часто обращаются, когда устраивают вечер короткой пьесы. К длинным пьесам у меня более осторожное отношение. Я пишу их, только когда мне кажется, что у меня есть особо интересная идея. Я бы с легкостью писал легкие комические пьесы, которым чаще всего сопутствует коммерческий успех, но мне хочется заниматься более интересными вещами, а это сложно. Но если пьеса кажется мне стоящей, я стараюсь довести ее до постановки.

И что вы делаете с пьесами после того, как работа над ними завершена? Показываете своему агенту?

Если мне хочется поставить пьесу, я отдаю ее в работу, показываю продюсерам, начинаю всячески ее продвигать. Но если я ощущаю хоть малейшую неуверенность, я просто оставляю ее в ящике письменного стола. С одноактными пьесами все по-другому: обычно мне звонят и спрашивают, не найдется ли у меня что-нибудь для вечера коротких пьес, притом что две другие уже имеются. Конечно, если их накопится достаточно, можно устроить вечер, сплошь состоящий из моих одноактников. Другое дело, что одноактная пьеса — жанр очень легкий и развлекательный. По крайней мере, мои именно таковы. Поэтому длинные пьесы интересуют меня в большей степени.

Пьеса «Сентрал-Парк-Уэст» стала частью проекта «Назло смерти», куда помимо вашей работы вошли также пьесы Дэвида Мамета и Элейн Мэй. Вы принимали какое-то участие в постановке?

Я стоял за кулисами во время репетиций и вносил много, очень много исправлений. Если бы пришлось ставить ее еще раз, я бы сам стал режиссером. Вообще я предпочитаю, чтобы мои пьесы ставили другие режиссеры, так как у меня нет никакого опыта театральной режиссуры. Но если обстоятельства позволят, я бы, наверное, попробовал.

Вы сказали «исправлений». Менялись ли тексты диалогов?

Да, и еще я все время объяснял режиссеру, что я имел в виду. Его трактовка пьесы не вполне соответствовала тексту. Мне хотелось другой постановки. Какие-то места были сыграны слишком быстро, какие-то слишком медленно. Меня это напрягало.

Остались ли вы довольны результатом?

Премьера была успешной. Мне лично понравился финал. То есть он вышел таким, как я хотел, хотя для этого мне приходилось то убеждать, то умолять режиссера. После постановки я частично переписал пьесу: я увидел, что какие-то места можно улучшить. Так что, возможно, когда-нибудь мне удастся поставить ее самому. Напишу еще пару одноактных пьес и сделаю из них один спектакль.

Вы ведь не участвовали в первой постановке «Не пей воды»? И никогда не играли в ней?

Я был тогда слишком молод. Я просто написал пьесу. Это был мой первый опыт работы для театра. Пьеса оказалась успешной, а опыт ужасным.

Вы когда-нибудь видели первую экранизацию своей пьесы, ту, в которой вашу роль играет Джеки Глисон?

Видел. Ужасный фильм, мне за него очень неловко. Хотя в сериале «Новобрачные» Глисон гениален.

Перерабатывали ли вы текст пьесы, когда сами ставили ее на телевидении?

Да, я чуть-чуть ее причесал. Не думаю, что у меня получился лучший телеспектакль. Но я имел возможность руководить съемками и сделать так, как я хотел. Это был очень малобюджетный проект.

Кажется, вы добавили фигуру рассказчика, который комментирует происходящее?

Нет, в телеспектакле эту функцию выполнял священник.

Вы работали со своей привычной командой — Карло Ди Пальмой, Санто Локуасто и другими. Сложно ли было это организовать? Ведь обычно на телевидении работает своя команда.

У нас получилось договориться. Моя группа согласилась работать практически бесплатно. Я тоже работал почти даром. Но нам было интересно.

Как долго проходили съемки?

Примерно две недели. По большей части мы снимали общими планами, это ускорило процесс.

Вам понравилось?

О да. Мы снимали в украинском посольстве — это в трех кварталах от моего дома. Я просыпался и шел пешком на работу. Все происходило за закрытыми дверями, нам никто не мешал. Мне было очень приятно работать с Джули Кавнер, которая играет жену моего героя.

История этой американской семьи — Уолтера и Мэрион Холландер, которые отправляются из родного Нью-Джерси в туристическую поездку за железный занавес и затем вынуждены искать убежища в американском посольстве, — как основа для фарса гениальна. Им удается взять в свои руки все посольство и создать непроходимую путаницу буквально во всем.

Идея этой пьесы пришла мне в голову лет тридцать назад, когда такие вещи нередко имели место. Например, был священник, который никак не мог покинуть посольство в Венгрии или в какой-то другой стране по ту сторону железного занавеса[1]. И я представил себе, что было бы, если бы мои родители поехали в Европу и застряли бы в посольстве похожим образом. Это был бы неописуемый кошмар для всех окружающих. Я написал эту короткую и довольно легковесную пьесу. Однако она имела успех.

Созданный вами телеспектакль отнюдь не кажется устаревшим, хотя очевидно, что показанные там события должны происходить в шестидесятые годы, во время холодной войны, в годы правления Хрущева.

Я приложил массу усилий к тому, чтобы сделать этот временной отрыв очевидным. В первые же минуты фильма зритель понимает, что на самом деле мы возвращаемся в те времена, когда отношения между США и Советским Союзом были более чем напряженными. Это все равно что снимать сегодня картину о черных списках[2] — важно четко объяснить, когда это происходило.

---

[1] Венгерский кардинал Йожеф Миндсенти (1892—1975), принявший активное участие в антикоммунистической революции 1956 года, был вынужден просить политического убежища в американском посольстве в Будапеште, после того как советские войска заняли город. Переговоры между посольством, просоветским правительством Яноша Кадара и Ватиканом продолжались на протяжении следующих пятнадцати лет, в течение которых кардинал ни разу не покидал территории посольства. Его присутствие создавало огромные неудобства для работавших там чиновников, однако американским властям так и не удалось получить от венгров разрешения на расширение своих площадей. Кардинал смог покинуть свое убежище лишь в сентябре 1971 г. Остаток жизни он провел в Вене, однако счел необходимым предпринять поездку в США, во время которой поблагодарил правительство страны за предоставленное ему убежище и помощь в борьбе с коммунизмом.

[2] Речь идет о составлении списков лиц, оказывающих поддержку коммунистическому движению или придерживающихся левых взглядов. Наибольшую известность в США приобрело предпринятое в 1947 г. расследование коммунистических симпатий в киноиндустрии. В результате этого расследования появился список из десяти имен (в основном это были сценаристы), которым запрещалось работать для Голливуда. Самым знаменитым из «голливудской десятки» стал в итоге сценарист Далтон Трумбо, который, несмотря на запрет, продолжал сотрудничать с голливудскими студиями, прикрываясь различными псевдонимами, и в итоге стал автором сценария знаменитого фильма Стенли Кубрика «Спартак» (1960).

Развитие этого фарса во многом держится на непрекращающихся ссорах между супругами Холландер. Очень часто эти ссоры разворачиваются в присутствии посторонних лиц, например малолетнего сына посланника. Вам кажется, что такого рода обмены репликами смотрятся эффективнее, когда разыгрываются на публику?

Конечно, это многократно усиливает их воздействие. Я был еще очень молод, когда писал эту пьесу. В тот период я находился под сильным влиянием Джорджа Кауфмана и Мосса Харта — они писали такого рода пьесы и, надо сказать, делали это гораздо лучше, чем я.

Подбор актеров в этой телепостановке довольно занимательный и очень разнообразный. Дом ДеЛуиз, который играет священника, кажется, практически исчез с киноэкранов.

Он время от времени появляется на телевидении. Он может быть неимоверно смешным. Когда я снимал, мне то и дело приходилось сдерживать смех, настолько забавным он мне казался.

Майклу Дж. Фоксу, который играет сына посланника, замечательно удались его постоянные комические вторжения. Его редко увидишь в таких ролях.

Большая удача, что я его заполучил для этого фильма. Он решил, что ему будет интересно попробовать себя в такой роли.

Что же произошло с «Солнечными мальчиками»? Их так толком и не показали по телевидению.

Понятия не имею. Они позвонили мне и предложили очень солидную сумму за двухнедельные съемки в Нью-Йорке — гораздо больше, чем я зарабатываю на своих картинах. Мне сказали, что это будет фильм по пьесе Нила Саймона и там будет сниматься Питер Фальк, замечательный актер. Все, что они сказали, меня абсолютно удовлетворило, и я с радостью согласился. Потом я пошел и сыграл свою роль. Что произошло дальше, я не знаю. Я никогда не видел этой картины.

Вы участвовали еще в нескольких «чужих» фильмах: в «Муравье Антце» и в картине «По кусочкам». Почему вы решили принять участие в этих проектах?

«Муравей Антц» был с моей стороны чистой любезностью по отношению к Джеффри Катценбергу, а «По кусочкам» заинтересовал меня с финансовой точки зрения.

Картина «По кусочкам» во многом построена на теме смерти — теме, к которой вы часто обращаетесь и в собственных работах. На мой взгляд, наиболее интересна в этом фильме сцена, в которой вашему персонажу, сидящему в тюрьме мяснику Тексу, является его покойная жена, роль которой исполняет Шерон Стоун. Она рассказывает о том, что ждет нас за смертельной чертой...

Угу.

В остальном же фильм был для меня полным разочарованием. Вам показалось, что сценарий обещал большее?

Думаю, что если бы этот фильм снимали на испанском или итальянском, у него могли быть шансы. А на английском получилось безнадежное предприятие, в которое были вовлечены замечательные талантливые люди.

Глава 27

«Все говорят, что я люблю тебя», «Блюз дикаря», «Разбирая Гарри»

«Все говорят, что я люблю тебя»

Как вы в целом относитесь к мюзиклу?

Желание заняться мюзиклами меня никогда не оставляло, причем мне не хотелось останавливаться на одном, было желание сделать несколько. При этом я не хотел считаться со всеми условностями жанра, поэтому решил снять мюзикл, в котором все без исключения будут петь — независимо от того, умеют они это делать или нет, и все будут танцевать, даже если танцевать никто не умеет. Техника меня не занимала вовсе, потому что я как раз хотел услышать естественные, нетехничные голоса. Собственно, с этой мыслью я и написал сценарий, и надо сказать, что работа над этим фильмом доставила мне огромное удовольствие. Я бы с радостью снял еще один мюзикл и на этот раз попробовал бы заказать для него оригинальную музыку. Потому что в фильме «Все говорят, что я люблю тебя» использовались хорошо известные мне песни.

Вы писали для них новые слова или песни шли с оригинальным текстом?

Я специально подбирал песни, содержание которых подготавливало дальнейшее развитие сюжета. Никакого труда это не составило: существуют тысячи прекрасных песен, и большинство из них мне хорошо известны. Я просто подбирал подходящие, мне было интересно этим заниматься.

Вы, конечно же, видели массу классических мюзиклов — скажем, те, что выходили на «MGM» и на других студиях?

Думаю, я видел почти все.

Назовите, пожалуйста, ваши любимые.

На мой взгляд, лучший мюзикл всех времен — «Поющие под дождем», он вне конкуренции. «Встретимся в Сент-Луисе» — тоже отличный мюзикл. «Жижи» — довольно симпатичный, очень тонкий фильм. Киноверсия «Моей прекрасной леди» — замечательная вещь, «Театральный вагон» тоже. Дальше идут мюзиклы типа «Американец в Париже» или «Парни и куколки» — они хорошие, но великими их уже не назовешь. «Музыкальный человек» гениально смотрелся на сцене, а кинопостановка мне не нравится. Кроме того, есть масса черно-белых мюзиклов, которые приятно смотреть уже только потому, что это осколки ушедшей эпохи, но, кроме того, там замечательные музыкальные номера. В основном благодаря Фреду Астеру. Притом что как фильмы они ничего особенного собой не представляют. Но когда смотришь «Жижи» или «Поющие под дождем», понятно, что это совершенно особая вещь.

Что конкретно вам нравится в этих мюзиклах?

Сценарии всех картин, которые я перечислил, писались по мотивам очень хороших книг, для меня это важно. Кроме того, в них замечательная музыка, слова тоже хорошие — и когда они писались специально для фильма, как в случае с «Моей прекрасной леди» или с «Жижи», и когда за основу брались классические песни, как в «Поющих под дождем». Безупречная хореография. Все они очень увлекательные; эти фильмы задевают за живое, затягивают. В нужные моменты они смешные, в иные — просто милые. Когда смотришь эти мюзиклы, не покидает ощущение, что ты в хороших руках. «Встретимся в Сент-Луисе» — вообще уникальная вещь, в каком-то смысле ее можно назвать американским фольклором. Там идет речь об определенном историческом периоде и об определенном регионе. Вся суть там в пении. Уникальная, замечательная картина, основанная к тому же на очень хорошей книге[1]. «Парни и куколки» тоже сделаны по хорошей книге[2], и песни там замечательные. Это крепкий мюзикл, но великим его все же не назовешь: просто у режиссера не было того чутья, какое присутствует во всех работах Винсента Миннелли или Джорджа Кьюкора.

Вы смотрите мюзиклы, которые идут на Бродвее?

Сейчас нет.

А раньше смотрели?

Конечно. Я забыл упомянуть «Вестсайдскую историю». Там гениальная музыка и замечательные песни, но мне не нравится сама книга. Я никогда не любил «Ромео и Джульетту». Среди всех шекспировских пьес эту я люблю, пожалуй, меньше всего. В «Цыганке» тоже замечательная музыка и песни.

Что вы думаете о современных мюзиклах, в которых часто присутствует экспериментальная хореография, — скажем, о работах Боба Фосса?

Я люблю его фильмы, они замечательные. На мой взгляд, он был прекрасным режиссером и замечательным хореографом. Но современные мюзиклы мне все равно не нравятся. «Кабаре» — замечательный фильм, но в нем

---

[1] Сценарий мюзикла представляет собой переработку одноименного рассказа американской писательницы и сценаристки Салли Бенсон (1897—1972).
[2] Киноповесть Джо Сверлинга и Эйба Берроуза, по которой снят этот фильм, основывается на рассказе Деймона Раньона «Идиллия мисс Сары Браун». Кроме того, в ней присутствуют персонажи и сюжетные элементы других рассказов Раньона.

совсем нет того, чего я жду от мюзикла. Для мюзикла это слишком серьезная вещь, хотя сама по себе картина замечательная. «Оливер» был по всем параметрам замечательным мюзиклом: по режиссуре, по музыке. Кэрол Рид — один из моих любимых режиссеров. Я не могу не восхищаться такими мюзиклами, как «Кабаре», «Оливер» или «Скрипач на крыше», потому что это работа высокой пробы, с какой стороны к ней ни подойти. Но я предпочитаю им старые мюзиклы, они мне больше по душе. Это мое субъективное мнение, любой может его оспорить и сказать, что ему нравятся как раз новые мюзиклы и что они гораздо лучше старых. Я люблю мюзиклы, в которых присутствует некоторая фривольность, а в новых этого нет. Мюзиклы не обязательно должны быть смешными. Скажем, «Жижи» не кажется мне смешным фильмом, но он тем не менее прекрасен. Мне больше по сердцу фильмы, в которых воскрешается старая атмосфера, в которых все строится на красоте мелодий и где в песнях всегда осмысленные тексты.

Вы видели мюзиклы Жака Деми — «Шербурские зонтики», «Девушки из Рошфора»?

Да. Но это совершенно иной тип мюзикла, и он мне не нравится. Больше всего я люблю старомодный американский мюзикл, которого больше не увидишь в кино, потому что сменились музыкальные стили. Собственно, перемены в музыке и свели на нет тот тип мюзикла, который я больше всего люблю.

Когда вы подбирали песни для вашего мюзикла — после того, как сценарий был готов?

Нет, эти процессы шли параллельно: я писал сценарий, обнаруживал, что в данном месте мне нужна песня, думал, что могло бы подойти, и если мне сразу ничего не приходило в голову, я начинал просматривать каталоги, чтобы найти симпатичную старую песню, которую сюда можно было бы поставить.

Что за каталоги вы имеете в виду? У вас есть какие-то списки?

Музыкальные компании имеют обыкновение рассылать каталоги мелодий, правами на которые они располагают, или просто списки важнейших песен за каждый год. Эти списки я и просматриваю: начинаю где-то с двадцатых годов и листаю примерно до пятьдесят пятого. Дальше я редко заглядываю. Там сотни разных песен.

Вам удалось получить права на все отобранные вами композиции или пришлось производить какие-то замены?

Нет, мы получили права на все песни. Это не так трудно. Если ты готов платить, права можно получить практически на все. Единственный человек, с которым были проблемы, — это Ирвинг Берлин[1], но и его песни тоже можно получить, были бы деньги.

Правда ли, что похожим образом вы хотели ввести музыку уже в «Энни Холл»?

Да, я несколько раз затевал такие разговоры много лет назад, в семидесятые годы, когда мы с Маршаллом Брикманом работали над «Энни Холл» и «Манхэттеном». Я предлагал ему сделать фильм, в котором герои в основном говорили бы, но время от времени переходили на пение, с тем чтобы песня, которую они исполняют, давала развитие сюжета. Никаких грандиозных постановочных номеров не предполагалось: фильм должен был состоять из диалогов, время от времени перемежаемых песнями. Маршалл сказал, что можно сделать и так, но

---

[1] *Ирвинг Берлин* (1888—1989) — известнейший американский композитор русско-еврейского происхождения (родился в Могилеве в семье резника местной еврейской общины), автор более 900 песен. Наиболее известные его произведения — песня «God Bless America», считающаяся неофициальным гимном США (1918), песня «Puttin' on the Ritz» (1929), которую называют неофициальным гимном Голливуда, и «The White Cristmas» — один из символов рождественских праздников в США.

никакого серьезного продолжения эти разговоры не получили.

В классических голливудских мюзиклах — у таких режиссеров, как Винсент Миннелли, Келли и Донен или Джордж Кьюкор, — камера задействована в хореографии ничуть не в меньшей степени, чем сами танцоры. У вас в картине «Все говорят, что я люблю тебя» камера почти не участвует в общей хореографии сцен. Вы намеренно придерживались этой простоты от начала и до конца?

Когда я вижу балетные или другие танцевальные номера — не важно, в кино или по телевизору, — меня безумно раздражает любого рода монтаж. Я люблю, когда танцы снимают с авансцены: создается впечатление, что ты сидишь в партере и наблюдаешь за танцорами, которые находятся на сцене. Только так можно сохранить целостность впечатления. При монтаже все рассыпается на кусочки: в какой-то момент зритель вдруг оказывается вместе с танцором на сцене, потом вдруг видит его ноги. Мне все это не по душе. В танце нужно смотреть танец, для этого мне не нужны отдельно ноги и отдельно лицо крупным планом. Нужно видеть фигуру целиком — как мы видели Фреда Астера или Чарли Чаплина. Поэтому я дал себе зарок, когда снимал этот мюзикл, что все танцевальные номера буду снимать неподвижной камерой, как это делали Чарли Чаплин или Бастер Китон, потому что демонстрировать мастерское владение камерой здесь ни к чему. Это сводит на нет зрительское удовольствие от танцевальных номеров. Так что во всех музыкальных номерах с камерой я обращался предельно осторожно. Поэтому и снять все удалось очень быстро. Мне говорили, что на каждый номер уйдет по нескольку дней. На самом деле все оказалось не так: мы тратили по паре часов на каждый номер. Я ставил сцену, мы ее снимали — и на этом все заканчивалось. Положение камеры почти не менялось. Были, конечно, случаи, когда нужно было ее двигать, но я всегда старался делать это максимально просто — например, переключением с одной стороны площадки на другую.

Сцена в ювелирном магазине, как и танцы в больнице, снята всего с двух точек.

Верно. Были моменты, когда мы делали скромный, ненавязчивый монтаж, но мы ничего не монтировали ради достижения какого-то специального эффекта. Вообще монтаж ради эффекта не мой метод, это, скорее, прием популярного легковесного кино. У меня стыки появляются только там, где это действительно необходимо, я никогда не работаю ради демонстрации монтажного приема как такового. Вероятно, это объясняется тем, что, по сути, я все же комедийный режиссер, а в комедии монтаж не работает. Если взять образцы комедийного жанра — Любича, Чаплина или Бастера Китона, — мы везде обнаружим предельную стилистическую простоту. И эта простота действительно необходима, потому что каждый лишний стык, каждый поворот камеры, любая финтифлюшечка сразу же скажется на эффектности самой шутки. В комедии все приносится в жертву шутке. Но когда снимешь несколько таких комедий, начинаешь ощущать желание порежиссерствовать, попробовать разные приемы, поработать, как Мартин Скорсезе. Но применять все эти приемы в комедии — значит создавать себе лишние проблемы. Хорошо, если все равно выйдет смешно, но смешно получится вопреки, а не благодаря твоим режиссерским вывертам.

Согласен. У Чаплина, Китона, братьев Маркс и даже у Джерри Льюиса в таких фильмах, как «Коридорный» или «Мальчик на побегушках», самые смешные сцены сняты одним планом. Шутка теряется, как только начинаешь вставлять крупные планы.

Да, потому что ломается ритм, сбивается внимание. Для режиссера, стремящегося в полной мере использовать возможности кинематографа, комедия — сложная вещь. Бергману, мастеру крупных планов, достаточно сосредоточить картинку на глазах своего героя, чтобы получить преисполненный чувства визуальный ряд. Пытаясь сделать то же самое в комедии, ты подписываешь себе смертный приговор.

Ваш фильм завершается прекрасным музыкальным номером, в котором участвуете вы и Голди Хоун. Как ставилась эта сцена?

В Париже мне хотелось по максимуму задействовать городской антураж, а это место на набережной Сены кажется мне одним из прекраснейших в городе. Карло Ди Пальме пришлось выставить пять тысяч фонарей на другом берегу реки, вокруг церкви и вообще везде, где только можно представить. Сам по себе этот номер не очень сложный. Съемки продолжались не больше двух-трех часов, для полетов использовалась проволока.

То есть там нет никаких спецэффектов?

Нет. Мы сделали семь или восемь дублей, и все. Не помню, есть ли там склейки, — возможно, есть. По крайней мере, должна быть одна — в том месте, где Голди разбегается и подпрыгивает. Все снималось с двух камер, и мы старались сделать сцену максимально простой.

Как родилась идея этой сцены?

Мне хотелось, чтобы в каждом музыкальном эпизоде была какая-то идея: то появляются духи давно умерших людей и начинают танцевать вместе со всеми, то начинают подпевать прохожие на улицах Нью-Йорка. В одном эпизоде я задействую манекены в витринах магазинов. Для этой последней сцены с Голди тоже нужна была какая-то особая идея. Я подумал, что было бы здорово, если бы я ее подбросил, а она осталась бы парить в воздухе. Мы долго думали, как это лучше сделать, и в конце концов остановились на проволочных поддержках. Если бы я сейчас снимал эту сцену, мы, наверное, использовали бы спецэффекты, такая возможность есть. Проблема в том, что я не дружу со спецэффектами. Дело не в том, что они мне не нравятся; наоборот, я думаю, что это замечательный инструмент развития сюжета. Просто в большинстве случаев спецэффекты делают ради спецэффектов, и такие вещи я смотреть не могу, потому что мне скучно. Я стараюсь использовать их по минимуму, потому что все это очень дорого, мои бюджеты на них не рассчитаны. К тому же здесь специалистов практически не найти, они все в Калифорнии, приходится приглашать их сюда, чтобы объяснить им задачу и показать фильм, после чего они улетают обратно. Недель через шесть они присылают готовый вариант, который нас не устраивает, мы его возвращаем — и вся эта тягомотина длится месяцами и выливается в очень круглую сумму. Поэтому я стараюсь избегать спецэффектов. Это как со стэдикамом: складывается впечатление, что режиссеры чувствуют себя обязанными исполнять все эти изощренные трюки со стэдикамом. Меня учили (и здесь я абсолютно согласен со своими учителями), что стэдикам — лишь один из инструментов, с помощью которого ты рассказываешь свою историю. Стэдикам — это не самоцель. Но теперь режиссеры только так его и воспринимают, им хочется похвастаться перед публикой, показать, какой длинный план они могут снять и каким он будет сложным при этом. Тогда как на самом деле это никого не волнует. Людей все эти планы и стэдикамы интересуют только тогда, когда они важны по сюжету. Все остальное ничего не значит.

В последнее время между режиссерами не прекращается своего рода соревнование на предмет того, кто снимет самый длинный план со стэдикамом. Скорсезе и Брайан Де Пальма устраивали настоящие гонки на выносливость.

У Марти в «Славных парнях» был, на мой взгляд, хорошо проработанный, очень цельный проход с камерой. Но как только он это сделал, всем без исключения захотелось этот прием повторить. У Пола Томаса Андерсона в начале картины «Ночи в стиле буги» был очень хороший, функционально оправданный план, снятый стэдикамом. В данном случае он действительно работал.

Насколько сложно было снимать музыкальные сцены на улицах в Нью-Йорке, Париже и Венеции?

Никаких особых сложностей не было. В основном мы снимали в Нью-Йорке, потом поехали на неделю в Венецию и еще на неделю в Париж. Как вы уже знаете, мне эти города нравятся, так что все было просто. Вообще этот фильм снимался легко и весело.

Насколько я понимаю, оригинальный сценарий содержал гораздо больше материала, чем готовый фильм, и в первых монтажных версиях картина шла дольше. Кроме того, мне где-то попадались фамилии актеров, которые играли в фильме персонажей, так и не попавших в финальную версию.

Это правда. Лив Тайлер играла подругу сына Алана Олды, и сыграла хорошо, но мне пришлось все это вырезать, потому что фильм получился как минимум на полчаса длиннее, чем нужно.

Были ли какие-то музыкальные номера, которыми пришлось пожертвовать?

Да, целых два. Один был с Трейси Ульман — она играла первую жену Алана Олды, и у нее была песня, которую пришлось выбросить. Очень жаль, потому что смотрелась она великолепно. Второй не вошедший в фильм номер тоже был очень хороший — это была сцена между Голди Хоун и Аланом Олдой. Мне очень не хотелось ее терять, но ничего не поделаешь — пришлось.

В каком месте фильма она стояла?

Перед тем, как к ним в гости приходят родители будущего мужа их дочери. И после этой сцены в порядке реминисценции должен был идти рассказ дедушки о том, как он в двадцатые годы познакомился с бабушкой, песенка о нелегальном алкогольном погребке и короткий танец. Все это тоже пришлось вырезать.

Когда вам приходится выкидывать сцены из фильма — а ведь это не единственный фильм, с которым пришлось таким образом поступить, — испытываете ли вы чувство сожаления или, наоборот, думаете, что поступаете рационально, приводя картину к оптимальному виду?

В тот момент, когда я режу, я чувствую себя хирургом, удаляющим опухоль. То есть я думаю, что убиваю из милосердия. Поэтому для меня это чистое удовольствие. В конечном счете, когда я оглядываюсь назад спустя столько времени, я могу пожалеть, что не смог спасти ту или иную сцену. Но когда находишься лицом к лицу с фильмом и хочешь, чтобы он наконец начал развиваться в нужном темпе, ты убираешь сцены и чувствуешь, что гора с плеч свалилась. Это удивительно.

Думаю, многие режиссеры испытывают в этом отношении определенные сложности.

Боятся лишиться какой-то сцены? Не знаю, с чем это связано. Когда я монтирую, я смотрю на все это и думаю, что зрители будут сидеть и возмущаться, что события на экране развиваются черепашьим шагом. Если посмотреть на вещи с этой стороны, то возможность взять и выкинуть отдельные сцены покажется настоящим счастьем. Разницу все равно никто не почувствует, зато картина будет двигаться в два раза быстрее.

Теперь выпускают режиссерские версии, куда возвращают ранее выброшенные сцены. В новых изданиях вы-

шли, к примеру, «Бегущий по лезвию бритвы», «Апокалипсис сегодня», «Изгоняющий дьявола».

У меня таких проблем никогда не было, потому что, когда я выпускаю фильм на экраны, я выпускаю его в той версии, которую считаю оптимальной. Я ничего не сохраняю для DVD. Если я выбросил сцену, я ее выбросил.

В этом фильме у вас многие актеры — звезды. Как они реагировали на необходимость петь? Вероятно, кто-то сомневался или боялся это делать?

Да, Дрю Бэрримор. Мне пришлось искать певицу, которая спела бы ее партию. Но эта проблема была только с ней. Все остальные говорили, что петь не умеют, но, если нужно, они споют. А Дрю сказала, что не поет и петь не хочет. Потому что не может.

А она пробовала?

Нет, я не хотел ее мучить и просто пригласил подругу своей жены, чтобы записать эту песню.

Какие впечатления песенный опыт оставил у вас лично?

Было трудно, потому что петь я на самом деле не умею.

А танцы? Вам вообще нравится танцевать? Вы когда-нибудь танцевали на вечеринках?

Я не танцую. Я чувствую себя неловко. Но я актер, и роль этого требовала.

Но тем не менее, мне кажется, работа над этим фильмом доставила вам удовольствие?

Да, работалось легко. Мы снимали в моем районе, недалеко от того места, где я живу. Это был совсем не сложный фильм.

«Блюз дикаря»

«Блюз дикаря» — документальный фильм Барбары Коппл, посвященный европейскому турне джаз-банда, в котором вы играете. В начале картины вы говорите: «В Нью-Йорке проходит вся моя жизнь: здесь я снимаю, здесь я могу пойти в кино, могу пойти в Медисон-Сквер-Гарден. У меня никогда не было желания уехать на выходные». Что же тогда заставило вас предпринять концертное турне?

Это очень хороший вопрос. Я как-то беседовал с человеком, который играет у нас на банджо, и эта идея всплыла сама собой, но при этом мы ничего серьезного в виду не имели. Потом мы рассказали об этой идее, просто чтобы посмотреть, не заинтересует ли она кого-нибудь. Мы и представить себе не могли, что кому-то это нужно, — и вдруг обнаруживается, что концертные залы и оперные театры по всей Европе распродали все билеты до единого. Тогда мы начали думать, что, может, это и хорошо — сыграть в Барселоне, Лондоне, Париже, Вене. И потом уже Жан Думанян предложил снять об этом турне документальный фильм.

То есть первоначальная идея принадлежала вам и Эдди Дэвису? Вы не получали никаких предложений из Европы?

Нет. Все турне было следствием одного совершенно необязательного разговора.

В начале фильма вы рассказываете о своей жизни в Нью-Йорке. Как проходит ваш обычный день, когда вы в городе, но не работаете?

Значит, я пишу. Я встаю довольно рано, делаю зарядку, потом завтракаю. Какое-то время играю с детьми, потом иду к себе в комнату и начинаю писать. В обед выхожу, обедаю с женой и с детьми. Если мне пишется, я работаю некоторое время и во второй половине дня. Потом играю на кларнете. После этого мы с женой идем на прогулку, играем с детьми. Примерно так мои дни и проходят. Бывает, что вечером мы идем ужинать к друзьям или ужинаем дома, хотя чаще все же куда-то идем. Потом возвращаемся домой, смотрим концовку бейсбольного матча или что-то еще и идем спать. Моя жизнь бедна событиями.

И подчинена строгой дисциплине, верно?

У меня нет такого ощущения. Дисциплина присутствует лишь в том, что касается игры на кларнете и зарядки: здесь она действительно нужна. Когда я пишу, мне не приходится себя заставлять.

Значит, вы каждый день играете на кларнете? И подолгу?

Если не нужно ни к чему готовиться, я играю минут сорок пять, просто чтобы не терять уверенности в себе. Если мы едем в турне или выступаем с какими-то особыми концертами, я играю дольше: по часу-полтора ежедневно в течение нескольких недель перед поездкой.

Я не музыкант, поэтому поясните, пожалуйста, что вы играете во время своих ежедневных занятий: это собственно музыка или какие-то упражнения для поддержания технических навыков, тренировки дыхания и т.п.?

Это чисто технические вещи: упражнения для губы и для пальцев. Упражнения на дыхание мне не впрок, потому что правильно дышать я так и не научился, поэтому я ограничиваюсь тренировкой губы и пальцев.

Когда вы снимаете, ваш рабочий день не должен особенно отличаться от того, который вы только что описали, с той разницей, что, когда вы не снимаете, вы пишете, верно?

Да. В остальном все так же: утром меня забирает машина, и я еду на съемочную площадку. Встаю я так же рано, чтобы успеть сделать зарядку. Потом в течение дня я всегда выделяю полчаса или чуть больше, чтобы позаниматься кларнетом. Съемочный день заканчивается, и я еду ужинать либо домой, либо к друзьям. После всего этого я обычно чувствую себя усталым, поэтому спать ложусь рано. Перед сном могу полчаса посмотреть бейсбол, баскетбол или что-нибудь в этом духе. Потом — спать.

Не могли бы вы немного рассказать о том, как возникла ваша связь с джазовым оркестром, как вы познакомились с Эдди Дэвисом и почему стали с ним играть?

Я играю с джазовыми ансамблями уже лет тридцать или тридцать пять. С Эдди мы познакомились в Чикаго. В тот вечер мы оба играли с оркестром, и когда мы встретились в Нью-Йорке лет десять спустя, Эдди спросил, помню ли я, что мы уже играли вместе в Чикаго. Я, конечно же, помнил. Мы стали играть вместе уже в Нью-Йорке, а через некоторое время распустили оркестр, с которым я играл много лет, потому что пивная «У Майкла» сменила владельца. Теперь у Эдди собственный оркестр, и я играю с ними в кафе «Карлейль».

Что дает вам музыка? Я имею в виду музыку, которую вы сами исполняете, и музыку, которую вы слушаете.

Я абсолютный фанат джаза — любого джаза. Хотя классическую музыку и оперу я тоже люблю. Но самое мне дорогое в музыке все равно нью-орлеанский джаз. Причины искать бессмысленно, это моя давняя, многолетняя любовь. Я много знаю о джазе и люблю играть джаз. К счастью, в смысле исполнения это довольно простая музыка, если, конечно, не иметь в виду виртуозного исполнения.

В фильме вы говорите, что у вас глубокие сомнения в том, что европейская публика способна полюбить нью-орлеанский джаз, потому что это чисто американская музыка.

Меня всегда удивляло, что джаз вообще, в том числе и современный, кажется, куда больше воспринят в Европе, Японии, Южной Америке, чем у себя на родине, в Соединенных Штатах. Возможно, это потому, что на всем иностранном лежит некая печать привлекательности. В Америке джаз никогда не пользовался большим успехом, особенно нью-орлеанский. Мало кто им интересуется.

Были ли вы завсегдатаем «Блю ноут» и прочих джазовых клубов?

Конечно! В юности я все время ходил слушать джаз. Все время! Недели не проходило без какого-нибудь джазового концерта. Но шло время, и нью-орлеанский джаз стал редкостью, сошел на нет, его перестали играть. Я стал слушать современный джаз: Телониуса Монка, Джона Колтрейна, Майлза Дэвиса — музыкантов этого поколения. Я постоянно ходил в «Блю ноут», «Хаф ноут», «Файв спот», в другие клубы. Я слушал всех, кто там играл на протяжении многих лет. Но сам я остался верен музыке Джелли Ролла Мортона, Кинга Оливера и Уильяма Кристофера Хэнди.

У вас есть любимцы среди современных джазовых исполнителей?

Я люблю тех же, что и все: Телониуса Монка. Естественно, мне нравились Чарли Паркер, Джон Колтрейн, Орнетт Коулмен — все они были замечательными музыкантами. Но моим главным любимцем всегда был Бад Пауэлл. Меня никогда не оставляло чувство, что, если бы я мог обменяться с кем-нибудь талантами, выбрал бы его. Мне бы тоже хотелось так играть. Это величайшая степень мастерства. На мой вкус, он достиг всего, чего только может достичь музыкант.

Что конкретно вам нравится в его музыке и в его исполнительской манере?

Я люблю в нем то же самое, что я люблю в Бергмане, то же, что я люблю в Марте Грэм[1]. Бад Пауэлл — трагик, и все, что он играет, преисполнено чувства, наполнено его гением. У него невероятное чувство ритма, запредельная техничность, но при этом очень эмоциональное исполнение. И все это окутано каким-то мрачным восприятием жизни. Он мог играть любую песенку — скажем, «За радугой», которую поет Джуди Гарленд в «Волшебнике страны Оз»,— и даже она приобретала невротическую прерывистость, мрачные оттенки. В этом был Бад Пауэлл, сила его личности. К нему я чувствую особую близость, близость того же рода, что влечет меня к фильмам Бергмана или постановкам Марты Грэм. В их талантах, в их мышлении чувствуется какая-то глубина. У Бада это есть, тогда как такие виртуозы, как Телониус Монк или Эррол Гарнер, наоборот, отличались удивительной легкостью. Искусство Эррола Гарнера можно уподобить десерту, притом что это гениальный десерт. Телониус Монк, чудеснейший пианист, тоже преисполнен юмора и легкости. О Баде такого не скажешь. Бад всегда был мрачным. Что бы он ни играл, был серьезным и мрачным, но при этом преисполненным страсти, грусти, там были свинг и драйв, были буйство и сумасшествие. Это был великий талант.

Этот трагизм присутствовал и в его выступлениях?

Я никогда не видел его на сцене. Я несколько раз слышал живьем Телониуса Монка, но Бада мне так и не удалось увидеть. Он был в Париже, я был в Нью-Йорке. У него было не все в порядке с психикой, но человек, который помогал ему справляться с этими проблемами и

---

[1] *Марта Грэм* (1894—1991) — американская танцовщица и хореограф, одна из основоположников современного танца. Темами для ее постановок всегда служили важнейшие человеческие проблемы, танец был лишен традиционных формальностей, но вместе с тем отличался предельной точностью. Общенациональный успех принесла ей постановка «Хроника» (1936): созданный в годы Великой депрессии и Гражданской войны в Испании, этот спектакль был своеобразным анализом состояния подавленности и тотального одиночества, что нашло свое отражение также в мрачных декорациях и костюмах.

который сам был пианистом, рассказывал мне, что стоило только Баду коснуться клавиш и взять два-три аккорда, как кругом воцарялась совершенно иная атмосфера. Возникало ощущение, что ты находишься в храме.

Какие из его записей вы считаете лучшими, что вы могли бы порекомендовать?

Двойной диск «The Amazing Bud Powell», выпущенный «Блю ноут рекордз».

Теперь вы слушаете джаз дома?

Да, я до сих пор слушаю легендарных джазовых исполнителей — «Модерн-джаз-квартет», например. Но в основном, когда у меня есть время, предпочитаю ставить классический или нью-орлеанский джаз, слушаю Сидни Беше и Луи Армстронга.

Испытывали ли вы неудобство от постоянного присутствия группы документалистов во время вашего турне по Европе?

Нет. Барбара Коппл — блестящий профессионал. Через две минуты перестаешь ее замечать. За те две или три недели, что мы провели в Европе, съемочная группа ни разу не проявила ни малейшей назойливости.

Видели ли вы ее работы до того, как сами стали героем ее фильма?

Я видел несколько фильмов: «Округ Харлан, США»[1], естественно, картину о Мухаммеде Али[2] и еще какие-то вещи. Она принадлежит к числу лучших наших документалистов. Что касается «Блюза дикаря», то она при-

---

[1] Картина Барбары Коппл о тринадцатимесячной забастовке шахтеров, в 1977 г. получившая «Оскар» как лучший документальный фильм.
[2] Барбара Коппл снимала документальный фильм не о Мухаммеде Али, а о другом знаменитом боксере — Майке Тайсоне: «Падший чемпион: Нерассказанная история Майка Тайсона» (1993).

няла участие в нашем довольно-таки скучном путешествии и сумела интересно о нем рассказать — это чисто ее заслуга. Там нет никаких подтасовок, просто она руководствовалась собственным чутьем.

Один из самых удачных и самых смешных моментов в фильме — это ваша поездка в Венецию. Здесь вам приходилось мириться не только с документалистами, сопровождавшими вас повсюду, но и с толпами папарацци — чисто итальянский феномен.

Они гонялись за нами по всей Италии. Но я научился с ними справляться. Раньше я старался от них ускользнуть, но опыт показывает, что, если дать им возможность поснимать, они выражают искреннюю благодарность и чаще всего уходят.

Забавно, что Барбара Коппл ставит в этих сценах музыку Нино Роты, и, когда вы и Сун-И появляетесь в сопровождении мэра Венеции, начинает казаться, что смотришь на самом деле какой-то из фильмов Феллини.

Да, вы имеете в виду сцену у театра, в котором мы должны были играть.

«Театро Ла Фениче»[1]*, красивейший оперный театр.*

---

[1] Theatro La Fenice (букв. «Театр Феникс») был построен в 1792 г. взамен ведущего венецианского театра «Сан Бенедетто», сгоревшего до основания в 1774 г. Уже в начале XIX в. театр приобретает репутацию одной из лучших европейских опер. Здесь ставились произведения Россини, состоялись премьеры двух опер Беллини, здесь ставил свои оперы Доницетти. В 1836 г. театр сгорел дотла, но был восстановлен и вновь открылся для публики уже в декабре 1837 г. Основной звездой второго театра стал Джузеппе Верди, поставивший здесь «Аттилу», «Риголетто», «Травиату» и другие оперы. Театр продолжал активно функционировать и в XX в., пока не сгорел дотла в январе 1996 г. Довольно скоро выяснилось, что имел место умышленный поджог, суд приговорил виновников к семи и шести годам тюремного заключения. Восстановление театра было сопряжено с длительными дебатами, которые пришли к завершению лишь в 2001 г. Здание было восстановлено в соответствии со своим историческим обликом, и театр вновь открыл свои двери для публики в декабре 2003 г.

Невероятно красивый, и вот он сгорел дотла. Я был в шоке после осмотра руин. Не осталось ровным счетом ничего. Его пытаются отстроить вновь, и я, в числе многих других людей, пытался оказать содействие. Мы дали благотворительный концерт, сборы с которого пошли в фонд восстановления театра. Однако они до сих пор не восстановили его. В связи с этим начались политические склоки, не всем хочется его восстанавливать.

В Венеции при виде толпы желающих поглазеть на вас людей вы говорите, что ваши картины они смотреть не хотят, а желание сфотографировать тем не менее остается.

Но это чистая правда. Если бы мы с вами вышли сейчас на улицу, у вас сложилось бы впечатление, что мои фильмы бьют все рекорды по кассовым сборам и что их смотрят абсолютно все. Но это не так. Если бы я пошел прогуляться по Парк-авеню, мне не удалось бы пройти и квартала без того, чтобы не встретить жаждущего общения человека, еще через два квартала обнаружатся новые поклонники, кто-нибудь обязательно начнет орать из окна машины. Создается впечатление, что они все меня очень любят. Но фильмы при этом никто не смотрит.

То, что вас постоянно узнают на улицах, сильно мешает вам жить?

Мне это не нравится, но для меня это не повод, чтобы выходить из себя. Люди стремятся сделать мне приятное. Чаще всего просто говорят, что я молодец или что им нравятся мои картины. Ничего плохого мне ни разу не говорили. Люди, которым я не нравлюсь, просто не обращают на меня внимания; те, кто решается заговорить, хотят мне только хорошего. И я научился спокойно реагировать, говорить спасибо. Когда был моложе и еще не был столь известен, я очень любил сочинять на улице. Я долго гулял по городу и во время прогулок придумывал сюжеты для пьес, сюжеты для фильмов, обдумывал какие-то вещи. Теперь это удовольствие мне недоступно.

Теперь вы уже не осмеливаетесь присесть...

Я не могу себе этого позволить. Даже когда я иду, мне не удается сосредоточиться. Ко мне постоянно обращаются. Но хуже всего приходится, когда какой-нибудь поклонник идет в том же направлении, что и я, — он моментально пристраивается рядом, говорит, что я его любимый режиссер, что я снимаю замечательные картины, и мы продолжаем идти рука об руку, потому что ему хочется сделать мне приятное, а мне не хочется показаться грубым. Часто люди не умеют сделать комплимент и пойти дальше своей дорогой.

То есть вам не часто удается ходить на работу пешком?

Я хожу пешком, только когда я не один — если со мной идет Сун-И или кто-то из друзей. Я был бы счастлив возможности прогуляться по пути домой и обдумать на ходу второе действие новой пьесы или сценарий, над которым я работаю. Но я лишен этой возможности, потому что меня постоянно узнают. Конечно, если бы Мадонна решила пройти то же расстояние пешком, ей не дали бы сделать и шагу. На нее бы накинулись десятки тысяч людей. Ко мне подойдут разве что человек восемь-десять, но и это отвлекает.

В Венеции вы получили награду за вклад в кинематограф. Что значат для вас награды?

Я уверен, что Венецианский кинофестиваль действительно хотел вручить мне эту награду, потому что они не требовали от меня присутствия на церемонии. В этом отношении у меня есть четкая политика: я никогда не принимаю награды, вручение которых зависит от моего присутствия на церемонии. Есть масса людей, которым не терпится меня наградить, я получаю массу подобных звонков.

Но все они требуют моего присутствия, и мне приходится отказываться. В данном случае я был уверен в искренности организаторов. Они сообщили мне о награждении, я ответил, что не смогу приехать, но их это не смутило. В таких ситуациях я всегда думаю, что недостоин всех этих почестей и что с ходу готов назвать с десяток людей, которым следовало бы вручить приз раньше меня. Но часть этих наград — всего лишь способ выразить любовь к моей работе, а не оценка моих достижений. За все эти годы я снял много фильмов, многим они нравятся, и людям хочется сделать этот жест, выразить свою любовь. И все равно сам факт награждения кажется мне какой-то шуткой.

Мы уже обсуждали награды Американской киноакадемии, и вы привели тогда в пример Хосе Феррера и Марлона Брандо. Оба актера были номинированы на «Оскар» в пятьдесят первом году в категории «Лучшая мужская роль» за роли в фильмах «Сирано де Бержерак» и «Трамвай „Желание“». Награда досталась Ферреру.

Я был подростком, но уже тогда мне было очевидно, что что-то здесь не так. Я видел все эти фильмы. Потому что то, что сделал Марлон Брандо, вошло в историю мирового актерского искусства. По мере того как я взрослел и теперь, когда я стал гораздо старше, я стал понимать, что стоит за всеми этими наградами. Вся эта клевета, борьба за награды, на которую тратится масса денег. Наградой отмечаются не заслуги мастера, а хорошая работа пиар-отдела.

Многие из своих призов и наград вы хранили в доме ваших родителей. Они гордились вами и вашими успехами?

Да, но в пределах разумного. Они были весьма здравомыслящими людьми.

Какие у вас с ними были отношения?

Очень хорошие. Но их уже нет. Папа дожил до ста лет, мама — до девяносто пяти.

В конце «Блюза дикаря» вы говорите, что хотели бы снимать фильмы, похожие на те, которые вы смотрели в детстве.

Сидни Поллак сказал мне об этом, когда мы работали над «Мужьями и женами». Я и сам так думаю. Стивен Спилберг тоже мне об этом говорил. Даже Бергман постоянно вспоминает Виктора Шёстрёма. Просто хочется делать фильмы, похожие на те, что сам когда-то любил смотреть. Это естественно.

«Разбирая Гарри» [1]

> Л ю с и: Как ты мог написать эту книгу, а? Какой же ты эгоист! Ты поглощен собой, тебе насрать, что ты ломаешь чужие жизни. Ты все рассказал! Не упустил ни одной детали. Выдал меня моей же сестре. Марвин от меня ушел. Его больше нет.
> Г а р р и: Там можно усмотреть лишь отдаленное сходство с нами.
> Л ю с и: Хватит врать, ублюдок! Ты хоть соображай, с кем разговариваешь! Ты не на ток-шоу, а я не очередная дебилка, которая его ведет. Я сама через все это прошла, я знаю, насколько отдаленное там сходство.

Из фильма «Разбирая Гарри»

Вы упомянули Ингмара Бергмана и Виктора Шёстрёма, и мне в этой связи хочется заметить, что, когда смот-

---

[1] Нужно отметить, что принятый в российском прокате перевод названия «Разбирая Гарри» неточен. Переводить следовало бы «Деконструируя Гарри», поскольку в фильме Вуди Аллен совершенно недвусмысленно отсылает к деконструктивизму как господствующей академической традиции (главный герой картины, писатель Гарри Блок, едет в университет, где одна из исследовательниц признается, что любит «деконструировать» его работы), а сама структура фильма демонстрирует пародийное использование деконструктивистской методологии. При этом никакой особой осведомленности в сочинениях основателя деконструктивизма французского философа Жака Дерриды (1930—2004) для понимания фильма не требуется. Скорее, важно знать, какой ажиотаж в связи с этой доктриной переживали в восьмидесятые—девяностые годы американские университеты: традиционная

ришь вашу картину «Разбирая Гарри», на ум приходит «Земляничная поляна». Разумеется, это совершенно разные картины, но какое-то родство между ними есть.

Вам, наверное, виднее, хотя, когда я снимал этот фильм, я ни о чем таком не думал. Я стал снимать «Разбирая Гарри» только потому, что мне хотелось сделать фильм, в котором можно было бы показать одновременно самого писателя и его произведения таким образом, чтобы его характер прояснялся посредством его писаний. Только об этом я думал, когда писал сценарий. Это не автобиографическая картина. Мной двигала идея экранизировать пять-шесть рассказов и показать, как они преломляются в характере главного героя.

Вы назвали своего героя «Гарри Блок», притом что он писатель, переживающий творческий кризис (writer's

---

история литературы и литературоведение были фактически изгнаны из высшей школы множащейся армией деконструктивистов (в Штатах особую активность они проявляли как раз в области литературоведения благодаря успеху Йельской школы, представленной такими видными именами, как Поль де Ман, Гарольд Блум и Джеффри Хартман). Популярность деконструктивизма в Америке дошла до того, что в девяностые годы Жак Деррида едва ли не бóльшую часть своего времени посвящал лекционным турне по стране и даже сделал предметом деконструкции Билль о правах, первую часть американской конституции. Суть деконструктивизма как методологии выявления основополагающих умолчаний Аллен ухватывает в самой структуре картины: по мере того как главный герой приближается к университету, где ему должны вручать награду, выявляется то, о чем умалчивается в его текстах, но из чего складывается его жизнь. Это как раз тот случай, когда желание переводчиков уберечь публику от излишней сложности порождает массу непониманий и в конечном счете обессмысливает часть содержащихся в фильме шуток. Еще худшим примером обессмысливающего перевода может служить фильм Аллена «Anything Else» (2003), название которого в российском прокате звучало как «Кое-что еще». В оригинале в название вынесена шутка, составляющая рамку фильма: герой жалуется таксисту на жизнь, рассказывает о свалившихся на него неразрешимых проблемах, говорит, что дела его в ужасном состоянии, а таксист невозмутимо отвечает: «You know, it's like anything else», то есть «Как и всё в жизни». Из общепринятого перевода этот смысл извлечь невозможно, впрочем, как и какой-либо другой.

block), его дальнейшую работу что-то блокирует. Получается, что в имени заключена характеристика персонажа.

Это правда.

У Бергмана в «Земляничной поляне» главного героя, роль которого исполняет Виктор Шёстрём, зовут Исак Борг. «Исак» отсылает ко льду[1], а «борг» означает «крепость». Самого героя можно охарактеризовать как обледеневшую душу, обитающую в одиноком замке и не способную на проявление настоящего чувства. Я вижу совпадение в том, что оба этих персонажа носят говорящие имена.

Верно, Гарри Блок — это персонаж, переживающий писательский «блок».

«Разбирая Гарри» — один из самых богатых ваших фильмов: по разнообразию идей и по способу их реализации, как мне кажется. Очень энергичный и стремительно развивающийся фильм, однако вся его энергия растворяется в нем же самом — не в последнюю очередь благодаря внезапным перескокам от реальных событий к литературным, от жизни к выдумке. Что находит свое отражение и в беспорядочности, некоторой эксцентричности монтажа. Откуда возникла сама идея прерывистости, разорванности эпизодов внутри фильма?

Как я уже сказал, мне было интересно сделать фильм о писателе, характер которого раскрывается через экранизацию серии его рассказов. Мне нужно было так построить ему жизнь, чтобы она соотносилась с короткими историями, которые у меня на тот момент уже были. Потому что истории были придуманы раньше, чем я приступил к работе над фильмом. То есть я сочинял сценарий как бы в обратном направлении: от коротких вставок

---

[1] «Лёд» по-шведски «is».

к основному сюжету. И мне нужно было создать героя, который давал бы мне основания время от времени перескакивать на эти вставки.

Почему вы решили использовать столь стремительный монтаж в начале фильма, с навязчивым повтором момента, когда Джуди Дэвис выходит из машины?

Я пользовался этим приемом и раньше, например в «Мужьях и женах». Когда мне приходится иметь дело с чрезвычайно невротичным персонажем, я иногда склоняюсь к невротичному монтажу, мне хочется давать атональные, асимметричные переходы, избегать гармонии и равновесия в монтаже. И я режу, где считаю нужным, фильм ускоряется, я перепрыгиваю от одного к другому везде, где мне нравится. У меня есть чувство, что, когда имеешь дело с такого рода людьми, этот ритм является абсолютно приемлемым. Когда я снимал этот эпизод, я заранее знал, что там будет масса резких монтажных переходов, так что никаких проблем не возникало. Как раз наоборот: на съемочной площадке я чувствовал большую свободу, поскольку знал, что мне не нужно добиваться какого бы то ни было соответствия между отдельными планами, чтобы облегчить потом монтаж. Я знал, что буду делать переходы там, где мне заблагорассудится, и что весь эпизод будет подчинен рваному нервному ритму.

По титрам видно, что ваша команда частично сменилась, — например, исчез Джеффри Курланд, художник по костюмам.

Он переехал в Калифорнию. У него двое детей, и они с женой решили, что настало время обзавестись собственным домом. Теперь он живет и работает там. Мы часто с ним разговариваем, и нам даже удалось повидаться в эти выходные, когда я ездил в Калифорнию.

Фильм открывается экранизацией одного из рассказов, главный герой которого, Кен, — альтер эго писателя.

Роль Кена исполняет Ричард Бенджамин. Это сразу напомнило мне экранизацию романа Филипа Рота «Случай Портного», где Бенджамин играл главную роль. В своих романах Рот тоже обращается к еврейской традиции, что, надо полагать, имеет корни в его биографии, но также имеет и серьезные сексуальные импликации. Насколько случайны эти совпадения?

В выборе Ричарда Бенджамина не было особой интриги. Я знаю этого актера много лет, он очень талантлив. Я подумал, что он прекрасно сыграет эту роль, и не ошибся. О Филипе Роте мне сложно говорить. Это необыкновенный, блистательный, гениальный писатель. Принимая во внимание все его озарения и вообще то, что он делает, я не осмелюсь нас сравнивать. Я не настолько поглощен еврейской темой. Он более глубокий и куда более богатый автор. Я комик и, выступая перед живой аудиторией, могу сыграть на своей еврейской озабоченности, когда требуется серия легких острот. Он в этом отношении гораздо глубже, как и Сол Беллоу. Для меня еврейская тематика — лишь один из способов рассмешить аудиторию.

Вы только что сказали, что в этой картине нет ничего биографического. Я знаю, что вы всегда отрицали биографичность и в отношении других ваших фильмов. Но ведь хотя бы отчасти ваш материал должен быть как-то связан с вами лично?

Ко мне лично имеет отношение лишь общий настрой фильма, в нем отражены мои заботы, мои интересы. Скажем, герои этого фильма иудеи, а не католики и не протестанты. Я понимаю, что люди все равно будут отождествлять главного героя со мной — просто потому, что он писатель. Но с определенного момента меня это перестало заботить. Я достаточно долго отрицал это, но мне все равно не верят. Не верят — и не верят. Пусть я буду этим писателем. Правда, у меня ни разу в жизни не было творческого кризиса. Я не пью дома. Я не вызываю на дом проституток. Мои женитьбы не были настолько бурными и беспокойными. У меня просто совсем другая жизнь. Я бы никогда не поехал на машине получать какую-то награду. Я не смог бы похитить сына, чтобы взять его с собой: я никогда бы до этого не додумался, а если бы и додумался, то мне не хватило бы смелости. Это просто не я.

Складывается впечатление, что Джуди Дэвис — ваша любимая темпераментная актриса. Вы часто даете ей роли того же рода, что и роль, которую она играет в этом фильме.

Безусловно, она принадлежит к числу моих любимых актрис. Она невероятно смешно все это исполняет и с большим мастерством. В общем, она может сыграть блестяще все, что угодно, — просто трудно найти других актеров, которые такие роли исполняли бы столь же блестяще. Она одна из моих самых любимых невротиков.

При помощи Санто Локуасто вам всегда удается создать впечатление естественной обжитости интерьеров. В начале этой картины, в сцене ссоры между вами и Джуди Дэвис, нельзя отделаться от впечатления, что вы прекрасно ориентируетесь в этом интерьере и чувствуете себя как дома: например, мы видим, как вы исчезаете за колонной, чтобы достать бутылку виски. Ничего экстраординарного в этом нет, но у зрителей возникает ощущение, что ваш герой и в самом деле живет в этой квартире: он знает, где спрятана бутылка. Когда вы играете в собственном фильме, насколько тщательно вы знакомитесь с декорациями перед съемками интерьерной сцены?

Пока мы ставим кадр, я обычно прохаживаюсь среди декораций, чтобы понять и почувствовать атмосферу созданной нами среды. Но в данном случае даже понимать было нечего, потому что это типичная обстановка: я сам жил в похожих условиях и часто бывал в точно таких квартирах. Обычное нью-йоркское жилье, здесь все в таком живут.

А другие актеры — они тоже вживаются в декорации?

Это их личное дело. Если у них есть такая потребность, они тоже могут пройтись среди декораций, все рассмотреть и прочувствовать. Но если у них такой потребности нет, я их к этому не принуждаю. Когда они выдают нужный мне результат, меня не заботит, какими методами они этого результата добиваются. К тому моменту, когда они появляются на съемочной площадке, все уже расставлено. Я приглашаю их, указываю, куда пройти, куда положить бумажник, где разложить книги. Если их что-то не устраивает, они мне об этом говорят. Если никто не возражает, значит, все в порядке.

В этой сцене вы снова прибегаете к резким монтажным переходам. Сначала идет кадр, в котором вы стоите у колонны и пьете виски, но тут же переключаетесь на Джуди Дэвис, притом что ее поза за это время практически не меняется. Лет десять-двадцать назад такой монтаж рассматривался как абсолютно неприемлемый, потому что он нарушает все общепринятые нормы.

«Мужья и жены» смонтированы точно так же. То есть этот прием можно использовать: если в контексте данной сцены он смотрится естественно и соответствует состоянию персонажей, то почему я от него должен отказываться?

На протяжении десятилетий вам волей-неволей приходится иметь дело с технической стороной режиссуры. Наблюдаете ли вы какие-либо перемены — я имею в виду не столько стилистические сдвиги, сколько изменение вашего отношения к техническим вопросам в том, что касается композиции кадра, монтажных приемов и т.п.?

Общее отношение осталось неизменным: я до сих пор считаю, что форма должна определяться содержанием. Будучи писателем, я прежде всего думаю о том, как наилучшим образом подать сюжет. Что меня по-настоящему раздражает, так это то, что, снимая в основном комедии, я принужден ограничивать себя в использовании чисто киношных приемов, потому что язык комедии должен быть строгим и максимально простым. В то время как мне бы хотелось позволить себе большее. Поэтому я страшно радуюсь появлению таких картин, как «Разбирая Гарри»: с одной стороны, это комедия, а с другой — в ней есть серьезные элементы, и это дает мне бо́льшую свободу. Я не должен подчинять шутке всю картину целиком. Я получаю свободу делать то, что мне нравится. Но все равно каждый раз, когда в фильме появлялись чисто комические элементы, я должен был отказываться от рваного монтажа, потому что он все испортил бы. Этот монтаж применим только к тем кускам, где идет речь о реальной жизни моего героя. Если бы я смонтировал так историю с Робином Уильямсом, или историю с моими родителями, или историю с молодым человеком, комедии не получилось бы. Рваный монтаж усиливает драматизм, но для комедии он пагубен.

Часть воспоминаний или написанных Гарри рассказов — например, тот, что первым появляется в картине: рассказ о том, как смерть пришла забрать Менделя Бирнбаума, — напоминают ваши собственные ранние рассказы, включенные в сборники «Сводя счеты» и «Побочные эффекты».

Правильно, потому что это и есть короткие рассказы, которые можно было бы оформить и в виде прозы. Так я и хотел, чтобы они воспринимались, потому что Гарри — автор рассказов, он пишет прозу.

Меня интересует короткая история с актером: как родилась идея о том, что Робин Уильямс сам по себе все время не в фокусе?

Мне давно хотелось это снять, но только здесь появилась такая возможность. Идея возникла предельно просто: на съемочной площадке мне все время приходилось слышать, как операторы кричат: «Ты не в фокусе!» —

что я подумал — много лет назад: а что, если проблема не в камере, а в актере? С камерой все в порядке — просто актер сам по себе не в фокусе, он и в реальной жизни «нерезкий».

На роль своей первой жены вы пригласили Кирсти Элли. Мне кажется, что лучше, чем в этом фильме, она еще нигде не играла.

Да, сыграла она замечательно. Мне повезло, что она согласилась у меня сниматься. Я видел ее телевизионные роли: она очень забавный человек и очень талантливая актриса. Ей нужно было сыграть довольно странную роль, и она замечательно с этим справилась. Мне хотелось, чтобы герои рассказов, которые пишет Гарри, выглядели несколько идеализированно, гламурно. В этом смысле Деми Мур, которая играет первую жену писателя в экранизации его рассказов, — актриса более гламурная, чем Кирсти Элли. По моему замыслу Деми Мур должна была отображать то, что Гарри написал, а Кирсти Элли — показывать реальный прототип этого персонажа.

В том же смысле, в каком Гарри является реальным прототипом персонажа, которого играет Ричард Бенджамин?

Да, это еще одна идеализация.

В какой-то момент героиня Деми Мур говорит в фильме: «Традиция бесценна. Иудаизм не только преисполнен смысла — в нем есть истинная красота». И далее, на протяжении всего фильма, по поводу еврейской традиции высказываются самые разные мнения, особенно когда Гарри заезжает к своей сестре и вступает в спор с ее мужем. Как вы сами относитесь к иудаизму и еврейской традиции?

Я вырос в еврейской семье, но сам я абсолютно нерелигиозен. Меня не интересует ни одна из существующих религий, включая иудаизм. Любая религия, на мой взгляд, глупая, неудовлетворительная и не вполне честная вещь. Я не верю в то, что между евреями и неевреями есть какая-то разница. Если два младенца, рожденные в разных религиях, окажутся на необитаемом острове, не думаю, что между ними можно будет провести хоть какое-то различие. Это все искусственно созданные группировки, и ни к одной из них я не готов присоединиться. Но я готов рассматривать традицию как нечто совершенно необременительное и приятное — в том смысле, в каком мы говорим о традициях в театре или в спорте, я признаю, что элементы традиции, не связанные с догматизмом, могут доставлять истинное наслаждение. Но это не касается повсеместно насаждаемых догматических традиций.

В этом смысле Гарри говорит в разговоре с сестрой: «Традиция — это иллюзия постоянства».

Верно.

Мы уже поговорили немного о Филипе Роте. Есть ли у вас другие любимые писатели — американские или иностранные, которых вы читаете и за развитием которых следите?

Я бы сказал, что для моего поколения важнейшим писателем является Сол Беллоу. Филип Рот также имеет огромное значение. Есть классики, которых я очень люблю: Флобер, Кафка и т. д. Но из современных писателей своими любимыми я бы назвал Беллоу и Рота. Конечно, я, как и все, люблю Сэлинджера, но он не так много написал.

Что именно вы цените у Беллоу и Рота?

Они оба замечательные писатели и оба наделены удивительным чувством юмора. В их работах всегда слышится голос автора. Это невероятно восприимчивые, очень проницательные и в то же время в высшей степени смешные прозаики.

При вашей огромной загруженности есть ли у вас время на то, чтобы читать романы?

В основном я читаю нон-фикшн, но какое-то количество художественной литературы тоже регулярно прочитывается. У меня есть время на чтение — не так много, как мне хотелось бы, но есть.

Вернемся к «Разбирая Гарри»: в одной из сцен вы на некоторое время появляетесь в футболке, на которой можно разглядеть огромную дыру. Вы сами подобрали своему герою такую одежду?

Конечно. Когда я играю у себя в фильмах, я предпочитаю сниматься в своей собственной одежде — это меня успокаивает. В данном случае я подумал, что если мы увидим, во что он одет, ожидая к себе проститутку, то сможем кое-что понять в его характере.

Ну да, ему все равно. Проститутка Куки принадлежит к числу очень немногих афроамериканских персонажей, получивших важную роль в ваших фильмах. Почему у вас так мало персонажей-негров?

Ничуть не меньше, чем у других режиссеров. Мне постоянно этим пеняют, но если вы составите список других режиссеров — не будем сейчас перечислять их всех, — то обнаружите ровно то же самое. Люди снимают фильмы о том, что они хорошо знают. Я знаю, как разговаривали в моей семье. Я знаю, как общались люди в нашей округе. Я знаю, как живут люди, с которыми мне часто приходится общаться, об этом я и пишу. Об этом даже не думаешь. Актеров я подбираю в соответствии с собственным видением персонажа. Если герой, на роль которого я подбираю актера, по сценарию негр, я ищу негритянского актера. Скажем, меня постоянно спрашивают, почему в картине «Ханна и ее сестры» я взял на роль служанки актрису-негритянку. Но ведь в девяноста процентах семей такого типа служанками работали именно негритянки! Мне все время этим пеняют, и если об этом говорит человек, который не является моим поклонником и который не любит мои картины, он чаще всего имеет в виду, что я плохо отношусь к неграм или что я их не уважаю. Но это абсолютно не так. У меня даже мысли об этом не возникало. Когда я подбираю актеров, я не думаю о социальной справедливости или о равенстве возможностей. Я беру на роль актера, который лучше всех подходит на роль. Но стоило выпустить этого джинна из бутылки, стоило кому-то об этом упомянуть, как эту претензию мне стали предъявлять постоянно. Мне бы не хотелось сейчас разбирать других режиссеров, но о них всех можно говорить то же самое. Но не говорят, и я сам ничего такого никогда не скажу. Однако меня то и дело спрашивают, почему у меня в картинах нет негров. И единственное, что я могу им ответить, — это то, что я подбираю актеров, соответствующих моим персонажам. Если я начну снимать негров исключительно ради этнического разнообразия, мне тогда придется брать в картины латиноамериканцев, китайцев, японцев и корейцев. Сама идея глупа и не имеет ни малейшего отношения к искусству.

Действительно, подобного рода обвинения предъявляют вам многие критики. Но разве вы читаете то, что о вас пишут?

Я не читаю рецензий. Потому что тогда неизбежно приходится разбираться в тонкостях чужих мировоззрений и принимать во внимание разного рода идиосинкразии. Бывают авторы и критики, которые заведомо к тебе расположены, бывают авторы с нейтральным отношением, но встречаются и критики, которые с самого начала настроены резко отрицательно. Так что, если показать мою картину такому критику, он найдет в ней недостатки вне зависимости от того, хорошая она или плохая. А если я покажу даже худшую свою картину критику, который на протяжении многих лет оставался моим поклонником, он и в ней найдет что похвалить. Есть, конечно, люди незаинтересованные, которые оценивают фильмы, исключительно исходя из их достоинств и недостатков: я их ничем особенным не привлекаю, но и отвращения ко мне они тоже не испытывают. Но я не читаю ни тех, ни других, ни третьих. Не из презрения, а просто чтобы не запутаться в их противоречивых оценках.

Но вы тем не менее знаете о существовании определенных критиков и можете примерно предположить, что они скажут.

Я знаю то, что постоянно, на протяжении многих лет повторяют. Я не вычитываю это из статей — это у всех на слуху. Я знаю, многие думают, что у меня в фильмах мало негров. Я знаю, мне часто приписывают излишний нарциссизм. Все это постоянно всплывает в разговорах с людьми. Обо мне было написано около тридцати книг, и я не читал ни одной из них, если не считать корректуру вашей книги и корректуру книги Эрика Лакса. Уже лет двадцать пять я не видел ни одной рецензии на свои фильмы и не читал ни одной статьи о себе. Было время, когда я читал все рецензии до одной. Когда вышла моя первая картина, я специально пошел в «Юнайтед артистз», чтобы почитать рецензии, — они выложили передо мной целую пачку. Я читал все подряд, большинство были хорошие. Но через некоторое время я подумал: «Так с ума можно сойти. В рецензии из Канзаса говорится одно, в рецензии из Детройта — прямо противоположное». И решил, что лучше вообще не читать. Одну вещь я понял довольно рано: если все время работать, и работать так, что никакая боль, никакие удовольствия, рецензии или соблазны не могут тебя отвлечь от твоего дела, то все остальное приложится само. Потому что за годы работы ты накапливаешь результаты, и если у тебя было что сказать, оно в этой работе скажется. Надо надеяться, что всегда найдутся люди, которые тебя поймут. И никогда нельзя думать о деньгах. Я нередко возвращал кинокомпании весь свой гонорар за фильм только затем, чтобы получить пять или десять дополнительных съемочных дней. Порой я по году работал практически забесплатно. Опыт убедил меня в том, что, если ты ни о чем, кроме работы, не думаешь, деньги в конце концов тоже приложатся. То есть лучше всего просто работать, ни на что не отвлекаясь. Нужно отгородиться от мира и работать. Я всегда жил с этим страусовым сознанием. В этом есть свои недостатки, но есть и приятные стороны, особенно когда ты писатель. Я люблю одиночество. Мне нравится работать самостоятельно. Я не люблю участвовать. Скажем, человек снимает фильм и получает удовольствие от самого процесса съемки. Затем фильм выходит на экраны, организуется премьера, после которой устраивается вечеринка. Потом режиссер читает рецензии и уже от этого получает удовольствие. Его номинируют на «Оскар», он получает признание, и это ему тоже нравится. Режиссер и люди, с которыми он работает, совершенно искренни в своих чувствах, им действительно все это нравится; они не пустые люди. В моей жизни этой радости нет. Я не способен получать от этого удовлетворение. Я заканчиваю что-то одно и тут же начинаю работать над следующим проектом, ни до чего другого мне дела нет. В моем случае удовлетворение приходит оттого, что я способен работать результативно, что я работаю и что от этой работы меня не может отвлечь ни хула, ни хвала. При этом чисто человеческая радость, сопряженная с режиссерской профессией, мне недоступна. В этом есть свои плюсы и свои минусы. Прекрасно чувствовать себя частью человечества и получать радость от общения. Я, к примеру, не имею привычки обедать с актерами, которые у меня снимаются. Даже толком не разговариваю с ними, у нас почти не бывает каких-то совместных мероприятий, и меня это совершенно не смущает. Другие, когда работают с Хелен Хант, или с Шарлиз Терон, или Шоном Пенном, не упускают случая познакомиться ближе, вместе пообедать, куда-то пойти. Я никогда этого не делаю. И я не хочу сказать, что я поступаю лучше, чем все остальные. Мой способ общения, конечно же, ничем не лучше. Это вопрос вкуса. Если бы для меня создали специальный фонд, из средств которого я бы мог снимать по фильму в год независимо от результатов моей работы, то есть если бы каждый год мне автоматически давали бюджет на следующий фильм, я думаю, что я снимал бы точно так же, как снимаю сейчас: абсолютно те же фильмы; и я бы ни секунды не думал, смотрит их кто-нибудь или нет. По правде говоря, я и сейчас не слишком об этом думаю, потому что от меня такие вещи не зависят. С этим ничего нельзя сделать — разве что начать снимать по-другому, чего я делать не собираюсь. В психиатрических больницах пациентов заставляют плести корзинки или дают рисовать пальцами, и эта работа поддерживает их в норме. Так и я снимаю свои фильмы. Я много лет назад понял, что отдача от фильмов всегда разочаровывает, удовлетворение здесь получить невозможно. Интерес должен быть в самом процессе создания фильма. Я чувствую себя счастливым, когда заканчиваю фильм и показываю его в этой комнате горстке своих близких друзей. Настоящий интерес — в том, чтобы его делать, придумывать, выстраивать и потом посмотреть, чего удалось достичь. В чисто политических целях мне все эти годы приходилось делать вид, будто я стремлюсь к тому, чтобы люди смотрели мои картины. Но если говорить честно, на самом деле меня это нисколько не заботит. Я бы не стал продвигать свои картины, если бы у меня не было строгих обязательств перед людьми, которые вкладывают в это деньги. Я бы разбил их сердца, если бы закончил фильм и просто сказал «до свидания». Поэтому мне приходится что-то делать — не сказать, что много, — чтобы помочь им в продвижении моих картин.

В качестве демонстрации лояльности?

Именно. Потому что они делают мне много хорошего, и мне хочется отплатить им тем же. Но на самом деле я абсолютно равнодушен. Завтра премьера «Проклятия нефритового скорпиона», а для меня это уже прошлый век, меня эта премьера совершенно не волнует. Я закончил еще один фильм и уже работаю над следующим. Но когда я только начинал, то относился к этому по-другому. Я помню, в день премьеры «Спящего» в Нью-Йорке мы с Маршаллом Брикманом ездили на машине вокруг квартала, в котором располагался кинотеатр, чтобы посмотреть на очереди. Мы были потрясены и очень гордились собой: «Нет, ты только посмотри! Суббота, десять вечера, а очередь до сих пор загибается за угол. Потрясающе!» Но потом мы подумали: «А что дальше?» Все равно нужно где-нибудь поужинать, а потом идти домой, принимать душ и ложиться спать. Премьера ничего не меняет в твоей жизни. И должен сказать, в экзистенциальном смысле она тоже ничего не меняет, хотя именно там и ждешь от нее каких-то перемен.

Но у вас, надо заметить, очень выгодное положение. Вы успели закончить еще один фильм, написали пьесу и теперь планируете нечто новое. Но ведь есть режиссеры, которые сняли фильм, а второй у них в контракте не значится. Для них восприятие фильма публикой, присутствие на премьере и продвижение собственной картины приобретает огромную важность.

Вначале так было и со мной. Через это нужно пройти. Если бы мой второй или третий фильм не имел успеха, это означало бы конец моей карьеры, я в этом уверен.

В любом случае, ваша позиция кажется очень здравой.

Да, только так можно сохранить здравомыслие... Я помню, мы как-то ездили на гастроли в Бостон с пьесой «Сыграй это снова, Сэм». Мы долго репетировали, и вот наконец состоялась премьера. Публике пьеса, по всей видимости, понравилась. Все были счастливы, и вся группа отправилась праздновать событие. А я поднялся к себе в номер и стал писать что-то для «Нью-Йоркера». Потому что на тот момент пьеса меня уже не интересовала, она была в прошлом. Все, что мне было нужно, — это поднять ее на ноги и запустить. Потому что мне интересен только рабочий процесс. У нас с Бергманом был однажды такой разговор (как выяснилось, у нас в этом отношении совершенно идентичный опыт): фильм выходит на экраны, и после первого показа звонит человек из кинокомпании и говорит, что был аншлаг и что они оценивают будущие сборы в девяносто миллионов. Через два дня они меняют свои оценки на противоположные и говорят, что через пару дней нужно закрывать показы, потому что публики нет. Поэтому в кинокомпаниях меня всегда спрашивают: «Где вы будете на выходных?» — потому что премьеры устраивают обычно по пятницам. «Дайте нам ваш домашний телефон, мы вас будем информировать по поводу сборов». Но меня сборы совершенно не волнуют, и не надо мне звонить каждые два часа. Они звонят и все время производят эти псевдонаучные подсчеты: «Видите ли, „Мелкие мошенники“ собрали два миллиона, и это в июле, и это на выходных, притом что другая картина собрала четыре миллиона, и за тот же период третья картина имела такие-то и такие-то сборы». Потом они сводят все это вместе, и в чистом остатке у меня всегда получаются неудовлетворительные сборы. Это все пустые разговоры и бессмысленные спекуляции, и через некоторое время мы все сидим здесь, в этой комнате, и они говорят: «Фильм вышел на экраны. Рецензии в основном хвалебные. Зрители смеются без остановки. Хозяин кинотеатра говорит, что фильм гениальный. Но публики нет».

Название «Разбирая Гарри» появилось в процессе работы довольно рано?

Да, это было единственное название, которое я мог придумать, и я почти сразу на нем и остановился.

В этом фильме и далее в «Знаменитости» вы стали гораздо смелее обращаться с языком, появилось много вульгаризмов. Вам это кажется необходимостью в связи с переменами в общественном отношении к этому феномену и переменами, которые претерпевает сам язык, или это отличительная черта, присущая только этим двум фильмам?

Здесь дело в самих фильмах. Если вы посмотрите фильмы, сделанные после «Знаменитости»: «Мелкие мошенники», «Проклятие нефритового скорпиона», «Голливудский финал», ничего подобного вы там не обнаружите. В данном случае этого требовало содержание; то же самое касается «Знаменитости» и «Великой Афродиты». Возможно, я писал в этом духе, потому что мне тогда это было интересно, однако в следующих трех фильмах это не проявилось.

Не кажется ли вам, что разговорный язык в целом стал грубее и вульгарнее?

Как бы то ни было, он изменился к лучшему. Я на сто процентов сторонник свободного обращения с языком. Такие определения, как «непристойный» или «вульгарный», для меня ничего не значат. Есть люди, умеющие обращаться с языком, и есть люди, не умеющие с ним обращаться. Есть документальный фильм «Американский сутенер», его сняли два негра, братья[1], которым удалось взять интервью у огромного числа сутенеров (причем все — негры). Там такой красивый язык! Это площадная брань и матерщина, но насколько она выразительна и с каким вкусом произносится! Это невероятной красоты вещь, о которой раньше невозможно было даже мечтать из-за идиотских ограничений и цензуры. Теперь это можно посмотреть. Но, с другой стороны, все время видишь телеюмористов, которых иначе чем «непристой-

---

[1] Альберт и Аллен Хьюзы, в оригинале фильм называется American Pimp (1999).

ными» и «вульгарными» не назовешь. Они как дети, которые пытаются рассмешить взрослых, произнося непристойные слова. Что тупо. Но в правильных руках прекрасными могут оказаться любой язык и любые слова. В течение моей жизни возможности для такой работы значительно расширились. Теперь много что можно, и я думаю, это замечательно.

Очевидно, огромное влияние на наше отношение к языку имели рэп и хип-хоп; повседневный язык стал более резким и образным.

Превратился в творческое поле. И это хорошо, когда это хорошо. В основной своей массе популярная музыка — как современная, так и музыка тридцатилетней давности — скорее выдает себя за поэзию, чем является таковой на самом деле. Потому что по большей части это абсолютный маразм. Те, кто ничего другого не слышал, склонны думать, что это и есть поэзия. Но это не поэзия, а результаты неумелого использования языка. И это проблема не только нынешнего поколения. Когда я рос, в популярной музыке тоже были довольно противные вещи. Это как мы придумали себе какой-то «золотой век» американского кинематографа. Но ведь при ближайшем рассмотрении большинство картин, выходивших на экраны в тридцатые—сороковые, абсолютно ужасны. Они напоминают низкопробное телевидение, это какой-то конвейерный хлам, полный идиотизма и серости. Время от времени, благодаря усилиям особо настойчивых режиссеров или просто благоприятным обстоятельствам, появлялась действительно хорошая картина. Но на фоне тех тысяч, которые выходили наряду с ней, это была редчайшая редкость. Я не думаю, что то время было золотым веком кинематографа. Я как раз полагаю, что актеры, появившиеся на экране уже после завершения этого золотого века, — Брандо, Де Ниро, Хоффман, Николсон, Пачино, — на порядок лучше тех, кто этому веку принадлежал. И режиссеры типа Мартина Скорсезе, Фрэнсиса

Копполы или Роберта Олтмена ничем не хуже Уильяма Уайлера, Джорджа Стивенса или Джона Форда. А порой и лучше. Мы чересчур идеализируем тридцатые и сороковые, и я ничего против не имею. Мы уже никогда не увидим отношений между кинозвездами и зрителями, какие были в то время. Уже никогда не будет тех мифологических персонажей, которых играли Кларк Гейбл или Хамфри Богарт. Но такой актер, как Кэри Грант, который, несомненно, был великой личностью, во многом уступает современным актерам типа Брэда Питта, Эдварда Нортона или Леонардо Ди Каприо. Я не отрицаю, что Кэри Гранта или Хамфри Богарта смотреть было одно удовольствие, но они ничем не лучше сегодняшних актеров.

Возвращаясь к картине «Разбирая Гарри»: наиболее критично настроенные рецензенты, в особенности женщины, объявили Гарри женоненавистником, усмотрели в его отношениях с женщинами особую пренебрежительность. Вам это известно?

Нет. Я бы не стал называть его женоненавистником, скорее я бы назвал его невротиком, у которого в отношениях и с женщинами, и с мужчинами одинаково полно проблем. И мужчины в фильме ничуть не менее нелепы, чем женщины. Но даже если я не прав и он действительно женоненавистник, что в этом такого? Это вымышленный персонаж, и женоненавистничество вполне может быть личной чертой Гарри Блока. Допустим, у него проблемы с женщинами, допустим, они его раздражают и он их искренне ненавидит, — ну и что с того? Но это все равно интересно. Мне бы даже в голову не пришло назвать его женоненавистником, потому что у него, по всей видимости, ничуть не больше проблем с противоположным полом, чем у всех остальных.

Что мне особенно нравится в этом фильме, так это абсолютная свобода в развитии сюжета, взять хотя бы сцену, в которой Гарри стоит перед толпой собственных персонажей. Как возникла сама идея встречи реальных героев и вымышленных персонажей?

Эта идея меня почему-то всегда занимала. Смешение вымышленных и реальных уже было в «Пурпурной розе Каира», было у меня в рассказе «Образ Сиднея Кугельмаса в романе „Госпожа Бовари“»[1]. Чем-то их взаимодействие меня привлекает, поэтому подобные сюжеты время от времени возникают в моих работах. А когда берешь такую творческую личность, как Гарри, становится еще интереснее.

Где вы снимали ад и как он вообще создавался?

Я сказал Санто Локуасто, что ад надо сделать в духе Беллини, Джотто или в духе иллюстраторов «Божественной комедии». После консультаций с продюсером Санто просил меня придумать что-нибудь более современное, потому что строить классический ад оказалось дорого. Но я настаивал: я хотел костры, серные копи, прикованных к стенам узников. В итоге Санто все это сделал. Для этой цели нашли какой-то оружейный склад в Нью-Джерси, там он все это наилучшим образом и замутил.

Наверное, этот эпизод было очень интересно снимать. Сколько заняли съемки?

Много времени потребовали декорации: нужно было все это построить и потом довести до ума, а сняли мы все это довольно быстро. На самом деле я никогда подолгу не снимаю, потому что не страдаю излишним педантизмом. Возможно, Стэнли Кубрик снимал бы эту сцену два месяца, но мне хватило двух дней, потому что у меня нет этого непреодолимого перфекционизма в отношении

---

[1] Рассказ в переводе Олега Дормана вошел в сборник «Шутки Господа» (М.: Иностранка, Б. С. Г.-Пресс, 2002). Впервые появился в 1977 г. в «Нью-Йоркере» и затем вышел в сборнике «Побочные эффекты» (1980).

съемок. Мне важно, чтобы в результате получилось весело, дальше этого я не иду. Тогда как Кубрик или Висконти следят за каждой деталью. Думаю, значительная часть того, что мы в их лице получаем, как раз и состоит в накапливании деталей; нас переполняют эти детали — в хорошем смысле переполняют. Я человек более легкий. Мне нужно прийти в ад, увидеть, в чем там шутка, и тут же выйти наружу.

Концовка фильма, где Гарри встречает всех своих персонажей, прекрасна абсолютно. Гарри говорит им: «На самом деле я всех вас люблю. Благодаря вам я пережил свои лучшие моменты, порой вы меня спасали. Вы многому меня научили, и я очень вам благодарен». Но так ли это на самом деле? Вы действительно думаете, что искусство может хоть в каком-то смысле спасти кому-то жизнь?

Думаю, да. Как социальный феномен искусство мне представляется бесполезным. Его ценность состоит в том, что оно развлекает. На мой взгляд, художник не революционер, он не в состоянии вызвать сколько-нибудь значительных общественных перемен. То есть он может, конечно, чему-то способствовать, но, в общем, не расстроится, если в решающий момент там не окажется. Тогда как революционер, человек, готовый поджечь самого себя или поднять оружие на другого, в большей мере способствует переменам в обществе.

Гарри характеризует себя как атеиста. А вы?

Я агностик. Но я думаю, что можно пережить подлинно религиозный опыт, не примешивая к нему священников, раввинов и прочее духовенство, и в этом не будет ничего бесчестного или противоречивого: бывают необъяснимые моменты, когда чувствуешь, что в мире есть какой-то смысл, что жизнь значит нечто большее, чем принято думать. Такого рода религиозность я готов уважать. Искусство тоже может доставить похожие переживания. Порой какой-то музыкальный фрагмент, книга или фильм вызывают во мне чувство, значимость которого помогает мне пережить особенно тяжелый период или какие-то трагические события. И я готов поверить, если кто-нибудь скажет, что у него было страшное детство и, если бы не стихи Эмили Дикинсон, он бы не выжил. В этом смысле искусство многое может сделать. Как я уже говорил, плетение корзин и создание поделок может оказаться спасительным. Это работа, она помогает выжить. Но в более широком социальном смысле искусство, на мой взгляд, мало что значит. Сколько ни пиши пьес о расовых проблемах, сколько ни снимай об этом фильмов, сколько ни своди белых и черных, все равно группа негритянских активистов, провозглашающая, что больше терпеть не намерена, объявляющая бойкот магазину или грозящая его взорвать, сделает гораздо больше. Именно они чего-то добиваются.

Фильм завершается в мажорном ключе, Гарри снова начинает писать: «Заметки к роману. Завязка: Рифкин живет урывками, ведет бессвязное существование. Давно уже он пришел к убеждению, что истина известна всем и для всех она одинакова. Наша жизнь состоит в том, чтобы придумать, как эту истину исказить. Только в писательской работе находил он успокоение — в работе, которая не раз, и всякий раз по-разному, спасала ему жизнь». Эту концовку можно сравнить с финалом «Манхэттена», где ваш герой размышляет о радостях жизни и возможностях, которые она перед ним открывает. Художник продолжает работать...

Эта картина гораздо серьезнее «Манхэттена». «Манхэттен» не просто окрашен романтикой, он насквозь ею пронизан. Здесь этого нет. Здесь куда больше уныния и мрака — судя хотя бы по тому, что Гарри говорит в конце: истина известна всем, и все, что мы в этой жизни делаем, — это придумываем, как ее исказить. А это довольно пессимистическое заявление. Реальность открыта всем, мы все знаем, чем она на самом деле является. Но каждый старается раскрутить ее по-своему, и каждый старается оправдать свой метод. Каждый так или иначе исказит реальность, чтобы в ней стало можно жить, потому что реальность, которую мы все знаем, не слишком привлекательна. Такую мысль никак нельзя было выразить в «Манхэттене».

У вас есть ощущение, что «Разбирая Гарри» является наиболее значительным и важным среди ваших недавних фильмов?

Не более важным, чем «Мужья и жены». Мне нравится снимать картины сразу нескольких типов. Эта подпадает под категорию комедий с элементами некоторой серьезности. Но ничуть не меньшее удовольствие я получил от работы над мюзиклом, над «Загадочным убийством в Манхэттене» или над «Мелкими мошенниками». Спектр фильмов, которые мне нравится снимать, довольно велик. Порой я годами снимаю картины одного и того же типа. «Разбирая Гарри» я бы охарактеризовал как серьезную комедию.

Глава 28

«Знаменитость», «Сладкий и гадкий», «Мелкие мошенники», «Проклятие нефритового скорпиона», «Голливудский финал»

«Знаменитость»

> Л и: Мне стукнуло сорок. И у меня нет желания очнуться в пятьдесят и признать, что от этой гребаной жизни я все время брал по чайной ложке.
>
> *Из фильма «Знаменитость»*

«Знаменитость» — единственная из ваших картин, сценарий которой я прочитал раньше, чем она была запущена в производство, потому что переводил его на шведский для Свена Нюквиста. Когда я увидел картину, то поразился, насколько близка она к первоначальному сценарию, ведь в наших беседах вы не раз говорили о том, что предоставляете актерам достаточную свободу в обращении с репликами. В данном случае актеры говорят ровно то, что было написано. Опять же, по прочтении сценария можно было ожидать, что в фильме какие-то сцены поменяются местами, однако нет: он в точности соответствовал сценарию по структуре и последовательности. Готовый фильм всегда так близок к сценарию?

Нет, иногда разница бывает довольно серьезная. Но в «Знаменитости» действительно мало отступлений от текста — наверное, отчасти потому, что главную роль играл Кеннет Брана, а не я сам. Я бы со своим материалом особо не церемонился, а он относился к тексту более уважительно. Редко встретишь человека, который понимал бы, насколько я консервативен в отношении структуры. Многие мои фильмы характеризовали как излишне свободные. О первых фильмах все время говорили: «Да-да, „Хватай деньги и беги" и „Бананы" — абсолютно сумасшедшие картины. Если бы этот Аллен еще и научился структурировать, из него вышел бы неплохой режиссер». И никому не приходило в голову, что обе картины имеют чрезвычайно жесткую структуру. Помню, Херберт Росс, когда ставил «Сыграй это снова, Сэм», спросил, не буду ли я возражать, если он кое-что добавит от себя. Я сказал: «Да пожалуйста». Потом он мне перезвонил и сказал, что ему пришлось убрать все, что он вставил, потому что чисто структурно сюжет оказался гораздо жестче, чем он предполагал. Поэтому когда вы думали, что в этом фильме сцены можно было бы дать и в другом порядке, вы на самом деле не проверяли, будут ли они в этом новом порядке столь же эффективно работать. Фильмы, которые на первый взгляд кажутся эпизодическими и сплошь состоящими из анекдотов, на самом деле жестко структурированы.

Однако было два исключения. Одно не столь уж важное: в сценарии было несколько сцен с Робин (Джуди Дэвис), когда она подбирает для себя курсы продвинутого секса; там была не одна проститутка, а три или даже четыре. Сначала она ходила от одной к другой, а потом уже шла сцена, где было сразу несколько женщин.

Получалось слишком длинно, многовато было этих сцен, хотя я их все снял.

Но была и еще одна сцена, не вошедшая в фильм, которая казалась мне важной. Она стояла ближе к концу, когда Ли идет в гости к Мартину Морзе, своему школьному приятелю, с которым они виделись на встрече выпускников. Морзе заводит разговор о «человеческом сердце». Он невероятно ожесточен; он говорит, что они с женой «преподают гуманизм и удручены полнейшей утратой гуманности». Он выражает свое отчаяние по поводу полнейшего развала культуры, царящих кругом дешевиз-

ны, развязности и порока и говорит, что они с женой решились на двойное самоубийство. Она застрелилась три часа назад, и сейчас ее труп лежит в квартире, а у него не хватает решимости и желания последовать за ней. Он спрашивает Ли, что ему делать.

Я снял эту сцену, она просто не получилась. Но я о ней не забыл: в какой-то момент я обязательно включу ее в какой-нибудь другой фильм или в пьесу либо как-нибудь еще использую. Мне не хочется ее бросать, потому что она кажется мне вполне достойной.

Действительно, это замечательная сцена. Несмотря на весь ужас, она настолько эмоциональна, что даже после прочтения сложно избавиться от грусти.

Из-за нее стопорился весь фильм. Кроме того, она очень длинная сама по себе. Общий ритм фильма сбивался непоправимо, и я ее выкинул. Но она хороша как аргумент.

Совершенно верно, и я думал, что она сработает как своего рода моральный корректив к тому, что вы показываете в других сценах на протяжении всего фильма.

Действительно, когда я писал сценарий, мне казалось, что она там необходима. Но потом, когда стал смотреть уже готовый фильм здесь, в этой комнате, у меня появилось чувство, что фильм движется, движется, движется и с появлением этой сцены сразу же останавливается. Она получилась слишком длинная, я не смог с ней справиться.

Почему вы решили снять «Знаменитость» в ч/б?

У меня регулярно возникает желание сделать черно-белый фильм — просто потому, что я люблю ч/б, нахожу в черно-белой съемке особую красоту. Когда я снимаю ч/б на улицах Нью-Йорка, они замечательно смотрятся. На тот момент я уже много лет не снимал в ч/б, и мне захотелось к этому вернуться. Было ощущение, что должно получиться красиво.

То есть не потому, что вы хотели придать фильму характер документальности?

Нет, это был чисто эстетический выбор, никаких других соображений у меня не было.

Когда смотришь «Знаменитость», на ум сразу же приходит «Сладкая жизнь» Феллини.

Ну что ж, мне очень повезло.

И вот в чем сходство. Главный герой у Феллини, журналист, проходит через ряд похожих ситуаций: он встречает женщин, пытается их соблазнить. Сцена самоубийства, которую вы не включили в фильм, у Феллини находит параллель в сцене с писателем-интеллектуалом (Ален Кюни), который решает покончить с собой, доказав бессмысленность существования.

Я не думал о картине Феллини, когда снимал свою. Вероятно, разница состоит в том, что я режиссер прежде всего комедийный. И хотя Феллини не откажешь в замечательном чувстве юмора, «Сладкая жизнь» все же довольно серьезный фильм. Он может позволить себе останавливаться ради такого рода сцен, они не разрушают ткань фильма. Тогда как у меня фильм движется быстрее. Если бы я взял чуть более медленный темп, я, вероятно, тоже смог бы поставить подобную сцену. Но раз уж я начал в определенном темпе, фильм должен двигаться, я не в силах его остановить.

Но кроме того, картина Феллини содержит критику стиля жизни, господствовавшего в конце пятидесятых — начале шестидесятых в больших европейских городах (не только итальянских). Ведь вы не станете отрицать, что «Знаменитость» преследует ту же цель: показать определенный срез нью-йоркской жизни конца девяностых?

В данном случае моим основным мотивом выступало осознание самого феномена знаменитости — в том виде,

433

в каком он существует в Нью-Йорке и Соединенных Штатах в целом. У меня сложилось впечатление, что в разряд знаменитостей попали абсолютно все. Шеф-повара стали знаменитостями, знаменитостями стали проститутки. Мы живем в культуре, до отказа наполненной знаменитостями, людьми, обладающими какими-то привилегиями. И мне хотелось сделать фильм, в котором собрались бы самые разные знаменитости, хотелось показать, как эта женщина, Робин, из тусклой домохозяйки и школьной учительницы сама превращается в знаменитость. Это было единственное, что я хотел: показать людям культуру, основанную на феномене знаменитости. Никаких глубоких мыслей у меня по этому поводу не было, мне лишь хотелось зафиксировать, насколько культура на тот момент была пронизана «селебретизмом», насколько почитаемы были знаменитости, сколь велико было их значение. Собственно, это я и попытался сделать. Не знаю, удалось ли мне донести эту мысль, но я пытался.

Современное общество очевидным образом отдает предпочтение легкой славе, что мы и наблюдаем, среди прочего, во всех этих документальных мыльных операх, участники которых моментально становятся знаменитостями, не успев продемонстрировать ничего, что заслуживало бы известности и славы. Эту ситуацию можно рассматривать как подтверждение слов Энди Уорхола о пятнадцати минутах славы для каждого...

В «Знаменитости» есть сцена, в которой мать Джо Мантеньи рассказывает о каких-то заложниках. И она говорит: «А что они такого сделали? Просто попали в заложники? За что им вся эта слава?» Они просто вышли из дому, их взяли в плен, ничего хорошего в этом не было, и вдруг в их честь начинают называть школы. Думаю, фраза Энди Уорхола о пятнадцати минутах славы принадлежит к афоризмам, которые, несмотря на всю свою яркость, совершенно не соответствуют реальному положению дел. На деле, притом что число знаменитостей огромно и с каждым днем только растет, мы имеем двести миллионов американцев, и лишь очень немногие из них имеют шанс прославиться, далеко не каждый пополнит собой ряды знаменитостей. Собственно, поэтому все так жаждут славы, преклоняются перед ней, идеализируют ее. Знаменитости привлекают столько внимания, что культура кажется ими переполненной.

В начале фильма вы даете сцену, в которой главные герои, Ли и Робин, ссорятся в машине. Он заявляет ей, что хочет развестись, это ее оскорбляет, она приходит в ярость. В сценарии указывалось, что в следующей сцене они скрываются либо в Центральном парке, либо в гавани, либо в одном из переулков Трайбеки[1], либо на мясном рынке. Чем было обусловлено ваше окончательное решение?

В этом одно из преимуществ моей позиции как режиссера и автора сценария. Когда снимаешь фильм по чужому сценарию, приходится следовать указаниям автора, и они зачастую очень точные. У меня же нет необходимости ничего уточнять. Я просто помечаю себе, где могла бы происходить та или иная сцена, а потом вместе с Санто принимаю окончательное решение. Не слишком ли много мы снимаем в Центральном парке? Санто или кто-то другой мог сказать: «Я знаю гениальное место в Трайбеке, мы еще никогда там не снимали» или «Они могли пойти смотреть салют в Гарлеме». Я лишь задаю общее ощущение места. И даже когда я называю конкретные места, это не более чем предложения, все десять раз меняется.

Главный оператор тоже принимает участие в подборе натуры?

---

[1] *Трайбека* — район в нижней части Манхэттена; название образовано из начальных слогов описания «Triangle Below Canal Street», то есть треугольник ниже Кэнал-стрит. Район простирается к югу от Кэнал-стрит, с запада и востока ограничен рекой Гудзон и Бродвеем соответственно. Изначально промышленный район с огромным количеством складов; в настоящее время бо́льшая часть складов переделана под жилье.

Конечно. Но первоначальное решение принимаем мы с Санто и только потом показываем натуру главному оператору, чтобы узнать его мнение. Если у него возникают какие-то возражения или он говорит, что не сможет обеспечить должное качество в этом конкретном месте, мы начинаем искать другое.

История о том, насколько по-разному поворачиваются судьбы Ли и Робин после развода, преисполнена иронии. Карьерист Ли опускается все ниже и ниже, тогда как для неуверенной и неуравновешенной Робин все сложилось прямо наоборот. Однако их последняя встреча на премьерном показе фильма в фильме, которым заканчивается «Знаменитость», выглядит как примирение. Картина заканчивается на позитивной ноте.

Да. Сразу после развода они тоже встречаются на кинопоказе: Робин страшно испугана и паникует по любому поводу. Через год или около того она ведет себя совершенно иначе. В ней больше нет никакого напряжения, она ничего не боится. Она счастлива в новом браке, стала почти что знаменитостью, преисполнена чувства собственного достоинства. Она больше не лезет под стол, не пытается спрятаться, как при прошлой встрече. Именно это мне хотелось показать — ее развитие, обретение уверенности в себе.

Очень смешно получилась встреча выпускников. Вы сами бывали когда-нибудь на подобных встречах?

Нет. Я уверен, что вернулся бы оттуда в подавленном состоянии.

Складывается впечатление, что Ли идет на эту вечеринку, чтобы похвастаться своей значительностью и своими успехами; ему хочется, чтобы бывшие одноклассники его признали.

Для подобной ситуации такая мотивация довольно типична. Хочется пойти, чтобы понять, где ты находишься на жизненной лестнице — в профессиональном смысле, в плане личной жизни. Ты чего-то достиг, тебе хочется этим щегольнуть. Не думаю, что люди, полагающие, будто ничего в жизни не достигли, пойдут на такую вечеринку. Туда обычно ходят позитивно настроенные люди.

Может быть, в надежде, что они окажутся чуть более успешными, чем все остальные?

Да, исключительно ради сравнения.

Почему вы пригласили на главную роль Кеннета Брану?

Я сам для этой роли уже староват. Мне нужен был актер помоложе — талантливый и в то же время способный рассмешить. Таких немного. И Кеннет, вне всяких сомнений, принадлежит к их числу. Единственное, что меня интересовало, — это может ли он сыграть с американским акцентом. Он, конечно же, мог. И я его пригласил.

Он блестящий актер, однако принадлежит к той плеяде британских актеров, которые демонстрируют великолепную игру на сцене, но которых трудно воспринимать в кино. Выдающимся представителем этой плеяды был, конечно же, Лоуренс Оливье. Все его роли безупречны, но лично я порой не могу отделаться от ощущения, что рядом с актером стоит тень и нашептывает: «Посмотри, как замечательно я играю!»

Мне знакомо это ощущение. Но оно никогда не возникало у меня в связи с Кеннетом или с актерами вроде Альберта Финни и Яна Хольма. Оливье порой действительно наводит на подобные мысли, равно как и актеры старшего поколения, например Гилгуд или Ричардсон. Для этого поколения блеск состоял отчасти в том, чтобы показать, насколько виртуозно они все владели актерской техникой. У Кеннета я этого не нахожу. Он может сыграть обычного человека — человека с улицы, человека, с которым можно познакомиться где-нибудь в баре. У него полностью отсутствует эта бандитская харизма, столь характерная, скажем, для Джека Николсона или Роберта Де Ниро; скорее, он принадлежит к тому типу актеров, которых мне все время не хватает, — актеров, похожих на обыкновенных людей, а не на ковбоев и героев. В его обыкновенность сразу веришь, а в данном случае он к тому же продемонстрировал поразительное чувство юмора. Я всегда был его большим поклонником, и мне кажется, ему — как, впрочем, и Финни, и еще целому ряду актеров — удалось нивелировать формализм, присущий, как вы верно заметили, многим английским актерам старой школы.

Алек Гиннесс — еще один британский актер старшего поколения, на заре своей карьеры снявшийся в целом ряде блестящих комедий. Как вы к нему относитесь?

Я всегда считал его блестящим актером, не лишенным, однако, технического самолюбования, о котором мы говорили. Как раз он обычным человеком никогда не казался. Его лучшая роль — в «Мотивах славы», где он играет офицера-шотландца. Это роль мирового уровня. Без всякой задней мысли я считаю его одним из величайших актеров, наряду с Оливье и Гилгудом. Он мог быть комичным и серьезным.

Кто придумал, что Кеннет Брана должен копировать типичные черты вашей актерской манеры? Это была ваша идея?

Скорее, его понимание роли. Мы обсуждали с ним этот вопрос, и я сказал, что, если он будет продолжать в том же духе, люди могут решить, что он играет меня. Но его это, похоже, не волновало. Так он видел роль, так ему хотелось понимать свою задачу. И я ничего не имел против — не в моих правилах спорить с актером его уровня о том, как играть ту или иную роль. Он решил, что так лучше всего, — я не возражал. У меня были бы основания возражать, только если бы он играл плохо. По-моему, этот довод приводили в основном люди, которым картина нс понравилась и которые не вполне понимали, *почему* она им не понравилась. Пытаясь найти этому причину, многие говорили, что главную роль следовало бы играть мне самому, вместо того чтобы поручать Кеннету играть меня. На что я всегда отвечал, что Кеннет сыграл меня гораздо лучше, чем я когда-либо играл самого себя.

Первый женский персонаж, с которым мы встречаемся в фильме, — кинозвезда Николь, роль которой исполняет Мелани Гриффит. Я полюбил эту актрису с ее первой же роли в картине «Ночные ходы». Она была первая, кому вы предложили эту роль?

Ее имя совершенно точно было в списке, который предложила Джульет Тейлор. Она значилась там наряду с несколькими другими актрисами. Не помню, сразу ли мы остановились на ней. Видимо, да, потому что она идеально подходит для этой роли. Ее согласие меня страшно обрадовало.

Пробовали ли вы ее в другие ваши фильмы? Я часто думал о том, что когда-нибудь она у вас все-таки сыграет.

Пробовал. Кажется, я думал предложить ей роль в «Великой Афродите», но потом решил, что эта роль ей не совсем подходит. Она замечательная актриса, вполне комедийная и, главное, очень правдоподобная. Мне понравилась ее роль в «Деловой женщине» Майка Николса, она хорошо сыграла в «Ночных ходах». Я всегда считал ее сильной актрисой. Очень красивая, невероятно сексуальная и очень одаренная.

Роль молодого рок-музыканта играет Леонардо Ди Каприо. Фильм был закончен еще до того, как началась вся эта истерия с «Титаником». Почему вы его пригласили? Вы видели его в каких-то других фильмах?

Да, я видел его в картине «Комната Марвина» с Дайан Китон и Мерил Стрип. По-моему, он там сыграл совершенно замечательно. Я пригласил его не ради громкого имени, потому что, когда мы делали кастинг этого фильма, никакого громкого имени у него еще не было. Я пригласил его потому, что он идеально подходил на эту роль. На мой взгляд, он подлинный мастер своего дела. Я не считаю, что его успех объясняется исключительно молодостью и приятной внешностью и что скоро его забудут. Он относится к своей работе исключительно серьезно. Думаю, от него и в будущем следует ждать блестящих ролей.

Современные реалии грозят сделать кинематограф менее экспрессивным, частично лишить его кинематографичности. Я имею в виду сцену, в которой Фамке Янссен, которая играет новую женщину главного героя, бросает в реку его рукопись. В наши дни у писателей уже нет рукописей. Остались лишь сохраненные на дисках файлы. Почти у каждого есть сотовый телефон. Не кажется ли вам, что современная жизнь лишает кинематограф какой-то яркости?

Со временем она создаст новый набор образов. Но как писатель, пользующийся исключительно пишущей машинкой, я заставил и Кеннета пользоваться этим устаревшим способом. В реальной жизни это, конечно же, должен был быть диск или что-то такое.

Видимо, ей пришлось бы выкинуть на улицу весь компьютер целиком.

Да, чтобы уничтожить роман, ей пришлось бы сделать что-то гораздо более радикальное.

Этот фильм был последним, на котором Свен Нюквист работал у вас в качестве оператора-постановщика. Не могли бы вы рассказать о вашем сотрудничестве — не только на этой картине, но и на предыдущих?

Нет никаких сомнений, и никто этого не оспаривает, что Свен — один из величайших кинооператоров всех времен, и мне очень повезло, что я с ним работал. В этом смысле мне вообще везло: я работал с такими титанами, как Гордон Уиллис, Карло Ди Пальма и Свен. И наше сотрудничество со Свеном ничем не отличалось от работы с любым другим оператором. Он читал сценарий, если у него были вопросы, мы их обсуждали. Но чаще всего, как и в случае с актерами, все было понятно на уровне здравого смысла. Каждый понимает, что должен делать. Обычно я ставлю кадр, оператор смотрит на то, что я сделал. Если он обнаруживает какие-то проблемы или если в кадре есть что-то, чего лично он не выносит, он может предложить что-то изменить. В противном случае просто говорит, что кадр его устраивает, и начинает выставлять свет. До начала съемок мы всегда обсуждали общие для данной картины принципы работы со светом, детали, касающиеся цветовых оттенков, и т. д. Потом мы смотрим отснятый нами материал — здесь, в этой комнате. Прежде всего чтобы посмотреть, как сработал свет. Обсуждаем результаты. Вносим какие-то коррективы. Обычно все это совершается в первую неделю съемок. Дальше все идет само собой.

Вы пригласили Свена снимать «Знаменитость», потому что это черно-белый фильм, а Свен — признанный мастер черно-белых съемок?

Нет. Он действительно один из величайших черно-белых кинооператоров. Но дело было не в этом. Я много лет проработал с Карло Ди Пальмой, и ему надоело каждый год приезжать из Рима в Нью-Йорк. Он хотел пару лет отдохнуть или работать не так интенсивно. Я уверен, что когда-нибудь мы возобновим наше с ним сотрудничество, но тогда он хотел отдохнуть от постоянных полетов в Нью-Йорк. Мне пришлось искать другого оператора, а поскольку я уже работал со Свеном и он был свободен, да к тому же еще и картина была черно-белая, я решил пригласить его. Если бы это была цветная картина, я, наверное, все равно пригласил бы Свена, потому что нам всегда хорошо работалось вместе.

«Сладкий и гадкий»

> Д е в у ш к а: Никогда не встречала человека, который бы так тщательно скрывал свои чувства.
> Э м м е т: Я выражаю их в музыке.
> Д е в у ш к а: Да, но если бы ты давал им выход в реальной жизни, музыка от этого бы только выиграла.
>
> *Из фильма «Сладкий и гадкий»*

В завершение наших бесед для первого издания этой книги вы упомянули о нескольких проектах, которые надеялись когда-нибудь реализовать. В числе таких проектов вы назвали картину «Дитя джаза», производство которой на тот момент представлялось вам слишком дорогим. Существует ли связь между этим проектом и картиной «Сладкий и гадкий»?

Да, «Сладкий и гадкий» — переработанный вариант картины «Дитя джаза», в которой я собирался играть главную роль.

Вы должны были играть на кларнете?

Нет, я собирался брать уроки гитары. Но потом я переписал сценарий под Шона Пенна и Саманту Мортон.

То есть вы уже знали, что Шон Пенн будет играть главную роль, когда занимались переработкой сценария?

Нет. Сначала я его переписал, а потом мы с Джульет Тейлор стали думать, кто мог бы сыграть эту роль. Сначала мы сошлись на Джонни Деппе, но он в тот момент был занят на другом проекте. Тогда Джульет предложила Шона. Я сказал, что было бы гениально, если бы Шон сыграл эту роль, но я много раз слышал, что с ним трудно работать, а я лично этого не люблю. Хотя никаких сомнений в том, что он блестящий актер, у меня, естественно, не было. И тогда я сделал несколько звонков, поговорил с разными режиссерами, спросил, как с ним работалось. И все сказали, что у них сложились с ним прекрасные отношения, что он отлично работал, показал высокий профессионализм. Тогда мы с ним встретились, мне он тоже очень понравился, работать с ним было очень приятно. Он прекрасный человек и очень сильный актер. Он отдавал работе все силы, реагировал на все мои указания и часто выступал с собственными предложениями. Никаких проблем у нас не возникало. Недавно он звонил мне спросить, не сыграю ли я эпизодическую роль в картине, которую он собирается ставить. Работы там всего на неделю, и я обязательно приму его приглашение, потому что он мне нравится. Я верю в него как в режиссера. Думаю, он очень серьезно настроен.

Вы видели картины, которые он снял?

Парочку. Его последний фильм, «Обещание», мне понравился.

Он играет на гитаре?

Нет, не играл, пока мы не начали снимать фильм. Мы давали ему уроки. Учитель — музыкант, который озвучивал гитарные сцены в фильме, — везде с ним ездил.

На этой картине у вас появился новый оператор, Чжао Фэй. Чем объясняется ваш выбор? Видели ли вы картины Чжан Имоу, которые он снимал?

Да, я посмотрел «Подними красный фонарь»[1] и несколько других его картин — довольно симпатичных и в целом неплохих. Чжао Фэй показался мне многообещающим оператором и на деле таковым оказался. Прав-

---

[1] Также известен по-русски как «Зажги красный фонарь».

да, он ни слова не говорит по-английски, общаться приходилось через переводчика, но это меня не смущало. Мы сняли вместе три картины подряд.

Перед титрами «Сладкого и гадкого» вы даете на экране краткие сведения об Эммете Рэе («Эммет Рэй: малоизвестный джазовый гитарист, краткий успех которого пришелся на тридцатые годы...»), предлагая зрителю поверить в реальность этого персонажа. Далее по фильму вы первым в числе других знатоков джаза даете краткую справку о его жизни и музыкальной карьере. Эта псевдодокументальная перспектива дает вам огромную свободу в разворачивании сюжетных коллизий.

Так и есть. Я люблю такого рода сюжеты — свободные и необязательные, но в то же время очень жестко выстроенные. Это дает мне возможность поразмышлять об интересующих меня вещах, не ограничиваясь простым разворачиванием традиционного сюжета.

Эта структура присутствовала уже в первоначальном сценарии «Дитя джаза» или вы решили прибегнуть к ней в процессе переработки?

Нет, она была уже в первоначальном варианте сценария.

Эммет Рэй — патологический вор и клептоман, личность не слишком симпатичная. На ваш взгляд, насколько сложнее выстраивать сюжет вокруг персонажа, с которым публика вряд ли захочет идентифицироваться?

Намного сложнее, потому что главный герой должен чем-то привлекать публику, а когда главный герой не вызывает расположения зрителей или даже неприятен им, этого трудно добиться, потому что зрителям все равно, что с ним случится. Поэтому мне приходилось во многом полагаться на Шона и надеяться, что он заинтересует людей силой своего таланта. Потому что он не просто играл роль — он наделил героя определенными личностными чертами, определенной манерой речи, определенным обликом. Он сделал героя сложным и отчасти более понятным.

Одна из героинь фильма говорит Эммету, что никогда не встречала человека, который бы так тщательно скрывал свои чувства. На что он ей отвечает: «Я выражаю их в музыке». Вы считаете эту дилемму типичной для творчески настроенных личностей?

Вовсе нет. Это была совершенно проходная реплика — возможно, худшая реплика во всем фильме. *(Смеется.)* Я не думаю, что подобные вещи вообще поддаются какому-либо обобщению. Встречаются творческие натуры, преисполненные эмоций, встречаются натуры абсолютно недисциплинированные. Бывают художники, которые работают с девяти до пяти. Есть семейственные натуры, Брамс например. Бывают и совершенно беспутные персонажи типа Гогена или Чарли Паркера. Никаких закономерностей здесь нет.

Немая девушка Хэтти (Саманта Мортон) — довольно неординарный персонаж для ваших картин в целом. Откуда взялась сама идея неговорящего персонажа?

Сначала я хотел сделать ее глухой: тогда Эммет играл бы свои гениальные композиции, а она все равно бы их не слышала. Однако в связи с этим сразу возникло слишком много сложностей. Моя идея была в том, чтобы придумать персонаж типа Харпо Маркса — воплощение всего милого, прекрасного и человечного, чем Эммет не обладал. И я придумал ей этот изъян: она не говорила. Идеальный для него человек. Он мог часами распространяться о себе, а она только слушала, слушала, слушала — и думала, какой он прекрасный и гениальный.

Как вы нашли Саманту Мортон?

Джульет Тейлор дала мне гору видеокассет с разными актрисами, и как только я увидел Саманту в какой-то малобюджетный черно-белой английской картине[1], я сказал, что она, видимо, нам подойдет и что я хотел бы с ней встретиться. Она зашла к нам. Мы познакомились, и я сказал, что хотел бы предложить ей роль в духе Харпо Маркса. Она тут же спрашивает: «Кто такой Харпо Маркс?» Только тогда я понял, насколько она молода. Я рассказал ей о нем, она все прекрасно поняла. И уже потом посмотрела фильмы, о которых шла речь.

Саманте Мортон действительно удалось добиться в своем исполнении той же доброты и приятности, какие были свойственны Харпо Марксу. Еще она чем-то напоминает мне Эдну Первиэнс[2].

Да, в ней есть что-то от героини Чаплина, причем это естественное ее свойство. Кстати, ее героиня, Хэтти, тоже становится актрисой немого кино.

Шон Пенн и Саманта Мортон были номинированы на «Оскар» за роли в вашей картине, как, впрочем, и многие другие снявшиеся у вас актеры. Довольно многие получили «Оскар» за роли в ваших фильмах — скажем, Дайан Китон, Дайан Вист, Мира Сорвино, Майкл Кейн и другие. В чем, по-вашему, состоит секрет? Почему именно у вас они играют столь замечательно?

Никакого секрета нет. Просто я приглашаю хороших актеров. В том, чтобы дать Шону Пенну роль, за которую его номинируют на «Оскар», никакого подвига нет. Его вообще надо номинировать едва ли не каждый год. То же самое можно сказать и о других актерах, с которыми я работал: о Майкле Кейне, Дайан Вист, Джеральдин Пейдж, Морин Стэплтон, Мерил Стрип — они все

---

[1] Картина Кэрин Адлер «Внутри себя» (Under the Skin, 1997). Саманта Мортон играла в этом фильме Айрис — девочку, которая, когда ее мать умирает, ищет утешение в сексе с незнакомцами.

[2] Главная актриса в фильмах Чарли Чаплина, снятых в период с 1916 по 1923 г. («Каток», «Иммигрант», «Бродяга», «Собачья жизнь» и др.)

гениальные актеры. Ничего сложного в этом нет. Я приглашаю в картину Джуди Дэвис — и, естественно, ее номинируют на «Оскар». Когда работаешь с хорошими актерами и стараешься не испортить то, что они делают, роли, как правило, получаются хорошими. Взять наугад любую мою картину — скажем, «Преступления и проступки». Кто у меня играет? Мартин Ландау, прекрасный актер. Или Анжелика Хьюстон, которая и без меня великолепна. Или Миа, Алан Олда — они все замечательные актеры. Роли получаются прекрасными, потому что их играют хорошие актеры.

На протяжении всего фильма Эммет рассуждает о Джанго Рейнхардте и в какой-то момент даже говорит: «Не могу слушать его без слез». Есть ли режиссеры, фильмы которых вы не можете смотреть без слез?

Есть фильмы, которые доводят меня до слез, — какие-то отдельные моменты, чаще всего концовки. Я не могу смотреть без слез концовку «Похитителей велосипедов», концовку «Гражданина Кейна», финал «Седьмой печати». Эти картины всегда были для меня огромным эмоциональным потрясением.

Что вы сами думаете о Джанго Рейнхардте и его музыке?

Это одна из величайших фигур джаза. У меня есть все его записи, я всю жизнь его слушал. Это музыкант уровня Луи Армстронга, Сидни Беше и других великих романтиков раннего джаза.

Действие фильма разворачивается в окрестностях Чикаго и в Калифорнии. Съемки действительно там и происходили?

Нет, все снималось здесь, в Нью-Йорке, в пределах сорока пяти минут от моего дома. Даже голливудскую студию снимали здесь.

В конце концов в жизни Эммета появляется Бланш (Ума Турман): эта богатая испорченная дама вскоре становится его женой. Она хочет стать писательницей, в связи с чем неустанно предается наблюдательству: все время что-то записывает, всесторонне изучает Эммета, подмечает его привычки, обсуждает его внешность. Как вам кажется, является ли режиссер в силу своей профессии наблюдателем жизни? Следует ли ему этим заниматься?

Режиссер не может не думать о жизни. Можно снимать фильмы, которые строятся на тонко подмеченных деталях, но замечательные, вдумчивые фильмы могут получаться и без всяких деталей. Чисто визуальной наблюдательностью такие картины могут не блистать, но на каком-то интеллектуальном уровне они все равно будут содержать определенные жизненные наблюдения и пытаться что-то о жизни сказать. Думаю, любой художник, любой режиссер выдает публике собственные восприятия. Когда я говорю о режиссерах, я имею в виду исключительно авторов серьезных картин — не тех, которые вымучивают все эти голливудские киноподелки, еженедельно выходящие в прокат в Соединенных Штатах и создающиеся только ради сборов. Эти меня не интересуют. Я их не смотрю и серьезно воспринимать их не готов.

Бывает ли так, что наблюдение за людьми или случайно подслушанный разговор становятся сюжетной основой нового сценария или рассказа? Способны ли вы, например, начать придумывать какую-то историю о людях, которых случайно приметили в ресторане?

Да, конечно.

Вы не могли бы привести пример, когда из подобной ситуации родилась, скажем, какая-то сцена в одном из ваших фильмов?

Я всегда наблюдаю за людьми. Нельзя сказать, что я делаю это осознанно, — мне просто нравится рассматривать людей на улице, в ресторанах, и я всегда пытаюсь придумать о них какие-то истории. Был период, когда я каждое утро выходил позавтракать и неизменно встречал одну и ту же женщину — примерно около семи утра. На улицах еще почти никого не было, и она все время проходила мимо, очень красиво одетая, — видимо, шла домой.

В вечернем платье?

Да. И я всегда думал, что из этого могло бы получиться отличное начало для какого-нибудь фильма. Она, очевидно, шла домой — вероятно, от любовника, хотя, может и нет. И потом герой мог бы в течение нескольких дней следить за ней. Или другая история: однажды я заметил красивую женщину в супермаркете и подумал, что это гениальный способ познакомиться. Я несколько раз отмечал подобные ситуации: летний день — примерно такой, как сегодня, конец недели — скажем, суббота, все уехали на выходные, город пустой. Я сижу дома, работаю, потом собираюсь выйти, чтобы купить пива или сэндвич. Выхожу из дому, иду в магазин. Прохожу квартал, вижу, что в магазине есть еще один человек — женщина, которая тоже что-то покупает. Создается ощущение, что во всем Нью-Йорке нас осталось двое. Уехали все, все друзья до последнего человека. Я рассматриваю ее, она красивая женщина. Иду за ней пару кварталов. Вижу, как она заходит в дом. Быстро просматриваю таблички под звонками — их всего пять. Я нажимаю на все, она отвечает. Я говорю, что только что покупал сэндвич с ростбифом в ближайшем магазине и что хотел бы пригласить ее где-нибудь пообедать. Она отвечает, что только что съела свой сэндвич. Я парирую: «Вы очень быстро его съели, потому что он только что был куплен. Может, сходим в кино или еще куда-нибудь?» Собственно, после того, как я эту ситуацию вообразил, я вставил похожую сцену в «Великую Афродиту». Она объясняла, как я познакомился с героиней Хелены Бонэм-Картер.

И я снял эту сцену, всю целиком — с нажиманием на все звонки, с разговором: сцена была полностью построена на опыте — на *воображаемом* опыте. Но в итоге она вышла слишком длинной, никак не ложилась в фильм, и мне пришлось ее вырезать. Как выяснилось, картина не требовала столь подробного экскурса в историю наших с Хеленой взаимоотношений. Это стало понятно, когда я монтировал. Это лишь один из примеров. Я мог бы привести массу других.

Это обычная для вас практика — выкидывать из готовых картин целые сцены?

Да. Чаще всего в первом варианте монтажа картина идет около двух часов, но в финальном варианте такого никогда не бывает. Финальный вариант идет около полутора часов, час тридцать пять, максимум час сорок пять. То есть вырезать приходится довольно много. И это не просто мелкие подрезки, потому что сколько бы ты ни подрезал, можно хоть целый день этим заниматься, но больше полутора минут не подрежешь. Я вырезаю крупными блоками, как я только что рассказал. Конечно, подлинный профессионализм состоит в том, чтобы предвидеть такие ситуации и не тратить денег на съемку этих сцен, но предвидеть такие вещи очень сложно.

В этом как раз и состоял мой следующий вопрос: не приходилось ли вам выслушивать упреки со стороны продюсеров о том, что раз вам приходится выбрасывать по нескольку сцен из каждого фильма, почему бы не попытаться выбрасывать их прямо из сценария?

Нет, никто от меня подобных жертв не требовал, но мне намекали, что, если бы я не снимал этих сцен, я бы сам от этого только выиграл, потому что у меня оставалось бы больше денег на досъемки или пересъемки отдельных сцен. На что я отвечал, что это легче сказать, чем сделать. Потому что в сценарии все эти эпизоды казались мне вполне удачными и совершенно необходимыми. И они продолжали казаться мне удачными, когда я их снимал и даже когда ставил в уже готовый фильм. Все меняется, когда видишь их в общем потоке, а понять заранее, каким этот поток будет, очень и очень трудно. К тому же довольно часто сцены, представляющие собой короткие отступления от основного сюжета, смотрятся совершенно замечательно и в итоге остаются в картине. Продюсерам следует знать о кинопроизводстве одну вещь, сколь бы неприятной для них она ни была: режиссура не является точной наукой. Можно снять один фильм, можно снять тридцать, но от этого твое дело все равно точной наукой не станет. Зато я не испытываю никаких проблем, выкидывая из фильма целые сцены. Я не из тех режиссеров, которым трудно расстаться с материалом. Я с легкостью выбрасываю ненужное.

Ближе к концу «Сладкого и гадкого» идет фарсовая сцена на бензоколонке, в которой вы даете сразу несколько версий одного и того же события, после чего следуют ваши комментарии и комментарии двух других рассказчиков. Структура фильма и его полудокументальная стилистика, конечно же, предоставляют вам полную свободу в такого рода игре. И, насколько я понимаю, вы любите подобный тип изложения, в котором правда и миф легко заменяют друг друга.

В таком фильме этот прием вполне оправдан, потому что о джазовых музыкантах ходит бесчисленное множество легенд. О каждом рассказывают массу историй. Все время слышишь разные версии одних и тех же событий. Мне хотелось отразить это в фильме, дать несколько версий одной и той же истории. История джаза изобилует подобными вещами, потому что это во многом устная история.

В конце картины есть еще одна прекрасная сцена, когда Эммет и Хэтти встречаются в последний раз. На протяжении всего эпизода Эммет беспрестанно хвастается,

Когда я ехал на съемки, я собирался одним планом снять Эммета, а другим — Хэтти, чтобы у меня была возможность выбрать, какой из них давать в фильме. Но Шон сыграл гениально. Мы сняли всю сцену одним планом. Когда мы закончили, я сказал, что глупо было бы снимать еще один дубль, потому что лучше сыграть все равно невозможно. И потом мне нужно было решить, стоит ли вообще снимать Саманту для этой сцены. Я подумал, что снять можно, тем более что свет был очень красивый, хотя я не был уверен, что воспользуюсь потом этим материалом, — просто потому, что Шон и так смотрелся неотразимо. Я все-таки снял Саманту, и, когда мы монтировали фильм, я даже дал несколько переходов на нее, чтобы подчеркнуть какие-то моменты. Но в конце концов обнаружилось, что и в этом никакой необходимости не было, потому что Шон как нельзя более выразительно представил ситуацию во всей ее полноте.

Склонны ли вы рисковать, когда абсолютно уверены, как следует снимать ту или иную сцену? Или вы все-таки снимаете какие-то дополнительные планы, чтобы подстраховаться?

Я не чувствую в этом необходимости. Иногда, очень и очень редко, когда мы снимаем что-нибудь невероятно сложное и я не чувствую полной уверенности, что сцена получится, как я ее задумал, я говорю: «Давайте на всякий случай снимем вон тот телефон и еще что-нибудь из декораций». Но когда мне все ясно и никаких сомнений я не испытываю, я никогда не ищу легких путей.

На «Сладком и гадком» вы работали с новым режиссером монтажа, Алисой Лепселтер. До того, на протя-

*жении двадцати с лишним лет вы сотрудничали со Сью-
зен Морс. Что произошло, почему сменились сотрудники?*

Сэнди Морс гениальный монтажер и замечательный
человек. Но когда я сменил продюсерскую компанию и
перешел в «Свитленд», они наложили огромное количество финансовых ограничений, и Сэнди все это не вполне
не устраивало. После нескольких картин она пришла к
выводу, что такая работа себя не оправдывает и ушла из
группы. Что не помешало нам остаться друзьями.

«Мелкие мошенники»

Как родилась идея этого фильма?

Я читал где-то о людях, у которых был магазин по со-
седству с ювелирным салоном. Они спланировали идеальное преступление, прорыв туннель между двумя магазинами, однако не преуспели, потому что именно за этим ры-
тьем их и поймали. Мои герои придумывают гениальный
план ограбления банка, для чего приобретают магазин.
Магазин нужно как-то использовать, нужно в нем что-то
продавать. Они начинают продавать печенье. Я решил, что
будет забавно, если этот магазин начнет приносить больше, чем они ожидали от ограбления. И после этого история начала складываться сама собой, довольно изящно.

*Здесь мы снова имеем дело с классическим сюжетом
«расцвета и упадка» — как в отношении отдельных персонажей, так и семьи в целом.*

Именно.

*Что также дает вам повод выставить в комическом
свете определенные слои общества. Вы ставили себе такую цель, когда разрабатывали этот сюжет?*

Да, без этого у меня была только половина сюжета.
Что происходит после того, как они разбогатели? И я по-

думал: «Бог мой, да здесь все только и начинается, потому что тут мы имеем самый настоящий конфликт классов. Люди, которые только что пребывали на самом дне общества, становятся обладателями огромного состояния; оно не может не изменить их». Отсюда пошло дальнейшее развитие сюжета.

Как в фильмах братьев Маркс, когда внезапно появляется Граучо и начинает свое наступление на особ, которых играет Маргарет Дюмон[1].

Да.

Амбиции Френчи (Трейси Ульман) серьезны, но в то же самое время очень поверхностны — это касается жажды образования, стремления стать личностью, принадлежать к сливкам общества. Вы действительно думаете, что единственное возможное для нее решение — это возврат к прежней жизни, к тому, чем она жила до того, как на нее свалилось богатство?

Ей следует избегать резких перемен. Нужно тщательно сбалансировать жизнь. Мой совет всем выигравшим в лотерею.

Вам не кажется, что это стало бы для нее своего рода поражением?

Нет. Если не выходить из пределов разумного, то нет. Она казалась несколько фанатичной, но порывы у нее были правильные.

В «Мелких мошенниках» и в следующей картине, «Проклятие нефритового скорпиона», вы отказались от традиционного образа «Вуди Аллена» и сыграли характерные

---

[1] *Маргарет Дюмон* (1882—1965), которую Граучо называл «почти что пятым братом Маркс», играла богатых вдов, которых Граучо попеременно то оскорблял, то охмурял.

роли. Это случайность или вам хотелось от этого образа дистанцироваться?

Нет, это была чистая случайность. Уже в «Голливудском финале» я снова играю своего обычного героя. Когда я снимал «Хватай деньги и беги», мне вообще пришлось играть едва ли не бродягу, человека, который ограбил банк. Я готов играть все, чего требует от меня сценарий, в меру своих скромных актерских возможностей.

Актрисе Элейн Мэй удалось создать на экране невероятно смешной персонаж — кузину Мэй. Я очень давно не видел ее новых актерских работ. Почему вы предложили эту роль именно ей?

Она мне всегда очень нравилась. Я предлагал ей роль в своем первом фильме, «Хватай деньги и беги», но она тогда отказалась. Она всегда была блестящей комедийной актрисой, только мне очень долго было до нее не добраться. О какой бы роли речь ни шла, ее согласие получить очень трудно. В данном случае я просто отправил ей сценарий, и через два дня она ответила, что готова сыграть. Все прошло гладко. Я имею в виду, что у нас не возникло никаких проблем, а сыграла она, естественно, гениально.

Вы уже знали ее, когда выступали со своими комическими номерами, а она делала с Майком Николсом знаменитые «Вечера с Николсом и Мэй»?

Я знал их обоих с тех пор, как они начали выступать. Наше знакомство продолжается вот уже несколько десятилетий, хотя близко мы никогда не общались. Я смотрел их представления, когда они начали выступать в Нью-Йорке. Вы, наверное, знаете, что они приехали в Нью-Йорк из Чикаго. И у нас был один и тот же менеджер, Джек Роллинз. Это он их открыл. Стоило ему привезти их в Нью-Йорк, как перед ними открылся целый мир. Мы часто встречались в офисе у Роллинза и Джоффе.

Я ходил на их выступления в разных клубах. Мы часто пересекались.

Следите ли вы за современными юмористами? И если да, то что вы о них думаете?

Они все гораздо лучше и смешнее, чем я был в их годы.

Есть ли, на ваш взгляд, разница между женщинами-комиками и мужчинами-комиками — разница в шутках, в работе с материалом?

Женщины подражают мужчинам. Исключение составляют Трейси Ульман, Элейн Мэй и еще несколько актрис.

«Мелкие мошенники» чем-то напомнили мне другую вашу картину, «Дэнни Роуз с Бродвея». В обеих картинах действуют персонажи, принадлежащие к одному типу.

В «Мелких мошенниках» персонажи не такие реалистичные. Они больше похожи на героев мультфильмов.

В фильме есть две невероятно красивые сцены на крыше: обе сняты на закате, в одной присутствуете вы и Трейси Ульман, в другой — вы и Элейн Мэй. Как снимались эти сцены?

Мы сняли обе за один вечер, работать пришлось очень быстро.

«Проклятие нефритового скорпиона»

> Вскоре нас накроет безобразная завеса реальности.
>
> *Из фильма «Проклятие нефритового скорпиона»*

Я посмотрел «Проклятие нефритового скорпиона» уже здесь, в Нью-Йорке, и фильм мне очень понравился.

Где вы его смотрели?

В центре, в кинотеатре «Лёвз», на углу Второй авеню и Тридцать первой стрит.

Во сколько?

В шестнадцать пятнадцать.

Сколько было публики?

Зал был наполовину заполнен.

Это была суббота или воскресенье?

Пятница. Я пошел смотреть фильм сразу после нашей встречи.

И что зрители? Смеялись?

Все время. Там ведь невероятно смешные диалоги.

Собственно, ради этого фильм и делался.

Кроме того, мне кажется, что фильм чем-то напоминает сборник комиксов.

Верно, это отражено в названии, в самом настрое картины. Именно поэтому мне нужны были крупные цифры «1940» в начале фильма. Мне хотелось ухватить этот присущий комиксам стиль. Ничего реалистичного в фильме не должно было быть.

Еще один фильм, о котором я вспомнил в этой связи,— это всеми недооцененный «Дик Трейси». По стилю фильмы различаются, но какое-то родство между ними есть.

Конечно, потому что в обоих случаях мы имеем экранизацию комиксов, со всеми этими шляпами, длинными пальто, сигаретами и прочим реквизитом. Хотя в «Дике Трейси» гораздо больше стилизации.

Кроме того, в этой картине есть что-то от детективных историй «Дней радио».

Верно. Это заложено в названии, заложено в диалогах. История разворачивается в эпоху, когда все курили сигареты, ночью уезжали куда-то на машине, чтобы украсть драгоценности, а потом возвращались домой, где их ждали прекрасные девушки. Все это не про реальность, а про старые фильмы, про старые комиксы. Вот что это такое. Фильм изначально задумывался как *soufflé*.

«Проклятие...» напомнило мне картину Боба Хоупа «Моя любимая брюнетка», в котором по чистой случайности герою Хоупа приходится стать детективом. Гипноз тоже играет в том фильме довольно важную роль. В одной из наших бесед вы говорили, что талант Боба Хоупа так и остался незамеченным.

Я не говорил, что он не был замечен, скорее, он не был должным образом оценен, если иметь в виду степень сго мастерства. Он снимал посредственные фильмы, но сам он в них играл замечательно.

Один из героев вашего фильма в какой-то момент говорит: «Вскоре нас накроет безобразная завеса реальности».

В этой строчке проглядывает мое настоящее «я». Дело в том, что мы не можем все время пребывать в гипнотическом трансе, благодаря которому мир открывается нам с лучшей стороны. Проблема в том, что реальность всегда возвращается, и ничего приятного в этом нет.

Гипноз — еще один способ производства фантазий. С помощью гипнотизера вам удается создать своеобразный «фильм в фильме».

Верно, потому что человек попадает в другую реальность.

Интерес к гипнозу находил свое выражение и в других ваших картинах — например, в «Новом Эдипе». Гипноз присутствует и в вашей пьесе «Парящая лампочка». Вы никогда не планировали снять по ней фильм?

Нет, я никогда не думал как-то ее перерабатывать. Она была написана для Линкольн-центра, из чистого интереса к сюжету. Больше я к ней никогда не обращался, оставил как она есть.

«Проклятие нефритового скорпиона» — своеобразная смесь нуара и эксцентрической комедии. Если оглянуться на то, что снималось в этих жанрах в сороковые годы, какие фильмы вы назовете в числе своих любимых?

Это может показаться странным, но эксцентрическую комедию я никогда не любил, разве что ценил коллизию между мужчиной и женщиной, которые друг друга ненавидят, но в конце концов оказываются вместе. Причем никогда нельзя понять, каким образом, потому что каждое слетавшее с их губ слово было прямым оскорблением другого. Это частая коллизия в фильмах с Клодеттой Кольбер, Розалиндой Рассел, в картинах с Робертом Монтгомери, Уильямом Пауэллом, Кэрол Ломбард, Кэтрин Хепберн, со Спенсером Трейси. Я все время смотрел эти фильмы. Эта ситуация в комедиях меня привлекала. Мне нравилось, как они ругаются, в этом был особый литературный шик. Большинство нуаров, на мой взгляд, довольно посредственные. Хотя «Двойная страховка» Билли Уайлдера, конечно же, шедевр. Этот фильм я в расчет не беру, потому что он на голову выше своего жанра. Лучший фильм-нуар — это, наверное, картина Жака Турнера «Из прошлого» с Робертом Митчумом и Джейн Грир. Очень красивый фильм. В остальных образчиках жанра мне нравились лишь отдельные моменты. Это все фильмы категории «Б»[1].

---

[1] В оригинальном смысле этого термина — то есть короткие картины с небольшим бюджетом, которые распространялись по кинотеатрам в пакете с дорогими и предположительно более качественными фильмами категории «А».

Вы упомянули Билли Уайлдера. Мне думается, у вас много общего с этим режиссером — хотя бы в том, как вы совмещаете серьезные драмы и легкие комедии. Какие из его картин вы могли назвать в числе своих любимых?

«Большой карнавал» — превосходная картина. Я очень люблю Уайлдера.

Естественно, «Проклятие нефритового скорпиона» изобилует словесными коллизиями между вашим героем и героиней Хелен Хант.

Конечно, ради этого я и снимал картину.

Как вы пишете подобного рода диалоги? Они рождаются у вас сразу или вам приходится откладывать текст и потом к нему возвращаться?

Нет, я пишу весь диалог сразу, хотя это довольно сложно, потому что каждая следующая реплика должна вырастать из предыдущей, но в то же время ее превосходить.

Бывает ли так, что вам приходит в голову только одна удачная реплика и вы пытаетесь встроить ее в диалог? Или отдельные строчки всплывают сами собой в процессе работы?

Они придумываются в естественном порядке. Кое-когда, довольно редко, я могу вставить в диалог заранее заготовленную строчку, но они все равно плохо ложатся.

Этот фильм был третьей картиной с Чжао Фэем в качестве оператора. Нужно отметить, что в «Проклятии нефритового скорпиона» создана ничуть не менее богатая атмосфера, чем в «Сладком и гадком». Как вы готовились к съемкам этих двух картин? Вы просили его посмотреть американские картины тридцатых—сороковых годов?

Нет, я просто объяснил ему, что я хочу видеть. Когда операторы уровня Чжао Фэя, Свена Нюквиста или Гордона Уиллиса снимают исторический фильм, у них это всегда получается замечательно. На историческом фильме все превращаются в гениев. Художники по костюмам демонстрируют все свои таланты. Такие художники-постановщики, как Санто, обожают исторические картины. Операторы работают безупречно. Проблемы возникают как раз, когда снимаешь фильм из современной жизни. Потому что в современном фильме нужно, чтобы замечательно смотрелись самые обычные интерьеры и самая обычная одежда. Потом начинаются натурные съемки, ты выходишь на улицу и видишь все эти счетчики на платных стоянках, такси, грузовики, мусорные контейнеры. Входишь внутрь и тут же видишь все эти телевизоры. Всему этому трудно сообщить поэтичность и красоту. Но как только начинаешь работать над историческим фильмом, вдохновение нисходит на всех без исключения. Художники по костюмам начинают цвести и пахнуть, и с оператором происходит то же самое. Чжао Фэй был счастлив, что два из трех фильмов, которые мы делали вместе, были как раз историческими.

И вам не пришлось объяснять ему специфически американские реалии, на фоне которых разворачиваются ваши истории?

Нет. Я объяснил ему, о чем там идет речь, рассказал, что «Проклятие нефритового скорпиона» — детективная история в комиксах, и он это понял. Если бы я делал эту картину в ч/б, я бы, наверное, попросил его посмотреть какие-то фильмы, но в данном случае мне как раз нужны были его цвет и его свет. По итогам работы над «Сладким и гадким» он прекрасно понимал, что от него требуется. На той картине мы оба сделали достаточное количество ошибок, чтобы понять, как именно мне нравится. Но все равно были моменты, когда он показывал мне сцену и я говорил, что все неправильно, потому что слишком много света и площадка выглядит как аэропорт. Он все время боялся, что я сочту кадр слишком темным, скажу, что мне ничего не видно, а мне он, наоборот, казался слишком светлым. После многих попыток он наконец и это понял, так что на «Проклятии нефритового скорпиона» у нас уже было полное взаимопонимание. Мы общались через переводчика, но особых проблем это не создавало. Довольно быстро необходимость в переводчике почти исчезла, потому что на съемках все время повторяются одни и те же предложения, поскольку речь идет в основном о перспективе и свете. Так что после месяца ежедневных съемок он уже все знал, и когда я говорил, что света слишком много, ему не нужно было обращаться к переводчику, потому что все было и так ясно.

Вы хотели бы продолжать с ним работать?

Я был бы счастлив, но тут могут быть проблемы, потому что в Китае он занят в очень крупных проектах, которые занимают порой бесконечно много времени. Я не смог снимать с ним «Голливудский финал» — пришлось пригласить Ведиго фон Шульцендорфа, немецкого оператора, который мне очень понравился. Он снимал кое-что здесь, но в основном работал в Германии. Я не смог заполучить никого из своих обычных операторов, и он согласился выручить меня на этой картине.

Два последних фильма представляет студия «Дримворкс». Занимаются ли они производством картин?

Нет, «Дримворкс» выступает только как дистрибьютор. Производством «Мелких мошенников» и «Проклятия нефритового скорпиона» занималась моя собственная компания.

А на «Проклятии...» продюсером была ваша сестра, Летти Аронсон. Она уже выступала в качестве исполнительного продюсера нескольких предыдущих фильмов. Что привело ее в кинобизнес?

Она долго работала в Музее телевидения и радио, а потом заинтересовалась деловой стороной кинопроизводства. Какое-то время она поработала на студии «Свитленд», выяснила все тонкости дистрибьюции и продажи фильмов в Европе, освоила принципы кинопроизводства. И когда «Свитленд» перестала заниматься производством моих картин, она перешла работать в мою продюсерскую компанию. В основном она работает с «Дримворкс» и с европейскими дистрибьюторами.

С ней вам работается спокойнее, чем с другими продюсерами?

Она не продюсер в обычном смысле этого слова. Она занимается чисто деловыми вопросами. Обычного продюсера у меня никогда не было. Все решения по проекту принимаю я, все решения по сценарию тоже исходят от меня. О сценарии никто, кроме меня, ничего не знает. Я решаю, кого на какие роли приглашать и в каком ключе снимать картину. В этом смысле меня не нужно продюсировать. Помощь требуется в том, что касается бизнеса. И когда бизнесом занимается Летти, я абсолютно спокоен. Естественно, все, с кем я работал эти годы, тоже не вызывали у меня особого беспокойства. Но с Летти я спокоен абсолютно, потому что она знает, как делается бизнес, — и потом, она член семьи, поэтому в ее честности я могу не сомневаться.

«Голливудский финал»

> Элви: Я не хочу жить в городе, единственное культурное достояние которого — разрешенный правый поворот на красный свет.
>
> *Из фильма «Энни Холл»*

> Это картина о нью-йоркском режиссере-невротике. Еще одно свидетельство моей ограниченности.
>
> *Вуди Аллен.*
> *Из пресс-материалов картины «Голливудский финал»*

Как возникла идея фильма о слепом кинорежиссере?

Теперь уже не вспомнить.

Вероятно, источником вдохновения могли послужить новейшие голливудские фильмы?

Как раз наоборот: голливудская продукция последних лет — полнейшая бессмыслица, лишенная какого бы то ни было вдохновения.

Ваша необычайно энергичная игра в первой части задает всей картине очень быстрый и действенный темп, что то и дело подчеркивается внезапными переменами в душевном состоянии вашего героя. Видите ли вы какую-нибудь связь между вашей игрой в этом фильме и комическими номерами, с которых начиналась ваша карьера?

Трудно сказать. Я играл, как того требовал сценарий, каждый раз выбирая наиболее логичный вариант.

Случалось ли хоть раз, что на съемках, когда разыгрывались все эти бурные сцены, кто-нибудь из ваших партнеров (скажем, Теа Леони в сцене, которая разыгрывается в кафе «Карлейль») терял контроль над ситуацией и начинал хохотать?

Ни разу.

Конфликт рационального и иррационального — одна из основных тем многих ваших картин. Многие режиссеры склонны строить свои шутки на иррациональном поведении своих героев, тогда как вы, похоже, предпочитаете присматриваться к рациональному поведению, которое порой оказывается до ужаса абсурдным...

Мой кинематограф укоренен в реализме. Даже когда я пытаюсь снять что-нибудь сюрреалистическое, я не склонен полностью порывать с реальностью.

Диалоги в этой картине настолько энергичны, что их воздействие можно сравнить с картинкой, которую дает ручная камера. В этом смысле я ожидал, что лишенные диалога сцены будут сняты в более подвижной манере, чтобы сохранить общий настрой картины. Но мои ожидания не оправдались: большинство сцен дано долгими, очень ровными планами. Это как-то связано с тем, что вы работали с новым оператором, еще не до конца освоившим ваш киноязык?

В комедиях — а «Голливудский финал» по форме классическая комедия, которую мог снять Чаплин или Китон, — важнее всего простота. Обилие приемов для комедии губительно.

Сцены с китайским оператором и его переводчиком были порождены опытом вашей работы с Чжао Фэем?

Да. Нам приходилось работать с переводчиком, и мы нередко попадали в забавные ситуации.

Герой Джорджа Хэмилтона произносит слово auteur с нескрываемым презрением, но Вэла Уоксмана и его фильм спасает в конце концов признание французских кинокритиков. Следует ли воспринимать этот сюжетный ход как вашу запоздалую благодарность европейским критикам и зрителям за тот теплый прием, который они всегда оказывали вашим картинам?

Нет. Я всего лишь пытался показать голливудских администраторов такими, какими я их знаю по собственному опыту. В том числе их отличает презрительное отношение к европейской культуре кинематографа.

В каком-то смысле Джордж Хэмилтон воплощает в себе квинтэссенцию Голливуда: типичный киногерой, женский поклонник. Вы пригласили его в картину именно из-за этих его качеств?

Да. Кроме того, он хороший актер, довольно смешной и очень изобретательный.

Трит Уильямс — еще один неожиданный выбор. Что заставило вас остановиться именно на этом актере?

У него подходящая внешность, и он всегда мне нравился как актер.

Теа Леони, мне кажется, могла бы стать идеальной героиней Хичкока благодаря сочетанию самоуверенности с внешностью вкрадчивой блондинки.

Мне не придумать режиссера, которому она могла бы не понравиться. У нее сразу все актерские данные.

Начиная с «Разбирая Гарри» вы снимаете только легкие фарсовые комедии. Собираетесь ли вы когда-нибудь вернуться к драмам или другим серьезным формам? Хочется ли вам этого?

Несколько комедий подряд — это просто совпадение. Сейчас я уже сошел с этой тропинки.

В две тысячи первом году вы сняли короткий фильм «Звуки любимого города», премьера которого состоялась на телевидении. Что подтолкнуло вас к созданию этой картины?

Это был благотворительный пятиминутный фильм для сбора средств жертвам одиннадцатого сентября.

Почему вы решили появиться на церемонии вручения наград Национальной академии в две тысячи втором году?

Только чтобы помочь Нью-Йорку. Они чествовали нью-йоркские фильмы, и мне захотелось поучаствовать — ради города.

А в мае две тысячи второго вы поехали на Каннский фестиваль, который открывался вашей картиной «Голливудский финал».

Да, я хотел отблагодарить французов за их поддержку и симпатию к моей работе в течение многих лет.

Сейчас ваша жизнь кажется более открытой. Вы больше путешествуете. Вы вроде бы стали более доступны для людей, которые хотят обсудить ваши фильмы. Я знаю, что вы обычно не комментируете свою частную жизнь, но все-таки спрошу: насколько эта открытость связана с Сун-И и вашими детьми?

Только в том, что касается путешествий. Сун-И любит путешествовать, а мне нравится доставлять ей это удовольствие.

Фильмография

Режиссерские работы:

1969

«Хватай деньги и беги»
Take Money and Run

Продюсеры: Чарльз Джоффе, Джек Гроссберг
Сценарий: Вуди Аллен и Микки Роуз
Оператор-постановщик: Лестер Шорт
Художник-постановщик: Фред Харпмэн
Монтаж: Пол Джордан, Рон Калиш
Консультант монтажа: Ральф Розенблюм
Музыка: Марвин Хэмлиш
Помощник продюсера: Стэнли Акерман
В ролях: Вуди Аллен *(Виджил Старквелл)*, Дженет Марголин *(Луиза)*, Марсель Хиллэр *(Фриц)*, Джаклин Хайд *(мисс Блэр)*, Лонни Чепмэн *(Джейк)*, Ян Мерлин *(Эл)*, Этель Соколов *(мать Старквелла)*, Хенри Лефф *(отец Старквелла)*, Дон Фрейзир *(психиатр)*, Нейт Джейкобсон *(судья)*, Луиз Лассер *(Кэй Льюис)*, Джексон Бек *(рассказчик)*.

1971

«Бананы»
Bananas

Продюсеры: Джек Гроссберг, Чарльз Джоффе
Сценарий: Вуди Аллен и Микки Роуз
Оператор-постановщик: Эндрю Костикян

Художник-постановщик: Эд Уитштейн

Монтаж: Рон Калиш

Музыка: Марвин Хэмлиш

Помощник продюсера: Фред Галло

В ролях: Вуди Аллен *(Филдинг Меллиш)*, Луиз Лассер *(Нэнси)*, Карлос Монталбан *(генерал Эмилио Молина Варгас)*, Нативидад Эбсакал *(Йоланда)*, Джакобо Моралес *(Эспосито)*, Мигель Суарез *(Луис)*, Дэвид Ортиз *(Санчес)*, Рене Энрике *(Диас)*, Джек Аксельрод *(Арройо)*, Шарлот Рэ *(миссис Меллиш)*, Дэн Фрейзер *(священник)*, Дорти Фокс *(Дж. Эдгар Гувер)*, Сильвестр Сталлоне *(бандит)*.

1972

«Все, что вы всегда хотели знать о сексе, но боялись спросить»
Everything You Always Wanted to Know About Sex
(But Were Afraid to Ask)

Продюсеры: Чарльз Джоффе, Джек Гроссберг

Сценарий: Вуди Аллен по книге доктора Дэвида Ройбена

Оператор-постановщик: Дэвид Уолш

Художник-постановщик: Дэйл Хеннеси

Монтаж: Эрик Элбертсон

Музыка: Мандел Лоув

В ролях: эпизод I: *«Помогают ли афродизиаки?»*: Вуди Аллен *(шут)*, Линн Редгрейв *(королева)*, Энтони Куэйл *(король)*; эпизод II: *«Что такое содомия?»*: Джин Уайлдер *(доктор Дуглас Росс)*, Элейн Гифтос *(миссис Энн Росс)*, Титос Вандис *(Ставрос Милош)*; эпизод III: *«Почему не всем женщинам удается достичь оргазма?»*: Вуди Аллен *(Фабрицио)*, Луиз Лассер *(Джина)*; эпизод IV: *«Являются ли трансвеститы гомосексуалистами?»*: Лу Джейкоби *(Сэм Уотермэн)*, Сидни Миллер *(Джордж)*; эпизод V: *«Что такое сексуальные перверсии?»*: Джек Бэрри, Тони Холт, Роберт Льюис, Памела Мейсон, Реджис Филбин *(играет сам себя)*, Дон Чуй, Том Мэк *(футболист)*; эпизод VI: *«Достоверны ли результаты научных исследований и экспериментов в области сексуальности?»*: Вуди Аллен *(Виктор Шакаполис)*, Хизер Макрей *(Хелен Лейси)*, Джон Каррадайн *(док-*

тор *Бернардо*); эпизод VII: «*Что происходит во время эякуляции?*»: Вуди Аллен (*сперматозоид*), Тони Рэндал (*оператор*), Берт Рейнольдс (*оператор панели управления*), Эрин Флеминг (*любовница Сиднея*), Стенли Эдамс (*датчик желудка*), Роберт Уолден (*сперматозоид*).

1973

«*Спящий*»
Sleeper

Продюсеры: Джек Гроссберг, Чарльз Джоффе
Сценарий: Вуди Аллен и Маршалл Брикман
Оператор-постановщик: Дэвид Уолш
Художник-постановщик: Дейл Хеннеси
Художник по костюмам: Джоэл Шумахер
Монтаж: Ральф Розенблюм
Музыка: Вуди Аллен и Preservation Hall Jazz Band & the New Orleans Funeral Ragtime Orchestra
В ролях: Вуди Аллен (*Майлз Монро*), Дайан Китон (*Луна Шлоссер*), Джон Бек (*Эрно Виндт*), Мэри Грегори (*доктор Мелик*), Дон Кифер (*доктор Трион*), Джон Маклайм (*доктор Эгон*), Бартлет Робинсон (*доктор Орва*), Крис Форбс (*Райнер Кребс*), Мария Смол (*доктор Неро*), Питер Хоббс (*доктор Дин*), Сьюзен Миллер (*Элен Погребин*), Лу Пичетти (*мастер церемоний*).

1975

«*Любовь и смерть*»
Love and Death

Продюсеры: Чарльз Джоффе, Мартин Пол
Сценарий: Вуди Аллен
Оператор-постановщик: Гислен Клоке
Художник-постановщик: Вилли Холт
Художник по костюмам: Глэдис де Сегонзак
Монтаж: Ральф Розенблюм, Рон Калиш
Музыка: Сергей Прокофьев
В ролях: Вуди Аллен (*Борис Грушенко*), Дайан Китон (*Соня*), Ольга Жорж-Пико (*княгиня Александровна*), Джессика Харпер

(Наташа), Джек Ленуар *(Крапоткин)*, Джеймс Толкан *(Наполеон)*, Алфред Луттер III *(Борис в молодости)*, Ллойд Баттиста *(Дон Франсиско)*, Фрэнк Аду *(сержант, вербующий в армию)*, Гарольд Гулд *(князь Антон)*, С. А. Р. Смит *(отец Николай)*, Жорж Аде *(старый Нехамкин)*.

1977

«Энни Холл»
Annie Hall

Продюсеры: Чарльз Джоффе, Роберт Гринхат
Сценарий: Вуди Аллен и Маршалл Брикман
Оператор-постановщик: Гордон Уиллис
Художник-постановщик: Мел Бурн
Художник по костюмам: Рут Морли
Монтаж: Ральф Розенблюм
Музыка: «Seems Like Old Times», «It Had to Be You», «A Hard Way to Go», «Sleepy Lagoon»
В ролях: Вуди Аллен *(Элви Сингер)*, Дайан Китон *(Энни Холл)*, Тони Робертс *(Роб)*, Кэрол Кейн *(Эллисон)*, Пол Саймон *(Тони Лейси)*, Шелли Дюваль *(Пэм)*, Джейн Марголин *(Робин)*, Коллин Дьюхерст *(мать Энни)*, Кристофер Уокен *(Дуэйн Холл)*, Дональд Саймингтон *(отец Энни)*, Хелен Ладлэм *(бабушка Холл)*, Мордехай Лоунер *(Лео, отец Элви)*, Джоан Ньюмен *(мать Элви)*, Джонатан Мунк *(девятилетний Элви)*, Рут Волнер *(тетка Элви)*, Мартин Розенблат *(дядя Элви)*, Хай Энзел *(Джоуи Николс)*, Маршалл Маклюэн *(играет сам себя)*.

1978

«Интерьеры»
Interiors

Продюсер: Чарльз Джоффе
Сценарий: Вуди Аллен
Оператор-постановщик: Гордон Уиллис
Художник-постановщик: Мел Бурн
Художник по костюмам: Джоэл Шумахер
Монтаж: Ральф Розенблюм

Музыка: «Keepin' Out of Mischief Now», «Wolverine Blues»

В ролях: Кристин Гриффит *(Флин)*, Мэри Бет Херт *(Джоуи)*, Ричард Джордан *(Фредерик)*, Дайан Китон *(Рената)*, Э. Дж. Маршалл *(Артур)*, Джеральдин Пейдж *(Ева)*, Морин Стэплтон *(Перл)*, Сэм Уотерстон *(Майк)*, Мисси Хоуп *(Джоуи в детстве)*, Керри Даффи *(Рената в детстве)*, Нэнси Коллинз *(Флин в детстве)*, Пенни Гастон (молодая Ева), Роджер Морден *(молодой Артур)*.

1979

«Манхэттен»
Manhattan

Продюсеры: Чарльз Джоффе, Роберт Гринхат
Сценарий: Вуди Аллен и Маршалл Брикман
Оператор-постановщик: Гордон Уиллис
Художник-постановщик: Мел Бурн
Художник по костюмам: Алберт Вольски, Ральф Лорен
Монтаж: Сьюзен Морс
Музыка: Джордж Гершвин; «Rhapsody in Blue», «Love is Sweeping the Country», «Land of the Gay Caballero», «Sweet and Low Down», «I've Got a Crush on You», «Do-Do-Do», «'Swonderful», «Oh, Lady Be Good», «Strike Up the Band», «Embrace You», «Someone to Watch over Me», «He Loves and She Loves», «But Not for Me»

В ролях: Вуди Аллен *(Айзек Дэвис)*, Дайан Китон *(Мэри Уайлк)*, Майкл Мерфи *(Йейл)*, Мериэл Хемингуэй *(Трейси)*, Мерил Стрип *(Джил)*, Энн Байрн *(Эмили)*, Карен Людвиг *(Конни)*, Уоллес Шон *(Джереми)*, Майкл О'Донахью *(Дэннис)*.

1980

«Воспоминания о звездной пыли»
Stardust Memories

Продюсеры: Роберт Гринхат, Джек Роллинз, Чарльз Джоффе
Сценарий: Вуди Аллен
Оператор-постановщик: Гордон Уиллис
Художник-постановщик: Мел Бурн

Художник по костюмам: Санто Локуасто

Монтаж: Сьюзен Морс

Музыка: Дик Хайман; «Tropical Mood Meringue», «I'll See You in My Dreams», «Tickletoe», «Three Little Words», «Brazil», «Palesteena», «Body and Soul», «Night on Bold Mountain», «If Dreams Come True», «One O'Clock Jump», «Sugar», «Sweet Georgia Brown», «Moonlight Serenade», «Stardust»

В ролях: Вуди Аллен *(Сэнди Бейтс)*, Шарлотта Рэмплинг *(Дорри)*, Джессика Харпер *(Дейзи)*, Мари-Кристин Барро *(Исобель)*, Тони Робертс *(Тони)*, Дэниел Стерн *(актер)*, Эми Райт *(Шелли)*, Хелен Хант *(Вивьен Оркин)*, Джон Ротман *(Джек Абель)*, Энн де Сальво *(Дебби, сестра Сэнди)*, Джоан Ньюмен *(мать Сэнди)*, Кен Чепин *(отец Сэнди)*, Леонардо Чимино *(психоаналитик Сэнди)*, Луиз Лассер *(секретарша Сэнди)*, Роберт Мунк *(Сэнди в юности)*, Шерон Стоун *(девушка в поезде)*, Энди Элбек, Роберт Фридман, Дуглас Айерланд, Джек Роллинз, Ларейн Ньюмен *(директора кинокомпании)*, Говард Киссель *(менеджер Сэнди)*, Макс Ливитт *(врач Сэнди)*, Рене Липпин *(пиарщица Сэнди)*, Сол Ломита *(бухгалтер Сэнди)*, Ирвинг Метцман *(адвокат Сэнди)*, Дороти Леон *(кухарка Сэнди)*.

1982

«Сексуальная комедия в летнюю ночь»
A Midsummer Night's Sex Comedy

Продюсеры: Роберт Гринхат, Чарльз Джоффе

Сценарий: Вуди Аллен

Оператор-постановщик: Гордон Уиллис

Художник-постановщик: Мел Бурн

Художник по костюмам: Санто Локуасто

Монтаж: Сьюзен Морс

Кастинг: Джульет Тейлор

Музыка: Феликс Мендельсон

В ролях: Вуди Аллен *(Эндрю Хоббс)*, Миа Фэрроу *(Ариэль Вейнмаут)*, Хосе Феррер *(Леопольд)*, Джули Хагарти *(Далси Форд)*, Тони Робертс *(доктор Максвелл Джордан)*, Мэри Стинберген *(Эдриан Хоббс)*.

1983

«Зелиг»
Zelig

Продюсеры: Роберт Гринхат, Чарльз Джоффе, Джек Роллинз
Сценарий: Вуди Аллен
Оператор-постановщик: Гордон Уиллис
Оптические эффекты: Джоэл Хайнек, Стюарт Робертсон
Анимация: Стивен Пластрик, «Компьютер оптикалз инкорпорейтид»
Художник-постановщик: Мел Бурн
Художник по костюмам: Санто Локуасто
Монтаж: Сьюзен Морс
Музыка: Дик Хайман; «I've Got a Feeling I'm Falling», «I'm Sitting on Top of the World», «Ain't We Got Fun», «Sunny Side Up», «I'll Get By», «I Love My Baby, My Baby Loves Me», «Runnin' Wild», «A Sailboat in the Moonlight», «Charleston», «Chicago, That Toddlin' Town», «Five Foot Two», «Eyes of Blue», «Anchors Aweigh»
В ролях: Вуди Аллен *(Леонард Зелиг),* Миа Фэрроу *(доктор Юдора Флетчер),* Джон Ротман *(Пол Деги),* Джон Бакуотер *(доктор Синдел),* Марвин Чатиновер *(эндокринолог),* Стенли Свердлов *(диетолог),* Пол Невенс *(доктор Бирски),* Говард Эрскин *(дерматолог),* Стефани Фэрроу *(сестра Мерил),* Эллен Гаррисон *(доктор Флетчер в старости),* Шерман Луд *(Пол Деги в старости),* Элизабет Ротшильд *(сестра Мерил в старости),* Сьюзен Зонтаг, Ирвинг Хоув, Сол Беллоу, доктор Бруно Беттельхейм, профессор Джон Мортон Блум *(играют самих себя).*

1984

«Дэнни Роуз с Бродвея»
Broadway Danny Rose

Продюсеры: Роберт Гринхат, Чарльз Джоффе
Сценарий: Вуди Аллен
Оператор-постановщик: Гордон Уиллис
Художник-постановщик: Мел Бурн
Художник по костюмам: Джеффри Курланд

Монтаж: Сьюзен Морс

Музыка: Дик Хайман; «Agita», «My Bambina» — Ник Аполло Форте

В ролях: Вуди Аллен *(Дэнни Роуз)*, Миа Фэрроу *(Тина Витале)*, Ник Аполло Форте *(Лу Канова)*, Сэнди Бэрон, Корбетт Моника, Джеки Гайл, Морти Ганти, Уилл Джордан, Говард Сторм, Джек Роллинз *(играет самого себя)*, Мильтон Берль *(играет самого себя)*, Крейг Вандерберг *(Рей Уэбб)*, Херб Рейнольдс *(Барни Данн)*, Пол Греко *(Вито Рисполи)*, Франк Рензулли *(Джо Рисполи)*, Эдвин Бордо *(Джонни Рисполи)*, Джина ДеАнджелис *(миссис Рисполи, мать Джонни)*.

1985

«Пурпурная роза Каира»
The Purple Rose of Cairo

Продюсеры: Роберт Гринхат, Чарльз Джоффе
Сценарий: Вуди Аллен
Оператор-постановщик: Гордон Уиллис
Художник-постановщик: Стюарт Вурцель
Художник по костюмам: Джеффри Курланд
Монтаж: Сьюзен Морс
Музыка: Дик Хайман; «Cheek to Cheek», «I Love My Baby, My Baby Loves Me», «Alabamy Bound»
В ролях: Миа Фэрроу *(Сесилия)*, Джефф Дэниелз *(Джил Шеп-ферд)*, Дэнни Айелло *(Монк)*, Ирвинг Метцман *(директор кинотеатра)*, Стефани Фэрроу *(сестра Сесилии)*, Дайан Вист *(Эмма)*. Фильм в фильме: Джефф Дэниелз *(Том Бакстер)*, Эдвард Херман *(Генри)*, Джон Вуд *(Джейсон)*, Дебора Раш *(Рита)*, Ван Джонсон *(Ларри)*, Зоуи Колдуэлл *(княгиня)*, Юджин Энтони *(Артуро)*, Карен Акерс *(Китти Хайнс)*, Мило О'Ши *(отец Донелли)*, Энни Джо Эдвардс *(Делайла)*, Питер Макробби *(коммунист)*.

1986

«Ханна и ее сестры»
Hannah and Her Sisters

Продюсеры: Роберт Гринхат, Джек Роллинз, Чарльз Джоффе
Сценарий: Вуди Аллен

Оператор-постановщик: Карло Ди Пальма

Художник-постановщик: Стюарт Вурцель, Кэрол Джоффе

Художник по костюмам: Джеффри Курланд

Монтаж: Сьюзен Морс

Музыка: «You Made Me Love You», «I've Heard That Song Before», «Bewitched», «Just You, Just Me», «Where or When», концерт для двух скрипок и оркестра И.-С. Баха, «Back to the Apple», «The Trot», «I Remember You», отрывки из «Мадам Баттерфляй» Дж. Пуччини, «You Are Too Beautiful», «If I Had You», «I'm in Love Again», «I'm Old-Fashioned», «The Way You Look Tonight», «It Could Happen to You», «Polkadots and Moonbeams», «Avalon», «Isn't It Romantic»

В ролях: Миа Фэрроу *(Ханна)*, Вуди Аллен *(Микки Сакс)*, Майкл Кейн *(Эллиот)*, Кэрри Фишер *(Эйприл Нокс)*, Барбара Херши *(Ли)*, Ллойд Нолан *(Эван)*, Морин О'Салливан *(Норма)*, Макс фон Сюдов *(Фредерик)*, Сэм Уотерстон *(Дэвид Толчин)*, Дайан Вист *(Холли)*, Джули Кавнер *(Гейл)*, Дж. Т. Уолш *(Эд Смайт)*, Джон Туртурро *(писатель)*, Джоанна Глисон *(Кэрол)*, Тони Робертс *(Норман)*, Дэниэл Стерн *(Дасти)*.

1987

«Дни радио»
Radio Days

Продюсеры: Роберт Гринхат, Джек Роллинз, Чарльз Джоффе

Сценарий: Вуди Аллен

Оператор-постановщик: Карло Ди Пальма

Художник-постановщик: Санто Локуасто

Художник по костюмам: Джеффри Курланд

Монтаж: Сьюзен Морс

Музыка: Дик Хайман; «Полет шмеля» из оперы Римского-Корсакова «Сказка о царе Салтане», «Dancing in the Dark», «Chinatown, My Chinatown», «Let's All Sing Like the Birdies Sing», «I Double Dare You», «You're Getting to be a Habit with Me», «September Song», «Body and Soul», «In the Mood», «Radio Show Times», «Carioca», «Tico, Tico», «La Cumparsita», «Frenesi», «All or Nothing at All», «The Donkey Serenade», «South American Way», «Maizy Doats», «If You Are But a Dream», «Begin the Beguine», «Opus

One», «You and I», «Paper Doll», «Pistol Packin' Mama», «If I Didn't Care», «Schloff Mein Kind», «I Don't Want to Walk Without You», «Remember Pearl Harbor», «Babalu», «They're Either Too Young or Too Old», «That Old Feeling», «Lullaby of Broadway», «American Patrol», «Take the A-Train», «The White Cliffs of Dover», «Goodbye», «I'm Getting Sentimental Over You», «You'll Never Know», «One, Two, Three, Kick», «Just One of Those Things», «You'd Be So Nice to Come Home To», «Night and Day».

В ролях: Сет Грин *(Джо)*, Джули Кавнер *(Тесс, мать Джо)*, Майкл Такер *(Мартин, отец Джо)*, Дайан Вист *(Беа)*, Джош Мостел *(дядя Эйб)*, Миа Фэрроу *(Сэлли Уайт)*, Дэнни Айелло *(Рокко)*, Джефф Дэниелз *(Бифф Бакстер)*, Тони Робертс *(«Сильвер Доллар», ведущий)*, Дайан Китон *(Моника Чарльз)*, Уоллес Шон *(мститель в маске)*, Джули Курниц *(Ирена)*, Дэвид Варрилов *(Роджер)*, Хай Энзел *(мистер Вальдбаум)*, Джудит Малина *(миссис Вальдбаум)*, Вуди Аллен *(рассказчик)*.

«Сентябрь»
September

Продюсеры: Роберт Гринхат, Джек Роллинз, Чарльз Джоффе
Сценарий: Вуди Аллен
Оператор-постановщик: Карло Ди Пальма
Художник-постановщик: Санто Локуасто
Художник по костюмам: Джеффри Курланд
Монтаж: Сьюзен Морс
Музыка: «On a Slow Boat to China», «Out of Nowhere», «Just One More Chance», «My Ideal», «What I'll Do», «Who», «I'm Confessin'», «Moonglow», «When Day Is Done», «Night and Day».
В ролях: Дэнхолм Эллиот *(Ховард)*, Миа Фэрроу *(Лейн)*, Элейн Стритч *(Дайан)*, Джек Уорден *(Ллойд)*, Сэм Уотерстон *(Питер)*, Дайан Вист *(Стефани)*, Розмари Мерфи *(миссис Мейсон)*, Айра Уилер *(мистер Рейнс)*, Джейн Сесил *(миссис Рейнс)*.

1988

«Другая женщина»
Another Woman

Продюсеры: Роберт Гринхат, Джек Роллинз, Чарльз Джоффе

Сценарий: Вуди Аллен

Оператор-постановщик: Свен Нюквист

Художник-постановщик: Санто Локуасто

Художник по костюмам: Джеффри Курланд

Монтаж: Сьюзен Морс

Музыка: «Гимнопедия № 3» Эрика Сати, «Bilbao Song» Курта Вайля, сюита для виолончели ре-минор И.-С. Баха, «Equatorial» Эдгара Варезе, «Perdido», «You'd Be So Nice to Come Home To», «Lovely to Look At», «A Fine Romance», «Make Believe», Четвертая симфония Малера, «Smiles», «On the Sunny Side of the Street», соната для виолончели и фортепьяно (части 2 и 3) И.-С. Баха, «Roses of Picardy»

В ролях: Джина Роулендс *(Мэрион Пост)*, Миа Фэрроу *(Хоуп)*, Блайт Дэннер *(Лидия)*, Сэнди Деннис *(Клэр)*, Джин Хэкмен *(Ларри Льюис)*, Ян Хольм *(доктор Кеннет Пост)*, Джон Хаусмен *(отец Мэрион)*, Харрис Юлин *(Пол)*, Филип Боско *(Сэм)*, Бетти Бакли *(Кэти)*, Марта Плимптон *(Лаура)*, Джош Хэмилтон *(друг Лауры)*, Маргарет Макс *(Мэрион в юности)*, Дэвид Огден Стирс *(отец Мэрион в молодости)*.

1989

«Новый Эдип» *(эпизод из «Нью-йоркских историй»)*
Oedipus Wrecks (in New York Stories)

Продюсеры: Роберт Гринхат, Джек Роллинз, Чарльз Джоффе

Сценарий: Вуди Аллен

Оператор-постановщик: Свен Нюквист

Художник-постановщик: Санто Локуасто

Художник по костюмам: Джеффри Курланд

Монтаж: Сьюзен Морс

Музыка: «I Want a Girl», «Mother», «Sing, Sing, Sing», «In a Persian Market», «I'll Be Seeing You», «I've Found a New Baby», «All the Things You Are, June in January»

В ролях: Вуди Аллен *(Шелдон)*, Миа Фэрроу *(Лайза)*, Мэй Куэстел *(мать)*, Джули Кавнер *(Трева)*, Джесси Кеосян *(тетя Сесил)*, Джордж Шиндлер *(фокусник Шанду)*, Марвин Чатиновер *(психиатр)*, Эд Кох *(мэр Нью-Йорка)*.

«Преступления и проступки»
Crimes and Misdemeanours

Продюсеры: Роберт Гринхат, Джек Роллинз, Чарльз Джоффе
Сценарий: Вуди Аллен
Оператор-постановщик: Свен Нюквист
Художник-постановщик: Санто Локуасто
Художник по костюмам: Джеффри Курланд
Монтаж: Сьюзен Морс
Музыка: «Rosalie», «Dancing on the Ceiling», «Taking a Chance on Love», «I know That You Know», Английская сюита № 2 И.-С. Баха, «Home Cooking», «Sweet Georgia Brown», «I've Got You», «This Year's Kisses», «All I Do is Dream of You», Струнный квартет № 15 соль-мажор Шуберта, «Murder He Says», «Beautiful Love», «Great Day», «Star Eyes», «Because», «Crazy Rhythm», «I'll See You Again», «Cuban Mambo», «Polkadots and Moonbeams», «I'll Be Seeing You»
В ролях: Карлайн Аарон *(Барбара)*, Алан Олда *(Лестер)*, Вуди Аллен *(Клифф Стерн)*, Клер Блум *(Мириам Розенталь)*, Миа Фэрроу *(Хэлли Рид)*, Джоанна Глисон *(Уэнди Стерн)*, Анжелика Хьюстон *(Долорес Пали)*, Мартин Ландау *(Иуда Розенталь)*, Джерри Орбах *(Джек Розенталь)*, Сэм Уотерстон *(Бен, раввин)*, Мартин Бергман *(профессор Луис Леви)*, Дженни Николс *(Дженни)*, Стефани Рот *(Шерон Розенталь)*, Анна Бергер *(тетя Мэй)*, Грейс Циммерманн *(дочь Бена)*, Дэрил Ханна *(Лиза Кросби)*.

1990

«Алиса»
Alice

Продюсеры: Роберт Гринхат, Джек Роллинз, Чарльз Джоффе
Сценарий: Вуди Аллен
Оператор-постановщик: Карло Ди Пальма
Художник-постановщик: Санто Локуасто
Художник по костюмам: Джеффри Курланд
Монтаж: Сьюзен Морс
Музыка: «Limehouse Blues», «Breezin' Along with the Breeze», «I Dream Too Much», «Moonglow», «La Cumparsita», «The Cou-

rier», «World Music», «Caravan», «I Remember You», «Moonlight Becomes You», «The Way You Look Tonight», «Alice Blue Gown», Концерт для скрипки с оркестром № 1 ля-мажор И.-С. Баха, «Darn That Dream», «Southern Comfort», «Mack the Knife», «Flight of the Foo Birds», «Will You Still Be Mine?», «O Tannenbaum»

В ролях: Миа Фэрроу *(Алиса)*, Алек Болдуин *(Эд)*, Блайт Дэннер *(Дороти)*, Джуди Дэвис *(Вики)*, Уильям Херт *(Дуг)*, Кей Люк *(доктор Янг)*, Джо Мантенья *(Джо Раффало)*, Бернадетт Петерс *(муза)*, Сибил Шеперд *(Нэнси Брилл)*, Гвен Вердон *(мать Алисы)*, Патрик О'Нил *(отец Алисы)*, Робин Бартлет *(Нина)*, Джули Кавнер *(дизайнер интерьеров)*, Кэролин Аарон *(Сью)*, Дэвид Спилберг *(Кен)*.

1992

«Тени и туман»
Shadows and Fog

Продюсеры: Джек Роллинз, Чарльз Джоффе
Сценарий: Вуди Аллен
Оператор-постановщик: Карло Ди Пальма
Художник-постановщик: Санто Локуасто
Художник по костюмам: Джеффри Курланд
Монтаж: Сьюзен Морс
Музыка: Курт Вайль, отрывки из «Трехгрошовой оперы»
В ролях: Вуди Аллен *(Кляйнман)*, Миа Фэрроу *(Ирми)*, Джон Малкович *(клоун)*, Мадонна *(Мари)*, Дональд Плезенс *(доктор)*, Кэти Бейтс, Джоди Фостер, Лили Томлин *(проститутки)*, Джон Кьюсак *(Джек)*, Кейт Неллиган *(Ева)*, Джули Кавнер *(Алма)*, Фред Гвин *(преследователь Хакера)*, Кеннет Марс *(маг)*, Дэвид Огден Стирс *(Хакер)*, Уоллес Шон *(Симон Карр)*, Филип Боско *(мистер Паулсен)*, Майкл Кирби *(убийца)*.

«Мужья и жены»
Husbands and Wives

Продюсеры: Роберт Гринхат, Джек Роллинз, Чарльз Джоффе
Сценарий: Вуди Аллен
Оператор-постановщик: Карло Ди Пальма
Художник-постановщик: Санто Локуасто

Художник по костюмам: Джеффри Курланд
Монтаж: Сьюзен Морс
Музыка: «What Is This Thing Called Love», Девятая симфония Малера, «That Old Feeling», «Top Hat», «White Tie and Tails», «Makin' Whopee», «The Song Is You».
В ролях: Вуди Аллен *(Гейб Рот)*, Джуди Дэвис (Салли), Миа Фэрроу *(Джуди Рот)*, Джульетт Льюис *(Рейн)*, Лайам Нисон *(Майкл)*, Сидни Поллак *(Джек)*, Лизетт Энтони *(Сэм)*, Блайт Дэннер *(мать Рейн)*, Рон Рифкин *(психоаналитик Рейн)*, Бенно Шмидт *(бывший муж Джуди)*, Джеффри Курланд *(интервьюер)*.

1993

«Загадочное убийство в Манхэттене»
Manhattan Murder Mystery

Продюсеры: Роберт Гринхат, Джек Роллинз, Чарльз Джоффе
Сценарий: Вуди Аллен и Маршалл Брикман
Оператор-постановщик: Карло Ди Пальма
Художник-постановщик: Санто Локуасто
Художник по костюмам: Джеффри Курланд
Монтаж: Сьюзен Морс
Музыка: «I Happen to Like New York», «The Best Things in Life Are Free», «Летучий голландец» Вагнера, «Take Five», «I'm in the Mood for Love», «The Big Noise from Winnetka», «Out of Nowhere», «Have You Met Miss Jones», увертюра к мюзиклу «Парни и куколки» Фрэнка Лессера, «Sing, Sing, Sing, Misty»
В ролях: Вуди Аллен *(Ларри Липтон)*, Дайан Китон *(Кэрол Липтон)*, Алан Олда *(Тед)*, Анжелика Хьюстон *(Марсия Фокс)*, Джерри Адлер *(Пол Хауз)*, Линн Коэн *(Лилиан Хауз)*, Рон Рифкин *(Сай)*, Джой Бехар *(Мерилин)*, Мелани Норрис *(Хелен Мосс)*, Мардж Редмонд *(миссис Далтон)*, Зак Браф *(Ник Липтон)*.

1994

«Пули над Бродвеем»
Bullets Over Broadway

Продюсер: Роберт Гринхат
Сценарий: Вуди Аллен и Дуглас Макграт

Оператор-постановщик: Карло Ди Пальма
Художник-постановщик: Санто Локуасто
Монтаж: Сьюзен Морс
В ролях: Джон Кьюсак *(Дэвид Шейн)*, Джек Уорден *(Джулиан Маркс, Рокко)*, Чазз Палминтери *(Чич)*, Джо Витерелли *(Ник Валенти)*, Пол Херман *(метрдотель)*, Дженнифер Тилли *(Олив Нил)*, Роб Райнер *(Шелдон Флендер)*, Стейси Нелкин *(Рита)*, Дайан Вист *(Хелен Синклер)*.

1995

«Великая Афродита»
Mighty Aphrodite

Продюсер: Роберт Гринхат
Сценарий: Вуди Аллен и Дуглас Макграт
Оператор-постановщик: Карло Ди Пальма
Художник-постановщик: Санто Локуасто
Музыка: Дик Хайман
Монтаж: Сьюзен Морс
В ролях: Вуди Аллен *(Ленни Вайнриб)*, Хелена Бонэм-Картер *(Арманда Вайнриб)*, Стивен Рандаццо *(Бад)*, Дж. Смит-Камерон *(жена Бада)*, Мира Сорвино *(Линда Эш, Джуди Кам)*, Майкл Рапапорт *(Кевин)*, Дэниэль Ферланд *(Кассандра)*, Джеффри Курланд *(Эдип)*, Олимпия Дукакис *(Иокаста)*.

1996

«Все говорят, что я люблю тебя»
Everyone Says 'I Love You'

Продюсер: Роберт Гринхат
Сценарий: Вуди Аллен
Оператор-постановщик: Карло Ди Пальма
Художник-постановщик: Санто Локуасто
Художник по костюмам: Джеффри Курланд
Монтаж: Сьюзен Морс
Музыка: Дик Хайман
В ролях: Эдвард Нортон *(Холден)*, Дрю Бэрримор *(Скайлар)*, Алан Олда *(Боб)*, Голди Хоун *(Стеффи)*, Джулия Робертс

(Вон), Вуди Аллен *(Джо)*, Тим Рот *(Чарльз Ферри)*, Барбара Холландер *(Клер)*, Джон Гриффин *(Джеффри Вандермост)*, Иц-хак Перлман *(играет самого себя)*.

1997

«Разбирая Гарри»
Deconstructing Harry

Продюсер: Жан Думанян
Сценарий: Вуди Аллен
Оператор-постановщик: Карло Ди Пальма
Художник-постановщик: Санто Локуасто
Художник по костюмам: Сьюзи Бензингер
Монтаж: Сьюзен Морс
В ролях: Вуди Аллен *(Гарри Блок)*, Джуди Дэвис *(Люси)*, Элизабет Шу *(Фэй)*, Ричард Бенджамин *(Кен)*, Джулия Луи-Дрейфус *(Лесли)*, Кирсти Элли *(Джоан)*, Боб Балабан *(Ричард)*, Хейзел Гудмэн *(Куки)*, Деми Мур *(Хелен)*, Тоби Магуайр *(Харви Стерн)*.

1998

«Знаменитость»
Celebrity

Продюсер: Жан Думанян
Сценарий: Вуди Аллен
Оператор-постановщик: Свен Нюквист
Художник-постановщик: Санто Локуасто
Монтаж: Сьюзен Морс
Музыка: «You Oughta Be in Pictures», «Kumbayah», «Fascination», «I Got Rhythm», «Will You Still Be Mine», «Lullaby of Birdland», «On a Slow Boat to China», «Cocktails For Two», «Soon», «For All We Know».
В ролях: Хэнк Азария *(Дэвид)*, Кеннет Брана *(Ли Саймон)*, Джуди Дэвис *(Робин Саймон)*, Леонардо Ди Каприо *(Брэндон Дэрроу)*, Мелани Гриффит *(Николь Оливер)*, Фамке Янссен *(Бонни)*, Майкл Лернер *(доктор Лупус)*, Джо Мантенья *(Тони Карделла)*, Вайнона Райдер *(Нола)*, Дональд Трамп *(играет самого себя)*, Шарлиз Терон *(супермодель)*.

1999

«Сладкий и гадкий»
Sweet and Lowdown

Продюсер: Жан Думанян
Сценарий: Вуди Аллен
Оператор-постановщик: Чжао Фэй
Художник-постановщик: Санто Локуасто
Монтаж: Алиса Лепселтер
Музыка: «Дик Хайман Груп» исполняет: «I'll See You in My Dreams», «Sweet Georgia Brown», «Unfaithful Woman», «Wrap Your Troubles in Dreams (and Dream Your Troubles Away)», «Old-Fashioned Love», «Limehouse Blues/Mystery Pacific», «Just a Gigolo», «3 am Blues», «All of Me/The Peanut Vendor», «It Don't Mean a Thing (if it Ain't Got That Swing)», «Shine», «I'm Forever Blowing Bubbles», «There'll Be Some Changes Made»; Бенни Бериган и его оркестр исполняют: «Караван» Эллингтона; Сидни Беше и оркестр Noble Sissie's Swingsters исполняют «Viber Mad»
В ролях: Шон Пенн *(Эммет Рэй)*, Саманта Мортон *(Хэтти)*, Вуди Аллен *(играет самого себя)*, Бен Дункан *(играет самого себя)*, Дэниэл Окрент *(А. Дж. Пикман, Дэн Морган)*, Тони Дэрроу *(Бен)*, Кристофер Бауэр *(Эйс)*, Констанс Шульман *(Хейзел)*, Келли Овербей *(Айрис)*, Дэррил Алан Рид *(Дон)*, Ума Турман *(Бланш)*.

2000

«Мелкие мошенники»
Small Time Crooks

Продюсер: Жан Думанян
Сценарий: Вуди Аллен
Оператор-постановщик: Чжао Фэй
Художник-постановщик: Санто Локуасто
Художник по костюмам: Сюзанна Макгейб
Монтаж: Алиса Лепселтер
Музыка: «With Plenty of Money and You», «Stompin' at the Savoy», «Could It Be Me?», «Music Makers», вальс «Весенние голоса» ор. 410 Иоганна Штрауса, «Tequila», «Cocktails for Two», «The Modern Dance», прелюдия си-бемоль-минор Сергея

Рахманинова (ор. 32, № 10), «Mountain Greenery», «Fascination», «Zelda's Theme», сарабанда из Сюиты № 2 для виолончели ре-минор И.-С. Баха, «This Could Be the Start of Something Big», «Lester Lanin Cha-Cha», «Just in Time», «Old Devil Moon», «The Hukilau Song», «Steady», «Steady».

В ролях: Вуди Аллен *(Рэй Уинклер)*, Кэролин Сексон *(продавщица в магазине)*, Трейси Ульман *(Френчи Уинклер)*, Майкл Рапапорт *(Денни Дойл)*, Тони Дэрроу *(Томми Бил)*, Сэм Джозефер *(агент по недвижимости)*, Йон Ловиц *(Бенни Борковши)*, Лоуренс Говард Леви *(торговец динамитом)*, Брайан Маркинсон *(полицейский Кен Делоуч)*, Элейн Мэй *(Мэй Слоан)*.

2001

«Проклятие нефритового скорпиона»
The Curse of the Jade Scorpion

Продюсеры: Летти Аронсон, Чарльз Джоффе
Сценарий: Вуди Аллен
Оператор-постановщик: Чжао Фэй
Художник-постановщик: Санто Локуасто
Художник по костюмам: Сюзанна Макгейб
Монтаж: Алиса Лепселтер
Музыка: «Sophisticated Lady», «Two Sleepy People», «Tuxedo Junction», «How High the Moon», «In a Persian Market», «Flatbush Flanagan», «Sunrise Serenade»
В ролях: Вуди Аллен *(С. У. Бриггс)*, Хелен Хант *(Бетти Энн Фицджеральд)*, Шарлиз Терон *(Лаура Кенгсингтон)*, Дэн Акройд *(Крис Магрудер)*, Элизабет Беркли *(Джилл)*, Кайли Вернофф *(Рози)*, Джон Шак *(Майз)*, Джон Торми *(Сэм)*, Брайан Маркинсон *(Эл)*, Морис Зонненберг *(офисный работник)*, Джон Думанян *(офисный работник)*, Питер Герети *(Нед)*.

2002

«Голливудский финал»
Hollywood Ending

Продюсеры: Летти Аронсон, Хелен Робин, Стефен Тененбаум
Сценарий: Вуди Аллен

Оператор-постановщик: Ведиго фон Шульцендорф
Художник-постановщик: Санто Локуасто
Художник по костюмам: Мелисса Тот
Монтаж: Алиса Лепселтер
В ролях: Вуди Аллен *(Вэл Уоксман)*, Джордж Хэмилтон *(Эд)*, Теа Леони *(Элли)*, Дебра Мессинг *(Лори)*, Марк Райдел *(Эл)*, Трит Уильямс *(Хэл)*, Тиффани-Эмбер Тиссен *(Шерон Бейтс)*, Энтони Аркин *(участник прослушивания)*, Барни Чен *(переводчик)*.

2003

«Кое-что еще»
Anything Else

Продюсеры: Летти Аронсон, Хелен Робин
Сценарий: Вуди Аллен
Оператор-постановщик: Дариус Хонджи
Художник-постановщик: Санто Локуасто
Художник по костюмам: Лаура Джин Шэнон
Монтаж: Алиса Лепселтер
В ролях: Вуди Аллен *(Дэвид Добел)*, Джейсон Бигтс *(Джерри Фальк)*, Кристина Ричи *(Аманда)*, Фишер Стивенс *(менеджер)*, Дэнни Де Вито (Харви), КаДи Стрикленд (Брук), Джимми Фэллон (Боб), Стокард Ченнинг (Паула).

2004

«Мелинда и Мелинда»
Melinda and Melinda

Продюсер: Летти Аронсон
Сценарий: Вуди Аллен
Оператор-постановщик: Вилмош Жигмонд
Художник-постановщик: Санто Локуасто
Художник по костюмам: Джуди Рескин
Монтаж: Алиса Лепселтер
В ролях: Уилл Феррелл, Винесса Шоу, Рада Митчелл, Джонни Ли Миллер, Чиветел Эджиофор, Хлоя Севиньи, Джош Бролин, Аманда Пит.

2005

«Матч-пойнт»
Match Point

Продюсеры: Летти Аронсон, Люси Дарвин, Гарет Уили
Сценарий: Вуди Аллен
Оператор-постановщик: Реми Адефаразин
Художник-постановщик: Джим Клэй
Художник по костюмам: Джил Тейлор
Монтаж: Алиса Лепселтер
В ролях: Джонатан Рис Майерс *(Крис Уилтон)*, Скарлетт Йохансон *(Нола Райс)*, Эмили Мортимер *(Хлоя Уилтон)*, Мэттью Гуд *(Том Хьюит)*, Брайан Кокс *(Алек Хьюит)*, Пенелопа Уилтон *(Элеонор Хьюит)*, Роуз Киган *(Кэрол)*.

2006

«Сенсация»
Scoop

Продюсеры: Летти Аронсон, Гарет Уили
Сценарий: Вуди Аллен
Оператор-постановщик: Реми Адефаразин
Художник-постановщик: Мария Джуркович
Художник по костюмам: Джилл Тейлор
Монтаж: Алиса Лепселтер
В ролях: Вуди Аллен *(Сид Уотерман)*, Скарлетт Йохансон *(Сондра Прански)*, Хью Джекман *(Питер Лайман)*, Кевин Макнелли *(Майк Тинсли)*, Иэн Макшейн *(Джо Стромбел)*, Джим Данк *(оратор на похоронах)*, Ромола Гарай *(Вивиан)*.

2007

«Мечта Кассандры»
Cassandra's Dream

Продюсеры: Летти Аронсон, Гарет Уили, Стивен Тененбаум
Сценарий: Вуди Аллен
Оператор-постановщик: Вилмош Жигмонд
Художник-постановщик: Мария Джуркович
Художник по костюмам: Джил Тейлор

Монтаж: Алиса Лепселтер

В ролях: Хейли Атуэлл *(Анджела Старк)*, Джон Бенфилд *(мистер Блейн)*, Джим Картер *(начальник гаража)*, Филип Дэвис *(Мартин Бернс)*, Колин Фаррелл *(Терри)*, Салли Хоукинс *(Кейт)*, Клер Хиггинс *(миссис Блейн)*, Эван Макгрегор *(Ян)*, Марк Амберс *(Айсли)*, Том Уилкинсон *(Говард)*.

2008

«Викки, Кристина, Барселона»
Vicky Cristina Barcelona

Продюсеры: Летти Аронсон, Гарет Уили, Стивен Тененбаум
Сценарий: Вуди Аллен
Оператор-постановщик: Хавьер Агирресаробе
Художник-постановщик: Ален Бене
Художник по костюмам: Соня Гранде
Монтаж: Алиса Лепселтер

В ролях: Скарлетт Йохансон *(Кристина)*, Пенелопа Крус *(Мария Елена)*, Ребекка Холл *(Викки)*, Хавьер Бардем и др.

Вуди Аллен в фильмах других режиссеров

1965

«Что нового, киска?»
What's New, Pussycat?

Режиссер: Клайв Доннер
Сценарий: Вуди Аллен
В ролях: Вуди Аллен *(Виктор Шакопополис)*, Питер Селлерс, Питер О'Тул, Роми Шнайдер, Паула Прентисс, Урсула Андресс, Эдра Гейл.

1966

«Как дела, Тигровая Лилия?»
What's Up, Tiger Lily?

Режиссер: Сэнкити Танигути
Сценарий и дубляж: Вуди Аллен, Фрэнк Бакстон, Лен Максвелл, Луиз Лассер, Микки Роуз, Джули Беннетт, Брайна Уилсон

Продюсеры: Генри Саперштейн, Вуди Аллен
Монтаж: Ричард Краун
Музыка: Джек Льюис и песни *The Lovin' Spoonful*
В ролях: Тацуя Михаси *(Фил Московиц)*, Ми Хана *(Терри Яки)*, Акико Вакаябаяси *(Суки Яки)*, Тадао Накамура *(Шеперд Вонг)*, Сусуму Куробэ *(Уинг Фэт)*, Чайна Ли *(стриптизерша)*.

1967

«Казино „Рояль"»
Casino Royale

Режиссеры: Джон Хьюстон, Кен Хьюз, Вэл Гест, Роберт Пэрриш, Джозеф Макграт
В ролях: Вуди Аллен *(Джимми Бонд)*, Питер Селлерс, Урсула Андресс, Дэвид Найвен, Орсон Уэллс, Джоанна Пете, Дебора Керр, Далия Лави, Уильям Холден, Чарльз Бойер, Джон Хьюстон, Джордж Рафт, Жан-Поль Бельмондо, Барбара Буше, Жаклин Биссет.

1969

«Не пей воды»
Don't Drink the Water

Продюсер: Чарльз Джоффе
Режиссер: Говард Моррис
Сценарий: Р. С. Аллен и Харви Баллок по пьесе Вуди Аллена
В ролях: Джеки Глисон, Эстелла Парсонс, Джоан Делани.

1972

«Сыграй это снова, Сэм»
Play It Again, Sam

Продюсеры: Артур Джейкобс, Чарльз Джоффе
Режиссер: Херберт Росс
Сценарий: Вуди Аллен по собственной пьесе
Оператор-постановщик: Оуэн Ройзман
Художник-постановщик: Эд Уитштейн
Монтаж: Мэрион Ротман

Музыка: Билли Гольденберг

В ролях: Вуди Аллен *(Алан Феликс)*, Дайан Китон *(Линда Кристи)*, Тони Робертс *(Дик Кристи)*, Джерри Лейси *(Боги)*, Сьюзен Анспах *(Нэнси)*, Дженнифер Солт *(Шерон)*, Джой Бэнг *(Джули)*, Вива *(Дженнифер, нимфоманка)*.

1976

«Фронт»
The Front

Продюсеры: Мартин Ритт, Роберт Гринхат, Чарльз Джоффе
Режиссер: Мартин Ритт
В ролях: Вуди Аллен *(Говард Принс)*, Зеро Мостел, Гершель Бернарди, Майкл Мерфи, Андреа Марковичи.

1987

«Король Лир»
King Lear

Режиссер и автор сценария: Жан-Люк Годар
В ролях: Вуди Аллен *(мистер Алиен, шут)*, Норман Мейлер, Берджесс Мередит, Молли Рингвальд.

1991

«Сцены в магазине»
Scenes From a Mall

Режиссер и автор сценария: Пол Мазурски
В ролях: Вуди Аллен *(Ник Файфер)*, Бетти Мидлер *(Дебора Фейнгольд-Файфер)*, Билл Ирвин, Дарен Файерстоун, Ребекка Никелс, Пол Мазурски.

1997

«Блюз дикаря», документальный фильм
Wild Man Blues

Режиссер: Барбара Коппл
Продюсеры: Дж. Э. Бокер, Жан Думанян

Оператор: Том Гурвиц
Монтаж: Лоуренс Силк
Вуди Аллен *(кларнет)*, Летти Аронсон *(сестра Вуди Аллена)*, Сун-И Превен *(жена Вуди Аллена)*, Дэн Баррет *(тромбон)*, Грег Коэн *(бас)*, Эдди Дэвис *(руководитель оркестра, банджо)*, Синтия Сейер *(фортепьяно)*, Стивен Шехтер *(юрист)*, Саймон Уиттенхолл *(труба)*.

1998

«Муравей Антц»
Antz

Режиссеры: Эрик Дарнелл, Тим Джонсон
Сценарий: Тодд Элкотт, Крис Вейц, Пол Вейц
Продюсеры: Брэд Льюис, Арон Уорнер, Пэтти Вутон
Монтаж: Стэн Уэбб
Музыка: Гарри Грегсон-Уильямс, Джон Пауэлл
В ролях: Вуди Аллен *(Z-4195, голос)*, Дэн Акройд *(Чип, голос)*, Энн Бэнкрофт *(Королева, голос)*, Джейн Кертин *(Маффи, голос)*, Дэнни Гловер *(Барбатус, голос)*, Джин Хэкмен *(генерал Мандибль, голос)*, Дженнифер Лопес *(Ацтека, голос)*, Сильвестр Сталлоне *(Ткач, голос)*, Шерон Стоун *(принцесса Бала, голос)*, Кристофер Уокен *(полковник Каттер, голос)*.

«Самозванцы»
The Impostors

Режиссер: Стэнли Туччи
Сценарий: Стэнли Туччи
Продюсеры: Бет Александр, Стэнли Туччи
Оператор-постановщик: Кен Келш
Монтаж: Сюзи Элмиджер
Художник-постановщик: Эндрю Джекнесс
Художник по костюмам: Джулиет Полча
Музыка: Гэри Де Мишель, Лисандро Андровер
В ролях: Оливер Платт *(Морис)*, Стэнли Туччи (Артур), Уокер Джонс *(метрдотель)*, Джессика Уоллинг *(привлекательная женщина)*, Дэвид Липман *(Бейкер)*, Э. Катрин Керр *(Гертру-*

да), Джордж Гвидал *(Клавдий)*, Уильям Хилл *(Бернардо)*, Альфред Молина *(Джереми Бертон)*, Майкл Эмерсон *(помощник Бертона)*, Вуди Аллен *(директор театра)*.

2000

«По кусочкам»
Picking Up Pieces

Режиссер: Альфонсо Арау
Сценарий: Билл Уилсон
Продюсер: Пол Сэндберг
Оператор-постановщик: Витторио Стораро
Монтаж: Майкл Р. Миллер
Художник-постановщик: Денис Пиццини
Художник по костюмам: Мерилин Мэтьюз
Музыка: Рюй Фолгера
В ролях: Вуди Аллен *(Текс Каули)*, Анжелика Арагон *(Долорес)*, Альфонсо Арау *(доктор Амадо)*, Брайан Брофи *(корреспондент CNN)*, Бетти Карвальо *(Хуана)*, Энрике Кастильо *(Грасиенто)*, Хорхе Червера мл. *(Юнойо)*, О'Нил Комптон *(Тексас Джон)*, Мария Грация Кучинотта *(Дэзи)*.

«Свой парень»
Company Man

Режиссеры и авторы сценария: Питер Эскин, Дуглас Макграт
Продюсеры: Гай Ист, Рик Лид, Джон Пенотти, Джеймс Скотчдополе
Оператор-постановщик: Рассел Бойд
Монтаж: Камилла Тониоло
Художник-постановщик: Джейн Маски
Музыка: Дэвид Нессим Лоуренс
В ролях: Пол Гилфойл *(констебль Хикл)*, Джеффри Джонс *(сенатор Биггс)*, Ретель Бин *(сенатор Фарвуд)*, Харриет Коппел *(машинистка)*, Дуглас Макграт *(Алан Куимп)*, Сигурни Уивер *(Дейси Куимп)*, Терри Бивер *(мистер Джадж)*, Шон Дуган *(официант)*, Грант Уолден *(пожилой человек)*, Натан Дин *(молодой человек)*, Вуди Аллен *(Лоутер)*.

«Кибермир»
Cyberworld
(мультфильм)

Режиссеры: Колин Дэвис, Элейн Деспинс
Сценарий: Хью Мюррей, Чарли Рабин, Стивен Хобан
Продюсеры: Стивен Хобан, Хью Мюррей
Оператор-постановщик: Витторио Стораро
Анимация: Джейми Маккартер
Музыка: Хами Манн
В ролях: Дженна Элфман *(Фиг, голос)*, Мэтт Фрюэр *(Мочало, голос)*, Роберт Смит *(Вжиг/Карачун, голос)*, Дейв Фоули *(техник Хэнк, голос)*, Вуди Аллен *(Z-4195, голос, архивные записи)*, Сильвестр Сталлоне *(Ткач, голос, архивные записи)*, Шерон Стоун *(принцесса Бала, голос, архивные записи)*.

Телевизионные постановки Вуди Аллена

1994

«Не пей воды»
Don't Drink the Water

Телевизионная пьеса: Вуди Аллен по собственной пьесе
Продюсер: Роберт Гринхат
Оператор-постановщик: Карло Ди Пальма
Художник-постановщик: Санто Локуасто
Художник по костюмам: Сьюзи Бензингер
Монтаж: Сьюзен Морс
В ролях: Эд Херлихи *(рассказчик)*, Джозеф Соммер *(посол Маджи)*, Роберт Стэнтон *(мистер Бернс)*, Эдвард Херрман *(мистер Кирлой)*, Розмари Мерфи *(мисс Притчард)*, Майкл Дж. Фокс *(Аксель Маджи)*, Вуди Аллен *(Уолтер Холландер)*, Джули Кавнер *(Мэрион Холландер)*, Майим Бялик *(Сьюзен Холландер)*, Эд Ван Нюс *(сотрудник посольства)*, Скип Роуз *(сотрудник посольства)*, Леонид Ашер *(полицейский)*, Стас Кмиц *(полицейский)*.

2001

«Звуки любимого города»
Sounds From a Town I Love

Режиссер: Вуди Аллен
Сценарий: Вуди Аллен
С участием Маршалла Брикмана, Гриффина Дана, Хейзел Гудмен, Бебе Нойрит, Тони Робертса, Селии Уэстон.

Другие проекты с участием Вуди Аллена:

1999

«Со светом я не одинок»
Light Keeps Me Company
(документальный фильм о Свене Нюквисте)

Режиссер: Карл Густав Нюквист
Продюсеры: Гудрун Нюквист, Карл Густав Нюквист
Сценарий: Михаль Лещиловский, Карл Густав Нюквист
С участием Вуди Аллена, Биби Андерсон, Харриет Андерсон, Ричарда Аттенборо, Перниллы Аугуст, Ингмара Бергмана, Томаса Болме, Мелани Гриффит.

2002

«Последняя шутка»
Last Laugh
(телефильм)

Режиссер: Джефф Маццола
Сценарий: Дэнис Хэмил
Продюсер: Эндрю Чарас
Оператор-постановщик: Майкл Грин
Монтаж: Джордан Мокриски
Музыка: Роберт Санта
В ролях: Рэй Гарви *(Джон «Мерф» Мерфи)*, Винсент Пасторе *(Гарри Мерфи)*, Тони Дэрроу *(Донни)*, Салли Уилер *(Виктория Уортингтон)*; Дэнни Айэлло, Вуди Аллен, Джеки Мартлинг, Джефф Маццола, Лорейн Маццола, Колин Куинн *(играют самих себя)*.

1935

В воскресенье, 1 декабря, в Бронксе у Мартина и Нетти (Черри) Кенигсберг родился Алан Стюарт Кенигсберг, в будущем Вуди Аллен.

1938

Аллен смотрит первый в своей жизни фильм — «Белоснежку» Уолта Диснея.

1943

Родилась сестра Аллена, Летти.

1944

Семья Кенигсберг переезжает в Бруклин.

1949

Аллен переходит в старшую школу (школа, где он учится, называется «Мидвуд»).

1950

Аллен начинает играть на кларнете.

1951

Шестнадцатилетний Аллен выступает в театре «Кэтскиллз», расположенном в «Маджестик бунгало колони» (которая позднее упоминается в пьесе Аллена «Парящая лампочка» и в фильме «Дэнни Роуз с Бродвея»).

1952

На свет появляется «Вуди Аллен»: Алан Кенигсберг меняет имя и начинает рассылать шутки в отделы светской хроники нью-йоркских газет.

15 ноября. В колонке Уолтера Уинчелла появляется первая опубликованная шутка Вуди Аллена: «Вуди Аллен говорит, что обедал в ресторане для бедных: заплатил по счету и сразу стал очень бедным»[1].

Аллен впервые смотрит фильм Ингмара Бергмана («Лето с Моникой»).

---

[1] В оригинале шутка звучит злободневно: «Woody Allen says he ate at a restaurant that had OPS prices — over people's salaries». Политический фон, обеспечивший ее злободневность, состоял в следующем. 1950 г. известен в истории как начало эры маккартизма: сенатор Джозеф Маккарти обвинил администрацию президента Трумэна в потворстве распространению коммунистической идеологии. С началом Корейской войны (25 июня 1950 г.) у Трумэна появляется отличный повод продемонстрировать свою непримиримость к коммунизму. Американские войска принимают активное участие в военных действиях на стороне Южной Кореи, в то время как американская экономика спешно переориентируется на военные нужды. Оборонный бюджет увеличивается в четыре раза, устанавливается государственный контроль цен, зарплат и стоимости сырья. На фоне растущей инфляции контроль за ценами осуществляло специально организованное для этой цели Управление стабилизации цен (Office for Price Stabilization, или сокращенно OPS), еще одно управление было призвано контролировать рост зарплат. Экономическое положение в стране оставалось тяжелым на протяжении всего 1951 г. Особую активность проявили рабочие сталелитейной отрасли: понимая, какую важность имеет их индустрия в военное время, они тем не менее требовали повышения зарплат. Аргумент профсоюзов состоял в том, что сдерживание роста стоимости продукции ведется правительством не за счет сокращения доходов корпораций, а за счет сокращения доходов рабочих. Переговоры с представителями правительства не привели к желаемым результатам. В начале 1952 г. (как раз когда Аллен писал эту шутку) глава OPS вынужден был подать в отставку, а профсоюзы — объявить забастовку по всей отрасли. Забастовка продолжалась 52 дня и завершилась победой профсоюзов. Своей шуткой Аллен завуалированно (только так это можно было делать в эпоху маккартизма) поддерживает позицию рабочих.

1953

Аллен начинает сотрудничество с Дэвидом Албером: после школы он сочиняет шутки, за которые получает 20 долларов в неделю.

Июнь. Аллен заканчивает школу.

Аллен подписывает четырехгодичный контракт с агентством Уильяма Морриса.

1954

Девятнадцатилетний Аллен знакомится с Харлин Розен.

1955

Аллен переезжает в Голливуд, где работает сценаристом для телепрограммы «Час комедии с Колгейт».

1956

Аллен и Харлин Розен заключают брак в «Гавайском отеле» в Голливуде.

Лето. Супруги переезжают в Нью-Йорк.

Сентябрь. Макс Либман приглашает Аллена в качестве сценариста телепрограммы «Стэнли» (ведущий — Бадди Хэкет).

Начиная с 1956 г. и на протяжении последующих трех лет Аллен ездит в недельные командировки в Кэмп-Тамимент[1], где пишет сценарии для юмористических программ местного театра. Его заработок составляет 150 долларов в неделю.

1958

Сид Сизар приглашает Аллена в качестве сценариста своего шоу на канале Эн-би-си. Шоу выходит в эфир 2 ноября. За свои сценарии Аллен и Лэрри Гелбарт удостаиваются премии Сильвана. В 1958—1959 гг. их также номинируют на премию «Эмми».

---

[1] Курорт в Пенсильвании, расположенный в горах Поконо, — традиционное место отдыха еврейских семей.

1959

Аллен начинает курс психоанализа.

1960

Двадцатипятилетний Аллен зарабатывает 1700 долларов в неделю в качестве штатного сценариста «Шоу Гарри Мура».

20 апреля. Дебют Вуди Аллена на Бродвее. Премьера его программы «От А до Я» состоялась в театре «Плимут». Программа включала в себя пародию «Психологическая война», а также пародию на Граучо Маркса (обе были опробованы еще во время работы в Кэмп-Тамимент).

Октябрь. Аллену удается представить свою программу в клубе «Голубой ангел». Роллинз и Джоффе устраивают Аллену контракт с клубом «Дуплекс», располагавшемся в Гринвич-Виллидж, где он показывает окончательную версию программы. На втором этаже этого клуба Аллен дает по два представления за вечер, работая шесть дней в неделю.

Аллен знакомится с Луиз Лассер.

1961

Июнь. Дик Каветт смотрит представление Аллена в клубе «Биттер-Энд».

1962

Аллена приглашают выступить в «Шоу Эда Салливана».

Аллен начинает работать сценаристом в шоу Дика Каветта «Тунайт» под руководством Джека Паара.

Аллен и Харлин получают развод.

1963

В качестве гостя Аллена несколько раз приглашают в телепрограмму «Кэндид камера»

1964

Март. Аллен выступает со своей программой в чикагском клубе «Мистер Келлиз». Его выступление снимают на пленку.

Апрель. На своих выступлениях Аллен зарабатывает от 4 до 5 тысяч долларов в неделю.

Июль. В течение недели Аллен ведет шоу «Тунайт» вместо Джонни Карсона.

Июль. Звукозаписывающая компания «Колпикс» выпускает первый альбом Вуди Аллена, который так и называется — «Вуди Аллен». Альбом выдвигается на премию «Грэмми», но победителем этого года оказывается альбом Билла Косби «I Started Out as a Child».

1965

Июнь. Компания «Феймос артистз» выпускает на экраны картину Клайва Доннера «Что нового, киска?» по сценарию Вуди Аллена.

Осень. Компания «Колпикс» выпускает альбом «Вуди Аллен, том 2».

1966

20 января. В «Нью-Йоркере» опубликован рассказ Вуди Аллена «Дело Госсаджа—Вардебедяна».

2 февраля. Аллен заключает брак с Луиз Лассер. В ту же ночь, во время страшного снегопада, он дает два представления в королевском номере отеля «Америка».

Весна. Аллен завершает работу над пьесой «Не пей воды».

Сентябрь. Компания «Американэн интернешнл пикчерз» выпускает на экраны картину «Как дела, Тигровая Лилия?» — английский вариант фильма «Kagi No Kagi» (Япония, 1964). Аллен с соавторами создали оригинальный сценарий и дублировали японскую картину.

17 ноября. На Бродвее состоялась премьера спектакля «Не пей воды».

Вуди выступает в качестве приглашенного ведущего в телепрограмме «Ипподром».

1967

Апрель. «Коламбиа пикчерз» выпускает на экраны картину «Казино „Рояль"».

1968

17 июня. Аллен начинает съемки первого собственного фильма «Хватай деньги и беги». Первые сцены фильма снимаются в тюрьме Сан-Квентин в Сан-Франциско.

Август. Аллен дает серию представлений в клубе «Юджин», занимавшемся сбором средств для президентской кампании Юджина Маккарти.

Выступление Вуди Аллена записывается на пленку и выходит под маркой «Кэпитал рекордз» как «Третий альбом Вуди Аллена».

1969

12 февраля. Состоялась премьера пьесы Аллена «Сыграй это снова, Сэм» в театре «Бродхерст».

19 августа «Паломар пикчерз» выпускает на экраны ленту «Хватай деньги и беги».

Аллен и Луиз Лассер получают развод.

1970

Аллен покупает двухуровневую квартиру на углу Пятой авеню и Сентрал-Парк-Ист.

Весна. Аллен пишет сценарий «Дитя джаза», показывает его на студии «Юнайтед артистз», но не получает одобрения.

Аллен ведет образовательную программу для детей «Хот-дог», которая выходит в эфир утром по субботам.

1971

В сопровождении Дайан Китон Аллен посещает фестиваль «Джаз и наследие» в Новом Орлеане и принимает участие в джем-сейшне во французском квартале. Аллен будет вспоминать эту поездку как одно из самых ярких впечатлений своей жизни.

Аллен и его «New Orleans Funeral and Ragtime Orchestra» начинают играть по понедельникам в нью-йоркском клубе-пивной «У Майкла».

В издательстве «Рэндом хауз» выходит сборник рассказов Аллена «Сводя счеты».

Кинокомпания «Юнайтед артистз» выпускает на экраны картину «Бананы».

1972

5 мая. Кинокомпания «Парамаунт» выпускает фильм «Сыграй это снова, Сэм».

Август. «Юнайтед артистз» выпускает на экраны картину «Все, что вы всегда хотели знать о сексе...».

В завершение шестинедельного турне по стране Аллен две недели подряд выступает в «Сизар-палас» в Лас-Вегасе. Его двухнедельный гонорар составил 85 тысяч долларов.

Октябрь. Аллен пишет пьесу «Смерть».

1973

18 декабря. Кинокомпания «Юнайтед артистз» выпускает на экраны картину «Спящий».

1974

Январь. Аллен начинает работу над детективным сценарием, который позднее ляжет в основу его ленты «Загадочное убийство в Манхэттене».

1975

11 июня. Кинокомпания «Юнайтед артистз» выпускает на экраны картину «Любовь и смерть».

Пьесы Аллена «Смерть» и «Бог» выходят в издательстве «Самуэль Френч».

В издательстве «Рэндом хауз» выходит сборник рассказов Аллена «Без перьев».

1976

Компания «Юнайтед артистз» выпускает в свет записи представлений Вуди Аллена «Клубный период, 1964—1968» — двойной альбом, составленный из материалов, выходивших на дисках «Вуди Аллен», «Вуди Аллен, том 2» и «Третий альбом Вуди Аллена».

В 180 газетах в 60 странах мира начинает выходить серия комиксов «Внутри Вуди Аллена» (художник Стюарт Хэмпл, автор шуток Вуди Аллен). Комиксы печатались в течение восьми лет, до 1984 г.

10 мая. Начинаются съемки картины «Энни Холл» и сотрудничество Вуди Аллена с кинооператором Гордоном Уиллисом.

Сентябрь. «Коламбиа пикчерз» выпускает на экраны картину «Фронт» режиссера Мартина Ритта.

1977

21 апреля. Кинокомпания «Юнайтед артистз» выпускает на экраны картину «Энни Холл».

Кинокомпания «Кино для гуманитарных наук» (Films for the Humanities Inc.) выпускает тридцатиминутный документальный фильм «Вуди Аллен: американская комедия» (автор сценария и режиссер Говард Мантел).

1978

Понедельник, 27 марта. За фильм «Энни Холл» Аллен получает сразу два «Оскара»: за лучшую режиссуру и за лучший оригинальный сценарий (с Маршаллом Брикманом). За роль в том же фильме Дайан Китон получает «Оскар» в номинации «Лучшая женская роль».

В этот исторический вечер Аллен (кларнет) играет со своим оркестром все в той же пивной «У Майкла» в восточной части Манхэттена. По слухам, он говорил, что не мог обидеть ребят.

2 августа. Кинокомпания «Юнайтед артистз» выпускает на экраны картину «Интерьеры».

1979

25 апреля. Выходит на экраны картина «Манхэттен».

Осень. Аллен знакомится с Миа Фэрроу.

1980

27 апреля. Аллен и Миа Фэрроу обедают в ресторане «Лютес», после чего начинается их долгий роман. В издательстве «Рэндом хауз» выходит сборник рассказов «Побочные эффекты».

Сентябрь. Кинокомпания «Юнайтед артистз» выпускает на экраны фильм «Воспоминания о звездной пыли».

Аллен уходит из кинокомпании «Юнайтед артистз» и подписывает договор с «Орион пикчерз». С этой компанией он будет работать вплоть до 1991 г.

1981

27 апреля. Премьера пьесы Аллена «Парящая лампочка» в нью-йоркском театре Вивьен Бомон.

1982

Июль. Кинокомпания «Орион пикчерз» выпускает на экраны картину «Сексуальная комедия в летнюю ночь».

1983

Кинокомпания «Орион пикчерз» выпускает на экраны картину «Зелиг».

1984

Январь. Кинокомпания «Орион пикчерз» выпускает на экраны картину «Дэнни Роуз с Бродвея».

1985

Март. Кинокомпания «Орион пикчерз» выпускает на экраны картину «Пурпурная роза Каира».

Аллен и Миа Фэрроу удочеряют новорожденную девочку из Техаса. Ей дают имя Дилан О'Салливан Фэрроу.

5 ноября. Аллен начинает съемки фильма «Дни радио» в Нью-Йорке и окрестностях.

1986

Февраль. Кинокомпания «Орион пикчерз» выпускает на экраны картину «Ханна и ее сестры».

Февраль. В знак протеста против политики апартеида Аллен запрещает показ своих фильмов в ЮАР.

1987

30 января. Кинокомпания «Орион пикчерз» выпускает на экраны картину «Дни радио».

Декабрь. «Орион пикчерз» выпускает на экраны «Сентябрь». Аллен избран одним из десяти почетных членов Американской киноакадемии и Института искусств и литературы. Он приходит на смену Орсону Уэллсу.

Пятидесятидвухлетний Аллен впервые становится отцом: у Вуди и Миа Фэрроу рождается сын Сэтчел О'Салливан Фэрроу.

«Ханна и ее сестры» номинируется на семь «Оскаров». Вуди Аллен получает награду за лучший оригинальный сценарий.

1988

Лето. Вуди пишет наброски сценария «Преступлений и проступков» во время своего путешествия по Швеции, Дании и Италии.

Октябрь. В США выходит на экраны картина «Другая женщина».

1989

Март. Кинокомпания «Тачстоун пикчерз» выпускает на экраны сборник коротких фильмов «Нью-йоркские истории».

Октябрь. «Орион пикчерз» выпускает на экраны картину «Преступления и проступки».

1990

1 мая. Мартин Скорсезе, Стивен Спилберг, Джордж Лукас и Сидни Поллак дают пресс-конференцию в агентстве «Криэйтив артистз» (Беверли-Хиллз, Калифорния). Они объявляют об основании кинофонда, призванного сохранять наследие американского кинематографа. Вуди Аллен, Стэнли Кубрик, Фрэнсис Форд Коппола и Роберт Редфорд были названы в числе других выдающихся членов организации.

Декабрь. Кинокомпания «Орион пикчерз» выпускает на экраны картину «Алиса».

1991

«Тачстоун пикчерз» выпускает на экраны фильм Пола Мазурски «Сцены в магазине» (в главных ролях — Вуди Аллен и Бетт Мидлер).

Июль. Аллен отправляется в Италию на съемки телевизионной рекламы «СООР», крупнейшей в Италии сети продовольственных магазинов. Его гонорар составил 2 миллиона долларов.

1992

12 февраля. В Париже состоялась мировая премьера фильма «Тени и туман».

13 августа. Аллен и Миа Фэрроу начинают судебное разбирательство, оспаривая друг у друга право опеки над детьми Мозесом Амадеусом Фэрроу (14 лет), Дилан О'Салливан Фэрроу (7 лет) и Сэтчелом О'Салливан Фэрроу (4,5 года).

Сентябрь. Аллен начинает съемки «Загадочного убийства в Манхэттене», второго фильма, который он делает для компании «ТрайСтар».

18 сентября. В США на экраны выходит картина «Мужья и жены» — первый фильм, созданный Алленом в сотрудничестве с кинокомпанией «ТрайСтар».

1993

11 мая. Компания «МГМ/Мюзикмастерз» выпускает компакт-диск «Проект Банк» с композициями в исполнении Эдди Дэвиса и Нью-Йоркского джазового ансамбля. На этой записи Вуди Аллен играет на кларнете.

Август. В США на экраны выходит лента «Загадочное убийство в Манхэттене».

27 сентября. В Нью-Йорке начинаются съемки картины «Пули над Бродвеем»: это первый фильм, который Аллен снимает для кинокомпании своего друга Жана Думаняна «Свитленд филмз».

1994

4 апреля. Аллен начинает съемки телефильма «Не пей воды» по собственной пьесе 1966 г.

3 октября. Начало съемок «Великой Афродиты».

Октябрь. В США на экраны выходит картина «Пули над Бродвеем».

18 декабря. Трансляция фильма «Не пей воды» на канале Эйби-си.

1995

6 марта. Премьера одноактной пьесы Аллена «Сентрал-Парк-Уэст» в нью-йоркском театре «Верайэти артс». Пьеса является частью трилогии «Назло смерти», куда вошли также пьесы «Интервью» Дэвида Мамета и «Горячая линия» Элейн Мэй. Спектакль сыграли 343 раза.

11 сентября. В Венеции начинаются съемки картины «Все говорят, что я люблю тебя» — после того, как на Венецианском кинофестивале Аллен получает почетного «Золотого льва» — «за вклад в киноискусство».

3 ноября. В США на экраны выходит «Великая Афродита».

1996

Весна. Аллен и его джазовый оркестр совершают концертное турне по Европе.

Апрель. Комедия Нила Саймона «Солнечные мальчики» транслируется по американскому телеканалу «Холлмарк энтертейнмент».

Сентябрь. Начинаются съемки фильма «Разбирая Гарри».

6 декабря. В США на экраны выходит картина «Все говорят, что я люблю тебя».

1997

Август. В Нью-Йорке начинаются съемки фильма «Знаменитость».

12 декабря. В США выходит на экраны картина «Разбирая Гарри».

22 декабря. Аллен и Сун-И Превен сочетаются браком в венецианском Палаццо Кавалли. Церемонию проводит мэр Венеции Массимо Каччари.

1998

17 апреля. В США выходит на экраны документальный фильм Барбары Коппл «Блюз дикаря».

Лето. Аллен прекращает свое долгое сотрудничество с агентом Сэмом Коэном из компании Ай-си-эм и подписывает контракт с агентством Уильяма Морриса.

2 октября. В США выходит на экраны анимационный фильм «Муравей Антц». Вуди Аллен озвучивает муравья Z-4195.

20 ноября. В США выходит на экраны «Знаменитость».

1999

Весна. Аллен и Сун-И Превен удочеряют девочку Беше Думейн, которую они называют в честь кларнетиста Сидни Беше.

3 декабря. В США выходит на экраны картина «Сладкий и гадкий».

2000

Февраль. Аллен и Сун-И Превен удочеряют вторую девочку. Ей дают имя Мэнзи Тио в честь барабанщика из ансамбля Сидни Беше Мэнзи Джонсона.

19 мая. В США выходит на экраны картина «Мелкие мошенники».

26 мая. На американском телевидении состоялась премьера фильма Альфонсо Арау «По кусочкам».

Аллен покупает дом в манхэттенском Ист-Сайде и переезжает из пентхауса, в котором жил с 1970 г.

2001

11 мая. Становится известно, что Аллен подал иск против своего друга Жана Думаняна, его партнера Джеки Сафру и компания «Свитленд филмз». Аллен заявляет, что Думанян скрывал от него часть доходов, полученных от восьми фильмов, снятых Алленом в сотрудничестве с компанией в 1990-е г.

5 августа. В США выходит на экраны фильм «Проклятие нефритового скорпиона», первая картина Аллена, дистрибьютором которой выступила компания «Дримворкс».

20 октября. Короткометражный фильм Аллена «Звуки любимого города», посвященный Нью-Йорку, транслируется по американскому телевидению в связи с концертом в пользу Нью-Йорка, сборы от которого пошли в Фонд помощи жертвам террористических атак 11 сентября.

2002

24 марта. Аллен впервые появляется на церемонии Американской киноакадемии в Лос-Анджелесе, чтобы представить фильм-коллаж Норы Эфрон «Подношение Нью-Йорку».

3 мая. В США выходит на экраны картина «Голливудский финал».

15 мая. Аллен впервые появляется на Каннском кинофестивале, который открывается его фильмом «Голливудский финал». На фестивале Аллен получает почетную, по совокупности заслуг, награду «Пальмовая ветвь пальмовых ветвей», ранее присуждавшуюся только Бергману.

4 июня. В испанском городе Овьедо Аллену присуждают премию принца Астурийского («испанская Нобелевка»).

Июнь. Начинаются съемки картины «Кое-что еще».

Июнь. После девятидневного заседания суда присяжных Аллен и Жан Думанян приходят к соглашению.

2003

Январь. Мэрия Овьедо принимает решение установить Аллену бронзовый памятник. В натуральную величину.

27 августа. Премьера картины «Кое-что еще» на Венецианском кинофестивале. Через три недели фильм выходит на экраны в США.

Осень. Начинаются съемки картины «Мелинда и Мелинда».

2004

17 сентября. Премьера картины «Мелинда и Мелинда» на кинофестивале в Сан-Себастьяне, Испания.

2005

28 января. Американская премьера «Мелинды и Мелинды» на кинофестивале в Санта-Барбаре.

18 марта. «Мелинда и Мелинда» выходит на экраны в США.

12 мая. Премьера картины «Матч-пойнт» на Каннском кинофестивале.

2 ноября. Американская премьера «Матч-пойнта» на кинофестивале в Саванне.

2006

20 января. «Матч-пойнт» выходит на экраны в США. Это первый фильм Аллена со времен «Ханны и ее сестер», который принес доход в американском прокате.

28 июля. В США выходит на экраны картина «Сенсация».

2007

14 июня. Аллен получает почетную степень в университете Помпеу-Фабра, Барселона.

18 июня. «Секретная премьера» картины «Мечта Кассандры» в мэрии североиспанского города Авилес. Затем Аллен уезжает в соседний город Овьедо, где начинает съемки фильма «Викки, Кристина, Барселона».

2 сентября. Официальная премьера «Мечты Кассандры» на Венецианском кинофестивале.

8 октября. Американская премьера «Мечты Кассандры» на кинофестивале в Милл-Вэлли.

2008

18 января. «Мечта Кассандры» выходит на экраны в США.

5 сентября. На эту дату назначен выход на экраны в США картины «Викки, Кристина, Барселона».

Указатель

Содержание

В 88   **Вуди** Аллен: Интервью: Беседы со Стигом Бьоркманом / Пер. с англ. О. Серебряной. — СПб.: Издательский Дом «Азбука-классика», 2008. — 544 с. +
вклейка (8 с.).

ISBN 978-5-91181-851-7

Вуди Аллен — отец-основатель жанра интеллектуальной комедии и один из наиболее знаковых персонажей современного кинематографа, постановщик таких признанных кинохитов, как «Все,
что вы всегда хотели знать о сексе, но боялись спросить», «Любовь
и смерть», «Энни Холл», «Манхэттен», «Пурпурная роза Каира»,
«Пули над Бродвеем», «Проклятие нефритового скорпиона»,
«Матч-пойнт», «Сенсация», «Мечта Кассандры» и многих других
(к настоящему моменту — больше тридцати фильмов). С самого
начала своей режиссерской деятельности он предпочитал сниматься в главной роли сам — и создал себе в кино легко узнаваемый
имидж очкастого умника, невротичного ньюйоркца и вечно реф-
лексирующего интеллигента, срочно нуждающегося в психоанали-
тике. Аллен — обладатель таких почетных премий по совокупности
заслуг, как «Золотой лев» Венецианского кинофестиваля («За
вклад в киноискусство») и «Пальмовая ветвь пальмовых ветвей»
Каннского кинофестиваля (до него этой награды удостаивался
лишь Ингмар Бергман), а также премии принца Астурийского,
которую называют «испанской Нобелевкой», причем в Овьедо, сто-
лице Астурии, Аллену даже поставили памятник. В данной книге,
представляющей все этапы карьеры Аллена, от выступлений в кабаре 60-х с комическими номерами до выходящего на экраны в
сентябре 2008 г. фильма «Викки, Кристина, Барселона» со Скарлетт Йохансон, Пенелопой Крус и Хавьером Бардемом в главных
ролях, собраны его беседы с видным шведским кинематографистом
и кинокритиком Стигом Бьоркманом, уже известным российскому
читателю по книге интервью с Ларсом фон Триером.

Литературно-художественное издание

ВУДИ АЛЛЕН: ИНТЕРВЬЮ
Беседы со Стигом Бьоркманом

Ответственный редактор Александр Гузман
Редактор Татьяна Деткина
Художественный редактор Валерий Гореликов
Технический редактор Татьяна Тихомирова
Корректоры Светлана Федорова, Наталья Бобкова
Верстка Александра Савастени

Директор издательства Максим Крютченко

Подписано в печать 04.04.2008. Формат издания 84 × 108 $^1/_{32}$.
Печать офсетная. Гарнитура «Петербург С». Тираж 7000 экз.
Усл. печ. л. 28,98 (включая вклейку). Изд. № 851. Заказ № 9215

Издательский Дом «Азбука-классика».
196105, Санкт-Петербург, а/я 192. www.azbooka.ru

Отпечатано по технологии CtP
в ОАО «Печатный двор» им. А. М. Горького
197110, Санкт-Петербург, Чкаловский пр., 15.

Януш Леон Вишневский
«Мартина и другие рассказы о любви»

Впервые на русском — новая книга Януша Леона Вишневского, автора поразительного международного бестселлера «Одиночество в Сети».

«Одиночество» стало своего рода жанровой вехой, установив эталон романа о любви в эпоху интернета, и «Мартина» представляет собой не менее смелый эксперимент: центральная повесть сборника рождалась не в тиши писательского кабинета,

а публично, в ходе обсуждения на студенческом интернет-форуме. «Мартина», говоря словами самого Вишневского, содержит «то, что более всего люди ищут в беллетристике: повествование о любви здесь и сейчас, о настоящей дружбе, о моральном выборе, о грехе, об одиночестве, об относительности истины, о смысле жизни и о счастье, которое мы часто ищем очень далеко, но которое постоянно рядом с нами и терпеливо ждет, пока мы заметим его и протянем к нему руку».

**ПО ВОПРОСАМ ПРИОБРЕТЕНИЯ
КНИГ ИЗДАТЕЛЬСТВА «АЗБУКА»
ОБРАЩАЙТЕСЬ:**

Торговый Дом
«Азбука»

Санкт-Петербург:
ул. Решетникова, 15

Почта: 196105, Россия, Санкт-Петербург, а/я 192
Тел.: (812) 327-04-56, факс: (812) 321-66-60
E-mail: **office@azbooka.spb.ru**

Москва:
Старопетровский проезд, д. 7а, стр. 19

Почта: 125130, Россия, Москва, а/я 91,
тел./факс (495) 627-57-28
info@azbooka-m.ru

*Информация о новинках и планах,
а также условия сотрудничества
на сайте*
www.azbooka.ru